U0664082

◆ 房屋查验从业人员培训教材

房屋查验从业人员培训教材编委会　编

验房常用法律法规
与标准规范速查

王宏新　赵庆祥　杨志才　赵　军　主　编

王清华　赵太宇　闫　钢　副主编

中国建筑工业出版社

图书在版编目（CIP）数据

验房常用法律法规与标准规范速查/王宏新等主编.—北京：中国建筑工业出版社，2016.12（2021.7重印）
房屋查验从业人员培训教材
ISBN 978-7-112-19921-1

Ⅰ.①验… Ⅱ.①王… Ⅲ.①住宅—工程质量—工程验收—法规—中国—技术培训—教材②住宅—工程质量—质量标准—中国—技术培训—教材 Ⅳ.①D922.297②TU712-65

中国版本图书馆CIP数据核字（2016）第230965号

　　本书是房屋查验从业人员培训教材之《验房常用法律法规与标准规范速查》分册。本书作为验房师的必备辅助资料，收录了验房最常涉及的法律法规和标准规范，同时为了便于查找，还按查验项目类别，如入户门、室内门窗工程、室内地面工程等进行了规范索引，以便读者更快定位到所需的规范条文。

　　本书供有志于成为验房师的专业人士、第三方验房机构从业人员、房屋查验与检测人员提高业务技能学习参考，也适用于本领域大专、职业院校专业教材，以及广大验房企业经营管理者、相关行业行政管理者的重要参考。

责任编辑：赵梦梅　封　毅　毕凤鸣　周方圆
责任校对：李欣慰　刘梦然

房屋查验从业人员培训教材
房屋查验从业人员培训教材编委会　编
验房常用法律法规与标准规范速查
王宏新　赵庆祥　杨志才　赵　军　主　编
　　　　王清华　赵太宇　闫　钢　副主编
＊
中国建筑工业出版社出版、发行（北京海淀三里河路9号）
各地新华书店、建筑书店经销
北京京点图文设计有限公司制版
北京建筑工业印刷厂印刷
＊
开本：787×1092毫米　1/16　印张：27¾　字数：756千字
2017年10月第一版　2021年7月第五次印刷
定价：60.00元
ISBN 978-7-112-19921-1
　　　（27035）

❖ "房屋查验从业人员培训教材"编委会

主 编

王宏新　赵庆祥　杨志才　赵　军

副主编

王清华　赵太宇　闫　钢

参编单位与人员

北京师范大学房地产研究中心：高姗姗、孟文皓、邵俊霖、席炎龙、周拯

北京房咚咚验房机构：张秉贺、邱立飞、刘晓东、张亚伟、刘姗姗

广州铁克司雷网络科技有限公司：王剑钊

江苏宜居工程质量检测有限公司：赵林涛、姜桂春、陶晓忠

上海润居工程检测咨询有限公司：周勇、沈梓煊、张所林

参与审稿单位与人员

长春澳译达验房咨询有限公司：张洪领

河南豫荷农业发展有限公司：杨宗耀、王军

汇众三方（北京）工程管理有限公司：李恒伟

江苏首佳房地产评估咨询事务所徐州分公司：姬培清

山东淄博鲁伟验房：曹大伟

西安居正房屋信息咨询服务有限公司：王林

珠海响鼓锤房地产咨询有限公司：刘奕斌

从酝酿、准备，到组织、撰写，再到修改、润色，直至最终定稿，历时 6 年之久，中国验房师终于有了自己成体系的行业与职业系列培训教材！

验房师产生于 20 世纪 50 年代中期的美国，到 20 世纪 70 年代早期，验房被众多国家纳入房地产交易中成为重要一环，由第三方来承担验房职能已成为西方发达国家惯例。如美国，普遍做法是委托职业验房师对准备出售或购置的住宅进行检验、评估，目的是买卖双方全面了解住宅质量状况。在法国，凡房屋交易前必须由验房师对房屋进行检验，出具验房报告才能进行交易。当前，发达国家验房已步入专业化、标准化、制度化和精细化发展阶段。

十多年前，国内开始出现"第三方验房"、"民间验房师"等验房机构，验房业作为第三方市场力量的出现，有着客观、深刻的市场和社会背景。当房屋质量问题频频发生，第三方检测与鉴定机构介入房屋交易过程，为买卖双方提供验房服务，可以减少交易纠纷，提高住房市场交易效率，促进经济社会可持续发展。它们实际上是顺应市场需要、为购房者服务、为提升新建住宅工程质量服务的新型监理、服务咨询机构。行业发展之初，由于长期受到现行体制的排斥，不受开发商和政府"待见"而无法获得其应有的市场地位，数以千计的"民间验房师"无法获得政府部门认可的职业与执业资格，然而他们却在购房者交付环节中的权利维护、新建住宅工程质量的保障与提升中作出了很大的贡献。

验房业是社会竞争激烈和社会分工日益细化的产物，是国家对第三产业的支持力度不断加大的结果，同时也是房地产行业健康、和谐、持续发展的必然要求。在我国房地产市场经历了持续高温后逐渐向质的提升转型趋势下，验房业发展有望步入市场化、规范化和制度化发展轨道。然而，从业人员水平良莠不齐，各地操作缺乏统一标准，无疑也阻滞了行业的顺畅发展。

2011 年，由我与赵庆祥主编的《房屋查验（验房）实务指南》由中国建筑工业出版社出版。该书出版后，成为中国验房行业的第一本培训教材，被国内相关培训机构作为验房师培训指定教材。又经过六年来验房业理论与实践发展，这套"房屋查验从业人员培训教材"（以下简称为"丛书"）终于摆在了广大读者面前。"丛书"包括以下五本分册：

《验房基础知识》包括导论、房屋基础知识、组织与人力资源、运营与管理、行业发展以及国际视野五部分，旨在将验房、验房师、验房业相关的基本概念、基础理论与实践状况进行系统总结与梳理，为验房师从事验房职业与验房企业经营管理打下扎实的理论基础。

《验房专业实务》详细讲述了验房流程、常用工具及方法、毛坯房和精装房的验点、验房顺序、作业标准、验房报告及范例、常见质量问题等内容，是实操性极强的专业实务。验房师掌握了这些专业知识，就可以进行实地验房工作。

《第三方实测实量》定位于工程在建全过程，第三方验房机构针对项目工程过程中每个节点，区分在建工程和精装工程，分部分项进行质量及安全抽查、把控。内容包括概述、土建工程篇、精装工程篇、常见问题及典型案例、常用文件及表式。主要以表格的方式呈现，每个节点都包括指标说明、测量工具和方法、示例、常见问题、防治措施、工程图片等，清晰明了。

《第三方交房陪验》针对开发商头疼的交房环节，细致讲述了第三方验房机构如何辅助开发商进行交房工作、提高业主满意度和交房收楼率。全书从关注业主需求的"业主视角"入手，详细讲述了交房方案、交付现场规划、交付流程、答疑、材料准备、风险检查、模拟验收等内容。图文并茂，轻松活泼。

《验房常用法律法规与标准规范速查》作为验房师的必备辅助资料，收录了验房最常涉及的法律法规和标准规范，同时为了便于查找，还按查验项目类别，如入户门、室内门窗工程、室内地面工程等进行了规范索引，以便读者更快定位到所需的规范条文。

需求特别指出的是，本套丛书中提到的"毛坯房"其实应该叫做"初装修房"，其与"精装修房"相对应，是新房交付的两种状态。因业内习惯称之为"毛坯房"，为便于理解，本套丛书相关知识点采用"毛坯房"这一说法。

本套丛书旨在打造中国验房师培训的职业教材同时，也适用于本领域大专、职业院校专业教材，以及广大验房企业经营管理者、相关行业行政管理者的重要参考。

丛书的出版，得到了中国房地产业协会副会长兼秘书长冯俊先生、中国房地产研究会副会长童悦仲先生，以及原建设部质量安全司质量处处长、原中国建筑业协会工程建设质量监督与检测分会会长吴松勤先生的大力支持，他们认真审稿、严格把关，使丛书内容质量上了一个新的层次。也感谢中国建筑设计研究院原副总建筑师、中国房地产业协会人居环境委员会专家委员会专家开彦先生对验房行业发展的关心和指导，让我们不忘记初心，砥砺前行。

感谢为本套教材出版奉献了大量一手资料的江苏宜居工程质量检测有限公司、上海润居工程检测咨询有限公司、北京房咚咚验房机构、山东名仕宜居项目管理有限公司、广州啄木鸟工程咨询有限公司等机构；尤其感谢江苏宜居工程质量检测有限公司赵军总裁和上海润居工程检测咨询有限公司杨志才总经理二位，他们是中国验房行业的真正创始者和实践先行者，也是行业热爱者、坚守者、布道者，二位在繁重的工程管理与企业管理的同时，承担了主编一职，参与了策划、编写全程，积极联系、协调同行，还担任主讲教师参加到行业培训第一线，为丛书的出版和行业人才培养倾注了大量心血；特别感谢中国建筑工业出版社房地产与管理图书中心主任封毅编审的大力支持，没有她的支持与帮助，出版这套丛书是难以想象的。最后，还要衷心感谢为丛书审稿的各位领导、专家和行业同仁，丛书的出版凝结了全行业的力量和奉献！

　　本套丛书在编写过程中，还参考了大量的文献资料，其中有许多资料几经转载及在网络上的大量传播，已很难追溯原创者，也有许多与行业相关技术标准紧紧联系，很难分清其专有知识产权属性。在此，我们由衷感谢所有为中国验房行业奉献的机构与人士，正是汇聚了大家的知识，这套教材才实现了取之于行业、用之于行业的初衷，也真正成为中国验房行业的集体成果。"开放获取"趋势正在成为全球数字化知识迅速增长、网络无处不在背景下的时代潮流。当本丛书付梓出版这一刻，就对所有读者实现开放获取了。对本丛书知识富有贡献而未能在丛书中予以体现的机构或人士，请与我们联系。同时，欢迎广大同行们对丛书的错漏不足之处批评指正，以便我们及时修订完善，使其内容更加实用，更好地为行业服务！

　　奔梦路上，不畏艰难。让我们共同为住宅工程质量不断提升、人类可持续的宜居环境不断改善的梦想而努力奋斗，一起携手共同推动中国验房行业快速、健康和可持续发展！

王宏新

2017 年 9 月于北京师范大学

目录◆◆◆
Contents

1. 住宅工程初装饰竣工验收办法

住宅工程初装饰竣工验收办法

（1994 年 6 月 16 日建监字第 392 号）

一、为了适应人民生活水平日益提高的需要，便于居民进行家庭装饰，减少浪费，确保住宅工程质量、制订本办法。

二、凡新建的住宅工程，均可按本办法实行初装饰竣工验收评定。对单位自建和急需用的住宅工程，可由建设单位酌定。

三、本办法所称初装饰，是指住宅工程户门以内的部分项目，在施工阶段只完成初步装饰。房屋竣工验收交付使用后，房屋进行再装饰，按城市房屋装饰管理有关规定执行。

四、住宅工程初装饰的项口、做法和技术质量要求（含留给面层装饰的余量及面层装饰的要求），应在设计文件中予以明确，出建设（开发）单位与施工单位通过施工合同确定和实施。

五、住宅工程初装饰的部位和项目：

1. 户门以内的墙面、顶棚的初装饰。

2. 户门以内的楼地面的初装饰，可只完成地面基层（找平层），不做面层。

3. 各种管线设备安装到位，并按规定进行试水、试压和照明线路的绝缘、接地试验。导线截面应满足设计要求。经建设（开发）单位竣工验收后，灯具、水龙头、给水器具、卫生设备等可按合同进行再安装。

4. 户内门窗等油漆工程的防腐底漆应完成，面层可进行再装饰。

5. 厨房、厕浴间的墙、地面的防水措施，应按设计要求一次到位，卫生洁具在设计指定范围内可进行再安装。如有特殊要求，应事先采取措施。

6. 大空间的内部隔断（非承重墙）、壁柜、吊柜等，根据设计说明，可进行再安装。

7 其他项目，可按合同执行。

六、住宅工程初装饰，应符合以下原则：

1. 初装饰只限在户门以内。全部外檐、公用工程和公用的设备应按设计文件要求全部完成。

2. 初装饰项目，必须依据工程设计文件和技术规范、标准施工，不得随意打洞，更不允许取消隔墙等。不准影响结构安全、使用功能和节能效果。凡属设计文件未说明的项目，如要进行初装饰的，施工单位应与建设单位协商同意，并取得工程设计单位的设计变更手续，方可实施。

3. 涉及与家庭装饰相关的内部隔断、地面、墙面、门口、门窗等初装饰项目，工程设计和施工单位应注意调整标高、尺寸余量。

4. 凡涉及家庭装饰易损坏防水层或易改变电气、燃气线路及影响使用安全的项目，在施工阶段要一次施工到位。如施工单位按设计图纸施工，并经竣工验收达到规定标准的，在再次装饰过程中，由于措施不当，而造成损坏防水层，改变电气、燃气线路及影响使用安全等质量问题的，原施工单位不再负责。

七、质量标准和检查验收及竣工质量核定、验收时，有什么项目验收什么项目。分项工程不全的，仍按一个分项工程对待。其质量标准按国家《建筑安装工程质量检验评定标准》及有关规定执行。由于初装饰是二次装饰的基础，其标高、坡度、平整度、棱角等质量要求不能降低，观感质量评定的基准分不变，仍按原标准执行。

八、实行初装饰的住宅，开发（建设）单位应积极创造条件，努力做到预销售或预分配，提前征求住户对装饰的要求，然后由物业管理机构，按住户的意见统一进行再装饰。

九、再装饰的工程完成后，均应按国家和当地规定标准，由有关部门组织验收。验收不合格的不得报竣工或交付使用。

十、家庭装饰委托的施工队伍，必须是经当地建设行政主管部门核发装饰施工资质证书的。不准委托无证单位承揽家庭装饰业务。

十一、凡实行初装饰的工程，因实行初装饰发生的预算差额部分，由建设（开发）单位统一划给物业管理机构，然后，由物业管理机构再按相应的面积比例补偿给住户。

十二、本办法由建设部建设监理司负责解释。

十三、本办法自颁布之日起施行。

2. 住宅室内装饰装修管理办法

住宅室内装饰装修管理办法

中华人民共和国建设部令（第 110 号）

第一章 总 则

第一条 为加强住宅室内装饰装修管理，保证装饰装修工程质量和安全，维护公共安全和公众利益，根据有关法律、法规，制定本办法。

第二条 在城市从事住宅室内装饰装修活动，实施对住宅室内装饰装修活动的监督管理，应当遵守本办法。

本办法所称住宅室内装饰装修，是指住宅竣工验收合格后，业主或者住宅使用人（以下简称装修人）

对住宅室内进行装饰装修的建筑活动。

第三条　住宅室内装饰装修应当保证工程质量和安全，符合工程建设强制性标准。

第四条　国务院建设行政主管部门负责全国住宅室内装饰装修活动的管理工作。

省、自治区人民政府建设行政主管部门负责本行政区域内的住宅室内装饰装修活动的管理工作。

直辖市、市、县人民政府房地产行政主管部门负责本行政区域内的住宅室内装饰装修活动的管理工作。

第二章　一般规定

第五条　住宅室内装饰装修活动，禁止下列行为：

（一）未经原设计单位或者具有相应资质等级的设计单位提出设计方案，变动建筑主体和承重结构；

（二）将没有防水要求的房间或者阳台改为卫生间、厨房间；

（三）扩大承重墙上原有的门窗尺寸，拆除连接阳台的砖、混凝土墙体；

（四）损坏房屋原有节能设施，降低节能效果；

（五）其他影响建筑结构和使用安全的行为。

本办法所称建筑主体，是指建筑实体的结构构造，包括屋盖、楼盖、梁、柱、支撑、墙体、连接接点和基础等。

本办法所称承重结构，是指直接将本身自重与各种外加作用力系统地传递给基础地基的主要结构构件和其连接接点，包括承重墙体、立杆、柱、框架柱、支墩、楼板、梁、屋架、悬索等。

第六条　装修人从事住宅室内装饰装修活动，未经批准，不得有下列行为：

（一）搭建建筑物、构筑物；

（二）改变住宅外立面，在非承重外墙上开门、窗；

（三）拆改供暖管道和设施；

（四）拆改燃气管道和设施。

本条所列第（一）项、第（二）项行为，应当经城市规划行政主管部门批准；第（三）项行为，应当经供暖管理单位批准；第（四）项行为应当经燃气管理单位批准。

第七条　住宅室内装饰装修超过设计标准或者规范增加楼面荷载的，应当经原设计单位或者具有相应资质等级的设计单位提出设计方案。

第八条　改动卫生间、厨房间防水层的，应当按照防水标准制订施工方案，并做闭水试验。

第九条　装修人经原设计单位或者具有相应资质等级的设计单位提出设计方案变动建筑主体和承重结构的，或者装修活动涉及本办法第六条、第七条、第八条内容的，必须委托具有相应资质的装饰装修企业承担。

第十条　装饰装修企业必须按照工程建设强制性标准和其他技术标准施工，不得偷工减料，确保装饰装修工程质量。

第十一条　装饰装修企业从事住宅室内装饰装修活动，应当遵守施工安全操作规程，按照规定采取必要的安全防护和消防措施，不得擅自动用明火和进行焊接作业，保证作业人员和周围住房及财产的安全。

第十二条　装修人和装饰装修企业从事住宅室内装饰装修活动，不得侵占公共空间，不得损害公共部位和设施。

第三章 开工申报与监督

第十三条 装修人在住宅室内装饰装修工程开工前，应当向物业管理企业或者房屋管理机构（以下简称物业管理单位）申报登记。

非业主的住宅使用人对住宅室内进行装饰装修，应当取得业主的书面同意。

第十四条 申报登记应当提交下列材料：

（一）房屋所有权证（或者证明其合法权益的有效凭证）；

（二）申请人身份证件；

（三）装饰装修方案；

（四）变动建筑主体或者承重结构的，需提交原设计单位或者具有相应资质等级的设计单位提出的设计方案；

（五）涉及本办法第六条行为的，需提交有关部门的批准文件，涉及本办法第七条、第八条行为的，需提交设计方案或者施工方案；

（六）委托装饰装修企业施工的，需提供该企业相关资质证书的复印件。

非业主的住宅使用人，还需提供业主同意装饰装修的书面证明。

第十五条 物业管理单位应当将住宅室内装饰装修工程的禁止行为和注意事项告知装修人和装修人委托的装饰装修企业。

装修人对住宅进行装饰装修前，应当告知邻里。

第十六条 装修人，或者装修人和装饰装修企业，应当与物业管理单位签订住宅室内装饰装修管理服务协议。

住宅室内装饰装修管理服务协议应当包括下列内容：

（一）装饰装修工程的实施内容；

（二）装饰装修工程的实施期限；

（三）允许施工的时间；

（四）废弃物的清运与处置；

（五）住宅外立面设施及防盗窗的安装要求；

（六）禁止行为和注意事项；

（七）管理服务费用；

（八）违约责任；

（九）其他需要约定的事项。

第十七条 物业管理单位应当按照住宅室内装饰装修管理服务协议实施管理，发现装修人或者装饰装修企业有本办法第五条行为的，或者未经有关部门批准实施本办法第六条所列行为的，或者有违反本办法第七条、第八条、第九条规定行为的，应当立即制止；已造成事实后果或者拒不改正的，应当及时报告有关部门依法处理。对装修人或者装饰装修企业违反住宅室内装饰装修管理服务协议的，追究违约责任。

第十八条 有关部门接到物业管理单位关于装修人或者装饰装修企业有违反本办法行为的报告后，应当及时到现场检查核实，依法处理。

第十九条 禁止物业管理单位向装修人指派装饰装修企业或者强行推销装饰装修材料。

第二十条　装修人不得拒绝和阻碍物业管理单位依据住宅室内装饰装修管理服务协议的约定，对住宅室内装饰装修活动的监督检查。

第二十一条　任何单位和个人对住宅室内装饰装修中出现的影响公众利益的质量事故、质量缺陷以及其他影响周围住户正常生活的行为，都有权检举、控告、投诉。

第四章　委托与承接

第二十二条　承接住宅室内装饰装修工程的装饰装修企业，必须经建设行政主管部门资质审查，取得相应的建筑业企业资质证书，并在其资质等级许可的范围内承揽工程。

第二十三条　装修人委托企业承接其装饰装修工程的，应当选择具有相应资质等级的装饰装修企业。

第二十四条　装修人与装饰装修企业应当签订住宅室内装饰装修书面合同，明确双方的权利和义务。

住宅室内装饰装修合同应当包括下列主要内容：

（一）委托人和被委托人的姓名或者单位名称、住所地址、联系电话；

（二）住宅室内装饰装修的房屋间数、建筑面积，装饰装修的项目、方式、规格、质量要求以及质量验收方式；

（三）装饰装修工程的开工、竣工时间；

（四）装饰装修工程保修的内容、期限；

（五）装饰装修工程价格，计价和支付方式、时间；

（六）合同变更和解除的条件；

（七）违约责任及解决纠纷的途径；

（八）合同的生效时间；

（九）双方认为需要明确的其他条款。

第二十五条　住宅室内装饰装修工程发生纠纷的，可以协商或者调解解决。不愿协商、调解或者协商、调解不成的，可以依法申请仲裁或者向人民法院起诉。

第五章　室内环境质量

第二十六条　装饰装修企业从事住宅室内装饰装修活动，应当严格遵守规定的装饰装修施工时间，降低施工噪音，减少环境污染。

第二十七条　住宅室内装饰装修过程中所形成的各种固体、可燃液体等废物，应当按照规定的位置、方式和时间堆放和清运。严禁违反规定将各种固体、可燃液体等废物堆放于住宅垃圾道、楼道或者其他地方。

第二十八条　住宅室内装饰装修工程使用的材料和设备必须符合国家标准，有质量检验合格证明和有中文标识的产品名称、规格、型号、生产厂厂名、厂址等。禁止使用国家明令淘汰的建筑装饰装修材料和设备。

第二十九条　装修人委托企业对住宅室内进行装饰装修的，装饰装修工程竣工后，空气质量应当符合国家有关标准。装修人可以委托有资格的检测单位对空气质量进行检测。检测不合格的，装饰装修企业应当返工，并由责任人承担相应损失。

第六章 竣工验收与保修

第三十条 住宅室内装饰装修工程竣工后，装修人应当按照工程设计合同约定和相应的质量标准进行验收。验收合格后，装饰装修企业应当出具住宅室内装饰装修质量保修书。

物业管理单位应当按照装饰装修管理服务协议进行现场检查，对违反法律、法规和装饰装修管理服务协议的，应当要求装修人和装饰装修企业纠正，并将检查记录存档。

第三十一条 住宅室内装饰装修工程竣工后，装饰装修企业负责采购装饰装修材料及设备的，应当向业主提交说明书、保修单和环保说明书。

第三十二条 在正常使用条件下，住宅室内装饰装修工程的最低保修期限为二年，有防水要求的厨房、卫生间和外墙面的防渗漏为五年。保修期自住宅室内装饰装修工程竣工验收合格之日起计算。

第七章 法律责任

第三十三条 因住宅室内装饰装修活动造成相邻住宅的管道堵塞、渗漏水、停水停电、物品毁坏等，装修人应当负责修复和赔偿；属于装饰装修企业责任的，装修人可以向装饰装修企业追偿。

装修人擅自拆改供暖、燃气管道和设施造成损失的，由装修人负责赔偿。

第三十四条 装修人因住宅室内装饰装修活动侵占公共空间，对公共部位和设施造成损害的，由城市房地产行政主管部门责令改正，造成损失的，依法承担赔偿责任。

第三十五条 装修人未申报登记进行住宅室内装饰装修活动的，由城市房地产行政主管部门责令改正，处5百元以上1千元以下的罚款。

第三十六条 装修人违反本办法规定，将住宅室内装饰装修工程委托给不具有相应资质等级企业的，由城市房地产行政主管部门责令改正，处5百元以上1千元以下的罚款。

第三十七条 装饰装修企业自行采购或者向装修人推荐使用不符合国家标准的装饰装修材料，造成空气污染超标的，由城市房地产行政主管部门责令改正，造成损失的，依法承担赔偿责任。

第三十八条 住宅室内装饰装修活动有下列行为之一的，由城市房地产行政主管部门责令改正，并处罚款：

（一）将没有防水要求的房间或者阳台改为卫生间、厨房间的，或者拆除连接阳台的砖、混凝土墙体的，对装修人处5百元以上1千元以下的罚款，对装饰装修企业处1千元以上1万元以下的罚款；

（二）损坏房屋原有节能设施或者降低节能效果的，对装饰装修企业处1千元以上5千元以下的罚款；

（三）擅自拆改供暖、燃气管道和设施的，对装修人处5百元以上1千元以下的罚款；

（四）未经原设计单位或者具有相应资质等级的设计单位提出设计方案，擅自超过设计标准或者规范增加楼面荷载的，对装修人处5百元以上1千元以下的罚款，对装饰装修企业处1千元以上1万元以下的罚款。

第三十九条 未经城市规划行政主管部门批准，在住宅室内装饰装修活动中搭建建筑物、构筑物的，或者擅自改变住宅外立面、在非承重外墙上开门、窗的，由城市规划行政主管部门按照《城市规划法》及相关法规的规定处罚。

第四十条 装修人或者装饰装修企业违反《建设工程质量管理条例》的，由建设行政主管部门按照有关规定处罚。

第四十一条　装饰装修企业违反国家有关安全生产规定和安全生产技术规程，不按照规定采取必要的安全防护和消防措施，擅自动用明火作业和进行焊接作业的，或者对建筑安全事故隐患不采取措施予以消除的，由建设行政主管部门责令改正，并处 1 千元以上 1 万元以下的罚款；情节严重的，责令停业整顿，并处 1 万元以上 3 万元以下的罚款；造成重大安全事故的，降低资质等级或者吊销资质证书。

第四十二条　物业管理单位发现装修人或者装饰装修企业有违反本办法规定的行为不及时向有关部门报告的，由房地产行政主管部门给予警告，可处装饰装修管理服务协议约定的装饰装修管理服务费 2 至 3 倍的罚款。

第四十三条　有关部门的工作人员接到物业管理单位对装修人或者装饰装修企业违法行为的报告后，未及时处理，玩忽职守的，依法给予行政处分。

第八章　附　　则

第四十四条　工程投资额在 30 万元以下或者建筑面积在 300 平方米以下，可以不申请办理施工许可证的非住宅装饰装修活动参照本办法执行。

第四十五条　住宅竣工验收合格前的装饰装修工程管理，按照《建设工程质量管理条例》执行。

第四十六条　省、自治区、直辖市人民政府建设行政主管部门可以依据本办法，制定实施细则。

第四十七条　本办法由国务院建设行政主管部门负责解释。

第四十八条　本办法自 2002 年 5 月 1 日起施行。

3.城市住宅小区竣工综合验收管理办法

城市住宅小区竣工综合验收管理办法

建设部建法 [1993]814 号文

第一条　为了加强城市新建住宅小区竣工综合验收和交接管理，提高住宅小区的综合效益，制定本办法。

第二条　本办法适用于建设用地规模在 2 万平方米以上的新建住宅小区及组团（以下简称住宅小区）。

第三条　国务院建设行政主管部门归口管理全国住宅小区竣工综合验收工作；

省、自治区人民政府建设行政主管部门归口管理本行政区域内住宅小区竣工综合验收工作；

城市人民政府建设行政主管部门负责组织实施本行政区域内城市住宅小区竣工综合验收工作。

第四条　住宅小区开发建设单位对所开发的住宅小区质量负最终责任，不得将工程质量不合格或配套不完善的房屋交付使用。

第五条 城市人民政府建设行政主管部门应当根据国家有关法律、法规和标准规范，对住宅小区的土地使用情况、各单项工程的工程检验合格证明文件以及市政公用基础设施、公共配套设施项目等组织验收。

第六条 住宅小区竣工综合验收必须符合下列要求：

（一）所有建设项目按批准的小区规划和有关专业管理及设计要求全部建成，并满足使用要求；

（二）住宅及公共配套设施、市政公用基础设施等单项工程全部验收合格，验收资料齐全；

（三）各类建筑物的平面位置、立面造型、装修色调等符合批准的规划设计要求；

（四）施工机具、暂设工程、建筑残土、剩余构件全部拆除清运完毕，达到场清地平；

（五）拆迁居民已合理安置。

第七条 申请住宅小区竣工综合验收，应当提交下列文件：

（一）规划部门及其他专业管理部门批准的选址意见书、建设用地规划许可证、建设工程规划许可证、修建性详细规划，及各个单项工程设计文件（图纸）等；

（二）工程承发包合同；

（三）工程质量监督机构核定的各单项工程质量等级评定文件；

（四）竣工资料（图纸）和技术档案资料；

（五）建设行政主管部门规定的其他文件资料。

第八条 住宅小区竣工综合验收应当按照以下程序进行：

（一）住宅小区建设项目全部竣工后，开发建设单位应当向城市人民政府建设行政主管部门提出住宅小区综合竣工验收申请报告并附本办法第六条规定的文件资料。

（二）城市人民政府建设行政主管部门在接到住宅小区竣工综合验收申请报告和有关资料一个月内，应当组成由城建（包括市政工程、公用事业、园林绿化、环境卫生）、规划、房地产、工程质量监督等有关部门及住宅小区经营管理单位参加的综合验收小组；

（三）综合验收小组应当审阅有关验收资料，听取开发建设单位汇报情况，进行现场检查，对住宅小区建设、管理的情况进行全面鉴定和评价，提出验收意见并向城市人民政府建设行政主管部门提交住宅小区竣工综合验收报告；

（四）城市人民政府建设行政主管部门对综合验收报告进行审查。综合验收报告审查合格后，开发建设单位方可将房屋和有关设施办理交付使用手续。

验收合格并已办理交付使用手续的住宅小区，开发建设单位不再承担工程增建、改建费用。

第九条 住宅小区竣工验收合格后，开发建设单位应当按照有关规定将完整的小区综合验收资料报送备案。

第十条 分期建设的住宅小区，可以实行分期验收，待全部建成后进行综合验收。

分期验收的住宅小区，市政公用基础设施和公共配套设施满足使用功能要求的，可以分期投入使用。

第十一条 住宅小区综合验收不合格的，由城市人民政府建设行政主管部门责令开发建设单位限期改正，由此发生的费用由开发建设单位承担。

对违反规划要求、市政公用基础设施和公共设施不配套、工程质量低劣的，由验收小组提请有关部门依法查处。

第十二条 未经综合验收，开发建设单位擅自将房屋和有关设施交付使用的，由城市人民政府建设行政主管部门吊销开发建设单位资质证书，并可处以罚款。

第十三条　省、自治区、直辖市人民政府建设行政主管部门可以根据本办法制定实施细则。

第十四条　本办法由建设部负责解释。

第十五条　本办法自一九九三年十二月一日起施行。

4. 关于商品房验收的相关法律规定

1.《合同法》第二百七十九条规定："建设工程竣工后，发包人应当根据施工图纸及说明书、国家颁发的施工验收规范和质量检验标准及时进行验收。验收合格的，发包人应当按照约定支付价款，并接收该建设工程。建设工程竣工经验收合格后，方可交付使用；未经验收或者验收不合格的，不得交付使用。"

2.《中华人民共和国城市房地产管理法》第二十七条规定："房地产开发项目竣工，经验收合格后，方可交付使用。"

3.《中华人民共和国建筑法》第六十一条第二款规定："建筑工程竣工经验收合格后，方可交付使用；未经验收或者验收不合格的，不得交付使用。"

4.《城市房地产开发经营管理条例》第十七条规定："房地产开发项目竣工，经验收合格后，方可交付使用；未经验收或者验收不合格的，不得交付使用。房地产开发项目竣工后，房地产开发企业应当向项目所在地的县级以上地方人民政府房地产开发主管部门提出竣工验收申请。房地产开发主管部门应当自收到竣工验收申请之日起 30 日内，对涉及公共安全的内容，组织工程质量监督、规划、消防、人防等有关部门或者单位进行验收。"第十八条规定："住宅小区等群体房地产开发项目竣工，应当依照本条例第十七条的规定和下列要求进行综合验收。"

5.《建设工程质量管理条例》第十六条规定："建设单位收到建设工程竣工报告后，应当组织设计、施工、工程监理等有关单位进行竣工验收。建设工程经验收合格的，方可交付使用。"

6.《商品房销售管理办法》第四十条规定："房地产开发企业将未组织竣工验收、验收不合格或者对不合格按合格验收的商品房擅自交付使用的，按照《建设工程质量管理条例》的规定处罚。"

7. 住房城乡建设部和工商总局联合发布了 2015 版《商品房买卖合同示范文本》。关于"查验房屋"规定如下：

（1）办理交付手续前，买受人有权对该商品房进行查验，出卖人不得以缴纳相关税费或者签署物业管理文件作为买受人查验和办理交付手续的前提条件。

（2）买受人查验的该商品房存在下列除地基基础和主体结构外的其他质量问题的，由出卖人按照有关工程和产品质量规范、标准自查验次日起日内负责修复，并承担修复费用，修复后再行交付。

5.2015 版《商品房买卖合同示范文本》

商品房买卖合同

（预售）

出卖人向买受人出售其开发建设的房屋，双方当事人应当在自愿、平等、公平及诚实信用的基础上，根据《中华人民共和国合同法》、《中华人民共和国物权法》、《中华人民共和国城市房地产管理法》等法律、法规的规定，就商品房买卖相关内容协商达成一致意见，签订本商品房买卖合同。

第一章　合同当事人

出卖人：＿＿＿＿＿＿＿＿＿＿＿＿＿＿＿＿＿＿＿＿＿＿＿＿＿＿＿＿＿＿＿

通讯地址：＿＿＿＿＿＿＿＿＿＿＿＿＿＿＿＿＿＿＿＿＿＿＿＿＿＿＿＿＿＿

邮政编码：＿＿＿＿＿＿＿＿＿＿＿＿＿＿＿＿＿＿＿＿＿＿＿＿＿＿＿＿＿＿

营业执照注册号：＿＿＿＿＿＿＿＿＿＿＿＿＿＿＿＿＿＿＿＿＿＿＿＿＿＿

企业资质证书号：＿＿＿＿＿＿＿＿＿＿＿＿＿＿＿＿＿＿＿＿＿＿＿＿＿＿

法定代表人：联系电话：＿＿＿＿＿＿＿＿＿＿＿＿＿＿＿＿＿＿＿＿＿＿＿

委托代理人：联系电话：＿＿＿＿＿＿＿＿＿＿＿＿＿＿＿＿＿＿＿＿＿＿＿

委托销售经纪机构：＿＿＿＿＿＿＿＿＿＿＿＿＿＿＿＿＿＿＿＿＿＿＿＿＿

通讯地址：＿＿＿＿＿＿＿＿＿＿＿＿＿＿＿＿＿＿＿＿＿＿＿＿＿＿＿＿＿＿

邮政编码：＿＿＿＿＿＿＿＿＿＿＿＿＿＿＿＿＿＿＿＿＿＿＿＿＿＿＿＿＿＿

营业执照注册号：＿＿＿＿＿＿＿＿＿＿＿＿＿＿＿＿＿＿＿＿＿＿＿＿＿＿

经纪机构备案证明号：＿＿＿＿＿＿＿＿＿＿＿＿＿＿＿＿＿＿＿＿＿＿＿＿

法定代表人：联系电话：＿＿＿＿＿＿＿＿＿＿＿＿＿＿＿＿＿＿＿＿＿＿＿

买受人：＿＿＿＿＿＿＿＿＿＿＿＿＿＿＿＿＿＿＿＿＿＿＿＿＿＿＿＿＿＿＿

【法定代表人】【负责人】：＿＿＿＿＿＿＿＿＿＿＿＿＿＿＿＿＿＿＿＿＿

【国籍】【户籍所在地】：＿＿＿＿＿＿＿＿＿＿＿＿＿＿＿＿＿＿＿＿＿＿＿

证件类型：【居民身份证】【护照】【营业执照】【＿＿＿＿＿】，证号：＿＿＿＿＿＿＿＿

出生日期：＿＿＿＿年＿＿＿月＿＿＿日，性别：＿＿＿＿＿＿＿＿＿＿＿＿＿

通讯地址：＿＿＿＿＿＿＿＿＿＿＿＿＿＿＿＿＿＿＿＿＿＿＿＿＿＿＿＿＿＿

邮政编码：＿＿＿＿＿＿＿＿＿＿＿＿＿＿＿联系电话：＿＿＿＿＿＿＿＿＿＿＿

【委托代理人】【法定代理人】：＿＿＿＿＿＿＿＿＿＿＿＿＿＿＿＿＿＿＿＿

【国籍】【户籍所在地】：＿＿＿＿＿＿＿＿＿＿＿＿＿＿＿＿＿＿＿＿＿＿＿

证件类型：【居民身份证】【护照】【营业执照】【＿＿＿＿】，证号：＿＿＿＿＿＿＿＿＿＿＿

出生日期：＿＿＿＿年＿＿＿月＿＿＿日，性别：＿＿＿＿＿＿＿＿＿＿＿＿＿＿＿＿

通讯地址：＿＿＿＿＿＿＿＿＿＿＿＿＿＿＿＿＿＿＿＿＿＿＿＿＿＿＿＿＿＿＿＿

邮政编码：＿＿＿＿＿＿＿＿＿＿＿＿＿＿＿＿ 联系电话：＿＿＿＿＿＿＿＿＿＿＿＿＿＿＿

（买受人为多人时，可相应增加）

第二章　商品房基本状况

第一条　项目建设依据

1.出卖人以【出让】【划拨】【＿＿＿＿】方式取得坐落于＿＿＿＿＿＿＿＿＿＿地块的建设用地使用权。该地块【国有土地使用证号】【＿＿＿＿】为＿＿＿＿＿＿＿＿，土地使用权面积为＿＿＿＿＿＿平方米。买受人购买的商品房（以下简称该商品房）所占用的土地用途为＿＿＿＿，土地使用权终止日期为＿＿＿＿年＿＿＿月＿＿＿日。

2.出卖人经批准，在上述地块上建设的商品房项目核准名称为＿＿＿＿＿＿＿＿，建设工程规划许可证号为＿＿＿＿＿＿＿＿，建筑工程施工许可证号为＿＿＿＿＿＿＿＿。

第二条　预售依据

该商品房已由＿＿＿＿＿＿＿＿＿＿＿＿＿＿＿＿＿批准预售，预售许可证号为＿＿＿＿＿＿＿＿＿＿＿＿。

第三条　商品房基本情况

1.该商品房的规划用途为【住宅】【办公】【商业】【＿＿＿＿】。

2.该商品房所在建筑物的主体结构为＿＿＿＿＿＿＿＿＿，建筑总层数为＿＿＿＿＿＿层，其中地上＿＿＿＿＿＿层，地下＿＿＿＿＿＿层。

3.该商品房为第一条规定项目中的＿＿＿＿＿＿＿＿【幢】【座】【＿＿＿＿】＿＿＿＿单元＿＿＿＿层＿＿＿＿号。房屋竣工后，如房号发生改变，不影响该商品房的特定位置。该商品房的平面图见附件一。

4.该商品房的房产测绘机构为＿＿＿＿＿＿＿＿＿，其预测建筑面积共＿＿＿＿＿＿平方米，其中套内建筑面积＿＿＿＿＿＿平方米，分摊共有建筑面积＿＿＿＿＿＿平方米。该商品房共用部位见附件二。

该商品房层高为＿＿＿＿＿米，有＿＿＿＿个阳台，其＿＿＿＿中个阳台为封闭式，＿＿＿＿个阳台为非封闭式。阳台是否封闭以规划设计文件为准。

第四条　抵押情况

与该商品房有关的抵押情况为【抵押】【未抵押】。

抵押类型：＿＿＿＿＿＿＿＿＿＿＿，抵押人：＿＿＿＿＿＿＿＿＿＿＿，

抵押权人：＿＿＿＿＿＿＿＿＿＿，抵押登记机构：＿＿＿＿＿＿＿＿＿＿，

抵押登记日期：＿＿＿＿＿＿＿＿，债务履行期限：＿＿＿＿＿＿＿＿＿。

抵押类型：＿＿＿＿＿＿＿＿＿＿＿，抵押人：＿＿＿＿＿＿＿＿＿＿＿，

抵押权人：＿＿＿＿＿＿＿＿＿＿，抵押登记机构：＿＿＿＿＿＿＿＿＿＿，

抵押登记日期：_____，债务履行期限：_____。

抵押权人同意该商品房转让的证明及关于抵押的相关约定见附件三。

第五条　房屋权利状况承诺

1. 出卖人对该商品房享有合法权利；

2. 该商品房没有出售给除本合同买受人以外的其他人；

3. 该商品房没有司法查封或其他限制转让的情况；

4. _____；

5. _____。

如该商品房权利状况与上述情况不符，导致不能完成本合同登记备案或房屋所有权转移登记的，买受人有权解除合同。买受人解除合同的，应当书面通知出卖人。出卖人应当自解除合同通知送达之日起15日内退还买受人已付全部款款（含已付贷款部分），并自买受人付款之日起，按照___%（不低于中国人民银行公布的同期贷款基准利率）计算给付利息。给买受人造成损失的，由出卖人支付【已付房价款一倍】【买受人全部损失】的赔偿金。

第三章　商品房价款

第六条　计价方式与价款

出卖人与买受人按照下列第_____种方式计算该商品房价款：

1. 按照套内建筑面积计算，该商品房单价为每平方米_____（币种）_____元，总价款为（币种）_____元（大写_____元整）。

2. 按照建筑面积计算，该商品房单价为每平方米_____（币种）_____元，总价款为（币种）_____元（大写_____元整）。

3. 按照套计算，该商品房总价款为_____（币种）_____元（大写_____元整）。

4. 按照_____计算，该商品房总价款为_____（币种）_____元（大写_____写元整）。

第七条　付款方式及期限

（一）签订本合同前，买受人已向出卖人支付定金_____（币种）_____元元（大写），该定金于【本合同签订】【交付首付款】【_____】时【抵作】【_____】商品房价款。

（二）买受人采取下列第_____种方式付款：

1. 一次性付款。买受人应当在_____年_____月_____日前支付该商品房全部价款。

2. 分期付款。买受人应当在_____年_____月_____前分期支付该商品房全部价款，首期房价款_____（币种）_____元（大写：_____元整），应当于年月日前支付。_____。

3. 贷款方式付款：【公积金贷款】【商业贷款】【_____】。买受人应当于_____年_____月_____前支付首期房价款_____（币种）_____元（大写：_____元整），占全部房价款的_____%。

余款_____（币种）_____元（大写_____元整）向_____（贷款机构）申请贷款支付。

4. 其他方式：

_____。

（三）出售该商品房的全部房价款应当存入预售资金监管账户，用于本工程建设。

该商品房的预售资金监管机构为_____，预售资金监管账户名称

为_____，账号为_____。

该商品房价款的计价方式、总价款、付款方式及期限的具体约定见附件四。

第八条　逾期付款责任

除不可抗力外，买受人未按照约定时间付款的，双方同意按照下列第_____种方式处理：

1. 按照逾期时间，分别处理（（1）和（2）不作累加）。

（1）逾期在_____日之内，买受人按日计算向出卖人支付逾期应付款万分之_____的违约金。

（2）逾期超过_____日（该期限应当与本条第（1）项中的期限相同）后，出卖人有权解除合同。出卖人解除合同的，应当书面通知买受人。买受人应当自解除合同通知送达之日起_____日内按照累计应付款的_____%向出卖人支付违约金，同时，出卖人退还买受人已付全部房款（含已付贷款部分）。

出卖人不解除合同的，买受人按日计算向出卖人支付逾期应付款万分之_____（该比率不低于第（1）项中的比率）的违约金。

本条所称逾期应付款是指依照第七条及附件四约定的到期应付款与该期实际已付款的差额；采取分期付款的，按照相应的分期应付款与该期的实际已付款的差额确定。

2. _____。

第四章　商品房交付条件与交付手续

第九条　商品房交付条件

该商品房交付时应当符合下列第 1、2、_____、_____ 项所列条件：

1. 该商品房已取得建设工程竣工验收备案证明文件；

2. 该商品房已取得房屋测绘报告；

3. _____；

4. _____；

该商品房为住宅的，出卖人还需提供《住宅使用说明书》和《住宅质量保证书》。

第十条　商品房相关设施设备交付条件

（一）基础设施设备

1. 供水、排水：交付时供水、排水配套设施齐全，并与城市公共供水、排水管网连接。使用自建设施供水的，供水的水质符合国家规定的饮用水卫生标准，

_____；

2. 供电：交付时纳入城市供电网络并正式供电，

_____；

3. 供暖：交付时供热系统符合供热配建标准，使用城市集中供热的，纳入城市集中供热管网，

_____；

4. 燃气：交付时完成室内燃气管道的敷设，并与城市燃气管网连接，保证燃气供应，

_____；

5. 电话通信：交付时线路敷设到户；

6. 有线电视：交付时线路敷设到户；

7. 宽带网络：交付时线路敷设到户。

以上第1、2、3项由出卖人负责办理开通手续并承担相关费用；第4、5、6、7项需要买受人自行办理开通手续。

如果在约定期限内基础设施设备未达到交付使用条件，双方同意按照下列第_____种方式处理：

（1）以上设施中第1、2、3、4项在约定交付日未达到交付条件的，出卖人按照本合同第十二条的约定承担逾期交付责任。

第5项未按时达到交付使用条件的，出卖人按日向买受人支付_____元的违约金；第6项未按时达到交付使用条件的，出卖人按日向买受人支付_____元的违约金；第7项未按时达到交付使用条件的，出卖人按日向买受人支付_____元的违约金。出卖人采取措施保证相关设施于约定交付日后日之内达到交付使用条件。

（2）_____。

（二）公共服务及其他配套设施（以建设工程规划许可为准）

1. 小区内绿地率：_____年_____月_____日达到_____；

2. 小区内非市政道路：_____年_____月_____日达到_____；

3. 规划的车位、车库：_____年_____月_____日达到_____；

4. 物业服务用房：_____年_____月_____日达到_____；

5. 医疗卫生机构：_____年_____月_____日达到_____；

6. 幼儿园：_____年_____月_____日达到_____；

7. 学校：_____年_____月_____日达到_____；

8. _____；

9. _____。

以上设施未达到上述条件的，双方同意按照以下方式处理：

1. 小区内绿地率未达到上述约定条件的，_____。

2. 小区内非市政道路未达到上述约定条件的，_____。

3. 规划的车位、车库未达到上述约定条件的，_____。

4. 物业服务用房未达到上述约定条件的，_____。

5. 其他设施未达到上述约定条件的，_____。

关于本项目内相关设施设备的具体约定见附件五。

第十一条 交付时间和手续

（一）出卖人应当在_____年_____月_____日前向买受人交付该商品房。

（二）该商品房达到第九条、第十条约定的交付条件后，出卖人应当在交付日期届满前_____日（不少于10日）将查验房屋的时间、办理交付手续的时间地点以及应当携带的证件材料的通知书面送达买受人。买受人未收到交付通知书的，以本合同约定的交付日期届满之日为办理交付手续的时间，以该商品房所在地为办理交付手续的地点。

_____；

交付该商品房时，出卖人应当出示满足第九条约定的证明文件。出卖人不出示证明文件或者出示的证明文件不齐全，不能满足第九条约定条件的，买受人有权拒绝接收，由此产生的逾期交付责任由出卖人承担，并按照第十二条处理。

（三）查验房屋

1. 办理交付手续前，买受人有权对该商品房进行查验，出卖人不得以缴纳相关税费或者签署物业管理文件作为买受人查验和办理交付手续的前提条件。

2. 买受人查验的该商品房存在下列除地基基础和主体结构外的其他质量问题的，由出卖人按照有关工程和产品质量规范、标准自查验次日起_____日内负责修复，并承担修复费用，修复后再行交付。

（1）屋面、墙面、地面渗漏或开裂等；

（2）管道堵塞；

（3）门窗翘裂、五金件损坏；

（4）灯具、电器等电气设备不能正常使用；

（5）_____；

（6）_____。

3. 查验该商品房后，双方应当签署商品房交接单。由于买受人原因导致该商品房未能按期交付的，双方同意按照以下方式处理：

（1）_____；

（2）_____。

第十二条　逾期交付责任

除不可抗力外，出卖人未按照第十一条约定的时间将该商品房交付买受人的，双方同意按照下列第_____种方式处理：

1. 按照逾期时间，分别处理（（1）和（2）不作累加）。

（1）逾期在_____日之内（该期限应当不多于第八条第 1（1）项中的期限），自第十一条约定的交付期限届满之次日起至实际交付之日止，出卖人按日计算向买受人支付全部房价款万分之_____的违约金（该违约金比率应当不低于第八条第 1（1）项中的比率）。

（2）逾期超过_____日（该期限应当与本条第（1）项中的期限相同）后，买受人有权解除合同。买受人解除合同的，应当书面通知出卖人。出卖人应当自解除合同通知送达之日起 15 日内退还买受人已付全部房款（含已付贷款部分），并自买受人付款之日起，按照_____%（不低于中国人民银行公布的同期贷款基准利率）计算给付利息；同时，出卖人按照全部房价款的_____% 向买受人支付违约金。

买受人要求继续履行合同的，合同继续履行，出卖人按日计算向买受人支付全部房价款万分之_____（该比率应当不低于本条第 1（1）项中的比率）的违约金。

2. _____。

第五章　面积差异处理方式

第十三条　面积差异处理

该商品房交付时，出卖人应当向买受人出示房屋测绘报告，并向买受人提供该商品房的面积实测数据（以下简称实测面积）。实测面积与第三条载明的预测面积发生误差的，双方同意按照第_____种方式处理。

1. 根据第六条按照套内建筑面积计价的约定，双方同意按照下列原则处理：

(1) 套内建筑面积误差比绝对值在 3% 以内（含 3%）的，据实结算房价款；

(2) 套内建筑面积误差比绝对值超出 3% 时，买受人有权解除合同。

买受人解除合同的，应当书面通知出卖人。出卖人应当自解除合同通知送达之日起 15 日内退还买受人已付全部房款（含已付贷款部分），并自买受人付款之日起，按照＿＿＿＿＿%（不低于中国人民银行公布的同期贷款基准利率）计算给付利息。

买受人选择不解除合同的，实测套内建筑面积大于预测套内建筑面积时，套内建筑面积误差比在 3% 以内（含 3%）部分的房价款由买受人补足；超出 3% 部分的房价款由出卖人承担，产权归买受人所有。实测套内建筑面积小于预测套内建筑面积时，套内建筑面积误差比绝对值在 3% 以内（含 3%）部分的房价款由出卖人返还买受人；绝对值超出 3% 部分的房价款由出卖人双倍返还买受人。

$$套内建筑面积误差比 = \frac{实测套内建筑面积 - 预测套内建筑面积}{预测套内建筑面积} \times 100\%$$

2. 根据第六条按照建筑面积计价的约定，双方同意按照下列原则处理：

(1) 建筑面积、套内建筑面积误差比绝对值均在 3% 以内（含 3%）的，根据实测建筑面积结算房价款；

(2) 建筑面积、套内建筑面积误差比绝对值其中有一项超出 3% 时，买受人有权解除合同。

买受人解除合同的，应当书面通知出卖人。出卖人应当自解除合同通知送达之日起 15 日内退还买受人已付全部房款（含已付贷款部分），并自买受人付款之日起，按照＿＿＿＿＿%（不低于中国人民银行公布的同期贷款基准利率）计算给付利息。

买受人选择不解除合同的，实测建筑面积大于预测建筑面积时，建筑面积误差比在 3% 以内（含 3%）部分的房价款由买受人补足，超出 3% 部分的房价款由出卖人承担，产权归买受人所有。实测建筑面积小于预测建筑面积时，建筑面积误差比绝对值在 3% 以内（含 3%）部分的房价款由出卖人返还买受人；绝对值超出 3% 部分的房价款由出卖人双倍返还买受人。

$$套内建筑面积误差比 = \frac{实测建筑面积 - 预测建筑面积}{预测套内建筑面积} \times 100\%$$

(3) 因设计变更造成面积差异，双方不解除合同的，应当签署补充协议。

3. 根据第六条按照套计价的，出卖人承诺在房屋平面图中标明详细尺寸，并约定误差范围。该商品房交付时，套型与设计图纸不一致或者相关尺寸超出约定的误差范围，双方约定如下：

＿＿＿。

4. 双方自行约定：

＿＿＿。

第六章 规划设计变更

第十四条 规划变更

（一）出卖人应当按照城乡规划主管部门核发的建设工程规划许可证规定的条件建设商品房，不得擅自变更。

双方签订合同后，涉及该商品房规划用途、面积、容积率、绿地率、基础设施、公共服务及其他配套设施等规划许可内容经城乡规划主管部门批准变更的，出卖人应当在变更确立之日起 10 日内将书面通知送达买受人。出卖人未在规定期限内通知买受人的，买受人有权解除合同。

（二）买受人应当在通知送达之日起 15 日内做出是否解除合同的书面答复。买受人逾期未予以书面答复的，视同接受变更。

（三）买受人解除合同的，应当书面通知出卖人。出卖人应当自解除合同通知送达之日起 15 日内退还买受人已付全部房款（含已付贷款部分），并自买受人付款之日起，按照＿＿＿％（不低于中国人民银行公布的同期贷款基准利率）计算给付利息；同时，出卖人按照全部房价款的＿＿＿＿％向买受人支付违约金。

买受人不解除合同的，有权要求出卖人赔偿由此造成的损失，双方约定如下：

＿＿＿＿＿＿＿＿＿＿＿＿＿＿＿＿＿＿＿＿＿＿＿＿＿＿＿＿＿＿＿＿＿＿。

第十五条　设计变更

（一）双方签订合同后，出卖人按照法定程序变更建筑工程施工图设计文件，涉及下列可能影响买受人所购商品房质量或使用功能情形的，出卖人应当在变更确立之日起 10 日内将书面通知送达买受人。出卖人未在规定期限内通知买受人的，买受人有权解除合同。

1.该商品房结构形式、户型、空间尺寸、朝向；

2.供热、采暖方式；

3.＿＿＿＿＿＿＿＿＿＿＿＿＿＿＿＿＿＿＿＿＿＿＿＿＿＿＿＿；

4.＿＿＿＿＿＿＿＿＿＿＿＿＿＿＿＿＿＿＿＿＿＿＿＿＿＿＿＿；

5.＿＿＿＿＿＿＿＿＿＿＿＿＿＿＿＿＿＿＿＿＿＿＿＿＿＿＿＿。

（二）买受人应当在通知送达之日起 15 日内做出是否解除合同的书面答复。买受人逾期未予以书面答复的，视同接受变更。

（三）买受人解除合同的，应当书面通知出卖人。出卖人应当自解除合同通知送达之日起 15 日内退还买受人已付全部房款（含已付贷款部分），并自买受人付款之日起，按照 ％（不低于中国人民银行公布的同期贷款基准利率）计算给付利息；同时，出卖人按照全部房价款的 ％向买受人支付违约金。

买受人不解除合同的，有权要求出卖人赔偿由此造成的损失，双方约定如下：

＿＿＿＿＿＿＿＿＿＿＿＿＿＿＿＿＿＿＿＿＿＿＿＿＿＿＿＿＿＿＿＿＿＿。

第七章　商品房质量及保修责任

第十六条　商品房质量

（一）地基基础和主体结构

出卖人承诺该商品房地基基础和主体结构合格，并符合国家及行业标准。

经检测不合格的，买受人有权解除合同。买受人解除合同的，应当书面通知出卖人。出卖人应当自解除合同通知送达之日起 15 日内退还买受人已付全部房款（含已付贷款部分），并自买受人付款之日起，按照 ％（不低于中国人民银行公布的同期贷款基准利率）计算给付利息。给买受人造成损失的，由出卖人支付【已付房价款一倍】【买受人全部损失】的赔偿金。因此而发生的检测费用由出卖人承担。

买受人不解除合同的，＿＿＿＿＿＿＿＿＿＿＿＿＿＿＿＿＿＿＿＿＿＿＿＿。

（二）其他质量问题

该商品房质量应当符合有关工程质量规范、标准和施工图设计文件的要求。发现除地基基础和主体结构外质量问题的，双方按照以下方式处理：

（1）及时更换、修理；如给买受人造成损失的，还应当承担相应赔偿责任。

＿＿＿＿＿＿＿＿＿＿＿＿＿＿＿＿＿＿＿＿＿＿＿＿＿＿＿＿＿＿＿＿＿。

(2)经过更换、修理，仍然严重影响正常使用的，买受人有权解除合同。买受人解除合同的，应当书面通知出卖人。出卖人应当自解除合同通知送达之日起15日内退还买受人已付全部房款（含已付贷款部分），并自买受人付款之日起，按照 % （不低于中国人民银行公布的同期贷款基准利率）计算给付利息。给买受人造成损失的，由出卖人承担相应赔偿责任。因此而发生的检测费用由出卖人承担。

买受人不解除合同的，_____。

（三）装饰装修及设备标准

该商品房应当使用合格的建筑材料、构配件和设备，装置、装修、装饰所用材料的产品质量必须符合国家的强制性标准及双方约定的标准。

不符合上述标准的，买受人有权要求出卖人按照下列第（1）、_____、_____方式处理（可多选）：

（1）及时更换、修理；

（2）出卖人赔偿双倍的装饰、设备差价；

（3）_____；

（4）_____。

具体装饰装修及相关设备标准的约定见附件六。

（四）室内空气质量、建筑隔声和民用建筑节能措施

1. 该商品房室内空气质量符合【国家】【地方】标准，标准名称：_____，标准文号：_____。

该商品房为住宅的，建筑隔声情况符合【国家】【地方】标准，标准名称：_____，标准文号：_____。

该商品房室内空气质量或建筑隔声情况经检测不符合标准，由出卖人负责整改，整改后仍不符合标准的，买受人有权解除合同。买受人解除合同的，应当书面通知出卖人。出卖人应当自解除合同通知送达之日起15日内退还买受人已付全部房款（含已付贷款部分），并自买受人付款之日起，按照 % （不低于中国人民银行公布的同期贷款基准利率）计算给付利息。给买受人造成损失的，由出卖人承担相应赔偿责任。经检测不符合标准的，检测费用由出卖人承担，整改后再次检测发生的费用仍由出卖人承担。因整改导致该商品房逾期交付的，出卖人应当承担逾期交付责任。

2. 该商品房应当符合国家有关民用建筑节能强制性标准的要求。

未达到标准的，出卖人应当按照相应标准要求补做节能措施，并承担全部费用；给买受人造成损失的，出卖人应当承担相应赔偿责任。

_____。

第十七条 保修责任

（一）商品房实行保修制度。该商品房为住宅的，出卖人自该商品房交付之日起，按照《住宅质量保证书》承诺的内容承担相应的保修责任。该商品房为非住宅的，双方应当签订补充协议详细约定保修范围、保修期限和保修责任等内容。具体内容见附件七。

（二）下列情形，出卖人不承担保修责任：

1. 因不可抗力造成的房屋及其附属设施的损害；

2. 因买受人不当使用造成的房屋及其附属设施的损害；

3. _____。

（三）在保修期内，买受人要求维修的书面通知送达出卖人_____日内，出卖人既不履行保修义务也不提出书面异议的，买受人可以自行或委托他人进行维修，维修费用及维修期间造成的其他损失由出卖人承担。

第十八条 质量担保

出卖人不按照第十六条、第十七条约定承担相关责任的，_____由承担连带责任。

关于质量担保的证明见附件八。

第八章 合同备案与房屋登记

第十九条 预售合同登记备案

（一）出卖人应当自本合同签订之日起【30 日内】【_____日内】（不超过 30 日）办理商品房预售合同登记备案手续，并将本合同登记备案情况告知买受人。

（二）有关预售合同登记备案的其他约定如下：

_____；

_____。

第二十条 房屋登记

（一）双方同意共同向房屋登记机构申请办理该商品房的房屋所有权转移登记。

（二）因出卖人的原因，买受人未能在该商品房交付之日起_____日内取得该商品房的房屋所有权证书的，双方同意按照下列第_____种方式处理：

1. 买受人有权解除合同。买受人解除合同的，应当书面通知出卖人。出卖人应当自解除合同通知送达之日起 15 日内退还买受人已付全部房款（含已付贷款部分），并自买受人付款之日起，按照_____%（不低于中国人民银行公布的同期贷款基准利率）计算给付利息。买受人不解除合同的，自买受人应当完成房屋所有权登记的期限届满之次日起至实际完成房屋所有权登记之日止，出卖人按日计算向买受人支付全部房价款万分之_____的违约金。

2. _____。

（三）因买受人的原因未能在约定期限内完成该商品房的房屋所有权转移登记的，出卖人不承担责任。

第九章 前期物业管理

第二十一条 前期物业管理

（一）出卖人依法选聘的前期物业服务企业为_____。

（二）物业服务时间从_____年____月_____日到_____年____月_____日。

（三）物业服务期间，物业收费计费方式为【包干制】【酬金制】【   】。物业

服务费为元 / 月·平方米（建筑面积）。

（四）买受人同意由出卖人选聘的前期物业服务企业代为查验并承接物业共用部位、共用设施设备，出卖人应当将物业共用部位、共用设施设备承接查验的备案情况书面告知买受人。

（五）买受人已详细阅读前期物业服务合同和临时管理规约，同意由出卖人依法选聘的物业服务企业实施前期物业管理，遵守临时管理规约。业主委员会成立后，由业主大会决定选聘或续聘物业服务企业。

该商品房前期物业服务合同、临时管理规约见附件九。

第十章 其他事项

第二十二条 建筑物区分所有权

（一）买受人对其建筑物专有部分享有占有、使用、收益和处分的权利。

（二）以下部位归业主共有：

1. 建筑物的基础、承重结构、外墙、屋顶等基本结构部分，通道、楼梯、大堂等公共通行部分，消防、公共照明等附属设施、设备，避难层、设备层或者设备间等结构部分；

2. 该商品房所在建筑区划内的道路（属于城镇公共道路的除外）、绿地（属于城镇公共绿地或者明示属于个人的除外）、占用业主共有的道路或者其他场地用于停放汽车的车位、物业服务用房；

3. _____。

（三）双方对其他配套设施约定如下：

1. 规划的车位、车库：_____；

2. 会所：_____；

3. _____。

第二十三条 税费

双方应当按照国家的有关规定，向相应部门缴纳因该商品房买卖发生的税费。因预测面积与实测面积差异，导致买受人不能享受税收优惠政策而增加的税收负担，由_____承担。

第二十四条 销售和使用承诺

1. 出卖人承诺不采取分割拆零销售、返本销售或者变相返本销售的方式销售商品房；不采取售后包租或者变相售后包租的方式销售未竣工商品房。

2. 出卖人承诺按照规划用途进行建设和出售，不擅自改变该商品房使用性质，并按照规划用途办理房屋登记。出卖人不得擅自改变与该商品房有关的共用部位和设施的使用性质。

3. 出卖人承诺对商品房的销售，不涉及依法或者依规划属于买受人共有的共用部位和设施的处分。

4. 出卖人承诺已将遮挡或妨碍房屋正常使用的情况告知买受人。具体内容见附件十。

5. 买受人使用该商品房期间，不得擅自改变该商品房的用途、建筑主体结构和承重结构。

6. _____。

7. _____。

第二十五条 送达

出卖人和买受人保证在本合同中记载的通讯地址、联系电话均真实有效。任何根据本合同发出的文件，均应采用书面形式，以【邮政快递】【邮寄挂号信】【_____】方式送达对方。任何一方变更通讯地址、联系电话的，应在变更之日起_____日内书面通知对方。变更的一方未履行通知义务导致送达不能的，应承担相应的法律责任。

第二十六条 买受人信息保护

出卖人对买受人信息负有保密义务。非因法律、法规规定或国家安全机关、公安机关、检察机关、审判机关、纪检监察部门执行公务的需要，未经买受人书面同意，出卖人及其销售人员和相关工作人员不得对外披露买受人信息，或将买受人信息用于履行本合同之外的其他用途。

第二十七条 争议解决方式

本合同在履行过程中发生的争议，由双方当事人协商解决，也可通过消费者协会等相关机构调解；或按照下列第_____种方式解决：

1. 依法向房屋所在地人民法院起诉。

2. 提交_____仲裁委员会仲裁。

第二十八条　补充协议

对本合同中未约定或约定不明的内容，双方可根据具体情况签订书面补充协议（补充协议见附件十一）。

补充协议中含有不合理的减轻或免除本合同中约定应当由出卖人承担的责任，或不合理的加重买受人责任、排除买受人主要权利内容的，仍以本合同为准。

第二十九条　合同生效

本合同自双方签字或盖章之日起生效。本合同的解除应当采用书面形式。

本合同及附件共_____页，一式_____份，其中出卖人_____份，买受人_____份，【_____】份，【_____】_____份。合同附件与本合同具有同等法律效力。

出卖人（签字或盖章）：　　　　　　　　买受人（签字或盖章）：

【法定代表人】（签字或盖章）：　　　　【法定代表人】（签字或盖章）：

【委托代理人】（签字或盖章）：　　　　【委托代理人】（签字或盖章）：

　　　　　　　　　　　　　　　　　　　【法定代理人】（签字或盖章）：

签订时间：_____年_____月_____日　　签订时间：_____年_____月_____日

签订地点：_____　　签订地点：_____

附件一　房屋平面图（应当标明方位）

1. 房屋分层分户图（应当标明详细尺寸，并约定误差范围）

2. 建设工程规划方案总平面图

附件二　关于该商品房共用部位的具体说明（可附图说明）

1. 纳入该商品房分摊的共用部位的名称、面积和所在位置

2. 未纳入该商品房分摊的共用部位的名称、所在位置

附件三　抵押权人同意该商品房转让的证明及关于抵押的相关约定

1. 抵押权人同意该商品房转让的证明

2. 解除抵押的条件和时间

3. 关于抵押的其他约定

附件四 关于该商品房价款的计价方式、总价款、付款方式及期限的具体约定

附件五 关于本项目内相关设施、设备的具体约定

1. 相关设施的位置及用途
2. 其他约定

附件六 关于装饰装修及相关设备标准的约定

交付的商品房达不到本附件约定装修标准的，按照本合同第十六条第（三）款约定处理。出卖人未经双方约定增加的装置、装修、装饰，视为无条件赠送给买受人。

双方就装饰装修主要材料和设备的品牌、产地、规格、数量等内容约定如下：

1. 外墙：【瓷砖】【涂料】【玻璃幕墙】【_____】；

_____。

2. 起居室：

（1）内墙：【涂料】【壁纸】【_____】；

_____。

（2）顶棚：【石膏板吊顶】【涂料】【_____】；

_____。

（3）室内地面：【大理石】【花岗岩】【水泥抹面】【实木地板】【_____】；

_____。

3. 厨房：

（1）地面：【水泥抹面】【瓷砖】【_____】；

_____。

（2）墙面：【耐水腻子】【瓷砖】【_____】；

_____。

（3）顶棚：【水泥抹面】【石膏吊顶】【_____】；

_____。

（4）厨具：_____

4. 卫生间：

（1）地面：【水泥抹面】【瓷砖】【_____】；

_____。

（2）墙面：【耐水腻子】【瓷砖】【_____】；

_____。

（3）顶棚：【水泥抹面】【石膏吊顶】【_____】；

_____。

（4）卫生器具_____

5. 阳台：【塑钢封闭】【铝合金封闭】【断桥铝合金封闭】【不封闭】【_____】；

_____。

6. 电梯：

(1) 品牌_____；

(2) 型号_____。

7. 管道：

_____。

8. 窗户：

_____。

9._____。

10._____。

附件七　关于保修范围、保修期限和保修责任的约定

该商品房为住宅的，出卖人应当提供《住宅质量保证书》；该商品房为非住宅的，双方可参照《住宅质量保证书》中的内容对保修范围、保修期限和保修责任等进行约定。

该商品房的保修期自房屋交付之日起计算，关于保修期限的约定不应低于《建设工程质量管理条例》第四十条规定的最低保修期限。

(一) 保修项目、期限及责任的约定

1. 地基基础和主体结构：

保修期限为：_____（不得低于设计文件规定的该工程的合理使用年限）；

_____。

2. 屋面防水工程、有防水要求的卫生间、房间和外墙面的防渗漏：

保修期限为：_____（不得低于 5 年）；

_____。

3. 供热、供冷系统和设备：

保修期限为：_____（不得低于 2 个采暖期、供冷期）；

_____。

4. 电气管线、给排水管道、设备安装：

保修期限为：_____（不得低于 2 年）；

_____。

5. 装修工程：

保修期限为：_____（不得低于 2 年）；

_____。

6._____；

7._____；

8._____。

(二) 其他约定

_____。

附件八　关于质量担保的证明

附件九　关于前期物业管理的约定

1. 前期物业服务合同
2. 临时管理规约

附件十　出卖人关于遮挡或妨碍房屋正常使用情况的说明

（如：该商品房公共管道检修口、柱子、变电箱等有遮挡或妨碍房屋正常使用的情况）

附件十一　补充协议

商品房买卖合同

（现售）

出卖人向买受人出售其开发建设的房屋，双方当事人应当在自愿、平等、公平及诚实信用的基础上，根据《中华人民共和国合同法》、《中华人民共和国物权法》、《中华人民共和国城市房地产管理法》等法律、法规的规定，就商品房买卖相关内容协商达成一致意见，签订本商品房买卖合同。

第一章　合同当事人

出卖人：＿＿＿＿＿＿＿＿＿＿＿＿＿＿＿＿＿＿＿

通讯地址：＿＿＿＿＿＿＿＿＿＿＿＿＿＿＿＿＿＿

邮政编码：＿＿＿＿＿＿＿＿＿＿＿＿＿＿＿＿＿＿

营业执照注册号：＿＿＿＿＿＿＿＿＿＿＿＿＿＿

企业资质证书号：＿＿＿＿＿＿＿＿＿＿＿＿＿＿

法定代表人：联系电话：＿＿＿＿＿＿＿＿＿＿＿

委托代理人：联系电话：＿＿＿＿＿＿＿＿＿＿＿

委托销售经纪机构：＿＿＿＿＿＿＿＿＿＿＿＿＿

通讯地址：＿＿＿＿＿＿＿＿＿＿＿＿＿＿＿＿＿＿

邮政编码：＿＿＿＿＿＿＿＿＿＿＿＿＿＿＿＿＿＿

营业执照注册号：＿＿＿＿＿＿＿＿＿＿＿＿＿＿

经纪机构备案证明号：＿＿＿＿＿＿＿＿＿＿＿＿

法定代表人：联系电话：＿＿＿＿＿＿＿＿＿＿＿

买受人：＿＿＿＿＿＿＿＿＿＿＿＿＿＿＿＿＿＿＿

【法定代表人】【负责人】：＿＿＿＿＿＿＿＿＿＿

【国籍】【户籍所在地】：_____

证件类型：【居民身份证】【护照】【营业执照】【_____】，证号：_____

出生日期：_____年_____月_____日，性别：_____

通讯地址：_____

邮政编码：_____ 联系电话：_____

【委托代理人】【法定代理人】：_____

【国籍】【户籍所在地】：_____

证件类型：【居民身份证】【护照】【营业执照】【_____】，证号：_____

出生日期：_____年_____月_____日，性别：_____

通讯地址：_____

邮政编码：_____ 联系电话：_____

（买受人为多人时，可相应增加）

第二章 商品房基本状况

第一条 项目建设依据

1. 出卖人以【出让】【划拨】【_____】方式取得坐落于_____地块的建设用地使用权。该地块【国有土地使用证号】【_____】为_____，土地使用权面积为_____平方米。买受人购买的商品房（以下简称该商品房）所占用的土地用途为，土地使用权终止日期为_____年_____月_____日。

2. 出卖人经批准，在上述地块上建设的商品房项目核准名称为_____，建设工程规划许可证号为_____，建筑工程施工许可证号为_____。

第二条 销售依据

该商品房已取得【建设工程竣工验收备案证明文件】【《房屋所有权证》】，【备案号】【《房屋所有权证》证号】为_____，【备案机构】【房屋登记机构】为_____。

第三条 商品房基本情况

1. 该商品房的规划用途为【住宅】【办公】【商业】【_____】。

2. 该商品房所在建筑物的主体结构为_____，建筑总层数为_____层，其中地上_____层，地下_____层。

3. 该商品房为第一条规定项目中的_____【幢】【座】【_____】单元层号。该商品房的平面图见附件一。

4. 该商品房的房产测绘机构为_____，其实测建筑面积_____共平方米，其中套内建筑面积_____平方米，分摊共有建筑面积_____平方米。该商品房共用部位见附件二。

该商品房层高为_____米，有_____个阳台，其中_____个阳台为封闭式，_____个阳台为非封闭式。阳台是否封闭以规划设计文件为准。

第四条 抵押情况

与该商品房有关的抵押情况为【抵押】【未抵押】。

抵押人：_____，抵押权人：_____，

抵押登记机构：_____，抵押登记日期：_____，

25

债务履行期限：_____。

抵押权人同意该商品房转让的证明及关于抵押的相关约定见附件三。

第五条 租赁情况

该商品房的租赁情况为【出租】【未出租】。

出卖人已将该商品房出租，【买受人为该商品房承租人】【承租人放弃优先购买权】。

租赁期限：从_____年_____月_____日至_____年_____月_____日。出卖人与买受人经协商一致，自本合同约定的交付日至租赁期限届满期间的房屋收益归【出卖人】【买受人】所有。

_____。

出卖人提供的承租人放弃优先购买权的声明见附件四。

第六条 房屋权利状况承诺

1. 出卖人对该商品房享有合法权利；

2. t该商品房没有出售给除本合同买受人以外的其他人；

3. 该商品房没有司法查封或其他限制转让的情况；

4. _____；

5. _____。

如该商品房权利状况与上述情况不符，导致不能完成房屋所有权转移登记的，买受人有权解除合同。买受人解除合同的，应当书面通知出卖人。出卖人应当自解除合同通知送达之日起15日内退还买受人已付全部房款（含已付贷款部分），并自买受人付款之日起，按照_____%（不低于中国人民银行公布的同期贷款基准利率）计算给付利息。给买受人造成损失的，由出卖人支付【已付房价款一倍】【买受人全部损失】的赔偿金。

第三章 商品房价款

第七条 计价方式与价款

出卖人与买受人按照下列第_____种方式计算该商品房价款：

1. 按照套内建筑面积计算，该商品房单价为每平方米_____（币种）_____元，总价款为（币种）_____元（大写_____元整）。

2. 按照建筑面积计算，该商品房单价为每平方米_____（币种）_____元，总价款为（币种）_____元（大写_____元整）。

3. 按照套计算，该商品房总价款为_____（币种）_____元（大写_____元整）。

4. 按照_____计算，该商品房总价款为_____（币种）_____元（大写_____元整）。

第八条 付款方式及期限

（一）签订本合同前，买受人已向出卖人支付定金_____（币种）_____元（大写），该定金于【本合同签订】【交付首付款】【_____】时【抵作】【_____】商品房价款。

（二）买受人采取下列第_____种方式付款：

1. 一次性付款。买受人应当在_____年_____月_____日前支付该商品房全部价款。

2. 分期付款。买受人应当在_____年_____月_____日前分_____期支付该商品房全部价款，首期房价款＿＿＿＿＿＿（币种）元＿＿＿＿＿＿＿（大写：＿＿＿＿＿＿＿元整），应当于＿＿＿＿年＿＿＿月＿＿＿日前支付。

＿＿＿＿＿＿＿＿＿＿＿＿＿＿＿＿＿＿＿＿＿＿＿＿＿＿＿＿＿。

3.贷款方式付款：【公积金贷款】【商业贷款】【＿＿＿＿】。买受人应当于＿＿＿＿年＿＿＿月＿＿＿日前支付首期房价款＿＿＿＿＿＿（币种）＿＿＿＿＿＿元（大写＿＿＿＿＿＿元整），占全部房价款的＿＿＿＿＿＿％。

余款＿＿＿＿＿＿（币种）＿＿＿＿＿＿元（大写＿＿＿＿＿＿元整）向＿＿＿＿＿＿＿＿＿＿＿＿（贷款机构）申请贷款支付。

4.其他方式：

（三）双方约定全部房价款存入以下账户：账户名称为＿＿＿＿＿＿＿＿＿，开户银行为＿＿＿＿＿，账号为＿＿＿＿＿＿＿＿。

该商品房价款的计价方式、总价款、付款方式及期限的具体约定见附件五。

第九条　逾期付款责任

除不可抗力外，买受人未按约定时间付款的，双方同意按照下列第种方式处理：

1.按照逾期时间，分别处理（（1）和（2）不作累加）。

（1）逾期在＿＿＿＿日之内，买受人按日计算向出卖人支付逾期应付款万分之＿＿＿＿的违约金。

（2）逾期超过＿＿＿＿日（该期限应当与本条第（1）项中的期限相同）后，出卖人有权解除合同。出卖人解除合同的，应当书面通知买受人。买受人应当自解除合同通知送达之日起＿＿＿＿日内按照累计应付款的＿＿＿＿％向出卖人支付违约金，同时，出卖人退还买受人已付全部房款（含已付贷款部分）。

出卖人不解除合同的，买受人按日计算向出卖人支付逾期应付款万分之＿＿＿＿（该比率不低于第（1）项中的比率）的违约金。

本条所称逾期应付款是指依照第八条及附件五约定的到期应付款与该期实际已付款的差额；采取分期付款的，按照相应的分期应付款与该期的实际已付款的差额确定。

＿＿＿＿＿＿＿＿＿＿＿＿＿＿＿＿＿＿＿＿＿＿＿＿＿＿＿＿＿。

第四章　商品房交付条件与交付手续

第十条　商品房交付条件

该商品房交付时应当符合下列第1、2、＿＿、＿＿项所列条件：

1.该商品房已取得建设工程竣工验收备案证明文件；

2.该商品房已取得房屋测绘报告；

3.＿＿＿＿＿＿＿＿＿＿＿＿＿＿＿＿＿＿；

4.＿＿＿＿＿＿＿＿＿＿＿＿＿＿＿＿＿＿。

该商品房为住宅的，出卖人还需提供《住宅使用说明书》和《住宅质量保证书》。

第十一条　商品房相关设施设备交付条件

（一）基础设施设备

1.供水、排水：交付时供水、排水配套设施齐全，并与城市公共供水、排水管网连接。使用自建设施供水的，供水的水质符合国家规定的饮用水卫生标准，

_____；

2. 供电：交付时纳入城市供电网络并正式供电，

_____；

3. 供暖：交付时供热系统符合供热配建标准，使用城市集中供热的，纳入城市集中供热管网，

_____；

4. 燃气：交付时完成室内燃气管道的敷设，并与城市燃气管网连接，保证燃气供应，

_____；

5. 电话通信：交付时线路敷设到户；

6. 有线电视：交付时线路敷设到户；

7. 宽带网络：交付时线路敷设到户。

以上第1、2、3项由出卖人负责办理开通手续并承担相关费用；第4、5、6、7项需要买受人自行办理开通手续。

如果在约定期限内基础设施设备未达到交付使用条件，双方同意按照下列第_____种方式处理：

（1）以上设施中第1、2、3、4项在约定交付日未达到交付条件的，出卖人按照本合同第十三条的约定承担逾期交付责任。

第5项未按时达到交付使用条件的，出卖人按日向买受人支付_____元的违约金；第6项未按时达到交付使用条件的，出卖人按日向买受人支付_____元的违约金；第7项未按时达到交付使用条件的，出卖人按日向买受人支付_____元的违约金。出卖人采取措施保证相关设施于约定交付日后日之内达到交付使用条件。

（2）_____。

（二）公共服务及其他配套设施（以建设工程规划许可为准）

1. 小区内绿地率：_____年_____月_____日达到_____；

2. 小区内非市政道路：_____年_____月_____日达到_____；

3. 规划的车位、车库：_____年_____月_____日达到_____；

4. 物业服务用房：_____年_____月_____日达到_____；

5. 医疗卫生机构：_____年_____月_____日达到_____；

6. 幼儿园：_____年_____月_____日达到_____；

7. 学校：_____年_____月_____日达到_____；

8. _____；

9. _____。

以上设施未达到上述条件的，双方同意按照以下方式处理：

1. 小区内绿地率未达到上述约定条件的，_____。

2. 小区内非市政道路未达到上述约定条件的，_____。

3. 规划的车位、车库未达到上述约定条件的，_____。

4. 物业服务用房未达到上述约定条件的，_____。

5. 其他设施未达到上述约定条件的，_____。

关于本项目内相关设施设备的具体约定见附件六。

第十二条　交付时间和手续

（一）出卖人应当在_____年_____月_____日前向买受人交付该商品房。

（二）该商品房达到第十条、第十一条约定的交付条件后，出卖人应当在交付日期届满前日（不少于10日）将查验房屋的时间、办理交付手续的时间地点以及应当携带的证件材料的通知书面送达买受人。买受人未收到交付通知书的，以本合同约定的交付日期届满之日为办理交付手续的时间，以该商品房所在地为办理交付手续的地点。

_____。

交付该商品房时，出卖人应当出示满足第十条约定的证明文件。出卖人不出示证明文件或者出示的证明文件不齐全，不能满足第十条约定条件的，买受人有权拒绝接收，由此产生的逾期交付责任由出卖人承担，并按照第十三条处理。

（三）查验房屋

1. 办理交付手续前，买受人有权对该商品房进行查验，出卖人不得以缴纳相关税费或者签署物业管理文件作为买受人查验和办理交付手续的前提条件。

2. 买受人查验的该商品房存在下列除地基基础和主体结构外的其他质量问题的，由出卖人按照有关工程和产品质量规范、标准自查验次日起_____日内负责修复，并承担修复费用，修复后再行交付。

（1）屋面、墙面、地面渗漏或开裂等；

（2）管道堵塞；

（3）门窗翘裂、五金件损坏；

（4）灯具、电器等电气设备不能正常使用；

（5）_____；

（6）_____。

3. 查验该商品房后，双方应当签署商品房交接单。由于买受人原因导致商品房未能按期交付的，双方同意按照以下方式处理：

（1）_____；

（2）_____。

第十三条　逾期交付责任

除不可抗力外，出卖人未按照第十二条约定的时间将该商品房交付买受人的，双方同意按照下列第_____种方式处理：

1. 按照逾期时间，分别处理（（1）和（2）不作累加）。

（1）逾期在_____日之内（该期限应当不多于第九条第1（1）项中的期限），自第十二条约定的交付期限届满之次日起至实际交付之日止，出卖人按日计算向买受人支付全部房价款万分之_____的违约金（该违约金比率应当不低于第九条第1（1）项中的比率）。

（2）逾期超过_____日（该期限应当与本条第（1）项中的期限相同）后，买受人有权解除合同。买受人解除合同的，应当书面通知出卖人。出卖人应当自解除合同通知送达之日起15日内退还买受人已付全部房款（含已付贷款部分），并自买受人付款之日起，按照_____%（不低于中国人民银行公布的同期贷款基准利率）计算给付利息；同时，出卖人按照全部房价款的_____%向买受人支付违约金。

买受人要求继续履行合同的，合同继续履行，出卖人按日计算向买受人支付全部房价款万分之_____（该比率应当不低于本条第1（1）项中的比率）的违约金。

2. _____。

29

第五章　商品房质量及保修责任

第十四条　商品房质量

（一）地基基础和主体结构

出卖人承诺该商品房地基基础和主体结构合格，并符合国家及行业标准。

经检测不合格的，买受人有权解除合同。买受人解除合同的，应当书面通知出卖人。出卖人应当自解除合同通知送达之日起15日内退还买受人已付全部房款（含已付贷款部分），并自买受人付款之日起，按照_____%（不低于中国人民银行公布的同期贷款基准利率）计算给付利息。给买受人造成损失的，由出卖人支付【已付房价款一倍】【买受人全部损失】的赔偿金。因此而发生的检测费用由出卖人承担。

买受人不解除合同的，_____。

（二）其他质量问题

该商品房质量应当符合有关工程质量规范、标准和施工图设计文件的要求。发现除地基基础和主体结构外质量问题的，双方按照以下方式处理：

（1）及时更换、修理；如给买受人造成损失的，还应当承担相应赔偿责任。

_____。

（2）经过更换、修理，仍然严重影响正常使用的，买受人有权解除合同。买受人解除合同的，应当书面通知出卖人。出卖人应当自解除合同通知送达之日起15日内退还买受人已付全部房款（含已付贷款部分），并自买受人付款之日起，按照_____%（不低于中国人民银行公布的同期贷款基准利率）计算给付利息。给买受人造成损失的，由出卖人承担相应赔偿责任。因此而发生的检测费用由出卖人承担。

买受人不解除合同的，_____。

（三）装饰装修及设备标准

该商品房应当使用合格的建筑材料、构配件和设备，装置、装修、装饰所用材料的产品质量必须符合国家的强制性标准及双方约定的标准。

不符合上述标准的，买受人有权要求出卖人按照下列第（1）、____、____方式处理（可多选）：

（1）及时更换、修理；

（2）出卖人赔偿双倍的装饰、设备差价；

（3）_____；

（4）_____。

具体装饰装修及相关设备标准的约定见附件七。

（四）室内空气质量、建筑隔声和民用建筑节能措施

1.该商品房室内空气质量符合【国家】【地方】标准，标准名称：_____，标准文号：_____。

该商品房为住宅的，建筑隔声情况符合【国家】【地方】标准，标准名称：_____，标准文号：_____。

该商品房室内空气质量或建筑隔声情况经检测不符合标准，由出卖人负责整改，整改后仍不符合标准的，买受人有权解除合同。买受人解除合同的，应当书面通知出卖人。出卖人应当自解除合同通知送达之日起15日内退还买受人已付全部房款（含已付贷款部分），并自买受人付款之日起，按照_____%

（不低于中国人民银行公布的同期贷款基准利率）计算给付利息。给买受人造成损失的，由出卖人承担相应赔偿责任。经检测不符合标准的，检测费用由出卖人承担，整改后再次检测发生的费用仍由出卖人承担。因整改导致该商品房逾期交付的，出卖人应当承担逾期交付责任。

2.该商品房应当符合国家有关民用建筑节能强制性标准的要求。

未达到标准的，出卖人应当按照相应标准要求补做节能措施，并承担全部费用；给买受人造成损失的，出卖人应当承担相应赔偿责任。

_____。

第十五条 保修责任

（一）商品房实行保修制度。该商品房为住宅的，出卖人自该商品房交付之日起，按照《住宅质量保证书》承诺的内容承担相应的保修责任。该商品房为非住宅的，双方应当签订补充协议详细约定保修范围、保修期限和保修责任等内容。具体内容见附件八。

（二）下列情形，出卖人不承担保修责任：

1.因不可抗力造成的房屋及其附属设施的损害；

2.因买受人不当使用造成的房屋及其附属设施的损害；

3. _____。

（三）在保修期内，买受人要求维修的书面通知送达出卖人日内，出卖人既不履行保修义务也不提出书面异议的，买受人可以自行或委托他人进行维修，维修费用及维修期间造成的其他损失由出卖人承担。

第十六条 质量担保

出卖人不按照第十四条、第十五条约定承担相关责任的，由_____承担连带责任。

关于质量担保的证明见附件九。

第六章 房屋登记

第十七条 房屋登记

（一）双方同意共同向房屋登记机构申请办理该商品房的房屋所有权转移登记。

（二）因出卖人的原因，买受人未能在该商品房交付之日起_____日内取得该商品房的房屋所有权证书的，双方同意按照下列第_____种方式处理：

1.买受人有权解除合同。买受人解除合同的，应当书面通知出卖人。出卖人应当自解除合同通知送达之日起15日内退还买受人已付全部房款（含已付贷款部分），并自买受人付款之日起，按照_____%（不低于中国人民银行公布的同期贷款基准利率）计算给付利息。买受人不解除合同的，自买受人应当完成房屋所有权登记的期限届满之次日起至实际完成房屋所有权登记之日止，出卖人按日计算向买受人支付全部房价款万分之_____的违约金。

2. _____。

（三）因买受人的原因未能在约定期限内完成该商品房的房屋所有权转移登记的，出卖人不承担责任。

第七章 物业管理

第十八条 物业管理

（一）出卖人依法选聘的前期物业服务企业为。

（二）物业服务时间从_____年_____月_____日到_____年_____月_____日。

（三）物业服务期间，物业收费计费方式为【包干制】【酬金制】【_____】。物业服务费为_____元／月·平方米（建筑面积）。

（四）买受人同意由出卖人选聘的前期物业服务企业代为查验并承接物业共用部位、共用设施设备，出卖人应当将物业共用部位、共用设施设备承接查验的备案情况书面告知买受人。

（五）买受人已详细阅读前期物业服务合同和临时管理规约，同意由出卖人依法选聘的物业服务企业实施前期物业管理，遵守临时管理规约。

（六）业主大会设立前适用该章约定。业主委员会成立后，由业主大会决定选聘或续聘物业服务企业。

该商品房前期物业服务合同、临时管理规约见附件十。

第八章 其他事项

第十九条 建筑物区分所有权

（一）买受人对其建筑物专有部分享有占有、使用、收益和处分的权利。

（二）以下部位归业主共有：

1. 建筑物的基础、承重结构、外墙、屋顶等基本结构部分，通道、楼梯、大堂等公共通行部分，消防、公共照明等附属设施、设备，避难层、设备层或者设备间等结构部分；

2. 该商品房所在建筑区划内的道路（属于城镇公共道路的除外）、绿地（属于城镇公共绿地或者明示属于个人的除外）、占用业主共有的道路或者其他场地用于停放汽车的车位、物业服务用房；

3. _____。

（三）双方对其他配套设施约定如下：

1. 规划的车位、车库：_____；

2. 会所：_____；

3. _____。

第二十条 税费

双方应当按照国家的有关规定，向相应部门缴纳因该商品房买卖发生的税费。

第二十一条 销售和使用承诺

1. 出卖人承诺不采取分割拆零销售、返本销售或者变相返本销售的方式销售商品房。

2. 出卖人承诺按照规划用途进行建设和出售，不擅自改变该商品房使用性质，并按照规划用途办理房屋登记。出卖人不得擅自改变与该商品房有关的共用部位和设施的使用性质。

3. 出卖人承诺对商品房的销售，不涉及依法或者依规划属于买受人共有的共用部位和设施的处分。

4. 出卖人承诺已将遮挡或妨碍房屋正常使用的情况告知买受人。具体内容见附件十一。

5. 买受人使用该商品房期间，不得擅自改变该商品房的用途、建筑主体结构和承重结构。

6. _____。

7. _____。

第二十二条 送达

出卖人和买受人保证在本合同中记载的通讯地址、联系电话均真实有效。任何根据本合同发出的文件，均应采用书面形式，以【邮政快递】【邮寄挂号信】【_____】方式送达对方。任何一方变更通讯地址、联系电话的，应在变更之日起_____日内书面通知对方。变更的一方未履行通知义务导致送达不能的，应承担相应的法律责任。

第二十三条　买受人信息保护

出卖人对买受人信息负有保密义务。非因法律、法规规定或国家安全机关、公安机关、检察机关、审判机关、纪检监察部门执行公务的需要，未经买受人书面同意，出卖人及其销售人员和相关工作人员不得对外披露买受人信息，或将买受人信息用于履行本合同之外的其他用途。

第二十四条　争议解决方式

本合同在履行过程中发生的争议，由双方当事人协商解决，也可通过消费者协会等相关机构调解；或按照下列第_____种方式解决：

1. 依法向房屋所在地人民法院起诉。

2. 提交_____仲裁委员会仲裁。

第二十五条　补充协议

对本合同中未约定或约定不明的内容，双方可根据具体情况签订书面补充协议（补充协议见附件十二）。

补充协议中含有不合理的减轻或免除本合同中约定应当由出卖人承担的责任，或不合理的加重买受人责任、排除买受人主要权利内容的，仍以本合同为准。

第二十六条　合同生效

本合同自双方签字或盖章之日起生效。本合同的解除应当采用书面形式。

本合同及附件共_____页，一式_____份，其中出卖人_____份，买受人_____份，【_____】_____份，【_____】_____份。合同附件与本合同具有同等法律效力。

出卖人（签字或盖章）：　　　　　　　　买受人（签字或盖章）：

【法定代表人】（签字或盖章）：　　　　【法定代表人】（签字或盖章）：

【委托代理人】（签字或盖章）：　　　　【委托代理人】（签字或盖章）：

　　　　　　　　　　　　　　　　　　　【法定代理人】（签字或盖章）：

签订时间：_____年_____月_____日　　签订时间：_____年_____月_____日

签订地点：_____　签订地点：_____

附件一　房屋平面图（应当标明方位）

1. 房屋分层分户图（应当标明详细尺寸，并约定误差范围）

2. 建设工程规划方案总平面图

附件二　关于该商品房共用部位的具体说明（可附图说明）

1. 纳入该商品房分摊的共用部位的名称、面积和所在位置

2. 未纳入该商品房分摊的共用部位的名称、所在位置

附件三　抵押权人同意该商品房转让的证明及关于抵押的相关约定

1. 抵押权人同意该商品房转让的证明

2. 解除抵押的条件和时间

3. 关于抵押的其他约定

附件四 出卖人提供的承租人放弃优先购买权的声明（略）

附件五 关于该商品房价款的计价方式、总价款、付款方式及期限的具体约定（略）

附件六 关于本项目内相关设施、设备的具体约定

1. 相关设施的位置及用途

2. 其他约定

附件七 关于装饰装修及相关设备标准的约定

交付的商品房达不到本附件约定装修标准的，按照本合同第十四条第（三）款约
定处理。出卖人未经双方约定增加的装置、装修、装饰，视为无条件赠送给买受人。

双方就装饰装修主要材料和设备的品牌、产地、规格、数量等内容约定如下：

1. 外墙：【瓷砖】【涂料】【玻璃幕墙】【_____】；

_____。

2. 起居室：

(1) 内墙：【涂料】【壁纸】【_____】；

_____。

(2) 顶棚：【石膏板吊顶】【涂料】【_____】；

_____。

(3) 室内地面：【大理石】【花岗岩】【水泥抹面】【实木地板】【_____】；

_____。

3. 厨房：

(1) 地面：【水泥抹面】【瓷砖】【_____】；

_____。

(2) 墙面：【耐水腻子】【瓷砖】【_____】；

_____。

(3) 顶棚：【水泥抹面】【石膏吊顶】【_____】；

_____。

(4) 厨具：_____。

4. 卫生间：

(1) 地面：【水泥抹面】【瓷砖】【_____】；

_____。

(2) 墙面：【耐水腻子】【瓷砖】【_____】；

_____。

(3) 顶棚:【水泥抹面】【石膏吊顶】【_____】;

_____。

(4) 卫生器具_____。

5. 阳台:【塑钢封闭】【铝合金封闭】【断桥铝合金封闭】【不封闭】【_____】;

_____。

6. 电梯:

(1) 品牌:_____;

(2) 型号:_____;

7. 管道:

_____。

8. 窗户:

_____。

9. _____。

10. _____。

附件八 关于保修范围、保修期限和保修责任的约定

该商品房为住宅的,出卖人应当提供《住宅质量保证书》;该商品房为非住宅的,双方可参照《住宅质量保证书》中的内容对保修范围、保修期限和保修责任等进行约定。

该商品房的保修期自房屋交付之日起计算,关于保修期限的约定不应低于《建设工程质量管理条例》第四十条规定的最低保修期限。

(一) 保修项目、期限及责任的约定

1. 地基基础和主体结构:

保修期限为:_____(不得低于设计文件规定的该工程的合理使用年限);

_____。

2. 屋面防水工程、有防水要求的卫生间、房间和外墙面的防渗漏:

保修期限为:_____(不得低于 5 年);

_____。

3. 供热、供冷系统和设备:

保修期限为:_____(不得低于 2 个采暖期、供冷期);

_____。

4. 电气管线、给排水管道、设备安装:

保修期限为:_____(不得低于 2 年);

_____。

5. 装修工程:

保修期限为:_____(不得低于 2 年);

_____。

6. _____;

7. _____;

8._____。

(二) 其他约定

_____。

附件九 关于质量担保的证明（略）

附件十 关于物业管理的约定

1. 前期物业服务合同

2. 临时管理规约

附件十一 出卖人关于遮挡或妨碍房屋正常使用情况的说明

(如：该商品房公共管道检修口、柱子、变电箱等有遮挡或妨碍房屋正常使用的情况)

附件十二 补充协议

第二部分 验房常用标准规范

1.《住宅建筑规范》GB 50368-2005

1 总则（略）

2 术语（略）

3 基本规定

3.1 住宅基本要求

3.1.1 住宅建设应符合城市规划要求，保障居民的基本生活条件和环境，经济、合理、有效地使用土地和空间。

3.1.2 住宅选址时应考虑噪声、有害物质、电磁辐射和工程地质灾害、水文地质灾害等的不利影响。

3.1.3 住宅应具有与其居住人口规模相适应的公共服务设施、道路和公共绿地。

3.1.4 住宅应按套型设计，套内空间和设施应能满足安全、舒适、卫生等生活起居的基本要求。

3.1.5 住宅结构在规定的设计使用年限内必须具有足够的可靠性。

3.1.6 住宅应具有防火安全性能。

3.1.7 住宅应具备在紧急事态时人员从建筑中安全撤出的功能。

3.1.8 住宅应满足人体健康所需的通风、日照、自然采光和隔声要求。

3.1.9 住宅建设的选材应避免造成环境污染。

3.1.10 住宅必须进行节能设计，且住宅及其室内设备应能有效利用能源和水资源。

3.1.11 住宅建设应符合无障碍设计原则。

3.1.12 住宅应采取防止外窗玻璃、外墙装饰及其他附属设施等坠落或坠落伤人的措施。

3.2 许可原则

3.2.1 住宅建设必须采用质量合格并符合要求的材料与设备。

3.2.2 当住宅建设采用不符合工程建设强制性标准的新技术、新工艺、新材料时，必须经相关程序核准。

3.2.3 未经技术鉴定和设计认可，不得拆改结构构件和进行加层改造。

3.3 既有住宅

3.3.1 既有住宅达到设计使用年限或遭遇重大灾害后，需要继续使用时，应委托具有相应资质的机构鉴定，并根据鉴定结论进行处理。

3.3.2 既有住宅进行改造、改建时，应综合考虑节能、防火、抗震的要求。

4 外部环境

4.1 相邻关系

4.1.1 住宅间距，应以满足日照要求为基础，综合考虑采光、通风、消防、防灾、管线埋设、视觉卫生等要求确定。住宅日照标准应符合表 4.1.1 的规定；对于特定情况还应符合下列规定：

1 老年人住宅不应低于冬至日日照 2h 的标准；

2 旧区改建的项目内新建住宅日照标准可酌情降低，但不应低于大寒日日照 1h 的标准。

住宅建筑日照标准   表 4.1.1

建筑气候区划	Ⅰ、Ⅱ、Ⅲ、Ⅶ气候区		Ⅳ气候区		Ⅴ、Ⅵ气候区
	大城市	中小城市	大城市	中小城市	
日照标准日	大寒日				冬至日
日照时数（h）	≥2		≥3		≥1
有效日照时间带（h）（当地真太阳时）	8~16				9~15
日照时间计算起点	底层窗台面				

注：底层窗台面是指距室内地坪 0.9m 高的外墙位置。

4.1.2 住宅至道路边缘的最小距离，应符合表 4.1.2 的规定。

住宅至道路边缘最小距离（m）   表 4.1.2

与住宅距离		路面宽度	<6m	6~9m	>9m
住宅面向道路	无出入口	高层	2	3	5
		多层	2	3	3
	有出入口		2.5	5	—
住宅山墙面向道路		高层	1.5	2	4
		多层	1.5	2	2

注：1 当道路设有人行便道时，其道路边缘指便道边线；

    2 表中"－"表示住宅不应向路面宽度大于 9m 的道路开设出入口。

4.1.3 住宅周边设置的各类管线不应影响住宅的安全，并应防止管线腐蚀、沉陷、振动及受重压。

4.2 公共服务设施

4.2.1 配套公共服务设施（配套公建）应包括：教育、医疗卫生、文化、体育、商业服务、金融邮电、社区服务、市政公用和行政管理等9类设施。

4.2.2 配套公建的项目与规模，必须与居住人口规模相对应，并应与住宅同步规划、同步建设、同期交付。

4.3 道路交通

4.3.1 每个住宅单元至少应有一个出入口可以通达机动车。

4.3.2 道路设置应符合下列规定：

1 双车道道路的路面宽度不应小于6m；宅前路的路面宽度不应小于2.5m；

2 当尽端式道路的长度大于120m时，应在尽端设置不小于12m×12m的回车场地；

3 当主要道路坡度较大时，应设缓冲段与城市道路相接；

4 在抗震设防地区，道路交通应考虑减灾、救灾的要求。

4.3.3 无障碍通路应贯通，并应符合下列规定：

1 坡道的坡度应符合表4.3.3的规定。

坡道的坡度 表4.3.3

高度（m）	1.50	1.00	0.75
坡度	≤ 1∶20	≤ 1∶16	≤ 1∶12

2 人行道在交叉路口、街坊路口、广场入口处应设缘石坡道，其坡面应平整，且不应光滑。坡度应小于1∶20，坡宽应大于1.2m。

3 通行轮椅车的坡道宽度不应小于1.5m。

4.3.4 居住用地内应配套设置居民自行车、汽车的停车场地或停车库。

4.4 室外环境

4.4.1 新区的绿地率不应低于30%。

4.4.2 公共绿地总指标不应少于1m^2/人。

4.4.3 人工景观水体的补充水严禁使用自来水。无护栏水体的近岸2m范围内及园桥、汀步附近2m范围内，水深不应大于0.5m。

4.4.4 受噪声影响的住宅周边应采取防噪措施。

4.5 竖向

4.5.1 地面水的排水系统，应根据地形特点设计，地面排水坡度不应小于0.2%。

4.5.2 住宅用地的防护工程设置应符合下列规定：

1 台阶式用地的台阶之间应用护坡或挡土墙连接，相邻台地间高差大于1.5m时，应在挡土墙或坡比值大于0.5的护坡顶面加设安全防护设施；

2　土质护坡的坡比值不应大于 0.5；

3　高度大于 2m 的挡土墙和护坡的上缘与住宅间水平距离不应小于 3m，其下缘与住宅间的水平距离不应小于 2m。

5　建筑

5.1　套内空间

5.1.1　每套住宅应设卧室、起居室（厅）、厨房和卫生间等基本空间。

5.1.2　厨房应设置炉灶、洗涤池、案台、排油烟机等设施或预留位置。

5.1.3　卫生间不应直接布置在下层住户的卧室、起居室（厅）、厨房、餐厅的上层。卫生间地面和局部墙面应有防水构造。

5.1.4　卫生间应设置便器、洗浴器、洗面器等设施或预留位置；布置便器的卫生间的门不应直接开在厨房内。

5.1.5　外窗窗台距楼面、地面的净高低于 0.90m 时，应有防护设施。六层及六层以下住宅的阳台栏杆净高不应低于 1.05m，七层及七层以上住宅的阳台栏杆净高不应低于 1.10m。阳台栏杆应有防护措施。防护栏杆的垂直杆件间净距不应大于 0.11m。

5.1.6　卧室、起居室（厅）的室内净高不应低于 2.40m，局部净高不应低于 2.10m，局部净高的面积不应大于室内使用面积的 1/3。利用坡屋顶内空间作卧室、起居室（厅）时，其 1/2 使用面积的室内净高不应低于 2.10m。

5.1.7　阳台地面构造应有排水措施。

5.2　公共部分

5.2.1　走廊和公共部位通道的净宽不应小于 1.20m，局部净高不应低于 2.00m。

5.2.2　外廊、内天井及上人屋面等临空处栏杆净高，六层及六层以下不应低于 1.05m；七层及七层以上不应低于 1.10m。栏杆应防止攀登，垂直杆件间净距不应大于 0.11m。

5.2.3　楼梯梯段净宽不应小于 1.10m。六层及六层以下住宅，一边设有栏杆的梯段净宽不应小于 1.00m。楼梯踏步宽度不应小于 0.26m，踏步高度不应大于 0.175m。扶手高度不应小于 0.90m。楼梯水平段栏杆长度大于 0.50m 时，其扶手高度不应小于 1.05m。楼梯栏杆垂直杆件间净距不应大于 0.11m。楼梯井净宽大于 0.11m 时，必须采取防止儿童攀滑的措施。

5.2.4　住宅与附建公共用房的出入口应分开布置。住宅的公共出入口位于阳台、外廊及开敞楼梯平台的下部时，应采取防止物体坠落伤人的安全措施。

5.2.5　七层以及七层以上的住宅或住户入口层楼面距室外设计地面的高度超过 16m 以上的住宅必须设置电梯。

5.2.6　住宅建筑中设有管理人员室时，应设管理人员使用的卫生间。

5.3　无障碍要求

5.3.1　七层及七层以上的住宅，应对下列部位进行无障碍设计：

1 建筑入口；

2 入口平台；

3 候梯厅；

4 公共走道；

5 无障碍住房。

5.3.2 建筑入口及入口平台的无障碍设计应符合下列规定：

1 建筑入口设台阶时，应设轮椅坡道和扶手；

2 坡道的坡度应符合表 5.3.2 的规定；

坡道的坡度   表 5.3.2

高度（m）	1.00	0.75	0.60	0.35
坡度	≤1∶16	≤1∶12	≤1∶10	≤1∶8

3 供轮椅通行的门净宽不应小于 0.80m；

4 供轮椅通行的推拉门和平开门，在门把手一侧的墙面，应留有不小于 0.50m 的墙面宽度；

5 供轮椅通行的门扇，应安装视线观察玻璃、横执把手和关门拉手，在门扇的下方应安装高 0.35m 的护门板；

6 门槛高度及门内外地面高差不应大于 15mm，并应以斜坡过渡。

5.3.3 七层及七层以上住宅建筑入口平台宽度不应小于 2.00m。

5.3.4 供轮椅通行的走道和通道净宽不应小于 1.20m。

5.4 地下室

5.4.1 住宅的卧室、起居室（厅）、厨房不应布置在地下室。当布置在半地下室时，必须采取采光、通风、日照、防潮、排水及安全防护措施。

5.4.2 住宅地下机动车库应符合下列规定：

1 库内坡道严禁将宽的单车道兼作双车道。

2 库内不应设置修理车位，并不应设置使用或存放易燃、易爆物品的房间。

3 库内车道净高不应低于 2.20m。车位净高不应低于 2.00m。

4 库内直通住宅单元的楼（电）梯间应设门，严禁利用楼（电）梯间进行自然通风。

5.4.3 住宅地下自行车库净高不应低于 2.00m。

5.4.4 住宅地下室应采取有效防水措施。

6 结构

6.1 一般规定

6.1.1 住宅结构的设计使用年限不应少于 50 年，其安全等级不应低于二级。

6.1.2 抗震设防烈度为 6 度及以上地区的住宅结构必须进行抗震设计，其抗震设防类别不应低于丙类。

6.1.3 住宅结构设计应取得合格的岩土工程勘察文件。对不利地段，应提出避开要求或采取有效措施；严禁在抗震危险地段建造住宅建筑。

6.1.4 住宅结构应能承受在正常建造和正常使用过程中可能发生的各种作用和环境影响。在结构设计使用年限内，住宅结构和结构构件必须满足安全性、适用性和耐久性要求。

6.1.5 住宅结构不应产生影响结构安全的裂缝。

6.1.6 邻近住宅的永久性边坡的设计使用年限，不应低于受其影响的住宅结构的设计使用年限。

6.2 材料

6.2.1 住宅结构材料应具有规定的物理、力学性能和耐久性能，并应符合节约资源和保护环境的原则。

6.2.2 住宅结构材料的强度标准值应具有不低于 95% 的保证率；抗震设防地区的住宅，其结构用钢材应符合抗震性能要求。

6.2.3 住宅结构用混凝土的强度等级不应低于 C20。

6.2.4 住宅结构用钢材应具有抗拉强度、屈服强度、伸长率和硫、磷含量的合格保证；对焊接钢结构用钢材，尚应具有碳含量、冷弯试验的合格保证。

6.2.5 住宅结构中承重砌体材料的强度应符合下列规定：

1 烧结普通砖、烧结多孔砖、蒸压灰砂砖、蒸压粉煤灰砖的强度等级不应低于 MU10；

2 混凝土砌块的强度等级不应低于 MU7.5；

3 砖砌体的砂浆强度等级，抗震设计时不应低于 M5；非抗震设计时，对低于五层的住宅不应低于 M2.5，对不低于五层的住宅不应低于 M5；

4 砌块砌体的砂浆强度等级，抗震设计时不应低于 Mb7.5；非抗震设计时不应低于 Mb5。

6.2.6 木结构住宅中，承重木材的强度等级不应低于 TC11（针叶树种）或 TB11（阔叶树种），其设计指标应考虑含水率的不利影响；承重结构用胶的胶合强度不应低于木材顺纹抗剪强度和横纹抗拉强度。

6.3 地基基础

6.3.1 住宅应根据岩土工程勘察文件，综合考虑主体结构类型、地域特点、抗震设防烈度和施工条件等因素，进行地基基础设计。

6.3.2 住宅的地基基础应满足承载力和稳定性要求，地基变形应保证住宅的结构安全和正常使用。

6.3.3 基坑开挖及其支护应保证其自身及其周边环境的安全。

6.3.4 桩基础和经处理后的地基应进行承载力检验。

6.4 上部结构

6.4.1 住宅应避免因局部破坏而导致整个结构丧失承载能力和稳定性。抗震设防地区的住宅不应采用严重不规则的设计方案。

6.4.2 抗震设防地区的住宅，应进行结构、结构构件的抗震验算，并应根据结构材料、结构体系、房屋高度、抗震设防烈度、场地类别等因素，采取可靠的抗震措施。

6.4.3　住宅结构中，刚度和承载力有突变的部位，应采取可靠的加强措施。9度抗震设防的住宅，不得采用错层结构、连体结构和带转换层的结构。

6.4.4　住宅的砌体结构，应采取有效的措施保证其整体性；在抗震设防地区尚应满足抗震性能要求。

6.4.5　底部框架、上部砌体结构住宅中，结构转换层的托墙梁、楼板以及紧邻转换层的竖向结构构件应采取可靠的加强措施；在抗震设防地区，底部框架不应超过2层，并应设置剪力墙。

6.4.6　住宅中的混凝土结构构件，其混凝土保护层厚度和配筋构造应满足受力性能和耐久性要求。

6.4.7　住宅的普通钢结构、轻型钢结构构件及其连接应采取有效的防火、防腐措施。

6.4.8　住宅木结构构件应采取有效的防火、防潮、防腐、防虫措施。

6.4.9　依附于住宅结构的围护结构和非结构构件，应采取与主体结构可靠的连接或锚固措施，并应满足安全性和适用性要求。

7　室内环境

7.1　噪声和隔声

7.1.1　住宅应在平面布置和建筑构造上采取防噪声措施。卧室、起居室在关窗状态下的白天允许噪声级为50dB（A声级），夜间允许噪声级为40dB（A声级）。

7.1.2　楼板的计权标准化撞击声压级不应大于75dB。

应采取构造措施提高楼板的撞击声隔声性能。

7.1.3　空气声计权隔声量，楼板不应小于40dB（分隔住宅和非居住用途空间的楼板不应小于55dB），分户墙不应小于40dB，外窗不应小于30dB，户门不应小于25dB。

应采取构造措施提高楼板、分户墙、外窗、户门的空气声隔声性能。

7.1.4　水、暖、电、气管线穿过楼板和墙体时，孔洞周边应采取密封隔声措施。

7.1.5　电梯不应与卧室、起居室紧邻布置。受条件限制需要紧邻布置时，必须采取有效的隔声和减振措施。

7.1.6　管道井、水泵房、风机房应采取有效的隔声措施，水泵、风机应采取减振措施。

7.2　日照、采光、照明和自然通风

7.2.1　住宅应充分利用外部环境提供的日照条件，每套住宅至少应有一个居住空间能获得冬季日照。

7.2.2　卧室、起居室（厅）、厨房应设置外窗，窗地面积比不应小于1/7。

7.2.3　套内空间应能提供与其使用功能相适应的照度水平。套外的门厅、电梯前厅、走廊、楼梯的地面照度应能满足使用功能要求。

7.2.4　住宅应能自然通风，每套住宅的通风开口面积不应小于地面面积的5%。

7.3　防潮

7.3.1　住宅的屋面、外墙、外窗应能防止雨水和冰雪融化水侵入室内。

7.3.2　住宅屋面和外墙的内表面在室内温、湿度设计条件下不应出现结露。

7.4 空气污染

7.4.1 住宅室内空气污染物的活度和浓度应符合表 7.4.1 的规定。

住宅室内空气污染物限值   表 7.4.1

污染物名称	活度、浓度限值
氡	$\leqslant 200Bq/m^3$
游离甲醛	$\leqslant 0.08mg/m^3$
苯	$\leqslant 0.09mg/m^3$
氨	$\leqslant 0.2mg/m^3$
总挥发性有机化合物（TVOC）	$\leqslant 0.5mg/m^3$

8 设备

8.1 一般规定

8.1.1 住宅应设室内给水排水系统。

8.1.2 严寒地区和寒冷地区的住宅应设采暖设施。

8.1.3 住宅应设照明供电系统。

8.1.4 住宅的给水总立管、雨水立管、消防立管、采暖供回水总立管和电气、电信干线（管），不应布置在套内。公共功能的阀门、电气设备和用于总体调节和检修的部件，应设在共用部位。

8.1.5 住宅的水表、电能表、热量表和燃气表的设置应便于管理。

8.2 给水排水

8.2.1 生活给水系统和生活热水系统的水质、管道直饮水系统的水质和生活杂用水系统的水质均应符合使用要求。

8.2.2 生活给水系统应充分利用城镇给水管网的水压直接供水。

8.2.3 生活饮用水供水设施和管道的设置，应保证二次供水的使用要求。供水管道、阀门和配件应符合耐腐蚀和耐压的要求。

8.2.4 套内分户用水点的给水压力不应小于 0.05MPa，入户管的给水压力不应大于 0.35MPa。

8.2.5 采用集中热水供应系统的住宅，配水点的水温不应低于 45℃。

8.2.6 卫生器具和配件应采用节水型产品，不得使用一次冲水量大于 6L 的坐便器。

8.2.7 住宅厨房和卫生间的排水立管应分别设置。排水管道不得穿越卧室。

8.2.8 设有淋浴器和洗衣机的部位应设置地漏，其水封深度不得小于 50mm。构造内无存水弯的卫生器具与生活排水管道连接时，在排水口以下应设存水弯，其水封深度不得小于 50mm。

8.2.9 地下室、半地下室中卫生器具和地漏的排水管，不应与上部排水管连接。

8.2.10 适合建设中水设施和雨水利用设施的住宅，应按照当地的有关规定配套建设中水设施和雨水利用设施。

8.2.11 设有中水系统的住宅，必须采取确保使用、维修和防止误饮误用的安全措施。

8.3 采暖、通风与空调

8.3.1 集中采暖系统应采取分室（户）温度调节措施，并应设置分户（单元）计量装置或预留安装计量装置的位置。

8.3.2 设置集中采暖系统的住宅，室内采暖计算温度不应低于表 8.3.2 的规定：

采暖计算温度 表 8.3.2

空间类别	采暖计算温度
卧室、起居室（厅）和卫生间	18℃
厨房	15℃
设采暖的楼梯间和走廊	14℃

8.3.3 集中采暖系统应以热水为热媒，并应有可靠的水质保证措施。

8.3.4 采暖系统应没有冻结危险，并应有热膨胀补偿措施。

8.3.5 除电力充足和供电政策支持外，严寒地区和寒冷地区的住宅内不应采用直接电热采暖。

8.3.6 厨房和无外窗的卫生间应有通风措施，且应预留安装排风机的位置和条件。

8.3.7 当采用竖向通风道时，应采取防止支管回流和竖井泄漏的措施。

8.3.8 当选择水源热泵作为居住区或户用空调（热泵）机组的冷热源时，必须确保水源热泵系统的回灌水不破坏和不污染所使用的水资源。

8.4 燃气

8.4.1 住宅应使用符合城镇燃气质量标准的可燃气体。

8.4.2 住宅内管道燃气的供气压力不应高于 0.2MPa。

8.4.3 住宅内各类用气设备应使用低压燃气，其入口压力必须控制在设备的允许压力波动范围内。

8.4.4 套内的燃气设备应设置在厨房或与厨房相连的阳台内。

8.4.5 住宅的地下室、半地下室内严禁设置液化石油气用气设备、管道和气瓶。十层及十层以上住宅内不得使用瓶装液化石油气。

8.4.6 住宅的地下室、半地下室内设置人工煤气、天然气用气设备时，必须采取安全措施。

8.4.7 住宅内燃气管道不得敷设在卧室、暖气沟、排烟道、垃圾道和电梯井内。

8.4.8 住宅内设置的燃气设备和管道，应满足与电气设备和相邻管道的净距要求。

8.4.9 住宅内各类用气设备排出的烟气必须排至室外。多台设备合用一个烟道时不得相互干扰。厨房燃具排气罩排出的油烟不得与热水器或采暖炉排烟合用一个烟道。

8.5 电气

8.5.1 电气线路的选材、配线应与住宅的用电负荷相适应，并应符合安全和防火要求。

8.5.2 住宅供配电应采取措施防止因接地故障等引起的火灾。

8.5.3 当应急照明在采用节能自熄开关控制时，必须采取应急时自动点亮的措施。

8.5.4 每套住宅应设置电源总断路器，总断路器应采用可同时断开相线和中性线的开关电器。

8.5.5 住宅套内的电源插座与照明，应分路配电。安装在 1.8m 及以下的插座均应采用安全型插座。

8.5.6 住宅应根据防雷分类采取相应的防雷措施。

8.5.7 住宅配电系统的接地方式应可靠，并应进行总等电位联结。

8.5.8 防雷接地应与交流工作接地、安全保护接地等共用一组接地装置，接地装置应优先利用住宅建筑的自然接地体，接地装置的接地电阻值必须按接入设备中要求的最小值确定。

9 防火与疏散

9.1 一般规定

9.1.1 住宅建筑的周围环境应为灭火救援提供外部条件。

9.1.2 住宅建筑中相邻套房之间应采取防火分隔措施。

9.1.3 当住宅与其他功能空间处于同一建筑内时，住宅部分与非住宅部分之间应采取防火分隔措施，且住宅部分的安全出口和疏散楼梯应独立设置。

经营、存放和使用火灾危险性为甲、乙类物品的商店、作坊和储藏间，严禁附设在住宅建筑中。

9.1.4 住宅建筑的耐火性能、疏散条件和消防设施的设置应满足防火安全要求。

9.1.5 住宅建筑设备的设置和管线敷设应满足防火安全要求。

9.1.6 住宅建筑的防火与疏散要求应根据建筑层数、建筑面积等因素确定。

注：1 当住宅和其他功能空间处于同一建筑内时，应将住宅部分的层数与其他功能空间的层数叠加计算建筑层数。
　　2 当建筑中有一层或若干层的层高超过 3m 时，应对这些层按其高度总和除以 3m 进行层数折算，余数不足 1.5m 时，多出部分不计入建筑层数；余数大于或等于 1.5m 时，多出部分按 1 层计算。

9.2 耐火等级及其构件耐火极限

9.2.1 住宅建筑的耐火等级应划分为一、二、三、四级，其构件的燃烧性能和耐火极限不应低于表 9.2.1 的规定。

住宅建筑构件的燃烧性能和耐火极限（h）　　　　　表 9.2.1

名称构件		耐火等级			
		一级	二级	三级	四级
墙	防火墙	不燃性 3.00	不燃性 3.00	不燃性 3.00	不燃性 3.00
	非承重外墙、疏散走道两侧的隔墙	不燃性 1.00	不燃性 1.00	不燃性 0.75	难燃性 0.75
	楼梯间的墙、电梯井的墙、住宅单元之间的墙、住宅分户墙、承重墙	不燃性 2.00	不燃性 2.00	不燃性 1.50	难燃性 1.00
	房间隔墙	不燃性 0.75	不燃性 0.50	难燃性 0.50	难燃性 0.25
柱		不燃性 3.00	不燃性 2.50	不燃性 2.00	难燃性 1.00

名称 构件	耐火等级			
	一级	二级	三级	四级
梁	不燃性 2.00	不燃性 1.50	不燃性 1.00	难燃性 1.00
楼板	不燃性 1.50	不燃性 1.00	不燃性 0.75	难燃性 0.50
屋顶承重构件	不燃性 1.50	不燃性 1.00	难燃性 0.50	难燃性 0.25
疏散楼梯	不燃性 1.50	不燃性 1.00	不燃性 0.75	难燃性 0.50

注：表中的外墙指除外保温层外的主体构件。

9.2.2　四级耐火等级的住宅建筑最多允许建造层数为3层，三级耐火等级的住宅建筑最多允许建造层数为9层，二级耐火等级的住宅建筑最多允许建造层数为18层。

9.3　防火间距

9.3.1　住宅建筑与相邻建筑、设施之间的防火间距应根据建筑的耐火等级、外墙的防火构造、灭火救援条件及设施的性质等因素确定。

9.3.2　住宅建筑与相邻民用建筑之间的防火间距应符合表9.3.2的要求。当建筑相邻外墙采取必要的防火措施后，其防火间距可适当减少或贴邻。

住宅建筑与相邻民用建筑之间的防火间距（m）　　　表9.3.2

建筑类别			10层及10层以上住宅或其他高层民用建筑		10层以下住宅或其他非高层民用建筑		
			高层建筑	裙房	耐火等级		
					一、二级	三级	四级
10层 以下住宅	耐火 等级	一、二级	9	6	6	7	9
		三级	11	7	7	8	10
		四级	14	9	9	10	12
10层及10层以上住宅			13	9	9	11	14

9.4　防火构造

9.4.1　住宅建筑上下相邻套房开口部位间应设置高度不低于0.8m的窗槛墙或设置耐火极限不低于1.00h的不燃性实体挑檐，其出挑宽度不应小于0.5m，长度不应小于开口宽度。

9.4.2　楼梯间窗口与套房窗口最近边缘之间的水平间距不应小于1.0m。

9.4.3　住宅建筑中竖井的设置应符合下列要求：

1　电梯井应独立设置，井内严禁敷设燃气管道，并不应敷设与电梯无关的电缆、电线等。电梯井井壁上除开设电梯门洞和通气孔洞外，不应开设其他洞口。

2 电缆井、管道井、排烟道、排气道等竖井应分别独立设置，其井壁应采用耐火极限不低于1.00h的不燃性构件。

3 电缆井、管道井应在每层楼板处采用不低于楼板耐火极限的不燃性材料或防火封堵材料封堵；电缆井、管道井与房间、走道等相连通的孔洞，其空隙应采用防火封堵材料封堵。

4 电缆井和管道井设置在防烟楼梯间前室、合用前室时，其井壁上的检查门应采用丙级防火门。

9.4.4 当住宅建筑中的楼梯、电梯直通住宅楼层下部的汽车库时，楼梯、电梯在汽车库出入口部位应采取防火分隔措施。

9.5 安全疏散

9.5.1 住宅建筑应根据建筑的耐火等级、建筑层数、建筑面积、疏散距离等因素设置安全出口，并应符合下列要求：

1 10层以下的住宅建筑，当住宅单元任一层的建筑面积大于650m²，或任一套房的户门至安全出口的距离大于15m时，该住宅单元每层的安全出口不应少于2个。

2 10层及10层以上但不超过18层的住宅建筑，当住宅单元任一层的建筑面积大于650m²，或任一套房的户门至安全出口的距离大于10m时，该住宅单元每层的安全出口不应少于2个。

3 19层及19层以上的住宅建筑，每个住宅单元每层的安全出口不应少于2个。

4 安全出口应分散布置，两个安全出口之间的距离不应小于5m。

5 楼梯间及前室的门应向疏散方向开启；安装有门禁系统的住宅，应保证住宅直通室外的门在任何时候能从内部徒手开启。

9.5.2 每层有2个及2个以上安全出口的住宅单元，套房户门至最近安全出口的距离应根据建筑的耐火等级、楼梯间的形式和疏散方式确定。

9.5.3 住宅建筑的楼梯间形式应根据建筑形式、建筑层数、建筑面积以及套房户门的耐火等级等因素确定。在楼梯间的首层应设置直接对外的出口，或将对外出口设置在距离楼梯间不超过15m处。

9.5.4 住宅建筑楼梯间顶棚、墙面和地面均应采用不燃性材料。

9.6 消防给水与灭火设施

9.6.1 8层及8层以上的住宅建筑应设置室内消防给水设施。

9.6.2 35层及35层以上的住宅建筑应设置自动喷水灭火系统。

9.7 消防电气

9.7.1 10层及10层以上住宅建筑的消防供电不应低于二级负荷要求。

9.7.2 35层及35层以上的住宅建筑应设置火灾自动报警系统。

9.7.3 10层及10层以上住宅建筑的楼梯间、电梯间及其前室应设置应急照明。

9.8 消防救援

9.8.1 10层及10层以上的住宅建筑应设置环形消防车道，或至少沿建筑的一个长边设置消防车道。

9.8.2 供消防车取水的天然水源和消防水池应设置消防车道，并满足消防车的取水要求。

9.8.3 12 层及 12 层以上的住宅应设置消防电梯。

10 节能

10.1 一般规定

10.1.1 住宅应通过合理选择建筑的体形、朝向和窗墙面积比，增强围护结构的保温、隔热性能，使用能效比高的采暖和空气调节设备和系统，采取室温调控和热量计量措施来降低采暖、空气调节能耗。

10.1.2 节能设计应采用规定性指标，或采用直接计算采暖、空气调节能耗的性能化方法。

10.1.3 住宅围护结构的构造应防止围护结构内部保温材料受潮。

10.1.4 住宅公共部位的照明应采用高效光源、高效灯具和节能控制措施。

10.1.5 住宅内使用的电梯、水泵、风机等设备应采取节电措施。

10.1.6 住宅的设计与建造应与地区气候相适应，充分利用自然通风和太阳能等可再生能源。

10.2 规定性指标

10.2.1 住宅节能设计的规定性指标主要包括：建筑物体形系数、窗墙面积比、各部分围护结构的传热系数、外窗遮阳系数等。各建筑热工设计分区的具体规定性指标应根据节能目标分别确定。

10.2.2 当采用冷水机组和单元式空气调节机作为集中式空气调节系统的冷源设备时，其性能系数、能效比不应低于表 10.2.2-1 和表 10.2.2-2 的规定值。

冷水（热泵）机组制冷性能系数   表 10.2.2-1

类型		额定制冷量（kW）	性能系数（W/W）
水冷	活塞式 / 涡旋式	≤ 528	3.80
		528 ~ 1163	4.00
		> 1163	4.20
	螺杆式	≤ 528	4.10
		528 ~ 1163	4.30
		> 1163	4.60
	离心式	≤ 528	4.40
		528 ~ 1163	4.70
		> 1163	5.10
风冷或蒸发冷却	活塞式 / 涡旋式	≤ 50	2.40
		> 50	2.60
	螺杆式	≤ 50	2.60
		> 50	2.80

单元式空气调节机能效比　　　　　　　　　　　表 10.2.2-2

类型		能效比（W/W）
风冷式	不接风管	2.60
	接风管	2.30
水冷式	不接风管	3.00
	接风管	2.70

10.3 性能化设计

10.3.1 性能化设计应以采暖、空调能耗指标作为节能控制目标。

10.3.2 各建筑热工设计分区的控制目标限值应根据节能目标分别确定。

10.3.3 性能化设计的控制目标和计算方法应符合下列规定：

1 严寒、寒冷地区的住宅应以建筑物耗热量指标为控制目标。

建筑物耗热量指标的计算应包含围护结构的传热耗热量、空气渗透耗热量和建筑物内部得热量三个部分，计算所得的建筑物耗热量指标不应超过表 10.3.3-1 的规定。

建筑物耗热量指标（W/m²）　　　　　　　　　表 10.3.3-1

地名	耗热量指标	地名	耗热量指标	地名	耗热量指标	地名	耗热量指标	地名	耗热量指标
北京市	14.6	内蒙古		锦州	21.0	安达	22.0	安阳	20.3
天津市	14.5	呼和浩特	21.3	鞍山	21.1	伊春	22.4	濮阳	20.3
河北省		锡林浩特	22.0	葫芦岛	21.0	克山	22.3	新乡	20.1
石家庄	20.3	海拉尔	22.6	吉林省		江苏省		洛阳	20.0
张家口	21.1	通辽	21.6	长春	21.7	徐州	20.0	商丘	20.1
秦皇岛	20.8	赤峰	21.3	吉林	21.8	连云港	20.0	开封	20.1
保定	20.5	满洲里	22.4	延吉	21.5	宿迁	20.0	四川省	
邯郸	20.3	博克图	22.2	通化	21.6	淮阴	20.0	阿坝	20.8
唐山	20.8	二连浩特	21.9	双辽	21.6	盐城	20.0	甘孜	20.5
承德	21.0	多伦	21.8	四平	21.5	山东省		康定	20.3
丰宁	21.2	白云鄂博	21.6	白城	21.8	济南	20.2	西藏	
山西省		辽宁省		黑龙江省		青岛	20.2	拉萨	20.2
太原	20.8	沈阳	21.2	哈尔滨	21.9	烟台	20.2	葛尔	21.2
大同	21.1	丹东	20.9	嫩江	22.5	德州	20.5	日喀则	20.4
长治	20.8	大连	20.6	齐齐哈尔	21.9	淄博	20.4	陕西省	
阳泉	20.5	阜新	21.3	富锦	22.0	兖州	20.4	西安	20.2
临汾	20.4	抚顺	21.4	牡丹江	21.8	潍坊	20.4	榆林	21.0
晋城	20.4	朝阳	21.1	呼玛	22.7	河南省		延安	20.7
运城	20.3	本溪	21.2	佳木斯	21.9	郑州	20.0	宝鸡	20.1

续表

地名	耗热量指标	地名	耗热量指标	地名	耗热量指标	地名	耗热量指标	地名	耗热量指标
甘肃省		天水	20.3	玉树	20.8	乌鲁木齐	21.8	吐鲁番	21.1
兰州	20.8	青海省		宁夏		塔城	21.4	库车	20.9
酒泉	21.0	西宁	20.9	银川	21.0	哈密	21.3	和田	20.7
敦煌	21.0	玛多	21.5	中宁	20.8	伊宁	21.1		
张掖	21.0	大柴旦	21.4	固原	20.9	喀什	20.7		
山丹	21.1	共和	21.1	石嘴山	21.0	富蕴	22.4		
平凉	20.6	格尔木	21.1	新疆		克拉玛依	21.8		

2 夏热冬冷地区的住宅应以建筑物采暖和空气调节年耗电量之和为控制目标。

建筑物采暖和空气调节年耗电量应采用动态逐时模拟方法在确定的条件下计算。计算条件应包括:

1) 居室室内冬、夏季的计算温度;

2) 典型气象年室外气象参数;

3) 采暖和空气调节的换气次数;

4) 采暖、空气调节设备的能效比;

5) 室内得热强度。

计算所得的采暖和空气调节年耗电量之和,不应超过表 10.3.3-2 按采暖度日数 HDD18 列出的采暖年耗电量和按空气调节度日数 CDD26 列出的空气调节年耗电量的限值之和。

建筑物采暖年耗电量和空气调节年耗电量的限值   表 10.3.3-2

HDD18 (℃·d)	采暖年耗电量 E_h (kWh/m^2)	CDD26 (℃·d)	空气调节年耗电量 E_c (kWh/m^2)
800	10.1	25	13.7
900	13.4	50	15.6
1000	15.6	75	17.4
1100	17.8	100	19.3
1200	20.1	125	21.2
1300	22.3	150	23.0
1400	24.5	175	24.9
1500	26.7	200	26.8
1600	29.0	225	28.6
1700	31.2	250	30.5
1800	33.4	275	32.4
1900	35.7	300	34.2
2000	37.9		
2100	40.1		
2200	42.4		
2300	44.6		
2400	46.8		
2500	49.0		

3 夏热冬暖地区的住宅应以参照建筑的空气调节和采暖年耗电量为控制目标。

参照建筑和所设计住宅的空气调节和采暖年耗电量应采用动态逐时模拟方法在确定的条件下计算。计算条件应包括：

1）居室室内冬、夏季的计算温度；

2）典型气象年室外气象参数；

3）采暖和空气调节的换气次数；

4）采暖、空气调节设备的能效比。

参照建筑应按下列原则确定：

1）参照建筑的建筑形状、大小和朝向均应与所设计住宅完全相同；

2）参照建筑的开窗面积应与所设计住宅相同，但当所设计住宅的窗面积超过规定性指标时，参照建筑的窗面积应减小到符合规定性指标；

3）参照建筑的外墙、屋顶和窗户的各项热工性能参数应符合规定性指标。

11 使用与维护

11.0.1 住宅应满足下列条件，方可交付用户使用：

1 由建设单位组织设计、施工、工程监理等有关单位进行工程竣工验收，确认合格；取得当地规划、消防、人防等有关部门的认可文件或准许使用文件；在当地建设行政主管部门进行备案；

2 小区道路畅通，已具备接通水、电、燃气、暖气的条件。

11.0.2 住宅应推行社会化、专业化的物业管理模式。建设单位应在住宅交付使用时，将完整的物业档案移交给物业管理企业，内容包括：

1 竣工总平面图，单体建筑、结构、设备竣工图，配套设施和地下管网工程竣工图，以及相关的其他竣工验收资料；

2 设施设备的安装、使用和维护保养等技术资料；

3 工程质量保修文件和物业使用说明文件；

4 物业管理所必需的其他资料。

物业管理企业在服务合同终止时，应将物业档案移交给业主委员会。

11.0.3 建设单位应在住宅交付用户使用时提供给用户《住宅使用说明书》和《住宅质量保证书》。

《住宅使用说明书》应当对住宅的结构、性能和各部位（部件）的类型、性能、标准等做出说明，提出使用注意事项。《住宅使用说明书》应附有《住宅品质状况表》，其中应注明是否已进行住宅性能认定，并应包括住宅的外部环境、建筑空间、建筑结构、室内环境、建筑设备、建筑防火和节能措施等基本信息和达标情况。

《住宅质量保证书》应当包括住宅在设计使用年限内和正常使用情况下各部位、部件的保修内容和保修期、用户报修的单位，以及答复和处理的时限等。

11.0.4 用户应正确使用住宅内电气、燃气、给水排水等设施，不得在楼面上堆放影响楼盖安全的重物，严禁未经设计确认和有关部门批准擅自改动承重结构、主要使用功能或建筑外观，不得拆改水、暖、电、燃气、通信等配套设施。

11.0.5 对公共门厅、公共走廊、公共楼梯间、外墙面、屋面等住宅的共用部位，用户不得自行拆改或占用。

11.0.6 住宅和居住区内按照规划建设的公共建筑和共用设施，不得擅自改变其用途。

11.0.7 物业管理企业应对住宅和相关场地进行日常保养、维修和管理；对各种共用设备和设施，应进行日常维护、按计划检修，并及时更新，保证正常运行。

11.0.8 必须保持消防设施完好和消防通道畅通。

2.《住宅设计规范》GB 50096-2011

1 总则（略）
2 术语（略）
3 基本规定

3.0.1 住宅设计应符合城镇规划及居住区规划的要求，并应经济、合理、有效地利用土地和空间。

3.0.2 住宅设计应使建筑与周围环境相协调，并应合理组织方便、舒适的生活空间。

3.0.3 住宅设计应以人为本，除应满足一般居住使用要求外，尚应根据需要满足老年人、残疾人等特殊群体的使用要求。

3.0.4 住宅设计应满足居住者所需的日照、天然采光、通风和隔声的要求。

3.0.5 住宅设计必须满足节能要求，住宅建筑应能合理利用能源。宜结合各地能源条件，采用常规能源与可再生能源结合的供能方式。

3.0.6 住宅设计应推行标准化、模数化及多样化，并应积极采用新技术、新材料、新产品，积极推广工业化设计、建造技术和模数应用技术。

3.0.7 住宅的结构设计应满足安全、适用和耐久的要求。

3.0.8 住宅设计应符合相关防火规范的规定，并应满足安全疏散的要求。

3.0.9 住宅设计应满足设备系统功能有效、运行安全、维修方便等基本要求，并应为相关设备预留合理的安装位置。

3.0.10 住宅设计应在满足近期使用要求的同时，兼顾今后改造的可能。

4 技术经济指标计算

4.0.1 住宅设计应计算下列技术经济指标：

——各功能空间使用面积（m²）；

——套内使用面积（m²/套）；

——套型阳台面积（m²/套）；

——套型总建筑面积（m²/套）；

——住宅楼总建筑面积（m²）。

4.0.2 计算住宅的技术经济指标，应符合下列规定：

1 各功能空间使用面积应等于各功能空间墙体内表面所围合的水平投影面积；

2 套内使用面积应等于套内各功能空间使用面积之和；

3 套型阳台面积应等于套内各阳台的面积之和；阳台的面积均应按其结构底板投影净面积的一半计算；

4 套型总建筑面积应等于套内使用面积、相应的建筑面积和套型阳台面积之和；

5 住宅楼总建筑面积应等于全楼各套型总建筑面积之和。

4.0.3 套内使用面积计算，应符合下列规定：

1 套内使用面积应包括卧室、起居室（厅）、餐厅、厨房、卫生间、过厅、过道、贮藏室、壁柜等使用面积的总和；

2 跃层住宅中的套内楼梯应按自然层数的使用面积总和计入套内使用面积；

3 烟囱、通风道、管井等均不应计入套内使用面积；

4 套内使用面积应按结构墙体表面尺寸计算；有复合保温层时，应按复合保温层表面尺寸计算；

5 利用坡屋顶内的空间时，屋面板下表面与楼板地面的净高低于1.20m的空间不应计算使用面积，净高在1.20m～2.10m的空间应按1/2计算使用面积，净高超过2.10m的空间应全部计入套内使用面积；坡屋顶无结构顶层楼板，不能利用坡屋顶空间时不应计算其使用面积；

6 坡屋顶内的使用面积应列入套内使用面积中。

4.0.4 套型总建筑面积计算，应符合下列规定：

1 应按全楼各层外墙结构外表面及柱外沿所围合的水平投影面积之和求出住宅楼建筑面积，当外墙设外保温层时，应按保温层外表面计算；

2 应以全楼总套内使用面积除以住宅楼建筑面积得出计算比值；

3 套型总建筑面积应等于套内使用面积除以计算比值所得面积，加上套型阳台面积。

4.0.5 住宅楼的层数计算应符合下列规定：

1 当住宅楼的所有楼层的层高不大于3.00m时，层数应按自然层数计；

2 当住宅和其他功能空间处于同一建筑物内时，应将住宅部分的层数与其他功能空间的层数叠加计算建筑层数。当建筑中有一层或若干层的层高大于3.00m时，应对大于3.00m的所有楼层按其高度总和除以3.00m进行层数折算，余数小于1.50m时，多出部分不应计入建筑层数，余数大于或等于1.50m时，多出部分应按1层计算；

3 层高小于2.20m的架空层和设备层不应计入自然层数；

4 高出室外设计地面小于2.20m的半地下室不应计入地上自然层数。

5 套内空间

5.1 套型

5.1.1 住宅应按套型设计，每套住宅应设卧室、起居室（厅）、厨房和卫生间等基本功能空间。

5.1.2 套型的使用面积应符合下列规定：

1 由卧室、起居室（厅）、厨房和卫生间等组成的套型，其使用面积不应小于30m²；

2 由兼起居的卧室、厨房和卫生间等组成的最小套型，其使用面积不应小于22m²。

5.2 卧室、起居室（厅）

5.2.1 卧室的使用面积应符合下列规定：

1 双人卧室不应小于 9m²；

2 单人卧室不应小于 5m²；

3 兼起居的卧室不应小于 12m²。

5.2.2 起居室（厅）的使用面积不应小于 10m²。

5.2.3 套型设计时应减少直接开向起居厅的门的数量。起居室（厅）内布置家具的墙面直线长度宜大于 3m。

5.2.4 无直接采光的餐厅、过厅等，其使用面积不宜大于 10m²。

5.3 厨房

5.3.1 厨房的使用面积应符合下列规定：

1 由卧室、起居室（厅）、厨房和卫生间等组成的住宅套型的厨房使用面积，不应小于 4.0m²；

2 由兼起居的卧室、厨房和卫生间等组成的住宅最小套型的厨房使用面积，不应小于 3.5m²。

5.3.2 厨房宜布置在套内近入口处。

5.3.3 厨房应设置洗涤池、案台、炉灶及排油烟机、热水器等设施或为其预留位置。

5.3.4 厨房应按炊事操作流程布置。排油烟机的位置应与炉灶位置对应，并应与排气道直接连通。

5.3.5 单排布置设备的厨房净宽不应小于 1.50m；双排布置设备的厨房其两排设备之间的净距不应小于 0.90m。

5.4 卫生间

5.4.1 每套住宅应设卫生间，应至少配置便器、洗浴器、洗面器三件卫生设备或为其预留设置位置及条件。三件卫生设备集中配置的卫生间的使用面积不应小于 2.50m²。

5.4.2 卫生间可根据使用功能要求组合不同的设备。不同组合的空间使用面积应符合下列规定：

1 设便器、洗面器时不应小于 1.80m²；

2 设便器、洗浴器时不应小于 2.00m²；

3 设洗面器、洗浴器时不应小于 2.00m²；

4 设洗面器、洗衣机时不应小于 1.80m²；

5 单设便器时不应小于 1.10m²。

5.4.3 无前室的卫生间的门不应直接开向起居室（厅）或厨房。

5.4.4 卫生间不应直接布置在下层住户的卧室、起居室（厅）、厨房和餐厅的上层。

5.4.5 当卫生间布置在本套内的卧室、起居室（厅）、厨房和餐厅的上层时，均应有防水和便于检修的措施。

5.4.6 每套住宅应设置洗衣机的位置及条件。

5.5 层高和室内净高

5.5.1 住宅层高宜为 2.80m。

5.5.2 卧室、起居室（厅）的室内净高不应低于2.40m，局部净高不应低于2.10m，且局部净高的室内面积不应大于室内使用面积的1/3。

5.5.3 利用坡屋顶内空间作卧室、起居室（厅）时，至少有1/2的使用面积的室内净高不应低于2.10m。

5.5.4 厨房、卫生间的室内净高不应低于2.20m。

5.5.5 厨房、卫生间内排水横管下表面与楼面、地面净距不得低于1.90m，且不得影响门、窗扇开启。

5.6 阳台

5.6.1 每套住宅宜设阳台或平台。

5.6.2 阳台栏杆设计必须采用防止儿童攀登的构造，栏杆的垂直杆件间净距不应大于0.11m，放置花盆处必须采取防坠落措施。

5.6.3 阳台栏板或栏杆净高，六层及六层以下不应低于1.05m；七层及七层以上不应低于1.10m。

5.6.4 封闭阳台栏板或栏杆也应满足阳台栏板或栏杆净高要求。七层及七层以上住宅和寒冷、严寒地区住宅宜采用实体栏板。

5.6.5 顶层阳台应设雨罩，各套住宅之间毗连的阳台应设分户隔板。

5.6.6 阳台、雨罩均应采取有组织排水措施，雨罩及开敞阳台应采取防水措施。

5.6.7 当阳台设有洗衣设备时应符合下列规定：

1 应设置专用给、排水管线及专用地漏，阳台楼、地面均应做防水；

2 严寒和寒冷地区应封闭阳台，并应采取保温措施。

5.6.8 当阳台或建筑外墙设置空调室外机时，其安装位置应符合下列规定：

1 应能通畅地向室外排放空气和自室外吸入空气；

2 在排出空气一侧不应有遮挡物；

3 应为室外机安装和维护提供方便操作的条件；

4 安装位置不应对室外人员形成热污染。

5.7 过道、贮藏空间和套内楼梯

5.7.1 套内入口过道净宽不宜小于1.20m；通往卧室、起居室（厅）的过道净宽不应小于1.00m；通往厨房、卫生间、贮藏室的过道净宽不应小于0.90m。

5.7.2 套内设于底层或靠外墙、靠卫生间的壁柜内部应采取防潮措施。

5.7.3 套内楼梯当一边临空时，梯段净宽不应小于0.75m；当两侧有墙时，墙面之间净宽不应小于0.90m，并应在其中一侧墙面设置扶手。

5.7.4 套内楼梯的踏步宽度不应小于0.22m；高度不应大于0.20m，扇形踏步转角距扶手中心0.25m处，宽度不应小于0.22m。

5.8 门窗

5.8.1 窗外没有阳台或平台的外窗，窗台距楼面、地面的净高低于0.90m时，应设置防护设施。

5.8.2 当设置凸窗时应符合下列规定：

1 窗台高度低于或等于 0.45m 时，防护高度从窗台面起算不应低于 0.90m；

2 可开启窗扇窗洞口底距窗台面的净高低于 0.90m 时，窗洞口处应有防护措施。其防护高度从窗台面起算不应低于 0.90m；

3 严寒和寒冷地区不宜设置凸窗。

5.8.3 底层外窗和阳台门、下沿低于 2.00m 且紧邻走廊或共用上人屋面上的窗和门，应采取防卫措施。

5.8.4 面临走廊、共用上人屋面或凹口的窗，应避免视线干扰，向走廊开启的窗扇不应妨碍交通。

5.8.5 户门应采用具备防盗、隔声功能的防护门。向外开启的户门不应妨碍公共交通及相邻户门开启。

5.8.6 厨房和卫生间的门应在下部设置有效截面积不小于 0.02m² 的固定百叶，也可距地面留出不小于 30mm 的缝隙。

5.8.7 各部位门洞的最小尺寸应符合表 5.8.7 的规定。

门洞最小尺寸 　　　　　　　　　　表 5.8.7

类别	洞口宽度（m）	洞口高度（m）
共用外门	1.20	2.00
户（套）门	1.00	2.00
起居室（厅）门	0.90	2.00
卧室门	0.90	2.00
厨房门	0.80	2.00
卫生间门	0.70	2.00
阳台门（单扇）	0.70	2.00

注：1 表中门洞口高度不包括门上亮子高度，宽度以平开门为准。
　　2 洞口两侧地面有高低差时，以高地面为起算高度。

6 共用部分

6.1 窗台、栏杆和台阶

6.1.1 楼梯间、电梯厅等共用部分的外窗，窗外没有阳台或平台，且窗台距楼面、地面的净高小于 0.90m 时，应设置防护设施。

6.1.2 公共出入口台阶高度超过 0.70m 并侧面临空时，应设置防护设施，防护设施净高不应低于 1.05m。

6.1.3 外廊、内天井及上人屋面等临空处的栏杆净高，六层及六层以下不应低于 1.05m，七层及七层以上不应低于 1.10m。防护栏杆必须采用防止儿童攀登的构造，栏杆的垂直杆件间净距不应大于 0.11m。放置花盆处必须采取防坠落措施。

6.1.4 公共出入口台阶踏步宽度不宜小于 0.30m，踏步高度不宜大于 0.15m，并不宜小于 0.10m，踏步高度应均匀一致，并应采取防滑措施。台阶踏步数不应少于 2 级，当高差不足 2 级时，应按坡道设置；台阶宽度大于 1.80m 时，两侧宜设置栏杆扶手，高度应为 0.90m。

6.2 安全疏散出口

6.2.1 十层以下的住宅建筑，当住宅单元任一层的建筑面积大于 650m²，或任一套房的户门至安全出口的距离大于 15m 时，该住宅单元每层的安全出口不应少于 2 个。

6.2.2 十层及十层以上且不超过十八层的住宅建筑，当住宅单元任一层的建筑面积大于 650m²，或任一套房的户门至安全出口的距离大于 10m 时，该住宅单元每层的安全出口不应少于 2 个。

6.2.3 十九层及十九层以上的住宅建筑，每层住宅单元的安全出口不应少于 2 个。

6.2.4 安全出口应分散布置，两个安全出口的距离不应小于 5m。

6.2.5 楼梯间及前室的门应向疏散方向开启。

6.2.6 十层以下的住宅建筑的楼梯间宜通至屋顶，且不应穿越其他房间。通向平屋面的门应向屋面方向开启。

6.2.7 十层及十层以上的住宅建筑，每个住宅单元的楼梯均应通至屋顶，且不应穿越其他房间。通向平屋面的门应向屋面方向开启。各住宅单元的楼梯间宜在屋顶相连通。但符合下列条件之一的，楼梯可不通至屋顶：

1 十八层及十八层以下，每层不超过 8 户、建筑面积不超过 650m²，且设有一座共用的防烟楼梯间和消防电梯的住宅；

2 顶层设有外部联系廊的住宅。

6.3 楼梯

6.3.1 楼梯梯段净宽不应小于 1.10m，不超过六层的住宅，一边设有栏杆的梯段净宽不应小于 1.00m。

6.3.2 楼梯踏步宽度不应小于 0.26m，踏步高度不应大于 0.175m。扶手高度不应小于 0.90m。楼梯水平段栏杆长度大于 0.50m 时，其扶手高度不应小于 1.05m。楼梯栏杆垂直杆件间净空不应大于 0.11m。

6.3.3 楼梯平台净宽不应小于楼梯梯段净宽，且不得小于 1.20m。楼梯平台的结构下缘至人行通道的垂直高度不应低于 2.00m。入口处地坪与室外地面应有高差，并不应小于 0.10m。

6.3.4 楼梯为剪刀梯时，楼梯平台的净宽不得小于 1.30m。

6.3.5 楼梯井净宽大于 0.11m 时，必须采取防止儿童攀滑的措施。

6.4 电梯

6.4.1 属下列情况之一时，必须设置电梯：

1 七层及七层以上住宅或住户入口层楼面距室外设计地面的高度超过 16m 时；

2 底层作为商店或其他用房的六层及六层以下住宅，其住户入口层楼面距该建筑物的室外设计地面高度超过 16m 时；

3 底层做架空层或贮存空间的六层及六层以下住宅，其住户入口层楼面距该建筑物的室外设计地面高度超过 16m 时；

4 顶层为两层一套的跃层住宅时，跃层部分不计层数，其顶层住户入口层楼面距该建筑物室外设计地面的高度超过 16m 时。

6.4.2 十二层及十二层以上的住宅，每栋楼设置电梯不应少于两台，其中应设置一台可容纳担架的电梯。

6.4.3 十二层及十二层以上的住宅每单元只设置一部电梯时，从第十二层起应设置与相邻住宅单元联通的联系廊。联系廊可隔层设置，上下联系廊之间的间隔不应超过五层。联系廊的净宽不应小于

1.10m，局部净高不应低于2.00m。

6.4.4 十二层及十二层以上的住宅由二个及二个以上的住宅单元组成。且其中有一个或一个以上住宅单元未设置可容纳担架的电梯时，应从第十二层起设置与可容纳担架的电梯联通的联系廊。联系廊可隔层设置，上下联系廊之间的间隔不应超过五层。联系廊的净宽不应小于1.10m，局部净高不应低于2.00m。

6.4.5 七层及七层以上住宅电梯应在设有户门和公共走廊的每层设站。住宅电梯宜成组集中布置。

6.4.6 候梯厅深度不应小于多台电梯中最大轿厢的深度，且不应小于1.50m。

6.4.7 电梯不应紧邻卧室布置。当受条件限制，电梯不得不紧邻兼起居的卧室布置时，应采取隔声、减振的构造措施。

6.5 走廊和出入口

6.5.1 住宅中作为主要通道的外廊宜作封闭外廊，并应设置可开启的窗扇。走廊通道的净宽不应小于1.20m，局部净高不应低于2.00m。

6.5.2 位于阳台、外廊及开敞楼梯平台下部的公共出入口，应采取防止物体坠落伤人的安全措施。

6.5.3 公共出入口处应有标识，十层及十层以上住宅的公共出入口应设门厅。

6.6 无障碍设计要求

6.6.1 七层及七层以上的住宅，应对下列部位进行无障碍设计：

1 建筑入口；

2 入口平台；

3 候梯厅；

4 公共走道。

6.6.2 住宅入口及入口平台的无障碍设计应符合下列规定：

1 建筑入口设台阶时，应同时设置轮椅坡道和扶手；

2 坡道的坡度应符合表6.6.2的规定；

坡道的坡度   表6.6.2

坡度	1：20	1：16	1：12	1：10	1：8
最大高度（m）	1.50	1.00	0.75	0.60	0.35

3 供轮椅通行的门净宽不应小于0.8m；

4 供轮椅通行的推拉门和平开门，在门把手一侧的墙面，应留有不小于0.5m的墙面宽度；

5 供轮椅通行的门扇，应安装视线观察玻璃、横执把手和关门拉手，在门扇的下方应安装高0.35m的护门板；

6 门槛高度及门内外地面高差不应大于0.15m，并应以斜坡过渡。

6.6.3 七层及七层以上住宅建筑入口平台宽度不应小于2.00m，七层以下住宅建筑入口平台宽度不应小于1.50m。

6.6.4 供轮椅通行的走道和通道净宽不应小于1.20m。

6.7 信报箱

6.7.1 新建住宅应每套配套设置信报箱。

6.7.2 住宅设计应在方案设计阶段布置信报箱的位置。信报箱宜设置在住宅单元主要入口处。

6.7.3 设有单元安全防护门的住宅，信报箱的投递口应设置在门禁以外。当通往投递口的专用通道设置在室内时，通道净宽应不小于 0.60m。

6.7.4 信报箱的投取信口设置在公共通道位置时，通道的净宽应从信报箱的最外缘起算。

6.7.5 信报箱的设置不得降低住宅基本空间的天然采光和自然通风标准。

6.7.6 信报箱设计应选用信报箱定型产品，产品应符合国家有关标准。选用嵌墙式信报箱时应设计洞口尺寸和安装、拆卸预埋件位置。

6.7.7 信报箱的设置宜利用共用部位的照明，但不得降低住宅公共照明标准。

6.7.8 选用智能信报箱时，应预留电源接口。

6.8 共用排气道

6.8.1 厨房宜设共用排气道，无外窗的卫生间应设共用排气道。

6.8.2 厨房、卫生间的共用排气道应采用能够防止各层回流的定型产品，并应符合国家有关标准。排气道断面尺寸应根据层数确定，排气道接口部位应安装支管接口配件，厨房排气道接口直径应大于 150mm，卫生间排气道接口直径应大于 80mm。

6.8.3 厨房的共用排气道应与灶具位置相邻，共用排气道与排油烟机连接的进气口应朝向灶具方向。

6.8.4 厨房的共用排气道与卫生间的共用排气道应分别设置。

6.8.5 竖向排气道屋顶风帽的安装高度不应低于相邻建筑砌筑体。排气道的出口设置在上人屋面、住户平台上时，应高出屋面或平台地面 2m；当周围 4m 之内有门窗时，应高出门窗上皮 0.6m。

6.9 地下室和半地下室

6.9.1 卧室、起居室（厅）、厨房不应布置在地下室；当布置在半地下室时，必须对采光、通风、日照、防潮、排水及安全防护采取措施，并不得降低各项指标要求。

6.9.2 除卧室、起居室（厅）、厨房以外的其他功能房间可布置在地下室，当布置在地下室时，应对采光、通风、防潮、排水及安全防护采取措施。

6.9.3 住宅的地下室、半地下室做自行车库和设备用房时，其净高不应低于 2.00m。

6.9.4 当住宅的地上架空层及半地下室做机动车停车位时，其净高不应低于 2.20m。

6.9.5 地上住宅楼、电梯间宜与地下车库连通，并宜采取安全防盗措施。

6.9.6 直通住宅单元的地下楼、电梯间入口处应设置乙级防火门，严禁利用楼、电梯间为地下车库进行自然通风。

6.9.7 地下室、半地下室应采取防水、防潮及通风措施。采光井应采取排水措施。

6.10 附建公共用房

6.10.1 住宅建筑内严禁布置存放和使用甲、乙类火灾危险性物品的商店、车间和仓库，以及产生噪声、振动和污染环境卫生的商店、车间和娱乐设施。

6.10.2 住宅建筑内不应布置易产生油烟的餐饮店，当住宅底层商业网点布置有产生刺激性气味或噪声的配套用房，应做排气、消声处理。

6.10.3 水泵房、冷热源机房、变配电机房等公共机电用房不宜设置在住宅主体建筑内，不宜设置在与住户相邻的楼层内，在无法满足上述要求贴临设置时，应增加隔声减振处理。

6.10.4 住户的公共出入口与附建公共用房的出入口应分开布置。

7 室内环境

7.1 日照、天然采光、遮阳

7.1.1 每套住宅应至少有一个居住空间能获得冬季日照。

7.1.2 需要获得冬季日照的居住空间的窗洞开口宽度不应小于 0.60m。

7.1.3 卧室、起居室（厅）、厨房应有直接天然采光。

7.1.4 卧室、起居室（厅）、厨房的采光系数不应低于 1%；当楼梯间设置采光窗时，采光系数不应低于 0.5%。

7.1.5 卧室、起居室（厅）、厨房的采光窗洞口的窗地面积比不应低于 1/7。

7.1.6 当楼梯间设置采光窗时，采光窗洞口的窗地面积比不应低于 1/12。

7.1.7 采光窗下沿离楼面或地面高度低于 0.50m 的窗洞口面积不应计入采光面积内，窗洞口上沿距地面高度不宜低于 2.00m。

7.1.8 除严寒地区外，居住空间朝西外窗应采取外遮阳措施，居住空间朝东外窗宜采取外遮阳措施。当采用天窗、斜屋顶窗采光时，应采取活动遮阳措施。

7.2 自然通风

7.2.1 卧室、起居室（厅）、厨房应有自然通风。

7.2.2 住宅的平面空间组织、剖面设计、门窗的位置、方向和开启方式的设置，应有利于组织室内自然通风。单朝向住宅宜采取改善自然通风的措施。

7.2.3 每套住宅的自然通风开口面积不应小于地面面积的 5%。

7.2.4 采用自然通风的房间，其直接或间接自然通风开口面积应符合下列规定：

1 卧室、起居室（厅）、明卫生间的直接自然通风开口面积不应小于该房间地板面积的 1/20；当采用自然通风的房间外设置阳台时，阳台的自然通风开口面积不应小于采用自然通风的房间和阳台地板面积总和的 1/20；

2 厨房的直接自然通风开口面积不应小于该房间地板面积的 1/10，并不得小于 0.60m²；当厨房外设置阳台时，阳台的自然通风开口面积不应小于厨房和阳台地板面积总和的 1/10，并不得小于 0.60m²。

7.3 隔声、降噪

7.3.1 卧室、起居室（厅）内噪声级，应符合下列规定：

1 昼间卧室内的等效连续 A 声级不应大于 45dB；

2 夜间卧室内的等效连续 A 声级不应大于 37dB；

3 起居室（厅）的等效连续 A 声级不应大于 45dB。

7.3.2 分户墙和分户楼板的空气声隔声性能应符合下列规定：

1 分隔卧室、起居室（厅）的分户墙和分户楼板，空气声隔声评价量（R_w+C）应大于 45dB；

2 分隔住宅和非居住用途空间的楼板，空气声隔声评价量（R_w+C_{tr}）应大于 51dB。

7.3.3 卧室、起居室（厅）的分户楼板的计权规范化撞击声压级宜小于 75dB。当条件受到限制时，分户楼板的计权规范化撞击声压级应小于 85dB，且应在楼板上预留可供今后改善的条件。

7.3.4 住宅建筑的体形、朝向和平面布置应有利于噪声控制。在住宅平面设计时，当卧室、起居室（厅）布置在噪声源一侧时，外窗应采取隔声降噪措施；当居住空间与可能产生噪声的房间相邻时，分隔墙和分隔楼板应采取隔声降噪措施；当内天井、凹天井中设置相邻户间窗口时，宜采取隔声降噪措施。

7.3.5 起居室（厅）不宜紧邻电梯布置。受条件限制起居室（厅）紧邻电梯布置时，必须采取有效的隔声和减振措施。

7.4 防水、防潮

7.4.1 住宅的屋面、地面、外墙、外窗应采取防止雨水和冰雪融化水侵入室内的措施。

7.4.2 住宅的屋面和外墙的内表面在设计的室内温度、湿度条件下不应出现结露。

7.5 室内空气质量

7.5.1 住宅室内装修设计宜进行环境空气质量预评价。

7.5.2 在选用住宅建筑材料、室内装修材料以及选择施工工艺时，应控制有害物质的含量。

7.5.3 住宅室内空气污染物的活度和浓度应符合表 7.5.3 的规定。

住宅室内空气污染物限值　　　　　　　　　　　　　　表 7.5.3

污染物名称	活度、浓度限值
氡	≤ 200（Bq/m^3）
游离甲醛	≤ 0.08（mg/m^3）
苯	≤ 0.09（mg/m^3）
氨	≤ 0.2（mg/m^3）
TVOC	≤ 0.5（mg/m^3）

8 建筑设备

8.1 一般规定

8.1.1 住宅应设置室内给水排水系统。

8.1.2 严寒和寒冷地区的住宅应设置采暖设施。

8.1.3 住宅应设置照明供电系统。

8.1.4 住宅计量装置的设置应符合下列规定：

1 各类生活供水系统应设置分户水表；

2 设有集中采暖（集中空调）系统时，应设置分户热计量装置；

3 设有燃气系统时，应设置分户燃气表；

4 设有供电系统时，应设置分户电能表。

8.1.5 机电设备管线的设计应相对集中、布置紧凑、合理使用空间。

8.1.6 设备、仪表及管线较多的部位，应进行详细的综合设计，并应符合下列规定：

1 采暖散热器、户配电箱、家居配线箱、电源插座、有线电视插座、信息网络和电话插座等，应与室内设施和家具综合布置；

2 计量仪表和管道的设置位置应有利于厨房灶具或卫生间卫生器具的合理布局和接管；

3 厨房、卫生间内排水横管下表面与楼面、地面净距应符合本规范第5.5.5条的规定；

4 水表、热量表、燃气表、电能表的设置应便于管理。

8.1.7 下列设施不应设置在住宅套内，应设置在共用空间内：

1 公共功能的管道，包括给水总立管、消防立管、雨水立管、采暖（空调）供回水总立管和配电和弱电干线（管）等，设置在开敞式阳台的雨水立管除外；

2 公共的管道阀门、电气设备和用于总体调节和检修的部件，户内排水立管检修口除外；

3 采暖管沟和电缆沟的检查孔。

8.1.8 水泵房、冷热源机房、变配电室等公共机电用房应采用低噪声设备，且应采取相应的减振、隔声、吸声、防止电磁干扰等措施。

8.2 给水排水

8.2.1 住宅各类生活供水系统水质应符合国家现行有关标准的规定。

8.2.2 入户管的供水压力不应大于0.35MPa。

8.2.3 套内用水点供水压力不宜大于0.20MPa，且不应小于用水器具要求的最低压力。

8.2.4 住宅应设置热水供应设施或预留安装热水供应设施的条件。生活热水的设计应符合下列规定：

1 集中生活热水系统配水点的供水水温不应低于45℃；

2 集中生活热水系统应在套内热水表前设置循环回水管；

3 集中生活热水系统热水表后或户内热水器不循环的热水供水支管，长度不宜超过8m。

8.2.5 卫生器具和配件应采用节水型产品。管道、阀门和配件应采用不易锈蚀的材质。

8.2.6 厨房和卫生间的排水立管应分别设置。排水管道不得穿越卧室。

8.2.7 排水立管不应设置在卧室内，且不宜设置在靠近与卧室相邻的内墙；当必须靠近与卧室相邻的内墙时，应采用低噪声管材。

8.2.8 污废水排水横管宜设置在本层套内；当敷设于下一层的套内空间时，其清扫口应设置在本层，并应进行夏季管道外壁结露验算和采取相应的防止结露的措施。污废水排水立管的检查口宜每层设置。

8.2.9 设置淋浴器和洗衣机的部位应设置地漏，设置洗衣机的部位宜采用能防止溢流和干涸的专用地漏。洗衣机设置在阳台上时，其排水不应排入雨水管。

8.2.10 无存水弯的卫生器具和无水封的地漏与生活排水管道连接时，在排水口以下应设存水弯；存水弯和有水封地漏的水封高度不应小于50mm。

8.2.11 地下室、半地下室中低于室外地面的卫生器具和地漏的排水管，不应与上部排水管连接，应设置集水设施用污水泵排出。

8.2.12 采用中水冲洗便器时，中水管道和预留接口应设明显标识。坐便器安装洁身器时，洁身器应与自来水管连接，严禁与中水管连接。

8.2.13 排水通气管的出口，设置在上人屋面、住户平台上时，应高出屋面或平台地面 2.00m；当周围 4.00m 之内有门窗时，应高出门窗上口 0.60m。

8.3 采暖

8.3.1 严寒和寒冷地区的住宅宜设集中采暖系统。夏热冬冷地区住宅采暖方式应根据当地能源情况，经技术经济分析，并根据用户对设备运行费用的承担能力等因素确定。

8.3.2 除电力充足和供电政策支持，或建筑所在地无法利用其他形式的能源外，严寒和寒冷地区、夏热冬冷地区的住宅不应设计直接电热作为室内采暖主体热源。

8.3.3 住宅采暖系统应采用不高于 95℃ 的热水作为热媒，并应有可靠的水质保证措施。热水温度和系统压力应根据管材、室内散热设备等因素确定。

8.3.4 住宅集中采暖的设计，应进行每一个房间的热负荷计算。

8.3.5 住宅集中采暖的设计应进行室内采暖系统的水力平衡计算，并应通过调整环路布置和管径，使并联管路（不包括共同段）的阻力相对差额不大于 15%；当不满足要求时，应采取水力平衡措施。

8.3.6 设置采暖系统的普通住宅的室内采暖计算温度，不应低于表 8.3.6 的规定。

室内采暖计算温度 表 8.3.6

用房	温度（℃）
卧室、起居室（厅）和卫生间	18
厨房	15
设采暖的楼梯间和走廊	14

8.3.7 设有洗浴器并有热水供应设施的卫生间宜按沐浴时室温为 25℃ 设计。

8.3.8 套内采暖设施应配置室温自动调控装置。

8.3.9 室内采用散热器采暖时，室内采暖系统的制式宜采用双管式；如采用单管式，应在每组散热器的进出水支管之间设置跨越管。

8.3.10 设计地面辐射采暖系统时，宜按主要房间划分采暖环路。

8.3.11 应采用体型紧凑、便于清扫、使用寿命不低于钢管的散热器，并宜明装，散热器的外表面应刷非金属性涂料。

8.3.12 采用户式燃气采暖热水炉作为采暖热源时，其热效率应符合现行国家标准《家用燃气快速热水器和燃气采暖热水炉能效限定值及能效等级》GB 20665 中能效等级 3 级的规定值。

8.4 燃气

8.4.1 住宅管道燃气的供气压力不应高于 0.2MPa。住宅内各类用气设备应使用低压燃气，其入口压力应在 0.75 倍～1.5 倍燃具额定范围内。

8.4.2 户内燃气立管应设置在有自然通风的厨房或与厨房相连的阳台内，且宜明装设置，不得设置在通风排气竖井内。

8.4.3 燃气设备的设置应符合下列规定：

1 燃气设备严禁设置在卧室内；

2 严禁在浴室内安装直接排气式、半密闭式燃气热水器等在使用空间内积聚有害气体的加热设备；

3 户内燃气灶应安装在通风良好的厨房、阳台内；

4 燃气热水器等燃气设备应安装在通风良好的厨房、阳台内或其他非居住房间。

8.4.4 住宅内各类用气设备的烟气必须排至室外。排气口应采取防风措施，安装燃气设备的房间应预留安装位置和排气孔洞位置；当多台设备合用竖向排气道排放烟气时，应保证互不影响。户内燃气热水器、分户设置的采暖或制冷燃气设备的排气管不得与燃气灶排油烟机的排气管合并接入同一管道。

8.4.5 使用燃气的住宅，每套的燃气用量应根据燃气设备的种类、数量和额定燃气量计算确定，且应至少按一个双眼灶和一个燃气热水器计算。

8.5 通风

8.5.1 排油烟机的排气管道可通过竖向排气道或外墙排向室外。当通过外墙直接排至室外时，应在室外排气口设置避风、防雨和防止污染墙面的构件。

8.5.2 严寒、寒冷、夏热冬冷地区的厨房，应设置供厨房房间全面通风的自然通风设施。

8.5.3 无外窗的暗卫生间，应设置防止回流的机械通风设施或预留机械通风设置条件。

8.5.4 以煤、薪柴、燃油为燃料进行分散式采暖的住宅，以及以煤、薪柴为燃料的厨房，应设烟囱；上下层或相邻房间合用一个烟囱时，必须采取防止串烟的措施。

8.6 空调

8.6.1 位于寒冷（B区）、夏热冬冷和夏热冬暖地区的住宅，当不采用集中空调系统时，主要房间应设置空调设施或预留安装空调设施的位置和条件。

8.6.2 室内空调设备的冷凝水应能有组织地排放。

8.6.3 当采用分户或分室设置的分体式空调器时，室外机的安装位置应符合本规范第5.6.8条的规定。

8.6.4 住宅计算夏季冷负荷和选用空调设备时，室内设计参数宜符合下列规定：

1 卧室、起居室室内设计温度宜为26℃；

2 无集中新风供应系统的住宅新风换气宜为1 次/h。

8.6.5 空调系统应设置分室或分户温度控制设施。

8.7 电气

8.7.1 每套住宅的用电负荷应根据套内建筑面积和用电负荷计算确定，且不应小于2.5kW。

8.7.2 住宅供电系统的设计，应符合下列规定：

1 应采用TT、TN-C-S或TN-S接地方式，并应进行总等电位联结；

2 电气线路应采用符合安全和防火要求的敷设方式配线，套内的电气管线应采用穿管暗敷设方式配线。导线应采用铜芯绝缘线，每套住宅进户线截面不应小于10mm²，分支回路截面不应小于2.5mm²；

3 套内的空调电源插座、一般电源插座与照明应分路设计，厨房插座应设置独立回路，卫生间插座宜设置独立回路；

4 除壁挂式分体空调电源插座外，电源插座回路应设置剩余电流保护装置；

5 设有洗浴设备的卫生间应作局部等电位联结；

6 每幢住宅的总电源进线应设剩余电流动作保护或剩余电流动作报警。

8.7.3 每套住宅应设置户配电箱，其电源总开关装置应采用可同时断开相线和中性线的开关电器。

8.7.4 套内安装在1.80m及以下的插座均应采用安全型插座。

8.7.5 共用部位应设置人工照明，应采用高效节能的照明装置和节能控制措施。当应急照明采用节能自熄开关时，必须采取消防时应急点亮的措施。

8.7.6 住宅套内电源插座应根据住宅套内空间和家用电器设置，电源插座的数量不应少于表8.7.6的规定。

电源插座的设置数量 表8.7.6

空间	设置数量和内容
卧室	一个单相三线和一个单相二线的插座两组
兼起居的卧室	一个单相三线和一个单相二线的插座三组
起居室（厅）	一个单相三线和一个单相二线的插座三组
厨房	防溅水型一个单相三线和一个单相二线的插座两组
卫生间	防溅水型一个单相三线和一个单相二线的插座一组
布置洗衣机、冰箱、排油烟机、排风机及预留家用空调器处	专用 单相三线插座各一个

8.7.7 每套住宅应设有线电视系统、电话系统和信息网络系统，宜设置家居配线箱。有线电视、电话、信息网络等线路宜集中布线，并应符合下列规定：

1 有线电视系统的线路应预埋到住宅套内。每套住宅的有线电视进户线不应少于1根，起居室、主卧室、兼起居的卧室应设置电视插座；

2 电话通信系统的线路应预埋到住宅套内。每套住宅的电话通信进户线不应少于1根，起居室、主卧室、兼起居的卧室应设置电话插座；

3 信息网络系统的线路宜预埋到住宅套内。每套住宅的进户线不应少于1根，起居室、卧室或兼起居室的卧室应设置信息网络插座。

8.7.8 住宅建筑宜设置安全防范系统。

8.7.9 当发生火警时，疏散通道上和出入口处的门禁应能集中解锁或能从内部手动解锁。

3.《民用建筑设计通则》GB 50352-2005

1 总则（略）
2 术语（略）
3 基本规定

3.1 民用建筑分类

3.1.1 民用建筑按使用功能可分为居住建筑和公共建筑两大类。

3.1.2 民用建筑按地上层数或高度分类划分应符合下列规定：

1 住宅建筑按层数分类：一层至三层为低层住宅，四层至六层为多层住宅，七层至九层为中高层住宅，十层及十层以上为高层住宅；

2 除住宅建筑之外的民用建筑高度不大于24m者为单层和多层建筑，大于24m者为高层建筑（不包括建筑高度大于24m的单层公共建筑）；

3 建筑高度大于100m的民用建筑为超高层建筑。

注：本条建筑层数和建筑高度计算应符合防火规范的有关规定。

3.1.3 民用建筑等级分类划分应符合有关标准或行业主管部门的规定。

3.2 设计使用年限

3.2.1 民用建筑的设计使用年限应符合表3.2.1的规定。

设计使用年限分类　　　　　　　　　　　　　　表3.2.1

类别	设计使用年限（年）	示例
1	5	临时性建筑
2	25	易于替换结构构件的建筑
3	50	普通建筑和构筑物
4	100	纪念性建筑和特别重要的建筑

3.3 建筑气候分区对建筑基本要求

3.3.1 建筑气候分区对建筑的基本要求应符合表3.3.1的规定，中国建筑气候区划图见附录A。

不同分区对建筑基本要求　　　　　　　　　　　表3.3.1

分区名称		热工分区名称	气候主要指标	建筑基本要求
I	I A I B I C I D	严寒地区	1月平均气温≤ -10℃ 7月平均气温≤ 25℃ 7月平均相对湿度≥ 50%	1. 建筑物必须满足冬季保温、防寒、防冻等要求 2. I A、I B应防止冻土、积雪对建筑物的危害 3. I B、I C、I D区的西部，建筑物应防冰雹、防风沙

续表

分区名称	热工分区名称	气候主要指标	建筑基本要求
II	II A II B	寒冷地区	1 月平均气温 –10 ~ 0℃ 7 月平均气温 18 ~ 28℃	1. 建筑物应满足冬季保温、防寒、防冻等要求，夏季部分地区应兼顾防热 2. II A 区建筑物应防热、防潮、防暴风雨，沿海地带应防盐雾侵蚀
III	III A III B III C	夏热冬冷地区	1 月平均气温 0 ~ 10℃ 7 月平均气温 25 ~ 30℃	1. 建筑物必须满足夏季防热，遮阳、通风降温要求，冬季应兼顾防寒 2. 建筑物应防雨、防潮、防洪、防雷电 3. III A 区应防台风、暴雨袭击及盐雾侵蚀
IV	IV A IV B	夏热冬暖地区	1 月平均气温 > 10℃ 7 月平均气温 25 ~ 29℃	1. 建筑物必须满足夏季防热，遮阳、通风、防雨要求 2. 建筑物应防暴雨、防潮、防洪、防雷电 3. IV A 区应防台风、暴雨袭击及盐雾侵蚀
V	VA VB	温和地区	7 月平均气温 18 ~ 25℃ 1 月平均气温 0 ~ 13℃	1. 建筑物应满足防雨和通风要求 2. VA 区建筑物应注意防寒，VB 区应特别注意防雷电
VI	VI A VI B	严寒地区	7 月平均气温 < 18℃ 1 月平均气温 0 ~ –22℃	1. 热工应符合严寒和寒冷地区相关要求 2. VI A、VI B 应防冻土对建筑物地基及地下管道的影响，并应特别注意防风沙 3. VI C 区的东部，建筑物应防雷电
	VI C	寒冷地区		
VII	VII A VII B VII C	严寒地区	7 月平均气温 ≥ 18℃ 1 月平均气温 –5 ~ –20℃ 7 月平均相对湿度 < 50%	1. 热工应符合严寒和寒冷地区相关要求 2. 除VII D 区外，应防冻土对建筑物地基及地下管道的危害 3. VII B 区建筑物应特别注意积雪的危害 4. VII C 区建筑物应特别注意防风沙，夏季兼顾防热 5. VII D 区建筑物应注意夏季防热，吐鲁番盆地应特别注意隔热、降温
	VII D	寒冷地区		

3.4 建筑与环境的关系

3.4.1 建筑与环境的关系应符合下列要求：

1 建筑基地应选择在无地质灾害或洪水淹没等危险的安全地段；

2 建筑总体布局应结合当地的自然与地理环境特征，不应破坏自然生态环境；

3 建筑物周围应具有能获得日照、天然采光、自然通风等的卫生条件；

4 建筑物周围环境的空气、土壤、水体等不应构成对人体的危害，确保卫生安全的环境；

5 对建筑物使用过程中产生的垃圾、废气、废水等废弃物应进行处理，并应对噪声、眩光等进行有效的控制，不应引起公害；

6 建筑整体造型与色彩处理应与周围环境协调；

7 建筑基地应做绿化、美化环境设计，完善室外环境设施。

3.5 建筑无障碍设施

3.5.1 居住区道路、公共绿地和公共服务设施应设置无障碍设施，并与城市道路无障碍设施相连接。

3.5.2 设置电梯的民用建筑的公共交通部位应设无障碍设施。

3.5.3 残疾人、老年人专用的建筑物应设置无障碍设施。

3.5.4 居住区及民用建筑无障碍设施的实施范围和设计要求应符合国家现行标准《城市道路和建筑

物无障碍设计规范》JGJ 50 的规定。

3.6 停车空间

3.6.1 新建、扩建的居住区应就近设置停车场（库）或将停车库附建在住宅建筑内。机动车和非机动车停车位数量应符合有关规范或当地城市规划行政主管部门的规定。

3.6.2 新建、扩建的公共建筑应按建筑面积或使用人数，并根据当地城市规划行政主管部门的规定，在建筑物内或在同一基地内，或统筹建设的停车场（库）内设置机动车和非机动车停车车位。

3.6.3 机动车停车场（库）产生的噪声和废气应进行处理，不得影响周围环境，其设计应符合有关规范的规定。

3.7 无标定人数的建筑

3.7.1 建筑物除有固定座位等标明使用人数外，对无标定人数的建筑物应按有关设计规范或经调查分析确定合理的使用人数，并以此为基数计算安全出口的宽度。

3.7.2 公共建筑中如为多功能用途，各种场所有可能同时开放并使用同一出口时，在水平方向应按各部分使用人数叠加计算安全疏散出口的宽度，在垂直方向应按楼层使用人数最多一层计算安全疏散出口的宽度。

4 城市规划对建筑的限定

4.1 建筑基地

4.1.1 基地内建筑使用性质应符合城市规划确定的用地性质。

4.1.2 基地应与道路红线相邻接，否则应设基地道路与道路红线所划定的城市道路相连接。基地内建筑面积小于或等于 3000m² 时，基地道路的宽度不应小于 4m，基地内建筑面积大于 3000m² 且只有一条基地道路与城市道路相连接时，基地道路的宽度不应小于 7m，若有两条以上基地道路与城市道路相连接时，基地道路的宽度不应小于 4m。

4.1.3 基地地面高程应符合下列规定：

1 基地地面高程应按城市规划确定的控制标高设计；

2 基地地面高程应与相邻基地标高协调，不妨碍相邻各方的排水；

3 基地地面最低处高程宜高于相邻城市道路最低高程，否则应有排除地面水的措施。

4.1.4 相邻基地的关系应符合下列规定：

1 建筑物与相邻基地之间应按建筑防火等要求留出空地和道路。当建筑前后各自留有空地或道路，并符合防火规范有关规定时，则相邻基地边界两边的建筑可毗连建造；

2 本基地内建筑物和构筑物均不得影响本基地或其他用地内建筑物的日照标准和采光标准；

3 除城市规划确定的永久性空地外，紧贴基地用地红线建造的建筑物不得向相邻基地方向设洞口、门、外平开窗、阳台、挑檐、空调室外机、废气排出口及排泄雨水。

4.1.5 基地机动车出入口位置应符合下列规定：

1 与大中城市主干道交叉口的距离，自道路红线交叉点量起不应小于 70m；

2 与人行横道线、人行过街天桥、人行地道（包括引道、引桥）的最边缘线不应小于 5m；

3 距地铁出入口、公共交通站台边缘不应小于15m；

4 距公园、学校、儿童及残疾人使用建筑的出入口不应小于20m；

5 当基地道路坡度大于8%时，应设缓冲段与城市道路连接；

6 与立体交叉口的距离或其他特殊情况，应符合当地城市规划行政主管部门的规定。

4.1.6 大型、特大型的文化娱乐、商业服务、体育、交通等人员密集建筑的基地应符合下列规定：

1 基地应至少有一面直接临接城市道路，该城市道路应有足够的宽度，以减少人员疏散时对城市正常交通的影响；

2 基地沿城市道路的长度应按建筑规模或疏散人数确定，并至少不小于基地周长的1/6；

3 基地应至少有两个或两个以上不同方向通向城市道路的（包括以基地道路连接的）出口；

4 基地或建筑物的主要出入口，不得和快速道路直接连接，也不得直对城市主要干道的交叉口；

5 建筑物主要出入口前应有供人员集散用的空地，其面积和长宽尺寸应根据使用性质和人数确定；

6 绿化和停车场布置不应影响集散空地的使用，并不宜设置围墙、大门等障碍物。

4.2 建筑突出物

4.2.1 建筑物及附属设施不得突出道路红线和用地红线建造，不得突出的建筑突出物为：

——地下建筑物及附属设施，包括结构挡土桩、挡土墙、地下室、地下室底板及其基础、化粪池等；

——地上建筑物及附属设施，包括门廊、连廊、阳台、室外楼梯、台阶、坡道、花池、围墙、平台、散水明沟、地下室进排风口、地下室出入口、集水井、采光井等；

——除基地内连接城市的管线、隧道、天桥等市政公共设施外的其他设施。

4.2.2 经当地城市规划行政主管部门批准，允许突出道路红线的建筑突出物应符合下列规定：

1 在有人行道的路面上空：

1）2.50m以上允许突出建筑构件：凸窗、窗扇、窗罩、空调机位，突出的深度不应大于0.50m；

2）2.50m以上允许突出活动遮阳，突出宽度不应大于人行道宽度减1m，并不应大于3m；

3）3m以上允许突出雨篷、挑檐，突出的深度不应大于2m；

4）5m以上允许突出雨篷、挑檐，突出的深度不宜大于3m。

2 在无人行道的路面上空：4m以上允许突出建筑构件：窗罩，空调机位，突出深度不应大于0.50m。

3 建筑突出物与建筑本身应有牢固的结合。

4 建筑物和建筑突出物均不得向道路上空直接排泄雨水、空调冷凝水及从其他设施排出的废水。

4.2.3 当地城市规划行政主管部门在用地红线范围内另行划定建筑控制线时，建筑物的基底不应超出建筑控制线，突出建筑控制线的建筑突出物和附属设施应符合当地城市规划的要求。

4.2.4 属于公益上有需要而不影响交通及消防安全的建筑物、构筑物，包括公共电话亭、公共交通候车亭、治安岗等公共设施及临时性建筑物和构筑物，经当地城市规划行政主管部门的批准，可突入道路红线建造。

4.2.5 骑楼、过街楼和沿道路红线的悬挑建筑建造不应影响交通及消防的安全；在有顶盖的公共空间下不应设置直接排气的空调机、排气扇等设施或排出有害气体的通风系统。

4.3 建筑高度控制

4.3.1 建筑高度不应危害公共空间安全、卫生和景观，下列地区应实行建筑高度控制：

1 对建筑高度有特别要求的地区，应按城市规划要求控制建筑高度；

2 沿城市道路的建筑物，应根据道路的宽度控制建筑裙楼和主体塔楼的高度；

3 机场、电台、电信、微波通信、气象台、卫星地面站、军事要塞工程等周围的建筑，当其处在各种技术作业控制区范围内时，应按净空要求控制建筑高度；

4 当建筑处在本通则第 1 章第 1.0.3 条第 8 款所指的保护规划区内。

注：建筑高度控制尚应符合当地城市规划行政主管部门和有关专业部门的规定。

4.3.2 建筑高度控制的计算应符合下列规定：

1 第 4.3.1 条 3、4 款控制区内建筑高度，应按建筑物室外地面至建筑物和构筑物最高点的高度计算；

2 非第 4.3.1 条 3、4 款控制区内建筑高度：平屋顶应按建筑物室外地面至其屋面面层或女儿墙顶点的高度计算；坡屋顶应按建筑物室外地面至屋檐和屋脊的平均高度计算；下列突出物不计入建筑高度内：

1）局部突出屋面的楼梯间、电梯机房、水箱间等辅助用房占屋顶平面面积不超过 1/4 者；

2）突出屋面的通风道、烟囱、装饰构件、花架、通信设施等；

3）空调冷却塔等设备。

4.4 建筑密度、容积率和绿地率

4.4.1 建筑设计应符合法定规划控制的建筑密度、容积率和绿地率的要求。

4.4.2 当建设单位在建筑设计中为城市提供永久性的建筑开放空间，无条件地为公众使用时，该用地的既定建筑密度和容积率可给予适当提高，且应符合当地城市规划行政主管部门有关规定。

5 场地设计

5.1 建筑布局

5.1.1 民用建筑应根据城市规划条件和任务要求，按照建筑与环境关系的原则，对建筑布局、道路、竖向、绿化及工程管线等进行综合性的场地设计。

5.1.2 建筑布局应符合下列规定

1 建筑间距应符合防火规范要求；

2 建筑间距应满足建筑用房天然采光（本通则第 7 章 7.1 节采光）的要求，并应防止视线干扰；

3 有日照要求的建筑应符合本节第 5.1.3 条建筑日照标准的要求，并应执行当地城市规划行政主管部门制定的相应的建筑间距规定；

4 对有地震等自然灾害地区，建筑布局应符合有关安全标准的规定；

5 建筑布局应使建筑基地内的人流、车流与物流合理分流，防止干扰，并有利于消防、停车和人员集散；

6 建筑布局应根据地域气候特征，防止和抵御寒冷、暑热、疾风、暴雨、积雪和沙尘等灾害侵袭，并应利用自然气流组织好通风，防止不良小气候产生；

7 根据噪声源的位置、方向和强度，应在建筑功能分区、道路布置、建筑朝向、距离以及地形、绿化和建筑物的屏障作用等方面采取综合措施，以防止或减少环境噪声；

8 建筑物与各种污染源的卫生距离，应符合有关卫生标准的规定。

5.1.3 建筑日照标准应符合下列要求：

1 每套住宅至少应有一个居住空间获得日照，该日照标准应符合现行国家标准《城市居住区规划设计规范》GB 50180有关规定；

2 宿舍半数以上的居室，应能获得同住宅居住空间相等的日照标准；

3 托儿所、幼儿园的主要生活用房，应能获得冬至日不小于3h的日照标准；

4 老年人住宅、残疾人住宅的卧室、起居室，医院、疗养院半数以上的病房和疗养室，中小学半数以上的教室应能获得冬至日不小于2h的日照标准。

5.2 道路

5.2.1 建筑基地内道路应符合下列规定：

1 基地内应设道路与城市道路相连接，其连接处的车行路面应设限速设施，道路应能通达建筑物的安全出口；

2 沿街建筑应设连通街道和内院的人行通道（可利用楼梯间），其间距不宜大于80m；

3 道路改变方向时，路边绿化及建筑物不应影响行车有效视距；

4 基地内设地下停车场时，车辆出入口应设有效显示标志；标志设置高度不应影响人、车通行；

5 基地内车流量较大时应设人行道路。

5.2.2 建筑基地道路宽度应符合下列规定：

1 单车道路宽度不应小于4m，双车道路不应小于7m；

2 人行道路宽度不应小于1.50m；

3 利用道路边设停车位时，不应影响有效通行宽度；

4 车行道路改变方向时，应满足车辆最小转弯半径要求；消防车道路应按消防车最小转弯半径要求设置。

5.2.3 道路与建筑物间距应符合下列规定：

1 基地内设有室外消火栓时，车行道路与建筑物的间距应符合防火规范的有关规定；

2 基地内道路边缘至建筑物、构筑物的最小距离应符合现行国家标准《城市居住区规划设计规范》GB 50180的有关规定；

3 基地内不宜设高架车行道路，当设置高架人行道路与建筑平行时应有保护私密性的视距和防噪声的要求。

5.2.4 建筑基地内地下车库的出入口设置应符合下列要求：

1 地下车库出入口距基地道路的交叉路口或高架路的起坡点不应小于7.50m；

2 地下车库出入口与道路垂直时，出入口与道路红线应保持不小于7.50m安全距离；

3 地下车库出入口与道路平行时，应经不小于7.50m长的缓冲车道汇入基地道路。

5.3 竖向

5.3.1 建筑基地地面和道路坡度应符合下列规定：

1 基地地面坡度不应小于0.2%，地面坡度大于8%时宜分成台地，台地连接处应设挡墙或护坡；

2 基地机动车道的纵坡不应小于0.2%，亦不应大于8%，其坡长不应大于200m，在个别路段可不大于11%，其坡长不应大于80m；在多雪严寒地区不应大于5%，其坡长不应大于600m；横坡应为1%～2%；

3 基地非机动车道的纵坡不应小于0.2%，亦不应大于3%，其坡长不应大于50m；在多雪严寒地区不应大于2%，其坡长不应大于100m；横坡应为1%～2%；

4 基地步行道的纵坡不应小于0.2%，亦不应大于8%，多雪严寒地区不应大于4%，横坡应为1%～2%；

5 基地内人流活动的主要地段，应设置无障碍人行道。

注：山地和丘陵地区竖向设计尚应符合有关规范的规定。

5.3.2 建筑基地地面排水应符合下列规定：

1 基地内应有排除地面及路面雨水至城市排水系统的措施，排水方式应根据城市规划的要求确定，有条件的地区应采取雨水回收利用措施；

2 采用车行道排泄地面雨水时，雨水口形式及数量应根据汇水面积、流量、道路纵坡等确定；

3 单侧排水的道路及低洼易积水的地段，应采取排雨水时不影响交通和路面清洁的措施。

5.3.3 建筑物底层出入口处应采取措施防止室外地面雨水回流。

5.4 绿化

5.4.1 建筑工程项目应包括绿化工程，其设计应符合下列要求：

1 宜采用包括垂直绿化和屋顶绿化等在内的全方位绿化；绿地面积的指标应符合有关规范或当地城市规划行政主管部门的规定；

2 绿化的配置和布置方式应根据城市气候、土壤和环境功能等条件确定；

3 绿化与建筑物、构筑物、道路和管线之间的距离，应符合有关规范规定；

4 应保护自然生态环境，并应对古树名木采取保护措施；

5 应防止树木根系对地下管线缠绕及对地下建筑防水层的破坏。

5.5 工程管线布置

5.5.1 工程管线宜在地下敷设；在地上架空敷设的工程管线及工程管线在地上设置的设施，必须满足消防车辆通行的要求，不得妨碍普通车辆、行人的正常活动，并应防止对建筑物、景观的管线受腐蚀、沉陷、振动、荷载等影响而损坏。

5.5.2 与市政管网衔接的工程管线，其平面位置和竖向标高均应采用城市统一的坐标系统和高程系统。

5.5.3 工程管线的敷设不应影响建筑物的安全，并应防止工程管线受腐蚀、沉陷、振动、荷载等影响而损坏。

5.5.4 工程管线应根据其不同特性和要求综合布置。对安全、卫生、防干扰等有影响的工程管线不应共沟或靠近敷设。利用综合管沟敷设的工程管线若互有干扰的应设置在综合管沟的不同沟（室）内。

5.5.5 地下工程管线的走向宜与道路或建筑主体相平行或垂直。工程管线应从建筑物向道路方向由浅至深敷设。工程管线布置应短捷，减少转弯。管线与管线、管线与道路应减少交叉。

5.5.6 与道路平行的工程管线不宜设于车行道下，当确有需要时，可将埋深较大、翻修较少的工程管线布置在车行道下。

5.5.7 工程管线之间的水平、垂直净距及埋深，工程管线与建筑物、构筑物、绿化树种之间的水平净距应符合有关规范的规定。

5.5.8 七度以上地震区、多年冻土区、严寒地区、湿陷性黄土地区及膨胀土地区的室外工程管线，应符合有关规范的规定。

5.5.9 工程管线的检查井井盖宜有锁闭装置。

6 建筑物设计

6.1 平面布置

6.1.1 平面布置应根据建筑的使用性质、功能、工艺要求，合理布局。

6.1.2 平面布置的柱网、开间、进深等定位轴线尺寸，应符合现行国家标准《建筑模数协调统一标准》GBJ2 等有关标准的规定。

6.1.3 根据使用功能，应使大多数房间或重要房间布置在有良好日照、采光、通风和景观的部位。对有私密性要求的房间，应防止视线干扰。

6.1.4 平面布置宜具有一定的灵活性。

6.1.5 地震区的建筑，平面布置宜规整，不宜错层。

6.2 层高和室内净高

6.2.1 建筑层高应结合建筑使用功能、工艺要求和技术经济条件综合确定，并符合专用建筑设计规范的要求。

6.2.2 室内净高应按楼地面完成面至吊顶或楼板或梁底面之间的垂直距离计算；当楼盖、屋盖的下悬构件或管道底面影响有效使用空间者，应按楼地面完成面至下悬构件下缘或管道底面之间的垂直距离计算。

6.2.3 建筑物用房的室内净高应符合专用建筑设计规范的规定；地下室、局部夹层、走道等有人员正常活动的最低处的净高不应小于 2m。

6.3 地下室和半地下室

6.3.1 地下室、半地下室应有综合解决其使用功能的措施，合理布置地下停车库、地下人防、各类设备用房等功能空间及各类出入口部；地下空间与城市地铁、地下人行道及地下空间之间应综合开发，相互连接，做到导向明确、流线简捷。

6.3.2 地下室、半地下室作为主要用房使用时，应符合安全、卫生的要求，并应符合下列要求：

1 严禁将幼儿、老年人生活用房设在地下室或半地下室；

2 居住建筑中的居室不应布置在地下室内；当布置在半地下室时，必须对采光、通风、日照、防潮、排水及安全防护采取措施；

3 建筑物内的歌舞、娱乐、放映、游艺场所不应设置在地下二层及二层以下；当设置在地下一层时，地下一层地面与室外出入口地坪的高差不应大于 10m。

6.3.3 地下室平面外围护结构应规整，其防水等级及技术要求除应符合现行国家标准《地下工程防水技术规范》GB 50108 的规定外，尚应符合下列规定：

1 地下室应在一处或若干处地面较低点设集水坑，并预留排水泵电源和排水管道；

2 地下管道、地下管沟、地下坑井、地漏、窗井等处应有防止涌水、倒灌的措施。

6.3.4 地下室、半地下室的耐火等级、防火分区、安全疏散、防排烟设施、房间内部装修等应符合防火规范的有关规定。

6.4 设备层、避难层和架空层

6.4.1 设备层设置应符合下列规定：

1 设备层的净高应根据设备和管线的安装检修需要确定；

2 当宾馆、住宅等建筑上部有管线较多的房间，下部为大空间房间或转换为其他功能用房而管线需转换时，宜在上下部之间设置设备层；

3 设备层布置应便于市政管线的接入；在防火、防爆和卫生等方面互有影响的设备用房不应相邻布置；

4 设备层应有自然通风或机械通风，当设备层设于地下室又无机械通风装置时，应在地下室外墙设置通风口或通风道，其面积应满足送、排风量的要求；

5 给排水设备的机房应设集水坑并预留排水泵电源和排水管路或接口；配电房应满足线路的敷设；

6 设备用房布置位置及其围护结构，管道穿过隔墙、防火墙和楼板等应符合防火规范的有关规定。

6.4.2 建筑高度超过 100m 的超高层民用建筑，应设置避难层（间）。

6.4.3 有人员正常活动的架空层及避难层的净高不应低于 2m。

6.5 厕所、盥洗室和浴室

6.5.1 厕所、盥洗室、浴室应符合下列规定：

1 建筑物的厕所、盥洗室、浴室不应直接布置在餐厅、食品加工、食品贮存、医药、医疗、变配电等有严格卫生要求或防水、防潮要求用房的上层；除本套住宅外，住宅卫生间不应直接布置在下层的卧室、起居室、厨房和餐厅的上层；

2 卫生设备配置的数量应符合专用建筑设计规范的规定，在公用厕所男女厕位的比例中，应适当加大女厕位比例；

3 卫生用房宜有天然采光和不向邻室对流的自然通风，无直接自然通风和严寒及寒冷地区用房宜设自然通风道；当自然通风不能满足通风换气要求时，应采用机械通风；

4 楼地面、楼地面沟槽、管道穿楼板及楼板接墙面处应严密防水、防渗漏；

5 楼地面、墙面或墙裙的面层应采用不吸水、不吸污、耐腐蚀、易清洗的材料；

6 楼地面应防滑，楼地面标高宜略低于走道标高，并应有坡度坡向地漏或水沟；

7 室内上下水管和浴室顶棚应防冷凝水下滴，浴室热水管应防止烫人；

8 公用男女厕所宜分设前室，或有遮挡措施；

9 公用厕所宜设置独立的清洁间。

6.5.2 厕所和浴室隔间的平面尺寸不应小于表 6.5.2 的规定。

厕所和浴室隔间平面尺寸　　　　　　　　　　　　表 6.5.2

类别	平面尺寸（宽度 m× 深度 m）
外开门的厕所隔间	0.90 × 1.20
内开门的厕所隔间	0.90 × 1.40
医院患者专用厕所隔间	1.10 × 1.40
无障碍厕所隔间	1.40 × 1.80（改建用 1.00 × 2.00）
外开门淋浴隔间	1.00 × 1.20
内设更衣凳的淋浴隔间	1.00 ×（1.00 + 0.60）
无障碍专用浴室隔间	盆浴（门扇向外开启）2.00 × 2.25 淋浴（门扇向外开启）1.50 × 2.35

6.5.3　卫生设备间距应符合下列规定：

1　洗脸盆或盥洗槽水嘴中心与侧墙面净距不宜小于 0.55m；

2　并列洗脸盆或盥洗槽水嘴中心间距不应小于 0.70m；

3　单侧并列洗脸盆或盥洗槽外沿至对面墙的净距不应小于 1.25m；

4　双侧并列洗脸盆或盥洗槽外沿之间的净距不应小于 1.80m；

5　浴盆长边至对面墙面的净距不应小于 0.65m；无障碍盆浴间短边净宽度不应小于 2m；

6　并列小便器的中心距离不应小于 0.65m；

7　单侧厕所隔间至对面墙面的净距：当采用内开门时，不应小于 1.10m；当采用外开门时不应小于 1.30m；双侧厕所隔间之间的净距：当采用内开门时，不应小于 1.10m；当采用外开门时不应小于 1.30m；

8　单侧厕所隔间至对面小便器或小便槽外沿的净距：当采用内开门时，不应小于 1.10m；当采用外开门时，不应小于 1.30m。

6.6　台阶、坡道和栏杆

6.6.1　台阶设置应符合下列规定：

1　公共建筑室内外台阶踏步宽度不宜小于 0.30m，踏步高度不宜大于 0.15m，并不宜小于 0.10m，踏步应防滑。室内台阶踏步数不应少于 2 级，当高差不足 2 级时，应按坡道设置；

2　人流密集的场所台阶高度超过 0.70m 并侧面临空时，应有防护设施。

6.6.2　坡道设置应符合下列规定：

1　室内坡道坡度不宜大于 1∶8，室外坡道坡度不宜大于 1∶10；

2　室内坡道水平投影长度超过 15m 时，宜设休息平台，平台宽度应根据使用功能或设备尺寸所需缓冲空间而定；

3　供轮椅使用的坡道不应大于 1∶12，困难地段不应大于 1∶8；

4　自行车推行坡道每段坡长不宜超过 6m，坡度不宜大于 1∶5；

5　机动车行坡道应符合国家现行标准《汽车库建筑设计规范》JGJ100 的规定；

6　坡道应采取防滑措施。

6.6.3　阳台、外廊、室内回廊、内天井、上人屋面及室外楼梯等临空处应设置防护栏杆，并应符合下列规定：

1　栏杆应以坚固、耐久的材料制作，并能承受荷载规范规定的水平荷载；

2　临空高度在 24m 以下时，栏杆高度不应低于 1.05m，临空高度在 24m 及 24m 以上（包括中高层住宅）时，栏杆高度不应低于 1.10m；

　　注：栏杆高度应从楼地面或屋面至栏杆扶手顶面垂直高度计算，如底部有宽度大于或等于 0.22m，且高度低于或等于 0.45m 的可踏部位，应从可踏部位顶面起计算。

3　栏杆离楼面或屋面 0.10m 高度内不宜留空；

4　住宅、托儿所、幼儿园、中小学及少年儿童专用活动场所的栏杆必须采用防止少年儿童攀登的构造，当采用垂直杆件做栏杆时，其杆件净距不应大于 0.11m；

5　文化娱乐建筑、商业服务建筑、体育建筑、园林景观建筑等允许少年儿童进入活动的场所，当采用垂直杆件做栏杆时，其杆件净距也不应大于 0.11m。

6.7　楼梯

6.7.1　楼梯的数量、位置、宽度和楼梯间形式应满足使用方便和安全疏散的要求。

6.7.2　墙面至扶手中心线或扶手中心线之间的水平距离即楼梯梯段宽度除应符合防火规范的规定外，供日常主要交通用的楼梯的梯段宽度应根据建筑物使用特征，按每股人流为 0.55 +（0 ~ 0.15）m 的人流股数确定，并不应少于两股人流。0 ~ 0.15m 为人流在行进中人体的摆幅，公共建筑人流众多的场所应取上限值。

6.7.3　梯段改变方向时，扶手转向端处的平台最小宽度不应小于梯段宽度，并不得小于 1.20m，当有搬运大型物件需要时应适量加宽。

6.7.4　每个梯段的踏步不应超过 18 级，亦不应少于 3 级。

6.7.5　楼梯平台上部及下部过道处的净高不应小于 2m，梯段净高不宜小于 2.20m。

　　注：梯段净高为自踏步前缘（包括最低和最高一级踏步前缘线以外 0.30m 范围内）量至上方突出物下缘间的垂直高度。

6.7.6　楼梯应至少于一侧设扶手，梯段净宽达三股人流时应两侧设扶手，达四股人流时宜加设中间扶手。

6.7.7　室内楼梯扶手高度自踏步前缘线量起不宜小于 0.90m。靠楼梯井一侧水平扶手长度超过 0.50m 时，其高度不应小于 1.05m。

6.7.8　踏步应采取防滑措施。

6.7.9　托儿所、幼儿园、中小学及少年儿童专用活动场所的楼梯，梯井净宽大于 0.20m 时，必须采取防止少年儿童攀滑的措施，楼梯栏杆应采取不易攀登的构造，当采用垂直杆件做栏杆时，其杆件净距不应大于 0.11m。

6.7.10　楼梯踏步的高宽比应符合表 6.7.10 的规定。

楼梯踏步最小宽度和最大高度（m）　　　　　　　表 6.7.10

楼梯类别	最小宽度	最大高度
住宅共用楼梯	0.26	0.175
幼儿园、小学校等楼梯	0.26	0.15
电影院、剧场、体育馆、商场、医院、旅馆和大中学校等楼梯	0.28	0.16

续表

楼梯类别	最小宽度	最大高度
其他建筑楼梯	0.26	0.17
专用疏散楼梯	0.25	0.18
服务楼梯、住宅套内楼梯	0.22	0.20

注：无中柱螺旋楼梯和弧形楼梯离内侧扶手中心 0.25m 处的踏步宽度不应小于 0.22m。

6.7.11 供老年人、残疾人使用及其他专用服务楼梯应符合专用建筑设计规范的规定。

6.8 电梯、自动扶梯和自动人行道

6.8.1 电梯设置应符合下列规定：

1 电梯不得计作安全出口；

2 以电梯为主要垂直交通的高层公共建筑和 12 层及 12 层以上的高层住宅，每栋楼设置电梯的台数不应少于 2 台；

3 建筑物每个服务区单侧排列的电梯不宜超过 4 台，双侧排列的电梯不宜超过 2×4 台；电梯不应在转角处贴邻布置；

4 电梯候梯厅的深度应符合表 6.8.1 的规定，并不得小于 1.50m；

候梯厅深度   表 6.8.1

电梯类别	布置方式	候梯厅深度
住宅电梯	单台	≥ B
	多台单侧排列	≥ B^*
	多台双侧排列	≥相对电梯 B^* 之和并 < 3.50m
公共建筑电梯	单台	≥ 1.5B
	多台单侧排列	≥ 1.5B^*，当电梯群为 4 台时应 ≥ 2.40m
	多台双侧排列	≥相对电梯 B^* 之和并 < 4.50m
病床电梯	单台	≥ 1.5B
	多台单侧排列	≥ 1.5B^*
	多台双侧排列	≥相对电梯 B^* 之和

注：B 为轿厢深度，B^* 为电梯群中最大轿厢深度。

5 电梯井道和机房不宜与有安静要求的用房贴邻布置，否则应采取隔振、隔声措施；

6 机房应为专用的房间，其围护结构应保温隔热，室内应有良好通风、防尘，宜有自然采光，不得将机房顶板作水箱底板及在机房内直接穿越水管或蒸汽管；

7 消防电梯的布置应符合防火规范的有关规定。

6.8.2 自动扶梯、自动人行道应符合下列规定：

1 自动扶梯和自动人行道不得计作安全出口；

2　出入口畅通区的宽度不应小于 2.50m，畅通区有密集人流穿行时，其宽度应加大；

3　栏板应平整、光滑和无突出物；扶手带顶面距自动扶梯前缘、自动人行道踏板面或胶带面的垂直高度不应小于 0.90m；扶手带外边至任何障碍物不应小于 0.50m，否则应采取措施防止障碍物引起人员伤害；

4　扶手带中心线与平行墙面或楼板开口边缘间的距离、相邻平行交叉设置时两梯（道）之间扶手带中心线的水平距离不宜小于 0.50m，否则应采取措施防止障碍物引起人员伤害；

5　自动扶梯的梯级、自动人行道的踏板或胶带上空，垂直净高不应小于 2.30m；

6　自动扶梯的倾斜角不应超过 30°，当提升高度不超过 6m，额定速度不超过 0.50m/s 时，倾斜角允许增至 35°；倾斜式自动人行道的倾斜角不应超过 12°；

7　自动扶梯和层间相通的自动人行道单向设置时，应就近布置相匹配的楼梯；

8　设置自动扶梯或自动人行道所形成的上下层贯通空间，应符合防火规范所规定的有关防火分区等要求。

6.9　墙身和变形缝

6.9.1　墙身材料应因地制宜，采用新型建筑墙体材料。

6.9.2　外墙应根据地区气候和建筑要求，采取保温、隔热和防潮等措施。

6.9.3　墙身防潮应符合下列要求：

1　砌体墙应在室外地面以上，位于室内地面垫层处设置连续的水平防潮层；室内相邻地面有高差时，应在高差处墙身侧面加设防潮层；

2　湿度大的房间的外墙或内墙内侧应设防潮层；

3　室内墙面有防水、防潮、防污、防碰等要求时，应按使用要求设置墙裙。

注：地震区防潮层应满足墙体抗震整体连接的要求。

6.9.4　建筑物外墙突出物，包括窗台、凸窗、阳台、空调机搁板、雨水管、通风管、装饰线等处宜采取防止攀登入室的措施。

6.9.5　外墙应防止变形裂缝，在洞口、窗户等处采取加固措施。

6.9.6　变形缝设置应符合下列要求：

1　变形缝应按设缝的性质和条件设计，使其在产生位移或变形时不受阻，不被破坏，并不破坏建筑物；

2　变形缝的构造和材料应根据其部位需要分别采取防排水、防火、保温、防老化、防腐蚀、防虫害和防脱落等措施。

6.10　门窗

6.10.1　门窗产品应符合下列要求：

1　门窗的材料、尺寸、功能和质量等应符合使用要求，并应符合建筑门窗产品标准的规定；

2　门窗的配件应与门窗主体相匹配，并应符合各种材料的技术要求；

3　应推广应用具有节能、密封、隔声、防结露等优良性能的建筑门窗。

注：门窗加工的尺寸，应按门窗洞口设计尺寸扣除墙面装修材料的厚度，按净尺寸加工。

6.10.2　门窗与墙体应连接牢固，且满足抗风压、水密性、气密性的要求，对不同材料的门窗选择相应的密封材料。

6.10.3　窗的设置应符合下列规定：

1 窗扇的开启形式应方便使用，安全和易于维修、清洗；

2 当采用外开窗时应加强牢固窗扇的措施；

3 开向公共走道的窗扇，其底面高度不应低于 2m；

4 临空的窗台低于 0.80m 时，应采取防护措施，防护高度由楼地面起计算不应低于 0.80m；

5 防火墙上必须开设窗洞时，应按防火规范设置；

6 天窗应采用防破碎伤人的透光材料；

7 天窗应有防冷凝水产生或引泄冷凝水的措施；

8 天窗应便于开启、关闭、固定、防渗水，并方便清洗。

　　注：1　住宅窗台低于 0.90m 时，应采取防护措施；
　　　　2　低窗台、凸窗等下部有能上人站立的宽窗台面时，贴窗护栏或固定窗的防护高度应从窗台面起计算。

6.10.4　门的设置应符合下列规定：

1 外门构造应开启方便，坚固耐用；

2 手动开启的大门扇应有制动装置，推拉门应有防脱轨的措施；

3 双面弹簧门应在可视高度部分装透明安全玻璃；

4 旋转门、电动门、卷帘门和大型门的邻近应另设平开疏散门，或在门上设疏散门；

5 开向疏散走道及楼梯间的门扇开足时，不应影响走道及楼梯平台的疏散宽度；

6 全玻璃门应选用安全玻璃或采取防护措施，并应设防撞提示标志；

7 门的开启不应跨越变形缝。

6.11　建筑幕墙

6.11.1　建筑幕墙技术要求应符合下列规定：

1 幕墙所采用的型材、板材、密封材料、金属附件、零配件等均应符合现行的有关标准的规定；

2 幕墙的物理性能：风压变形、雨水渗漏、空气渗透、保温、隔声、耐撞击、平面内变形、防火、防雷、抗震及光学性能等应符合现行的有关标准的规定。

6.11.2　玻璃幕墙应符合下列规定：

1 玻璃幕墙适用于抗震地区和建筑高度应符合有关规范的要求；

2 玻璃幕墙应采用安全玻璃，并应具有抗撞击的性能；

3 玻璃幕墙分隔应与楼板、梁、内隔墙处连接牢固，并满足防火分隔要求；

4 玻璃窗扇开启面积应按幕墙材料规格和通风口要求确定，并确保安全。

6.12　楼地面

6.12.1　底层地面的基本构造层宜为面层、垫层和地基；楼层地面的基本构造层宜为面层和楼板。当底层地面或楼面的基本构造不能满足使用或构造要求时，可增设结合层、隔离层、填充层、找平层和保温层等其他构造层。

6.12.2　除有特殊使用要求外，楼地面应满足平整、耐磨、不起尘、防滑、防污染、隔声、易于清洁等要求。

6.12.3　厕浴间、厨房等受水或非腐蚀性液体经常浸湿的楼地面应采用防水、防滑类面层，且应低于相邻楼地面，并设排水坡坡向地漏；厕浴间和有防水要求的建筑地面必须设置防水隔离层；楼层结构必须采用现浇混凝土或整块预制混凝土板，混凝土强度等级不应小于C20；楼板四周除门洞外，应做混凝土翻边，其高度不应小于120mm。

经常有水流淌的楼地面应低于相邻楼地面或设门槛等挡水设施，且应有排水措施，其楼地面应采用不吸水、易冲洗、防滑的面层材料，并应设置防水隔离层。

6.12.4　筑于地基土上的地面，应根据需要采取防潮、防基土冻胀、防不均匀沉陷等措施。

6.12.5　存放食品、食料、种子或药物等的房间，其存放物与楼地面直接接触时，严禁采用有毒性的材料作为楼地面，材料的毒性应经有关卫生防疫部门鉴定。存放吸味较强的食物时，应防止采用散发异味的楼地面材料。

6.12.6　受较大荷载或有冲击力作用的楼地面，应根据使用性质及场所选用由板、块材料、混凝土等组成的易于修复的刚性构造，或由粒料、灰土等组成的柔性构造。

6.12.7　木板楼地面应根据使用要求，采取防火、防腐、防潮、防蛀、通风等相应措施。

6.12.8　采暖房间的楼地面，可不采取保温措施，但遇下列情况之一时应采取局部保温措施：

1　架空或悬挑部分楼层地面，直接对室外或临非采暖房间的；

2　严寒地区建筑物周边无采暖管沟时，底层地面在外墙内侧0.50～1.00m范围内宜采取保温措施，其传热阻不应小于外墙的传热阻。

6.13　屋面和吊顶

6.13.1　屋面工程应根据建筑物的性质、重要程度、使用功能及防水层合理使用年限，结合工程特点、地区自然条件等，按不同等级进行设防。

6.13.2　屋面排水坡度应根据屋顶结构形式，屋面基层类别，防水构造形式，材料性能及当地气候等条件确定，并应符合表6.13.2的规定。

屋面的排水坡度　　　　　　　　　　　　　　　表6.13.2

屋面类别	屋面排水坡度（%）
卷材防水、刚性防水的平屋面	2～5
平瓦	20～50
波形瓦	10～50
油毡瓦	≥20
网架、悬索结构金属板	≥4
压型钢板	5～35
种植土屋面	1～3

注：1　平屋面采用结构找坡不应小于3%，采用材料找坡宜为2%；
　　2　卷材屋面的坡度不宜大于25%，当坡度大于25%时应采取固定和防止滑落的措施；
　　3　卷材防水屋面天沟、檐沟纵向坡度不应小于1%，沟底水落差不得超过200mm。天沟、檐沟排水不得流经变形缝和防火墙；
　　4　平瓦必须铺置牢固，地震设防地区或坡度大于50%的屋面，应采取固定加强措施；
　　5　架空隔热屋面坡度不宜大于5%，种植屋面坡度不宜大于3%。

6.13.3 屋面构造应符合下列要求：

1 屋面面层应采用不燃烧体材料，包括屋面突出部分及屋顶加层，但一、二级耐火等级建筑物，其不燃烧体屋面基层上可采用可燃卷材防水层；

2 屋面排水宜优先采用外排水；高层建筑、多跨及集水面积较大的屋面宜采用内排水；屋面水落管的数量、管径应通过验（计）算确定；

3 天沟、檐沟、檐口、水落口、泛水、变形缝和伸出屋面管道等处应采取与工程特点相适应的防水加强构造措施，并应符合有关规范的规定；

4 当屋面坡度较大或同一屋面落差较大时，应采取固定加强和防止屋面滑落的措施；平瓦必须铺置牢固；

5 地震设防区或有强风地区的屋面应采取固定加强措施；

6 设保温层的屋面应通过热工验算，并采取防结露、防蒸汽渗透及施工时防保温层受潮等措施；

7 采用架空隔热层的屋面，架空隔热层的高度应按照屋面的宽度或坡度的大小变化确定，架空层不得堵塞；当屋面宽度大于 10m 时，应设置通风屋脊；屋面基层上宜有适当厚度的保温隔热层；

8 采用钢丝网水泥或钢筋混凝土薄壁构件的屋面板应有抗风化、抗腐蚀的防护措施；刚性防水屋面应有抗裂措施；

9 当无楼梯通达屋面时，应设上屋面的检修人孔或低于 10m 时可设外墙爬梯，并应有安全防护和防止儿童攀爬的措施；

10 闷顶应设通风口和通向闷顶的检修人孔；闷顶内应有防火分隔。

6.13.4 吊顶构造应符合下列要求：

1 吊顶与主体结构吊挂应有安全构造措施；高大厅堂管线较多的吊顶内，应留有检修空间，并根据需要设置检修走道和便于进入吊顶的人孔，且应符合有关防火及安全要求；

2 当吊顶内管线较多，而空间有限不能进入检修时，可采用便于拆卸的装配式吊顶板或在需要部位设置检修手孔；

3 吊顶内敷设有上下水管时应采取防止产生冷凝水措施；

4 潮湿房间的吊顶，应采用防水材料和防结露、滴水的措施；钢筋混凝土顶板宜采用现浇板。

6.14 管道井、烟道、通风道和垃圾管道

6.14.1 管道井、烟道、通风道和垃圾管道应分别独立设置，不得使用同一管道系统，并应用非燃烧体材料制作。

6.14.2 管道井的设置应符合下列规定：

1 管道井的断面尺寸应满足管道安装、检修所需空间的要求；

2 管道井宜在每层靠公共走道的一侧设检修门或可拆卸的壁板；

3 在安全、防火和卫生方面互有影响的管道不应敷设在同一竖井内；

4 管道井壁、检修门及管井开洞部分等应符合防火规范的有关规定。

6.14.3 烟道和通风道的断面、形状、尺寸和内壁应有利于排烟（气）通畅，防止产生阻滞、涡流、窜烟、漏气和倒灌等现象。

6.14.4 烟道和通风道应伸出屋面，伸出高度应有利烟气扩散，并应根据屋面形式、排出口周围遮挡物的高度、距离和积雪深度确定。平屋面伸出高度不得小于 0.60m，且不得低于女儿墙的高度。坡屋面伸

出高度应符合下列规定：

    1   烟道和通风道中心线距屋脊小于 1.50m 时，应高出屋脊 0.60m；

    2   烟道和通风道中心线距屋脊 1.50～3.00m 时，应高于屋脊，且伸出屋面高度不得小于 0.60m；

    3   烟道和通风道中心线距屋脊大于 3m 时，其顶部同屋脊的连线同水平线之间的夹角不应大于 10°，且伸出屋面高度不得小于 0.60m。

6.14.5   民用建筑不宜设置垃圾管道。多层建筑不设垃圾管道时，应根据垃圾收集方式设置相应设施。中高层及高层建筑不设置垃圾管道时，每层应设置封闭的垃圾分类、贮存收集空间，并宜有冲洗排污设施。

6.14.6   如设置垃圾管道时，应符合下列规定：

    1   垃圾管道宜靠外墙布置，管道主体应伸出屋面，伸出屋面部分加设顶盖和网栅，并采取防倒灌措施；

    2   垃圾出口应有卫生隔离，底部存纳和出运垃圾的方式应与城市垃圾管理方式相适应；

    3   垃圾道内壁应光滑、无突出物；

    4   垃圾斗应采用不燃烧和耐腐蚀的材料制作，并能自行关闭密合；高层建筑、超高层建筑的垃圾斗应设在垃圾道前室内，该前室应采用丙级防火门。

6.15 室内外装修

6.15.1   室内外装修应符合下列要求：

    1   室内外装修严禁破坏建筑物结构的安全性；

    2   室内外装修应采用节能、环保型建筑材料；

    3   室内外装修工程应根据不同使用要求，采用防火、防污染、防潮、防水和控制有害气体和射线的装修材料和辅料；

    4   保护性建筑的内外装修尚应符合有关保护建筑条例的规定。

6.15.2   室内装修应符合下列规定：

    1   室内装修不得遮挡消防设施标志、疏散指示标志及安全出口，并不得影响消防设施和疏散通道的正常使用；

    2   室内如需要重新装修时，不得随意改变原有设施、设备管线系统。

6.15.3   室外装修应符合下列规定：

    1   外墙装修必须与主体结构连接牢靠；

    2   外墙外保温材料应与主体结构和外墙饰面连接牢固，并应防开裂、防水、防冻、防腐蚀、防风化和防脱落；

    3   外墙装修应防止污染环境的强烈反光。

7 室内环境

7.1 采光

7.1.1   各类建筑应进行采光系数的计算，其采光系数标准值应符合下列规定。

    1   居住建筑的采光系数标准值应符合表 7.1.1-1 的规定。

居住建筑的采光系数标准值　　　　　　　　表 7.1.1-1

采光等级	房间名称	侧面采光	
		采光系数最低值 C_{min}（%）	室内天然光临界照度（lx）
IV	起居室（厅）、卧室、书房、厨房	1	50
V	卫生间、过厅、楼梯间、餐厅	0.5	25

2　办公建筑的采光系数标准值应符合表 7.1.1-2 的规定。

办公建筑的采光系数标准值　　　　　　　　表 7.1.1-2

采光等级	房间名称	侧面采光	
		采光系数最低值 C_{min}（%）	室内天然光临界照度（lx）
II	设计室、绘图室	3	150
III	办公室视屏工作室、会议室	2	100
IV	复印室、档案室	1	50
V	走道、楼梯间、卫生间	0.5	25

3　学校建筑的采光系数标准值必须符合 7.1.1-3 的规定。

学校建筑的采光系数标准值　　　　　　　　表 7.1.1-3

采光等级	房间名称	侧面采光	
		采光系数最低值 C_{min}（%）	室内天然光临界照度（lx）
III	教室、阶梯教室实验室、报告厅	2	100
V	走道、楼梯间、卫生间	0.5	25

4　图书馆建筑的采光系数标准值应符合表 7.1.1-.4 的规定。

图书馆建筑的采光系数标准值　　　　　　　　表 7.1.1-4

采光等级	房间名称	侧面采光		顶部采光	
		采光系数最低值 C_{min}（%）	室内天然光临界照度（lx）	采光系数平均值 C_{av}（%）	室内天然光临界照度（lx）
III	阅览室、开架书库	2	100	—	—
IV	目录室	1	50	1.5	75
V	书库、走道、楼梯间、卫生间	0.5	25		

5　医院建筑的采光系数标准值应符合表 7.1.1-5 的规定。

医院建筑的采光系数标准值　　　　表 7.1.1-5

采光等级	房间名称	侧面采光		顶部采光	
		采光系数最低值 C_{min}（%）	室内天然光临界照度（lx）	采光系数平均值 C_{av}（%）	室内天然光临界照度（lx）
Ⅲ	诊室、药房、治疗室、化验室	2	100	—	—
Ⅳ	候诊室、挂号处、综合大厅病房、医生办公室（护士室）	1	50	1.5	75
Ⅴ	走道、楼梯间、卫生间	0.5	25	—	—

注：表7.1.1.1至7.1.1.5所列采光系数标准值适用于Ⅲ类光气候区。其他地区的采光系数标准值应乘以相应地区光气候系数。

7.1.2　有效采光面积计算应符合下列规定：

1　侧窗采光口离地面高度在 0.80m 以下的部分不应计入有效采光面积；

2　侧窗采光口上部有效宽度超过 1m 以上的外廊、阳台等外挑遮挡物，其有效采光面积可按采光口面积的 70% 计算；

3　平天窗采光时，其有效采光面积可按侧面采光口面积的 2.50 倍计算。

7.2　通风

7.2.1　建筑物室内应有与室外空气直接流通的窗口或洞口，否则应设自然通风道或机械通风设施。

7.2.2　采用直接自然通风的空间，其通风开口面积应符合下列规定：

1　生活、工作的房间的通风开口有效面积不应小于该房间地板面积的 1/20；

2　厨房的通风开口有效面积不应小于该房间地板面积的 1/10，并不得小于 $0.60m^2$，厨房的炉灶上方应安装排除油烟设备，并设排烟道。

7.2.3　严寒地区居住用房，厨房、卫生间应设自然通风道或通风换气设施。

7.2.4　无外窗的浴室和厕所应设机械通风换气设施，并设通风道。

7.2.5　厨房、卫生间的门的下方应设进风固定百叶，或留有进风缝隙。

7.2.6　自然通风道的位置应设于窗户或进风口相对的一面。

7.3　保温

7.3.1　建筑物宜布置在向阳、无日照遮挡、避风地段。

7.3.2　设置供热的建筑物体形应减少外表面积。

7.3.3　严寒地区的建筑物宜采用围护结构外保温技术，并不应设置开敞的楼梯间和外廊，其出入口应设门斗或采取其他防寒措施；寒冷地区的建筑物不宜设置开敞的楼梯间和外廊，其出入口宜设门斗或采取其他防寒措施。

7.3.4　建筑物的外门窗应减少其缝隙长度，并采取密封措施，宜选用节能型外门窗。

7.3.5　严寒和寒冷地区设置集中供暖的建筑物，其建筑热工和采暖设计应符合有关节能设计标准的规定。

7.3.6　夏热冬冷地区、夏热冬暖地区建筑物的建筑节能设计应符合有关节能设计标准的规定。

7.4　防热

7.4.1　夏季防热的建筑物应符合下列规定：

1　建筑物的夏季防热应采取绿化环境、组织有效自然通风、外围护结构隔热和设置建筑遮阳等综合措施；

2　建筑群的总体布局、建筑物的平面空间组织、剖面设计和门窗的设置，应有利于组织室内通风；

3　建筑物的东、西向窗户，外墙和屋顶应采取有效的遮阳和隔热措施；

4　建筑物的外围护结构，应进行夏季隔热设计，并应符合有关节能设计标准的规定。

7.4.2　设置空气调节的建筑物应符合下列规定：

1　建筑物的体形应减少外表面积；

2　设置空气调节的房间应相对集中布置；

3　空气调节房间的外部窗户应有良好的密闭性和隔热性；向阳的窗户宜设遮阳设施，并宜采用节能窗；

4　设置非中央空气调节设施的建筑物，应统一设计、安装空调机的室外机位置，并使冷凝水有组织排水；

5　间歇使用的空气调节建筑，其外围护结构内侧和内围护结构宜采用轻质材料；连续使用的空调建筑，其外围结构内侧和内围护结构宜采用重质材料；

6　建筑物外围护结构应符合有关节能设计标准的规定。

7.5　隔声

7.5.1　民用建筑各类主要用房的室内允许噪声级应符合表 7.5.1 的规定。

室内允许噪声级（昼间）　　　　　　　　　　　　　表 7.5.1

建筑类别	房间名称	允许噪声级（A 声级，dB）			
		特级	一级	二级	三级
住宅	卧室、书房	—	≤ 40	≤ 45	≤ 50
	起居室	—	≤ 45	≤ 50	≤ 50
学校	有特殊安静要求的房间	—	≤ 40	—	—
	一般教室	—	—	≤ 50	—
	无特殊安静要求的房间	—	—	—	≤ 55
医院	病房、医务人员休息室	—	≤ 40	≤ 45	≤ 50
	门诊室	—	≤ 55	≤ 55	≤ 60
	手术室	—	≤ 45	≤ 45	≤ 50
	听力测听室	—	≤ 25	≤ 25	≤ 30
旅馆	客房	≤ 35	≤ 40	≤ 45	≤ 55
	会议室	≤ 40	≤ 45	≤ 50	≤ 50
	多用途大厅	≤ 40	≤ 45	≤ 50	—
	办公室	≤ 45	≤ 50	≤ 55	≤ 55
旅馆	餐厅、宴会厅	≤ 50	≤ 55	≤ 60	—

注：夜间室内允许噪声级的数值比昼间小 10dB（A）。

7.5.2 不同房间围护结构（隔墙、楼板）的空气声隔声标准应符合表 7.5.2 规定。

空气声隔声标准 表 7.5.2

建筑类别	围护结构部位	计权隔声量（dB）			
		特级	一级	二级	三级
住宅	分户墙、楼板	—	≥ 50	≥ 45	≥ 40
学校	隔墙、楼板	—	≥ 50	≥ 45	≥ 40
医院	病房与病房之间	—	≥ 45	≥ 40	≥ 35
	病房与产生噪声房间之间	—	≥ 50	≥ 50	≥ 45
	手术室与病房之间	—	≥ 50	≥ 45	≥ 40
	手术室与产生噪声房间之间	—	≥ 50	≥ 50	≥ 45
	听力测听室围护结构	—	≥ 50	≥ 50	≥ 50
旅馆	客房与客房间隔墙	≥ 50	≥ 45	≥ 40	≥ 40
	客房与走廊间隔墙（含门）	≥ 40	≥ 40	≥ 35	≥ 30
	客房外墙（含窗）	≥ 40	≥ 35	≥ 25	≥ 20

7.5.3 不同房间楼板撞击声隔声标准应符合表 7.5.3 的规定。

撞击声隔声标准 表 7.5.3

建筑类别	楼板部位	计权标准化撞击声压级（dB）			
		特级	一级	二级	三级
住宅	分户层间	—	≤ 65	≤ 75	≤ 75
学校	教室层间	—	≤ 65	≤ 65	≤ 75
医院	病房与病房之间		≤ 65	≤ 75	≤ 75
	病房与手术室之间		—	≤ 75	≤ 75
	听力测听室上部		≤ 65	≤ 65	≤ 65
旅馆	客房层间	≤ 55	≤ 65	≤ 75	≤ 75
	客房与有振动房间之间	≤ 55	≤ 55	≤ 65	≤ 65

7.5.4 民用建筑的隔声减噪设计应符合下列规定：

1 对于结构整体性较强的民用建筑，应对附着于墙体和楼板的传声源部件采取防止结构声传播的措施；

2 有噪声和振动的设备用房应采取隔声、隔振和吸声的措施，并应对设备和管道采取减振、消声处理，平面布置中，不宜将有噪声和振动的设备用房设在主要用房的直接上层或贴邻布置，当其设在同一楼层时，应分区布置；

3 安静要求较高的房间内设置吊顶时，应将隔墙砌至梁、板底面；采用轻质隔墙时，其隔声性能应符合有关隔声标准的规定。

8 建筑设备

8.1 给水和排水

8.1.1 民用建筑给水排水设计应满足生活和消防等要求。

8.1.2 生活饮用水的水质，应符合国家现行有关生活饮用水卫生标准的规定。

8.1.3 生活饮用水水池（箱）应与其他用水的水池（箱）分开设置。

8.1.4 建筑物内的生活饮用水水池、水箱的池（箱）体应采用独立结构形式，不得利用建筑物的本体结构作为水池和水箱的壁板、底板及顶板。生活饮用水池（箱）的材质、衬砌材料和内壁涂料不得影响水质。

8.1.5 埋地生活饮用水贮水池周围 10m 以内，不得有化粪池、污水处理构筑物、渗水井、垃圾堆放点等污染源，周围 2m 以内不得有污水管和污染物。

8.1.6 建筑给水设计应符合下列规定：

1 宜实行分质供水，优先采用循环或重复利用的给水系统；

2 应采用节水型卫生洁具和水嘴；

3 住宅应分户设置水表计量，公共建筑的不同用户应分设水表计量；

4 建筑物内的生活给水系统及消防供水系统的压力应符合给排水设计规范和防火规范有关规定；

5 条件许可的新建居住区和公共建筑中可设置管道直饮水系统。

8.1.7 建筑排水应遵循雨水与生活排水分流的原则排出，并应遵循国家或地方有关规定确定设置中水系统。

8.1.8 在水资源紧缺地区，应充分开发利用小区和屋面雨水资源，并因地制宜，将雨水经适当处理后采用入渗和贮存等利用方式。

8.1.9 排水管道不得布置在食堂、饮食业的主副食操作烹调备餐部位的上方，也不得穿越生活饮用水池部位的上方。

8.1.10 室内给水排水管道不得布置在遇水会引起燃烧、爆炸的原料、产品和设备的上面。

8.1.11 排水立管不得穿越卧室、病房等对卫生、安静有较高要求的房间，并不宜靠近与卧室相邻的内墙。

8.1.12 给排水管不应穿越配变电房、档案室、电梯机房、通信机房、大中型计算机网络中心、音像库房等遇水会损坏设备和引发事故的房间内。

8.1.13 给排水管穿越地下室外墙或地下构造物的墙壁处，应采取防水措施。

8.1.14 给水泵房、排水泵房不得设置在有安静要求的房间上面、下面和毗邻的房间内；泵房内应设排水设施，地面应设防水层；泵房内应有隔振防噪设置。消防泵房应符合防火规范的有关规定。

8.1.15 卫生洁具、水泵、冷却塔等给排水设备、管材应选用低噪声的产品。

8.2 暖通和空调

8.2.1 民用建筑中暖通空调系统及其冷热源系统的设计应满足安全、卫生和建筑物功能的要求。

8.2.2 室内空气设计参数及其卫生要求应符合现行国家标准《采暖通风与空气调节设计规范》

GB 50019 及其他相关标准的规定。

8.2.3 采暖设计应符合下列要求：

1 民用建筑采暖系统的热媒宜采用热水；

2 居住建筑采暖系统应有实现热计量的条件；

3 住宅楼集中采暖系统需要专业人员调节、检查、维护的阀门、仪表等装置不应设置在私有套型内；一个私有套型中不应设置其他套型所用的阀门、仪表等装置；

4 采暖系统中的散热器、管道及其连接件应满足系统承压要求。

8.2.4 通风系统应符合下列要求：

1 机械通风系统的进风口应设置在室外空气清新、洁净的位置；

2 废气排放不应设置在有人停留或通行的地带；

3 机械通风系统的管道应选用不燃材料；

4 通风机房不宜与有噪声限制的房间相邻布置；

5 通风机房的隔墙及隔墙上的门应符合防火规范的有关规定。

8.2.5 空气调节系统应符合下列要求：

1 空气调节系统的民用建筑，其层高、吊顶高度应满足空调系统的需要；

2 空气调节系统的风管管道应选用不燃材料；

3 空气调节机房不宜与有噪声限制的房间相邻；

4 空气调节系统的新风采集口应设置在室外空气清新、洁净的位置；

5 空调机房的隔墙及隔墙上的门应符合防火规范的有关规定。

8.2.6 民用建筑中的冷冻机房、水泵房、换热站等的设置应符合下列要求：

1 应预留大型设备的进入口；有条件时，在机房内适当位置预留吊装设施；

2 宜采用压光水泥地面，并应设置冲洗地面的上、下水设施；在设备可能漏水、泄水的位置，设地漏或排水明沟；

3 宜设置修理间、值班室、厕所以及对外通讯和应急照明；

4 设备布置应保证操作方便，并有检修空间；

5 应防止设备振动可能导致的不利影响；

6 有通风换气要求的房间，当室内只设置送风口或只设置排风口时，应能保证关门时室内空气可以流动；既有送风，又有排风的房间，送、排风口的位置应避免气流短路。

8.2.7 居住区集中锅炉房位置应防止燃料运输、噪声、污染物排放等对居住区环境的影响。建筑物、构筑物和场地布置应符合现行国家标准《锅炉房设计规范》GB 50041 的有关规定。

8.2.8 为民用建筑服务的燃油、燃气锅炉房（或其他有燃烧过程的设备用房）不宜设置在主体建筑中。需要设置在主体建筑中时，应符合有关规范和当地消防、安全等部门的规定。

8.3 建筑电气

8.3.1 民用建筑物内配变电所，应符合下列要求：

1 配变电所位置的选择，应符合下列要求：

1）宜接近用电负荷中心；

2）应方便进出线；

3）应方便设备吊装运输；

4）不应设在厕所、浴室或其他经常积水场所的正下方，且不宜与上述场所相贴邻；装有可燃油电气设备的变配电室，不应设在人员密集场所的正上方、正下方、贴邻和疏散出口的两旁；

5）当配变电所的正上方、正下方为住宅、客房、办公室等场所时，配变电所应作屏蔽处理。

2　安装可燃油油浸电力变压器总容量不超过 1260kVA、单台容量不超过 630kVA 的变配电室可布置在建筑主体内首层或地下一层靠外墙部位，并应设直接对外的安全出口，变压器室的门应为甲级防火门；外墙开口部位上方，应设置宽度不小于 1m 不燃烧体的防火挑檐；

3　可燃油油浸电力变压器室的耐火等级应为一级，高压配电室的耐火等级不应低于二级，低压配电室的耐火等级不应低于三级，屋顶承重构件的耐火等级不应低于二级；

4　不带可燃油的高、低压配电装置和非油浸的电力变压器，可设置在同一房间内；

5　高压配电室宜设不能开启的距室外地坪不低于 1.80m 的自然采光窗，低压配电室可设能开启的不临街的自然采光窗；

6　长度大于 7m 的配电室应在配电室的两端各设一个出口，长度大于 60m 时，应增加一个出口；

7　变压器室、配电室的进出口门应向外开启；

8　变压器室、配电室等应设置防雨雪和小动物从采光窗、通风窗、门、电缆沟等进入室内的设施；

9　变配电室的电缆夹层、电缆沟和电缆室应采取防水、排水措施；

10　变配电室不应有与其无关的管道和线路通过；

11　变配电室、控制室、楼层配电室宜做等电位联结；

12　变配电室重地应设与外界联络的通信接口、宜设出入口控制。

8.3.2　配变电所防火门的级别应符合下列要求：

1　设在高层建筑内的配变电所，应采用耐火极限不低于 2h 的隔墙、耐火极限不低于 1.50h 的楼板和甲级防火门与其他部位隔开；

2　可燃油油浸变压器室通向配电室或变压器室之间的门应为甲级防火门；

3　配变电所内部相通的门，宜为丙级的防火门；

4　配变电所直接通向室外的门，应为丙级防火门。

8.3.3　柴油发电机房应符合下列要求：

1　柴油发电机房的位置选择及其他要求应符合本通则第 8.3.1 条的要求；

2　柴油发电机房宜设有发电间、控制及配电室、储油间、备件贮藏间等；设计时可根据具体情况对上述房间进行合并或增减；

3　发电机间应有两个出入口，其中一个出口的大小应满足运输机组的需要，否则应预留吊装孔；

4　发电机间出入口的门应向外开启；发电机间与控制室或配电室之间的门和观察窗应采取防火措施，门开向发电机间；

5　柴油发电机组宜靠近一级负荷或变配电室设置；

6　柴油发电机房可布置在高层建筑裙房的首层或地下一层，并应符合下列要求：

1）柴油发电机房应采用耐火极限不低于 2h 或 3h 的隔墙和 1.50h 的楼板、甲级防火门与其他部位隔开；

2）柴油发电机房内应设置储油间，其总储存量不应超过 8h 的需要量，储油间应采用防火墙与发电机间隔开；当必须在防火墙上开门时，应设置能自行关闭的甲级防火门；

3）应设置火灾自动报警系统和自动灭火系统；

4）柴油发电机房设置在地下一层时，至少应有一侧靠外墙，热风和排烟管道应伸出室外。排烟管道的设置应达到环境保护要求；

7　柴油发电机房进风口宜设在正对发电机端或发电机端两侧；

8　柴油发电机房应采取机组消声及机房隔声综合治理措施。

8.3.4　智能化系统机房应符合下列要求：

1　智能化系统的机房主要有：消防控制室、安防监控中心、电信机房、卫星接收及有线电视机房、计算机机房、建筑设备监控机房、有线广播及（厅堂）扩声机房等；

2　智能化系统的机房可单独设置，也可合用设置，并应符合下列要求：

1）消防控制室、安防监控中心的设置应符合有关消防、安防规范；

2）消防控制室、安防监控中心宜设在建筑物的首层或地下一层，且应采用耐火极限不低于 2h 或 3h 的隔墙和耐火极限不低于 1.50h 或 2h 的楼板与其他部位隔开，并应设直通室外的安全出口；

3）消防控制室与其他控制室合用时，消防设备在室内应占有独立的工作区域，且相互间不会产生干扰；

4）安防监控中心与其他控制室合用时，风险等级应得到主管安防部门的确认；

5）智能化系统的机房宜铺设架空地板、网络地板或地面线槽；宜采用防静电、防尘材料；机房净高不宜小于 2.50m；

6）机房室内温度冬天不宜低于 18℃，夏天不宜高于 27℃；室内湿度冬天宜大于 30%，夏天宜小于 65%；

7）智能化系统的机房不应设在厕所、浴室或其他经常积水场所的正下方，且不宜与上述场所相贴邻；

3　智能化系统的重要机房应远离强磁场所；

4　智能化系统的设备用房应在初步设计中预留位置及线路敷设通道；

5　智能化系统的重要机房应做好自身的物防、技防；

6　智能化系统应根据系统的风险评估采取防雷措施，应做等电位联结。

8.3.5　电气竖井、智能化系统竖井应符合下列要求：

1　高层建筑电气竖井在利用通道作为检修面积时，竖井的净宽度不宜小于 0.80m；

2　高层建筑智能化系统竖井在利用通道作为检修面积时，竖井的净宽度不宜小于 0.60m；多层建筑智能化系统竖井在利用通道作为检修面积时，竖井的净宽度不宜小于 0.35m；

3　电气竖井、智能化系统竖井内宜预留电源插座，应设应急照明灯，控制开关宜安装在竖井外；

4　智能化系统竖井宜与电气竖井分别设置，其地坪或门槛宜高出本层地坪 0.15 ~ 0.30m；

5　电气竖井、智能化系统竖井井壁应为耐火极限不低于 1h 的不燃烧体，检修门应采用不低于丙级的防火门；

6　电气竖井、智能化系统竖井内的环境指标应保证设备正常运行。

8.3.6　线路敷设应符合下列要求：

1　线路敷设应符合现行国家标准《建筑电气工程施工质量验收规范》GB 50303 的规定；

2　智能化系统的缆线宜穿金属管或在金属线槽内敷设；

3　暗敷在楼板、墙体、柱内的缆线（有防火要求的缆线除外），其保护管的覆盖层不应小于 15mm；

4　楼板的厚度、建筑物的层高应满足强电缆线及智能化系统缆线水平敷设所需的空间，并应与其他专业管线综合。

4.《建筑工程建筑面积计算规范》GB/T 50353-2013

1 总则（略）
2 术语（略）
3 计算建筑面积的规定

3.0.1　建筑物的建筑面积应按自然层外墙结构外围水平面积之和计算。结构层高在 2.20m 及以上的，应计算全面积；结构层高在 2.20m 以下的，应计算 1/2 面积。

3.0.2　建筑物内设有局部楼层时，对于局部楼层的二层及以上楼层，有围护结构的应按其围护结构外围水平面积计算，无围护结构的应按其结构底板水平面积计算，且结构层高在 2.20m 及以上的，应计算全面积，结构层高在 2.20m 以下的，应计算 1/2 面积。

3.0.3　对于形成建筑空间的坡屋顶，结构净高在 2.10m 及以上的部位应计算全面积；结构净高在 1.20m 及以上至 2.10m 以下的部位应计算 1/2 面积；结构净高在 1.20m 以下的部位不应计算建筑面积。

3.0.4　对于场馆看台下的建筑空间，结构净高在 2.10m 及以上的部位应计算全面积；结构净高在 1.20m 及以上至 2.10m 以下的部位应计算 1/2 面积；结构净高在 1.20m 以下的部位不应计算建筑面积。室内单独设置的有围护设施的悬挑看台，应按看台结构底板水平投影面积计算建筑面积。有顶盖无围护结构的场馆看台应按其顶盖水平投影面积的 1/2 计算面积。

3.0.5　地下室、半地下室应按其结构外围水平面积计算。结构层高在 2.20m 及以上的，应计算全面积；结构层高在 2.20m 以下的，应计算 1/2 面积。

3.0.6　出入口外墙外侧坡道有顶盖的部位，应按其外墙结构外围水平面积的 1/2 计算面积。

3.0.7　建筑物架空层及坡地建筑物吊脚架空层，应按其顶板水平投影计算建筑面积。结构层高在 2.20m 及以上的，应计算全面积；结构层高在 2.20m 以下的，应计算 1/2 面积。

3.0.8　建筑物的门厅、大厅应按一层计算建筑面积，门厅、大厅内设置的走廊应按走廊结构底板水平投影面积计算建筑面积。结构层高在 2.20m 及以上的，应计算全面积；结构层高在 2.20m 以下的，应计算 1/2 面积。

3.0.9　对于建筑物间的架空走廊，有顶盖和围护设施的，应按其围护结构外围水平面积计算全面积；无围护结构、有围护设施的，应按其结构底板水平投影面积计算 1/2 面积。

3.0.10　对于立体书库、立体仓库、立体车库，有围护结构的，应按其围护结构外围水平面积计算建筑面积；无围护结构、有围护设施的，应按其结构底板水平投影面积计算建筑面积。无结构层的应按一层计算，有结构层的应按其结构层面积分别计算。结构层高在 2.20m 及以上的，应计算全面积；结构层高在 2.20m 以下的，应计算 1/2 面积。

3.0.11　有围护结构的舞台灯光控制室，应按其围护结构外围水平面积计算。结构层高在 2.20m 及以上的，应计算全面积；结构层高在 2.20m 以下的，应计算 1/2 面积。

3.0.12　附属在建筑物外墙的落地橱窗，应按其围护结构外围水平面积计算。结构层高在 2.20m 及以上的，应计算全面积；结构层高在 2.20m 以下的，应计算 1/2 面积。

3.0.13　窗台与室内楼地面高差在 0.45m 以下且结构净高在 2.10m 及以上的凸（飘）窗，应按其围护结构外围水平面积计算 1/2 面积。

3.0.14 有围护设施的室外走廊（挑廊），应按其结构底板水平投影面积计算 1/2 面积；有围护设施（或柱）的檐廊，应按其围护设施（或柱）外围水平面积计算 1/2 面积。

3.0.15 门斗应按其围护结构外围水平面积计算建筑面积，且结构层高在 2.20m 及以上的，应计算全面积；结构层高在 2.20m 以下的，应计算 1/2 面积。

3.0.16 门廊应按其顶板的水平投影面积的 1/2 计算建筑面积；有柱雨篷应按其结构板水平投影面积的 1/2 计算建筑面积；无柱雨篷的结构外边线至外墙结构外边线的宽度在 2.10m 及以上的，应按雨篷结构板的水平投影面积的 1/2 计算建筑面积。

3.0.17 设在建筑物顶部的、有围护结构的楼梯间、水箱间、电梯机房等，结构层高在 2.20m 及以上的应计算全面积；结构层高在 2.20m 以下的，应计算 1/2 面积。

3.0.18 围护结构不垂直于水平面的楼层，应按其底板面的外墙外围水平面积计算。结构净高在 2.10m 及以上的部位，应计算全面积；结构净高在 1.20m 及以上至 2.10m 以下的部位，应计算 1/2 面积；结构净高在 1.20m 以下的部位，不应计算建筑面积。

3.0.19 建筑物的室内楼梯、电梯井、提物井、管道井、通风排气竖井、烟道，应并入建筑物的自然层计算建筑面积。有顶盖的采光井应按一层计算面积，且结构净高在 2.10m 及以上的，应计算全面积；结构净高在 2.10m 以下的，应计算 1/2 面积。

3.0.20 室外楼梯应并入所依附建筑物自然层，并应按其水平投影面积的 1/2 计算建筑面积。

3.0.21 在主体结构内的阳台，应按其结构外围水平面积计算全面积；在主体结构外的阳台，应按其结构底板水平投影面积计算 1/2 面积。

3.0.22 有顶盖无围护结构的车棚、货棚、站台、加油站、收费站等，应按其顶盖水平投影面积的 1/2 计算建筑面积。

3.0.23 以幕墙作为围护结构的建筑物，应按幕墙外边线计算建筑面积。

3.0.24 建筑物的外墙外保温层，应按其保温材料的水平截面积计算，并计入自然层建筑面积。

3.0.25 与室内相通的变形缝，应按其自然层合并在建筑物建筑面积内计算。对于高低联跨的建筑物，当高低跨内部连通时，其变形缝应计算在低跨面积内。

3.0.26 对于建筑物内的设备层、管道层、避难层等有结构层的楼层，结构层高在 2.20m 及以上的，应计算全面积；结构层高在 2.20m 以下的，应计算 1/2 面积。

3.0.27 下列项目不应计算建筑面积：

1 与建筑物内不相连通的建筑部件；

2 骑楼、过街楼底层的开放公共空间和建筑物通道；

3 舞台及后台悬挂幕布和布景的天桥、挑台等；

4 露台、露天游泳池、花架、屋顶的水箱及装饰性结构构件；

5 建筑物内的操作平台、上料平台、安装箱和罐体的平台；

6 勒脚、附墙柱、垛、台阶、墙面抹灰、装饰面、镶贴块料面层、装饰性幕墙，主体结构外的空调室外机搁板（箱）、构件、配件，挑出宽度在 2.10m 以下的无柱雨篷和顶盖高度达到或超过两个楼层的无柱雨篷；

7 窗台与室内地面高差在 0.45m 以下且结构净高在 2.10m 以下的凸（飘）窗，窗台与室内地面高差在 0.45m 及以上的凸（飘）窗；

8 室外爬梯、室外专用消防钢楼梯；

9 无围护结构的观光电梯；

10 建筑物以外的地下人防通道，独立的烟囱、烟道、地沟、油（水）罐、气柜、水塔、贮油（水）池、贮仓、栈桥等构筑物。

5.《房产测量规范第1单元：房产测量规定》GB/T 17986.1-2000

1～7（略）

8 房产面积测算

8.1 一般规定

8.1.1 房产面积测算的内容
面积测算系指水平面积测算。分为房屋面积和用地面积测算两类，其中房屋面积测算包括房屋建筑面积、共有建筑面积、产权面积、使用面积等测算。

8.1.2 房屋的建筑面积
房屋建筑面积系指房屋外墙（柱）勒脚以上各层的外围水平投影面积，包括阳台、挑廊、地下室、室外楼梯等，且具备有上盖，结构牢固，层高2.20m以上（含2.20m）的永久性建筑。

8.1.3 房屋的使用面积
房屋使用面积系指房屋户内全部可供使用的空间面积，按房屋的内墙面水平投影计算。

8.1.4 房屋的产权面积
房屋产权面积系指产权主依法拥有房屋所有权的房屋建筑面积。房屋产权面积由直辖市、市、县房地产行政主管部门登记确权认定。

8.1.5 房屋的共有建筑面积
房屋共有建设面积系指各产权主共同占有或共同使用的建筑面积。

8.1.6 面积测算的要求
各类面积测算必须独立测算两次，其较差应在规定的限差以内，取中数作为最后结果。

量距应使用经检定合格的卷尺或其他能达到相应精度的仪器和工具。面积以平方米为单位，取至0.01m²。

8.2 房屋建筑面积测算的有关规定

8.2.1 计算全部建筑面积的范围
a）永久外性结构的单层房屋，按一层计算建筑面积；多层房屋按各层建筑面积的总和计算。

b）房屋内的夹层、插层、技术层及其梯间、电梯间等其高度在 2.20m 以上部位计算建筑面积。

c）穿过房屋的通道，房屋内的门厅、大厅，均按一层计算面积。门厅、大厅内的回廊部分，层高在 2.20m 以上的，按其水平投影面积计算。

d）楼梯间、电梯（观光梯）井、提物井、垃圾道、管道井等均按房屋自然层计算面积。

e）房屋天面上，属永久性建筑，层高在 2.20m 以上的楼梯间、水箱间、电梯机房及斜面结构屋顶高度在 2.20m 以上的部位，按其外围水平投影面积计算。

f）挑楼、全封闭的阳台按其外围水平投影面积计算。

g）属永久性结构有上盖的室外楼梯，按各层水平投影面积计算。

h）与房屋相连的有柱走廊，两房屋间有上盖和柱的走廊，均按其柱的外围水平投影面积计算。

i）房屋间永久性的封闭的架空通廊，按外围水平投影面积计算。

j）地下室、半地下室及其相应出入口，层高在 2.20m 以上的，按其外墙（不包括采光井、防潮层及保护墙）外围水平投影面积计算。

k）有柱或有围护结构的门廊、门斗，按其柱或围护结构的外围水平投影面积计算。

l）玻璃幕墙等作为房屋外墙的，按其外围水平投影面积计算。

m）属永久性建筑有柱的车棚、货棚等按柱的外围水平投影面积计算。

n）依坡地建筑的房屋，利用吊脚做架空层，有围护结构的，按其高度在 2.20m 以上部位的外围水平面积计算。

o）有伸缩缝的房屋，若其与室内相通的，伸缩缝计算建筑面积。

8.2.2 计算一半建筑面积的范围

a）与房屋相连有上盖无柱的走廊、檐廊，按其围护结构外围水平投影面积的一半计算。

b）独立柱、单排柱的门廊、车棚、货棚等属永久性建筑的，按其上盖水平投影面积的一半计算。

c）未封闭的阳台、挑廊，按其围护结构外围水平投影面积的一半计算。

d）无顶盖的室外楼梯按各层水平投影面积的一半计算。

e）有顶盖不封闭的永久性的架空通廊，按外围水平投影面积的一半计算。

8.2.3 不计算建筑面积的范围

a）层高小于 2.20m 以下的夹层、插层、技术层和层高小于 2.20m 的地下室和半地下室。

b）突出房屋墙面的构件、配件、装饰柱、装饰性的玻璃幕墙、垛、勒脚、台阶、无柱雨篷等。

c）房屋之间无上盖的架空通廊。

d）房屋的天面、挑台、天面上的花园、泳池。

e）建筑物内的操作平台、上料平台及利用建筑物的空间安置箱、罐的平台。

f）骑楼、过街楼的底层用作道路街巷通行的部分。

g）利用引桥、高架路、高架桥、路面作为顶盖建造的房屋。

h）活动房屋、临时房屋、简易房屋。

i）独立烟囱、亭、塔、罐、池、地下人防干、支线。

j）与房屋室内不相通的房屋间伸缩缝。

8.3 用地面积测算

8.3.1 用地面积测算的范围

用地面积以丘为单位进行测算，包括房屋占地面积、其他用途的土地面积测算，各项地类面积的测算。

8.3.2 下列土地不计入用地面积：

a）无明确使用权属的冷巷、巷道或间隙地。

b）市政管辖的道路、街道、巷道等公共用地。

c）公共使用的河涌、水沟、排污沟。

d）已征用、划拨或者属于原房地产证记载范围，经规划部门核定需要作市政建设的用地。

e）其他按规定不计入用地的面积。

8.3.3 用地面积测算的方法

用地面积测算可采用坐标解析计算、实地量距计算和图解计算等方法。

8.4 面积测算的方法与精度要求

8.4.1 坐标解析法

a）根据界址点坐标成果表上数据，按下式计算面积。

$$S = \tfrac{1}{2} \sum_{i=1}^{n} X_i \left(Y_{i+1} - Y_{i-1} \right) \quad \text{或} \quad S = \tfrac{1}{2} \sum_{i=1}^{n} Y_i (X_{i-1} - X_{i+1})$$

式中　S——面积，m^2；

X_i——界址点的纵坐标，m；

Y_i——界址点的横坐标，m；

n——界址点个数；

i——界址点序号，按顺时针方向顺编。

b）面积中误差按下式计算。

$$m_s = \pm m_j \sqrt{\tfrac{1}{8} \sum_{i=1}^{n} D_{i-1,\ i+1}^2}$$

式中　m_s——面积中误差，m^2；

m_j——相应等级界址点规定的点位中误差，m；

$D_{i-1,\ i+1}$——多边形中对角线长度，m。

8.4.2 实地量距法

a）规则图形，可根据实地丈量的边长直接计算面积；不规则图形，将其分割成简单的几何图形，然后分别计算面积。

b）面积误差按 3.2.6 规定计算，其精度等级的使用范围，由各城市的房地产行政主管部门根据当地的实际情况决定。

8.4.3 图解法

图上量算面积，可选用求积仪法、几何图形法等方法。图上面积测算均应独立进行两次。

两次量算面积较差不得超过下式规定：

$$\Delta S = \pm 0.0003 M \sqrt{S}$$

式中　ΔS——两次量算面积较差，m^2；

S——所量算面积，m^2；

M——图的比例尺分母。

使用图解法量算面积时，图形面积不应小于 $5cm^2$。图上量距应量至 0.2mm。

9 变更测量

9.1 一般规定

9.1.1 变更测量的分类

变更测量分为现状变更和权属变更测量。

9.1.2 现状变更测量内容

a) 房屋的新建、拆迁、改建、扩建、房屋建筑结构、层数的变化；

b) 房屋的损坏与灭失，包括全部拆除或部分拆除、倒塌和烧毁；

c) 围墙、栅栏、篱笆、铁丝网等围护物以及房屋附属设施的变化；

d) 道路、广场、河流的拓宽、改造，河、湖、沟渠、水塘等边界的变化；

e) 地名、门牌号的更改；

f) 房屋及其用地分类面积增减变化。

9.1.3 权属变更测量内容

a) 房屋买卖、交换、继承、分割、赠与、兼并等引起的权属的转移；

b) 土地使用权界的调整，包括合并、分割、塌没和截弯取直；

c) 征拨、出让、转让土地而引起的土地权属界线的变化。

d) 他项权利范围的变化和注销。

9.1.4 变更测量的程序

变更测量应根据房地产变更资料，先进行房地产要素调查，包括现状、权属和界址调查，再进行分户权界和面积的测定，调整有关的房地产编码，最后进行房地产资料的修正。

9.2 变更测量的方法

9.2.1 变更测量方法的选择

a) 变更测量应根据现有变更资料，确定变更范围，按平面控制点的分布情况，选择测量方法。

b) 房地产的合并和分割，应根据变更登记文件，在当事人或关系人到现场指界下，实地测定变更后的房地产界址和面积。

c) 修测之后，应对现有房产、地籍资料进行修正与处理。

9.2.2 变更测量的基准

a) 变更测量以变更范围内平面控制点和房产界址点作为测量的基准点。所有已修测过的地物点不得作为变更测量的依据。

b) 变更范围内和邻近的符合精度要求的房角点，也可作为修测的依据。

9.2.3 变更测量的精度要求

a) 变更后的分幅、分丘图图上精度，新补测的界址点的精度都应符合本规范的规定。

b) 房产分割后各户房屋建筑面积之和与原有房屋建筑面积的不符值应在限差以内。

c) 用地分割后各丘面积之和与原丘面积的不符值应在限差以内。

d) 房产合并后的建筑面积，取被合并房屋建筑面积之和；用地合并后的面积，取被合并的各丘面积之和。

9.2.4 变更测量的业务要求

a）变更测量时，应做到变更有合法依据，对原已登记发证而确认的权界位置和面积等合法数据和附图不得随意更改。

b）房地产合并或分割，分割应先进行房地产登记，且无禁止分割文件，分割处必须有固定界标；位置毗连且权属相同的房屋及其用地可以合并应先进行房地产登记。

c）房屋所有权发生变更或转移，其房屋用地也应随之变更或转移。

9.3　房地产编号的变更与处理

9.3.1　丘号

a）用地的合并与分割都应重新编丘号。新增丘号。按编号区内的最大丘号续编。

b）组合丘内，新增丘支号按丘内的最大丘支号续编。

9.3.2　界址点、房角点点号

新增的界址点或房角点的点号，分别按编号区内界址点或房角点的最大点号续编。

9.3.3　幢号

房产合并或分割应重新编幢号，原幢号作废，新幢号按丘内最大幢号续编。

10　成果资料的检查与验收

10.1　一般规定

10.1.1　成果检查、验收的制度

房产测量成果实行二级检查一级验收制。一级检查为过程检查，在全面自检、互查的基础上，由作业组的专职或兼职检查人员承担。二级检查由施测单位的质量检查机构和专职检查人员在一级检查的基础上进行。

10.1.2　检查、验收中问题的登记和处理

各级检查验收中发现的问题，必须做好记录并提出处理意见。

10.1.3　检查、验收报告书

10.1.3.1　检查验收工作应在二级检查合格后由房产测绘单位的主管机关实施。二级检查和验收工作完成后应分别写出检查、验收报告。

10.1.3.2　产品成果最终验收工作由任务的委托单位组织实施。验收工作结束后应写出检查报告和验收书。

10.1.4　上交成果资料内容

a）房产测绘技术设计书。

b）成果资料索引及说明。

c）控制测量成果资料。

d）房屋及房屋用地调查表、界址点坐标成果表。

e）图形数据成果和房产原图。

f）技术总结。

g）检查验收报告。

10.2　检查、验收项目及内容

10.2.1　控制测量

a）控制测量网的布设和标志埋设是否符合要求。

b）各种观测记录和计算是否正确。

c）各类控制点的测定方法、扩展次数及各种限差、成果精度是否符合要求。

d）起算数据和计算方法是否正确，平差的成果精度是否满足要求。

10.2.2　房产调查

a）房产要素调查的内容与填写是否齐全、正确。

b）调查表中的用地略图和房屋权界线示意图上的用地范围线、房屋权界线、房屋四面墙体归属，以及有关说明、符合和房产图上是否一致。

10.2.3　房产要素测量

a）房产要素测量的测量方法、记录和计算是否正确。

b）各项限差和成果精度是否符合要求。

c）测量的要素是否齐全、准确，对有关地物的取舍是否合理。

10.2.4　房产图绘制

a）房产图的规格尺寸，技术要求，表述内容，图廓整饰等是否符合要求。

b）房地产要素的表述是否齐全、正确，是否符合要求。

c）对有关地形要素的取舍是否合理。

d）图面精度和图边处理是否符合要求。

10.2.5　面积测算

a）房产面积的计算方法是否正确，精度是否符合要求。

b）用地面积的测算是否正确，精度是否符合要求。

c）共有与共用面积的测定和分摊计算是否合理。

10.2.6　变更与修测成果的检查

a）变更与修测的方法，测量基准、测绘精度等是否符合要求。

b）变更与修测后房地产要素编号的调整与处理是否正确。

10.3　成果质量的评定

10.3.1　成果质量评定等级

成果质量实行优级品、良级品和合格品三级评定。

10.3.2　成果质量评定标准

10.3.2.1　成果质量由专职或兼职检查验收人员评定。

10.3.2.2　成果质量评定标准，可参照 CH1003 执行。

6.《建筑工程施工质量验收统一标准》GB 50300-2013

1 总则（略）
2 术语（略）
3 基本规定

3.0.1 施工现场应具有健全的质量管理体系、相应的施工技术标准、施工质量检验制度和综合施工质量水平评定考核制度。施工现场质量管理可按本标准附录 A 的要求进行检查记录。

3.0.2 未实行监理的建筑工程，建设单位相关人员应履行本标准涉及的监理职责。

3.0.3 建筑工程的施工质量控制应符合下列规定：

1 建筑工程采用的主要材料、半成品、成品、建筑构配件、器具和设备应进行进场检验。凡涉及安全、节能、环境保护和主要使用功能的重要材料、产品，应按各专业工程施工规范、验收规范和设计文件等规定进行复验，并应经监理工程师检查认可；

2 各施工工序应按施工技术标准进行质量控制，每道施工工序完成后，经施工单位自检符合规定后，才能进行下道工序施工。各专业工种之间的相关工序应进行交接检验，并应记录；

3 对于监理单位提出检查要求的重要工序，应经监理工程师检查认可，才能进行下道工序施工。

3.0.4 符合下列条件之一时，可按相关专业验收规范的规定适当调整抽样复验、试验数量，调整后的抽样复验、试验方案应由施工单位编制，并报监理单位审核确认。

1 同一项目中由相同施工单位施工的多个单位工程，使用同一生产厂家的同品种、同规格、同批次的材料、构配件、设备；

2 同一施工单位在现场加工的成品、半成品、构配件用于同一项目中的多个单位工程；

3 在同一项目中，针对同一抽样对象已有检验成果可以重复利用。

3.0.5 当专业验收规范对工程中的验收项目未作出相应规定时，应由建设单位组织监理、设计、施工等相关单位制定专项验收要求。涉及安全、节能、环境保护等项目的专项验收要求应由建设单位组织专家论证。

3.0.6 建筑工程施工质量应按下列要求进行验收：

1 工程质量验收均应在施工单位自检合格的基础上进行；

2 参加工程施工质量验收的各方人员应具备相应的资格；

3 检验批的质量应按主控项目和一般项目验收；

4 对涉及结构安全、节能、环境保护和主要使用功能的试块、试件及材料，应在进场时或施工中按规定进行见证检验；

5 隐蔽工程在隐蔽前应由施工单位通知监理单位进行验收，并应形成验收文件，验收合格后方可继续施工；

6 对涉及结构安全、节能、环境保护和使用功能的重要分部工程应在验收前按规定进行抽样检验；

7 工程的观感质量应由验收人员现场检查，并应共同确认。

3.0.7 建筑工程施工质量验收合格应符合下列规定：

1 符合工程勘察、设计文件的要求；

2 符合本标准和相关专业验收规范的规定。

3.0.8 检验批的质量检验,可根据检验项目的特点在下列抽样方案中选取:

1 计量、计数或计量 - 计数的抽样方案;

2 一次、二次或多次抽样方案;

3 对重要的检验项目,当有简易快速的检验方法时,选用全数检验方案;

4 根据生产连续性和生产控制稳定性情况,采用调整型抽样方案;

5 经实践证明有效的抽样方案。

3.0.9 检验批抽样样本应随机抽取,满足分布均匀、具有代表性的要求,抽样数量应符合有关专业验收规范的规定。当采用计数抽样时,最小抽样数量应符合表 3.0.9 的要求。

明显不合格的个体可不纳入检验批,但应进行处理,使其满足有关专业验收规范的规定,对处理的情况应予以记录并重新验收。

检验批最小抽样数量　　　　　　　　　　　　　　表 3.0.9

检验批的容量	最小抽样数量	检验批的容量	最小抽样数量
2 ~ 15	2	151 ~ 280	13
16 ~ 25	3	281 ~ 500	20
26 ~ 90	5	501 ~ 1200	32
91 ~ 150	8	1201 ~ 3200	50

3.0.10 计量抽样的错判概率 α 和漏判概率 β 可按下列规定采取:

1 主控项目:对应于合格质量水平的 α 和 β 均不宜超过 5%;

2 一般项目:对应于合格质量水平的 α 不宜超过 5%,β 不宜超过 10%。

4 建筑工程质量验收的划分

4.0.1 建筑工程施工质量验收应划分为单位工程、分部工程、分项工程和检验批。

4.0.2 单位工程应按下列原则划分:

1 具备独立施工条件并能形成独立使用功能的建筑物或构筑物为一个单位工程;

2 对于规模较大的单位工程,可将其能形成独立使用功能的部分划分为一个子单位工程。

4.0.3 分部工程应按下列原则划分:

1 可按专业性质、工程部位确定;

2 当分部工程较大或较复杂时,可按材料种类、施工特点、施工程序、专业系统及类别将分部工程划分为若干子分部工程。

4.0.4 分项工程可按主要工种、材料、施工工艺、设备类别进行划分。

4.0.5 检验批可根据施工、质量控制和专业验收的需要,按工程量、楼层、施工段、变形缝进行划分。

4.0.6 建筑工程的分部工程、分项工程划分宜按本标准附录 B 采用。

4.0.7 施工前，应由施工单位制定分项工程和检验批的划分方案，并由监理单位审核。对于附录 B 及相关专业验收规范未涵盖的分项工程和检验批，可由建设单位组织监理、施工等单位协商确定。

4.0.8 室外工程可根据专业类别和工程规模按本标准附录 C 的规定划分子单位工程、分部工程。

5 建筑工程质量验收

5.0.1 检验批质量验收合格应符合下列规定：

1 主控项目的质量经抽样检验均应合格；

2 一般项目的质量经抽样检验合格。当采用计数抽样时，合格点率应符合有关专业验收规范的规定，且不得存在严重缺陷。对于计数抽样的一般项目，正常检验一次、二次抽样可按本标准附录 D 判定；

3 具有完整的施工操作依据、质量验收记录。

5.0.2 分项工程质量验收合格应符合下列规定：

1 所含检验批的质量均应验收合格；

2 所含检验批的质量验收记录应完整。

5.0.3 分部工程质量验收合格应符合下列规定：

1 所含分项工程的质量均应验收合格；

2 质量控制资料应完整；

3 有关安全、节能、环境保护和主要使用功能的抽样检验结果应符合相应规定；

4 观感质量应符合要求。

5.0.4 单位工程质量验收合格应符合下列规定：

1 所含分部工程的质量均应验收合格；

2 质量控制资料应完整；

3 所含分部工程中有关安全、节能、环境保护和主要使用功能的检验资料应完整；

4 主要使用功能的抽查结果应符合相关专业验收规范的规定；

5 观感质量应符合要求。

5.0.5 建筑工程施工质量验收记录可按下列规定填写：

1 检验批质量验收记录可依据现场检查原始记录按本标准附录 E 填写，现场检查原始记录应在单位工程竣工前保留，并可追溯；

2 分项工程质量验收记录可按本标准附录 F 填写；

3 分部或子分部工程质量验收记录可按本标准附录 G 填写；

4 单位或子单位工程质量竣工验收记录、质量控制资料核查记录、安全和功能检验资料核查及主要功能抽查记录、观感质量检查记录应按本标准附录 H 填写。

5.0.6 当建筑工程施工质量不符合规定时，应按下列规定进行处理：

1 经返工或返修的检验批，应重新进行验收。

2 经有资质的检测机构检测鉴定能够达到设计要求的检验批，应予以验收；

3 经有资质的检测机构检测鉴定达不到设计要求、但经原设计单位核算认可能够满足安全和使用功能的检验批，可予以验收；

4 经返修或加固处理的分项、分部工程，满足安全及使用功能要求时，可按技术处理方案和协商文件的要求予以验收。

5.0.7 工程质量控制资料应齐全完整。当部分资料缺失时，应委托有资质的检测机构按有关标准进行相应的实体检验或抽样试验。

5.0.8 经返修或加固处理仍不能满足安全或重要使用功能的分部工程及单位工程，严禁验收。

6 建筑工程质量验收的程序和组织

6.0.1 检验批应由专业监理工程师组织施工单位项目专业质量检查员、专业工长等进行验收。

6.0.2 分项工程应由专业监理工程师组织施工单位项目专业技术负责人等进行验收。

6.0.3 分部工程应由总监理工程师组织施工单位项目负责人和项目技术、质量负责人等进行验收。勘察、设计单位项目负责人和施工单位技术、质量部门负责人应参加地基与基础分部工程的验收。设计单位项目负责人和施工单位技术、质量部门负责人应参加主体结构、节能分部工程的验收。

6.0.4 单位工程中的分包工程完工后，分包单位应对所承包的工程项目进行自检，并应按本标准规定的程序进行验收。验收时，总包单位应派人参加。分包单位应将所分包工程的质量控制资料整理完整，移交给总包单位。

6.0.5 单位工程完工后，施工单位应组织有关人员进行自检。总监理工程师应组织各专业监理工程师对工程质量进行竣工预验收。存在施工质量问题时，应由施工单位整改。整改完毕后，由施工单位向建设单位提交工程竣工报告，申请工程竣工验收。

6.0.6 建设单位收到工程竣工报告后，应由建设单位项目负责人组织监理、施工、设计、勘察等单位项目负责人进行单位工程验收。

7.《混凝土结构工程施工质量验收规范》GB 50204-2015

1 总则（略）
2 术语（略）
3 基本规定

3.0.1 混凝土结构子分部工程可划分为模板、钢筋、预应力、混凝土、现浇结构和装配式结构等分项工程。各分项工程可根据与生产和施工方式相一致且便于控制施工质量的原则，按进场批次、工作班、楼层、结构缝或施工段划分为若干检验批。

3.0.2 混凝土结构子分部工程的质量验收，应在钢筋、预应力、混凝土、现浇结构和装配式结构等相关分项工程验收合格的基础上，进行质量控制资料检查、观感质量验收及本规范第10.1节规定的结构实体检验。

3.0.3 分项工程的质量验收应在所含检验批验收合格的基础上，进行质量验收记录检查。

3.0.4 检验批的质量验收应包括实物检查和资料检查，并应符合下列规定：

1　主控项目的质量经抽样检验均应合格。

2　一般项目的质量经抽样检验应合格；一般项目当采用计数抽样检验时，除本规范各章有专门规定外，其合格点率应达到 80% 及以上，且不得有严重缺陷。

3　应具有完整的质量检验记录，重要工序应具有完整的施工操作记录。

3.0.5　检验批抽样样本应随机抽取，并应满足分布均匀、具有代表性的要求。

3.0.6　不合格检验批的处理应符合下列规定：

1　材料、构配件、器具及半成品检验批不合格时不得使用；

2　混凝土浇筑前施工质量不合格的检验批，应返工、返修，并应重新验收；

3　混凝土浇筑后施工质量不合格的检验批，应按本规范有关规定进行处理。

3.0.7　获得认证的产品或来源稳定且连续三批均一次检验合格的产品，进场验收时检验批的容量可按本规范的有关规定扩大一倍，且检验批容量仅可扩大一倍。扩大检验批后的检验中，出现不合格情况时，应按扩大前的检验批容量重新验收，且该产品不得再次扩大检验批容量。

3.0.8　混凝土结构工程采用的材料、构配件、器具及半成品应按进场批次进行检验。属于同一工程项目且同期施工的多个单位工程，对同一厂家生产的同批材料、构配件、器具及半成品，可统一划分检验批进行验收。

3.0.9　检验批、分项工程、混凝土结构子分部工程的质量验收可按本规范附录 A 记录。

4　模板分项工程

4.1　一般规定

4.1.1　模板工程应编制施工方案。爬升式模板工程、工具式模板工程及高大模板支架工程的施工方案，应按有关规定进行技术论证。

4.1.2　模板及支架应根据安装、使用和拆除工况进行设计，并应满足承载力、刚度和整体稳固性要求。

4.1.3　模板及支架的拆除应符合现行国家标准《混凝土结构工程施工规范》GB 50666 的规定和施工方案的要求。

4.2　模板安装

主控项目

4.2.1　模板及支架用材料的技术指标应符合国家现行有关标准的规定。进场时应抽样检验模板和支架材料的外观、规格和尺寸。

检查数量：按国家现行有关标准的规定确定。

检验方法：检查质量证明文件；观察，尺量。

4.2.2　现浇混凝土结构模板及支架的安装质量，应符合国家现行有关标准的规定和施工方案的要求。

检查数量：按国家现行有关标准的规定确定。

检验方法：按国家现行有关标准的规定执行。

4.2.3　后浇带处的模板及支架应独立设置。

检查数量：全数检查。

检验方法：观察。

4.2.4 支架竖杆或竖向模板安装在土层上时，应符合下列规定：

1 土层应坚实、平整，其承载力或密实度应符合施工方案的要求；

2 应有防水、排水措施；对冻胀性土，应有预防冻融措施；

3 支架竖杆下应有底座或垫板。

检查数量：全数检查。

检验方法：观察；检查土层密实度检测报告、土层承载力验算或现场检测报告。

一般项目

4.2.5 模板安装应符合下列规定：

1 模板的接缝应严密；

2 模板内不应有杂物、积水或冰雪等；

3 模板与混凝土的接触面应平整、清洁；

4 用作模板的地坪、胎膜等应平整、清洁，不应有影响构件质量的下沉、裂缝、起砂或起鼓；

5 对清水混凝土及装饰混凝土构件，应使用能达到设计效果的模板。

检查数量：全数检查。

检验方法：观察。

4.2.6 隔离剂的品种和涂刷方法应符合施工方案的要求。隔离剂不得影响结构性能及装饰施工；不得沾污钢筋、预应力筋、预埋件和混凝土接槎处；不得对环境造成污染。

检查数量：全数检查。

检验方法：检查质量证明文件；观察。

4.2.7 模板的起拱应符合现行国家标准《混凝土结构工程施工规范》GB 50666的规定，并应符合设计及施工方案的要求。

检查数量：在同一检验批内，对梁，跨度大于18m时应全数检查，跨度不大于18m时应抽查构件数量的10%，且不应少于3件；对板，应按有代表性的自然间抽查10%，且不应少于3间；对大空间结构，板可按纵、横轴线划分检查面，抽查10%，且不应少于3面。

检验方法：水准仪或尺量。

4.2.8 现浇混凝土结构多层连续支模应符合施工方案的规定。上下层模板支架的竖杆宜对准。竖杆下垫板的设置应符合施工方案的要求。

检查数量：全数检查。

检验方法：观察。

4.2.9 固定在模板上的预埋件和预留孔洞不得遗漏，且应安装牢固。有抗渗要求的混凝土结构中的预埋件，应按设计及施工方案的要求采取防渗措施。

预埋件和预留孔洞的位置应满足设计和施工方案的要求。当设计无具体要求时，其位置偏差应符合表4.2.9的规定。

检查数量：在同一检验批内，对梁、柱和独立基础，应抽查构件数量的10%，且不应少于3件；对墙和板，应按有代表性的自然间抽查10%，且不应少于3间；对大空间结构，墙可按相邻轴线间高度5m左右划分检查面，板可按纵、横轴线划分检查面，抽查10%，且均不应少于3面。

检验方法：观察，尺量。

预埋件和预留孔洞的安装允许偏差 表 4.2.9

项目		允许偏差 (mm)
预埋板中心线位置		3
预埋管、预留孔中心线位置		3
插筋	中心线位置	5
	外露长度	+10, 0
预埋螺栓	中心线位置	2
	外露长度	+10, 0
预留洞	中心线位置	10
	尺寸	+10, 0

注：检查中心线位置时，沿纵、横两个方向量测，并取其中偏差的较大值。

4.2.10 现浇结构模板安装的偏差及检验方法应符合表 4.2.10 的规定。

检查数量：在同一检验批内，对梁、柱和独立基础，应抽查构件数量的 10%，且不应少于 3 件；对墙和板，应按有代表性的自然间抽查 10%，且不应少于 3 间；对大空间结构，墙可按相邻轴线间高度 5m 左右划分检查面，板可按纵、横轴线划分检查面，抽查 10%，且均不应少于 3 面。

现浇结构模板安装的允许偏差及检验方法 表 4.2.10

项目		允许偏差 (mm)	检验方法
轴线位置		5	尺量
底模上表面标高		±5	水准仪或拉线、尺量
模板内部尺寸	基础	±10	尺量
	柱、墙、梁	±5	尺量
	楼梯相邻踏步高差	5	尺量
柱、墙垂直度	层高 ≤ 6m	8	经纬仪或吊线、尺量
	层高 > 6m	10	经纬仪或吊线、尺量
相邻模板表面高差		2	尺量
表面平整度		5	2m 靠尺和塞尺量测

注：检查轴线位置，当有纵横两个方向时，沿纵、横两个方向量测，并取其中偏差的较大值。

4.2.11 预制构件模板安装的偏差及检验方法应符合表 4.2.11 的规定。

检查数量：首次使用及大修后的模板应全数检查；使用中的模板应抽查 10%，且不应少于 5 件，不足 5 件时应全数检查。

预制构件模板安装的允许偏差及检验方法　　　　表 4.2.11

项目		允许偏差 (mm)	检验方法
长度	梁、板	±4	尺量两侧边，取其中较大值
	薄腹梁、桁架	±8	
	柱	0，−10	
	墙板	0，−5	
宽度	板、墙板	0，−5	尺量两端及中部，取其中较大值
	梁、薄腹梁、桁架	+2，−5	
高（厚）度	板	+2，−3	尺量两端及中部，取其中较大值
	墙板	0，−5	
	梁、薄腹梁、桁架、柱	+2，−5	
侧向弯曲	梁、板、柱	$L/1000$ 且 $\leqslant 15$	拉线、尺量最大弯曲处
	墙板、薄腹梁、桁架	$L/1500$ 且 $\leqslant 15$	
板的表面平整度		3	2m 靠尺和塞尺量测
相邻模板表面高差		1	尺量
对角线差	板	7	尺量两对角线
	墙板	5	
翘曲	板、墙板	$L/1500$	水平尺在两端量测
设计起拱	薄腹梁、桁架、梁	±3	拉线、尺量跨中

注：L 为构件长度（mm）。

5 钢筋分项工程

5.1 一般规定

5.1.1 浇筑混凝土之前，应进行钢筋隐蔽工程验收。隐蔽工程验收应包括下列主要内容：

1 纵向受力钢筋的牌号、规格、数量、位置；

2 钢筋的连接方式、接头位置、接头质量、接头面积百分率、搭接长度、锚固方式及锚固长度；

3 箍筋、横向钢筋的牌号、规格、数量、间距、位置，箍筋弯钩的弯折角度及平直段长度；

4 预埋件的规格、数量和位置。

5.1.2 钢筋、成型钢筋进场检验，当满足下列条件之一时，其检验批容量可扩大一倍：

1 获得认证的钢筋、成型钢筋；

2 同一厂家、同一牌号、同一规格的钢筋，连续三批均一次检验合格；

3 同一厂家、同一类型、同一钢筋来源的成型钢筋，连续三批均一次检验合格。

5.2 材料

主控项目

5.2.1 钢筋进场时，应按国家现行相关标准的规定抽取试件作屈服强度、抗拉强度、伸长率、弯曲性能和重量偏差检验，检验结果应符合相应标准的规定。

检查数量：按进场批次和产品的抽样检验方案确定。

检验方法：检查质量证明文件和抽样检验报告。

5.2.2 成型钢筋进场时，应抽取试件作屈服强度、抗拉强度、伸长率和重量偏差检验，检验结果应符合国家现行有关标准的规定。

对由热轧钢筋制成的成型钢筋，当有施工单位或监理单位的代表驻厂监督生产过程，并提供原材钢筋力学性能第三方检验报告时，可仅进行重量偏差检验。

检查数量：同一厂家、同一类型、同一钢筋来源的成型钢筋，不超过 30t 为一批，每批中每种钢筋牌号、规格均应至少抽取 1 个钢筋试件，总数不应少于 3 个。

检验方法：检查质量证明文件和抽样检验报告。

5.2.3 对按一、二、三级抗震等级设计的框架和斜撑构件（含梯段）中的纵向受力普通钢筋应采用 HRB335E、HRB400E、HRB500E、HRBF335E、HRBF400E 或 HRBF500E 钢筋，其强度和最大力下总伸长率的实测值应符合下列规定：

1 抗拉强度实测值与屈服强度实测值的比值不应小于 1.25；

2 屈服强度实测值与屈服强度标准值的比值不应大于 1.30；

3 最大力下总伸长率不应小于 9%。

检查数量：按进场的批次和产品的抽样检验方案确定。

检验方法：检查抽样检验报告。

一般项目

5.2.4 钢筋应平直、无损伤，表面不得有裂纹、油污、颗粒状或片状老锈。

检查数量：全数检查。

检验方法：观察。

5.2.5 成型钢筋的外观质量和尺寸偏差应符合国家现行有关标准的规定。

检查数量：同一厂家、同一类型的成型钢筋，不超过 30t 为一批，每批随机抽取 3 个成型钢筋。

检验方法：观察，尺量。

5.2.6 钢筋机械连接套筒、钢筋锚固板以及预埋件等的外观质量应符合国家现行有关标准的规定。

检查数量：按国家现行有关标准的规定确定。

检验方法：检查产品质量证明文件；观察，尺量。

5.3 钢筋加工

主控项目

5.3.1 钢筋弯折的弯弧内直径应符合下列规定：

1 光圆钢筋，不应小于钢筋直径的 2.5 倍；

2 335MPa 级、400MPa 级带肋钢筋，不应小于钢筋直径的 4 倍；

3 500MPa 级带肋钢筋，当直径为 28mm 以下时不应小于钢筋直径的 6 倍，当直径为 28mm 及以上时不应小于钢筋直径的 7 倍；

4 箍筋弯折处尚不应小于纵向受力钢筋的直径。

检查数量：同一设备加工的同一类型钢筋，每工作班抽查不应少于 3 件。

检验方法：尺量。

5.3.2 纵向受力钢筋的弯折后平直段长度应符合设计要求。光圆钢筋末端做180°弯钩时，弯钩的平直段长度不应小于钢筋直径的3倍。

检查数量：同一设备加工的同一类型钢筋，每工作班抽查不应少于3件。

检验方法：尺量。

5.3.3 箍筋、拉筋的末端应按设计要求做弯钩，并应符合下列规定：

1 对一般结构构件，箍筋弯钩的弯折角度不应小于90°，弯折后平直段长度不应小于箍筋直径的5倍；对有抗震设防要求或设计有专门要求的结构构件，箍筋弯钩的弯折角度不应小于135°，弯折后平直段长度不应小于箍筋直径的10倍；

2 圆形箍筋的搭接长度不应小于其受拉锚固长度，且两末端弯钩的弯折角度不应小于135°，弯折后平直段长度对一般结构构件不应小于箍筋直径的5倍，对有抗震设防要求的结构构件不应小于箍筋直径的10倍；

3 梁、柱复合箍筋中的单肢箍筋两端弯钩的弯折角度均不应小于135°，弯折后平直段长度应符合本条第1款对箍筋的有关规定。

检查数量：同一设备加工的同一类型钢筋，每工作班抽查不应少于3件。

检验方法：尺量。

5.3.4 盘卷钢筋调直后应进行力学性能和重量偏差检验，其强度应符合国家现行有关标准的规定，其断后伸长率、重量偏差应符合表5.3.4的规定。力学性能和重量偏差检验应符合下列规定：

1 应对3个试件先进行重量偏差检验，再取其中2个试件进行力学性能检验。

2 重量偏差应按下式计算：

$$\Delta=\frac{W_\mathrm{d}-W_0}{W_0}\times100 \tag{5.3.4}$$

式中：Δ——重量偏差（%）；

W_d——3个调直钢筋试件的实际重量之和（kg）；

W_0——钢筋理论重量（kg），取每米理论重量（kg/m）与3个调直钢筋试件长度之和（m）的乘积。

3 检验重量偏差时，试件切口应平滑并与长度方向垂直，其长度不应小于500mm；长度和重量的量测精度分别不应低于1mm和1g。

采用无延伸功能的机械设备调直的钢筋，可不进行本条规定的检验。

检查数量：同一设备加工的同一牌号、同一规格的调直钢筋，重量不大于30t为一批，每批见证抽取3个试件。

检验方法：检查抽样检验报告。

盘卷钢筋调直后的断后伸长率、重量偏差要求　　表5.3.4

钢筋牌号	断后伸长率 A（%）	重量偏差（%）	
		直径 6mm ~ 12mm	直径 14mm ~ 16mm
HPB300	≥ 21	≥ −10	—
HRB335、HRBF335	≥ 16	≥ −8	≥ −6

续表

钢筋牌号	断后伸长率 A（%）	重量偏差（%）	
		直径 6mm ~ 12mm	直径 14mm ~ 16mm
HRB400、HRBF400	≥ 15		
RRB400	≥ 13	≥ –8	≥ –6
HRB500、HRBF500	≥ 14		

注：断后伸长率 A 的量测标距为 5 倍钢筋直径。

一般项目

5.3.5 钢筋加工的形状、尺寸应符合设计要求，其偏差应符合表 5.3.5 的规定。

检查数量：同一设备加工的同一类型钢筋，每工作班抽查不应少于 3 件。

检验方法：尺量。

钢筋加工的允许偏差 表 5.3.5

项目	允许偏差（mm）
受力钢筋沿长度方向的净尺寸	±10
弯起钢筋的弯折位置	±20
箍筋外廓尺寸	±5

5.4 钢筋连接

主控项目

5.4.1 钢筋的连接方式应符合设计要求。

检查数量：全数检查。

检验方法：观察。

5.4.2 钢筋采用机械连接或焊接连接时，钢筋机械连接接头、焊接接头的力学性能、弯曲性能应符合国家现行有关标准的规定。接头试件应从工程实体中截取。

检查数量：按现行行业标准《钢筋机械连接技术规程》JGJ 107 和《钢筋焊接及验收规程》JGJ 18 的规定确定。

检验方法：检查质量证明文件和抽样检验报告。

5.4.3 钢筋采用机械连接时，螺纹接头应检验拧紧扭矩值，挤压接头应量测压痕直径，检验结果应符合现行行业标准《钢筋机械连接技术规程》JGJ 107 的相关规定。

检查数量：按现行行业标准《钢筋机械连接技术规程》JGJ 107 的规定确定。

检验方法：采用专用扭力扳手或专用量规检查。

一般项目

5.4.4 钢筋接头的位置应符合设计和施工方案要求。有抗震设防要求的结构中，梁端、柱端箍筋加密区范围内不应进行钢筋搭接。接头末端至钢筋弯起点的距离不应小于钢筋直径的 10 倍。

检查数量：全数检查。

检验方法：观察，尺量。

5.4.5　钢筋机械连接接头、焊接接头的外观质量应符合现行行业标准《钢筋机械连接技术规程》JGJ 107 和《钢筋焊接及验收规程》JGJ 18 的规定。

检查数量：按现行行业标准《钢筋机械连接技术规程》JGJ 107 和《钢筋焊接及验收规程》JGJ 18 的规定确定。

检验方法：观察，尺量。

5.4.6　当纵向受力钢筋采用机械连接接头或焊接接头时，同一连接区段内纵向受力钢筋的接头面积百分率应符合设计要求；当设计无具体要求时，应符合下列规定：

1　受拉接头，不宜大于 50%；受压接头，可不受限制；

2　直接承受动力荷载的结构构件中，不宜采用焊接；当采用机械连接时，不应超过 50%。

检查数量：在同一检验批内，对梁、柱和独立基础，应抽查构件数量的 10%，且不应少于 3 件；对墙和板，应按有代表性的自然间抽查 10%，且不应少于 3 间；对大空间结构，墙可按相邻轴线间高度 5m 左右划分检查面，板可按纵横轴线划分检查面，抽查 10%，且均不应少于 3 面。

检验方法：观察，尺量。

注：1　接头连接区段是指长度为 35d 且不小于 500mm 的区段，d 为相互连接两根钢筋的直径较小值。
　　2　同一连接区段内纵向受力钢筋接头面积百分率为接头中点位于该连接区段内的纵向受力钢筋截面面积与全部纵向受力钢筋截面面积的比值。

5.4.7　当纵向受力钢筋采用绑扎搭接接头时，接头的设置应符合下列规定：

1　接头的横向净间距不应小于钢筋直径，且不应小于 25mm；

2　同一连接区段内，纵向受拉钢筋的接头面积百分率应符合设计要求；当设计无具体要求时，应符合下列规定：

1）梁类、板类及墙类构件，不宜超过 25%；基础筏板，不宜超过 50%。

2）柱类构件，不宜超过 50%。

3）当工程中确有必要增大接头面积百分率时，对梁类构件，不应大于 50%。

检查数量：在同一检验批内，对梁、柱和独立基础，应抽查构件数量的 10%，且不应少于 3 件；对墙和板，应按有代表性的自然间抽查 10%，且不应少于 3 间；对大空间结构，墙可按相邻轴线间高度 5m 左右划分检查面，板可按纵横轴线划分检查面，抽查 10%，且均不应少于 3 面。

检验方法：观察，尺量。

注：1　接头连接区段是指长度为 1.3 倍搭接长度的区段。搭接长度取相互连接两根钢筋中较小直径计算。
　　2　同一连接区段内纵向受力钢筋接头面积百分率为接头中点位于该连接区段长度内的纵向受力钢筋截面面积与全部纵向受力钢筋截面面积的比值。

5.4.8　梁、柱类构件的纵向受力钢筋搭接长度范围内箍筋的设置应符合设计要求；当设计无具体要求时，应符合下列规定：

1　箍筋直径不应小于搭接钢筋较大直径的 1/4；

2　受拉搭接区段的箍筋间距不应大于搭接钢筋较小直径的 5 倍，且不应大于 100mm；

3　受压搭接区段的箍筋间距不应大于搭接钢筋较小直径的 10 倍，且不应大于 200mm；

4　当柱中纵向受力钢筋直径大于 25mm 时，应在搭接接头两个端面外 100mm 范围内各设置二道箍筋，其间距宜为 50mm。

检查数量：在同一检验批内，应抽查构件数量的 10%，且不应少于 3 件。

检验方法：观察，尺量。

5.5 钢筋安装

主控项目

5.5.1 钢筋安装时，受力钢筋的牌号、规格和数量必须符合设计要求。

检查数量：全数检查。

检验方法：观察，尺量。

5.5.2 钢筋应安装牢固。受力钢筋的安装位置、锚固方式应符合设计要求。

检查数量：全数检查。

检验方法：观察，尺量。

一般项目

5.5.3 钢筋安装偏差及检验方法应符合表 5.5.3 的规定，受力钢筋保护层厚度的合格点率应达到 90% 及以上，且不得有超过表中数值 1.5 倍的尺寸偏差。

检查数量：在同一检验批内，对梁、柱和独立基础，应抽查构件数量的 10%，且不应少于 3 件；对墙和板，应按有代表性的自然间抽查 10%，且不应少于 3 间；对大空间结构，墙可按相邻轴线间高度 5m 左右划分检查面，板可按纵、横轴线划分检查面，抽查 10%，且均不应少于 3 面。

钢筋安装允许偏差和检验方法 表 5.5.3

项目		允许偏差（mm）	检验方法
绑扎钢筋网	长、宽	±10	尺量
	网眼尺寸	±20	尺量连续三档，取最大偏差值
绑扎钢筋骨架	长	±10	尺量
	宽、高	±5	尺量
纵向受力钢筋	锚固长度	-20	尺量
	间距	±10	尺量两端、中间各一点，取最大偏差值
	排距	±5	
纵向受力钢筋、箍筋的混凝土保护层厚度	基础	±10	尺量
	柱、梁	±5	尺量
	板、墙、壳	±3	尺量
绑扎箍筋、横向钢筋间距		±20	尺量连续三档，取最大偏差值
钢筋弯起点位置		20	尺量
预埋件	中心线位置	5	尺量
	水平高差	+3，0	塞尺量测

注：检查中心线位置时，沿纵、横两个方向量测，并取其中偏差的较大值。

6 预应力分项工程

6.1 一般规定

6.1.1 浇筑混凝土之前，应进行预应力隐蔽工程验收。隐蔽工程验收应包括下列主要内容：

1 预应力筋的品种、规格、级别、数量和位置；

2 成孔管道的规格、数量、位置、形状、连接以及灌浆孔、排气兼泌水孔；

3 局部加强钢筋的牌号、规格、数量和位置；

4 预应力筋锚具和连接器及锚垫板的品种、规格、数量和位置。

6.1.2 预应力筋、锚具、夹具、连接器、成孔管道的进场检验，当满足下列条件之一时，其检验批容量可扩大一倍：

1 获得认证的产品；

2 同一厂家、同一品种、同一规格的产品，连续三批均一次检验合格。

6.1.3 预应力筋张拉机具及压力表应定期维护。张拉设备和压力表应配套标定和使用，标定期限不应超过半年。

6.2 材料

主控项目

6.2.1 预应力筋进场时，应按国家现行相关标准的规定抽取试件作抗拉强度、伸长率检验，其检验结果应符合相应标准的规定。

检查数量：按进场的批次和产品的抽样检验方案确定。

检验方法：检查质量证明文件和抽样检验报告。

6.2.2 无粘结预应力钢绞线进场时，应进行防腐润滑脂量和护套厚度的检验，检验结果应符合现行行业标准《无粘结预应力钢绞线》JG 161 的规定。

经观察认为涂包质量有保证时，无粘结预应力筋可不作油脂量和护套厚度的抽样检验。

检查数量：按现行行业标准《无粘结预应力钢绞线》JG 161 的规定确定。

检验方法：观察，检查质量证明文件和抽样检验报告。

6.2.3 预应力筋用锚具应和锚垫板、局部加强钢筋配套使用，锚具、夹具和连接器进场时，应按现行行业标准《预应力筋用锚具、夹具和连接器应用技术规程》JGJ 85 的相关规定对其性能进行检验，检验结果应符合该标准的规定。

锚具、夹具和连接器用量不足检验批规定数量的 50%，且供货方提供有效的检验报告时，可不作静载锚固性能检验。

检查数量：按现行行业标准《预应力筋用锚具、夹具和连接器应用技术规程》JGJ 85 的规定确定。

检验方法：检查质量证明文件、锚固区传力性能试验报告和抽样检验报告。

6.2.4 处于三 a、三 b 类环境条件下的无粘结预应力筋用锚具系统，应按现行行业标准《无粘结预应力混凝土结构技术规程》JGJ 92 的相关规定检验其防水性能，检验结果应符合该标准的规定。

检查数量：同一品种、同一规格的锚具系统为一批，每批抽取 3 套。

检验方法：检查质量证明文件和抽样检验报告。

6.2.5 孔道灌浆用水泥应采用硅酸盐水泥或普通硅酸盐水泥，水泥、外加剂的质量应分别符合本规范第 7.2.1 条、第 7.2.2 条的规定；成品灌浆材料的质量应符合现行国家标准《水泥基灌浆材料应用技术规范》GB/T 50448 的规定。

检查数量：按进场批次和产品的抽样检验方案确定。

检验方法：检查质量证明文件和抽样检验报告。

一般项目

6.2.6 预应力筋进场时，应进行外观检查，其外观质量应符合下列规定：

1 有粘结预应力筋的表面不应有裂纹、小刺、机械损伤、氧化铁皮和油污等，展开后应平顺、不应有弯折；

2 无粘结预应力钢绞线护套应光滑、无裂缝，无明显褶皱；轻微破损处应外包防水塑料胶带修补，严重破损者不得使用。

检查数量：全数检查。

检验方法：观察。

6.2.7 预应力筋用锚具、夹具和连接器进场时，应进行外观检查，其表面应无污物、锈蚀、机械损伤和裂纹。

检查数量：全数检查。

检验方法：观察。

6.2.8 预应力成孔管道进场时，应进行管道外观质量检查、径向刚度和抗渗漏性能检验，其检验结果应符合下列规定：

1 金属管道外观应清洁，内外表面应无锈蚀、油污、附着物、孔洞；金属波纹管不应有不规则褶皱，咬口应无开裂、脱扣；钢管焊缝应连续；

2 塑料波纹管的外观应光滑、色泽均匀，内外壁不应有气泡、裂口、硬块、油污、附着物、孔洞及影响使用的划伤；

3 径向刚度和抗渗漏性能应符合现行行业标准《预应力混凝土桥梁用塑料波纹管》JT/T 529 或《预应力混凝土用金属波纹管》JG 225 的规定。

检查数量：外观应全数检查；径向刚度和抗渗漏性能的检查数量应按进场的批次和产品的抽样检验方案确定。

检验方法：观察，检查质量证明文件和抽样检验报告。

6.3 制作与安装

主控项目

6.3.1 预应力筋安装时，其品种、规格、级别和数量必须符合设计要求。

检查数量：全数检查。

检验方法：观察，尺量。

6.3.2 预应力筋的安装位置应符合设计要求。

检查数量：全数检查。

检验方法：观察，尺量。

一般项目

6.3.3 预应力筋端部锚具的制作质量应符合下列规定：

1 钢绞线挤压锚具挤压完成后，预应力筋外端露出挤压套筒的长度不应小于 1mm；

2 钢绞线压花锚具的梨形头尺寸和直线锚固段长度不应小于设计值；

3 钢丝镦头不应出现横向裂纹，镦头的强度不得低于钢丝强度标准值的 98%。

检查数量：对挤压锚，每工作班抽查 5%，且不应少于 5 件；对压花锚，每工作班抽查 3 件；对钢丝镦头强度，每批钢丝检查 6 个镦头试件。

检验方法：观察，尺量，检查镦头强度试验报告。

6.3.4 预应力筋或成孔管道的安装质量应符合下列规定：

1 成孔管道的连接应密封；

2 预应力筋或成孔管道应平顺，并应与定位支撑钢筋绑扎牢固；

3 当后张有粘结预应力筋曲线孔道波峰和波谷的高差大于 300mm，且采用普通灌浆工艺时，应在孔道波峰设置排气孔；

4 锚垫板的承压面应与预应力筋或孔道曲线末端垂直，预应力筋或孔道曲线末端直线段长度应符合表 6.3.4 规定。

检查数量：第 1～3 款应全数检查；第 4 款应抽查预应力束总数的 10%，且不少于 5 束。

检验方法：观察，尺量。

预应力筋曲线起始点与张拉锚固点之间直线段最小长度　　　表 6.3.4

预应力筋张拉控制力 N(kN)	$N \leqslant 1500$	$1500 < N \leqslant 6000$	$N > 6000$
直线段最小长度 (mm)	400	500	600

6.3.5 预应力筋或成孔管道定位控制点的竖向位置偏差应符合表 6.3.5 的规定，其合格点率应达到 90% 及以上，且不得有超过表中数值 1.5 倍的尺寸偏差。

检查数量：在同一检验批内，应抽查各类型构件总数的 10%，且不少于 3 个构件，每个构件不应少于 5 处。

检验方法：尺量。

预应力筋或成孔管道定位控制点的竖向位置允许偏差　　　表 6.3.5

构件截面高（厚）度 (mm)	$h \leqslant 300$	$300 < h \leqslant 1500$	$h > 1500$
允许偏差 (mm)	±5	±10	±15

6.4 张拉和放张

主控项目

6.4.1 预应力筋张拉或放张前，应对构件混凝土强度进行检验。同条件养护的混凝土立方体试件抗压强度应符合设计要求，当设计无具体要求时应符合下列规定：

1 应达到配套锚固产品技术要求的混凝土最低强度且不应低于设计混凝土强度等级值的 75%；

2　对采用消除应力钢丝或钢绞线作为预应力筋的先张法构件，不应低于 30MPa。

检查数量：全数检查。

检验方法：检查同条件养护试件抗压强度试验报告。

6.4.2　对后张法预应力结构构件，钢绞线出现断裂或滑脱的数量不应超过同一截面钢绞线总根数的 3%，且每根断裂的钢绞线断丝不得超过一丝；对多跨双向连续板，其同一截面应按每跨计算。

检查数量：全数检查。

检验方法：观察，检查张拉记录。

6.4.3　先张法预应力筋张拉锚固后，实际建立的预应力值与工程设计规定检验值的相对允许偏差为 ±5%。

检查数量：每工作班抽查预应力筋总数的 1%，且不应少于 3 根。

检验方法：检查预应力筋应力检测记录。

一般项目

6.4.4　预应力筋张拉质量应符合下列规定：

1　采用应力控制方法张拉时，张拉力下预应力筋的实测伸长值与计算伸长值的相对允许偏差为 ±6%；

2　最大张拉应力应符合现行国家标准《混凝土结构工程施工规范》GB 50666 的规定。

检查数量：全数检查。

检验方法：检查张拉记录。

6.4.5　先张法预应力构件，应检查预应力筋张拉后的位置偏差，张拉后预应力筋的位置与设计位置的偏差不应大于 5mm，且不应大于构件截面短边边长的 4%。

检查数量：每工作班抽查预应力筋总数的 3%，且不应少于 3 束。

检验方法：尺量。

6.4.6　锚固阶段张拉端预应力筋的内缩量应符合设计要求；当设计无具体要求时，应符合表 6.4.6 的规定。

检查数量：每工作班抽查预应力筋总数的 3%，且不少于 3 束。

检验方法：尺量。

张拉端预应力筋的内缩量限值　　　　　　　表 6.4.6

锚具类别		内缩量限值 (mm)
支承式锚具（镦头锚具等）	螺帽缝隙	1
	每块后加垫板的缝隙	1
锥塞式锚具		5
夹片式锚具	有顶压	5
	无顶压	6 ~ 8

6.5　灌浆及封锚

主控项目

6.5.1　预留孔道灌浆后，孔道内水泥浆应饱满、密实。

检查数量：全数检查。

检验方法：观察，检查灌浆记录。

6.5.2 灌浆用水泥浆的性能应符合下列规定：

1 3h 自由泌水率宜为 0，且不应大于 1%，泌水应在 24h 内全部被水泥浆吸收；

2 水泥浆中氯离子含量不应超过水泥重量的 0.06%；

3 当采用普通灌浆工艺时，24h 自由膨胀率不应大于 6%；当采用真空灌浆工艺时，24h 自由膨胀率不应大于 3%。

检查数量：同一配合比检查一次。

检验方法：检查水泥浆性能试验报告。

6.5.3 现场留置的灌浆用水泥浆试件的抗压强度不应低于 30MPa。

试件抗压强度检验应符合下列规定：

1 每组应留取 6 个边长为 70.7mm 的立方体试件，并应标准养护 28d；

2 试件抗压强度应取 6 个试件的平均值；当一组试件中抗压强度最大值或最小值与平均值相差超过 20% 时，应取中间 4 个试件强度的平均值。

检查数量：每工作班留置一组。

检验方法：检查试件强度试验报告。

6.5.4 锚具的封闭保护措施应符合设计要求。当设计无具体要求时，外露锚具和预应力筋的混凝土保护层厚度不应小于：一类环境时 20mm，二 a、二 b 类环境时 50mm，三 a、三 b 类环境时 80mm。

检查数量：在同一检验批内，抽查预应力筋总数的 5%，且不应少于 5 处。

检验方法：观察，尺量。

一般项目

6.5.5 后张法预应力筋锚固后，锚具外预应力筋的外露长度不应小于其直径的 1.5 倍，且不应小于 30mm。

检查数量：在同一检验批内，抽查预应力筋总数的 3%，且不应少于 5 束。

检验方法：观察，尺量。

7 混凝土分项工程

7.1 一般规定

7.1.1 混凝土强度应按现行国家标准《混凝土强度检验评定标准》GB/T 50107 的规定分批检验评定。划入同一检验批的混凝土，其施工持续时间不宜超过 3 个月。

检验评定混凝土强度时，应采用 28d 或设计规定龄期的标准养护试件。

试件成型方法及标准养护条件应符合现行国家标准《普通混凝土力学性能试验方法标准》GB/T 50081 的规定。采用蒸汽养护的构件，其试件应先随构件同条件养护，然后再置入标准养护条件下继续养护至 28d 或设计规定龄期。

7.1.2 当采用非标准尺寸试件时，应将其抗压强度乘以尺寸折算系数，折算成边长为 150mm 的标准尺寸试件抗压强度。尺寸折算系数应按现行国家标准《混凝土强度检验评定标准》GB/T 50107 采用。

7.1.3　当混凝土试件强度评定不合格时，应委托具有资质的检测机构按国家现行有关标准的规定对结构构件中的混凝土强度进行检测推定，并应按本规范第10.2.2条的规定进行处理。

7.1.4　混凝土有耐久性指标要求时，应按现行行业标准《混凝土耐久性检验评定标准》JGJ/T 193的规定检验评定。

7.1.5　大批量、连续生产的同一配合比混凝土，混凝土生产单位应提供基本性能试验报告。

7.1.6　预拌混凝土的原材料质量、制备等应符合现行国家标准《预拌混凝土》GB/T 14902的规定。

7.1.7　水泥、外加剂进场检验，当满足下列条件之一时，其检验批容量可扩大一倍：

1　获得认证的产品；

2　同一厂家、同一品种、同一规格的产品，连续三次进场检验均一次检验合格。

7.2　原材料

主控项目

7.2.1　水泥进场时，应对其品种、代号、强度等级、包装或散装编号、出厂日期等进行检查，并应对水泥的强度、安定性和凝结时间进行检验，检验结果应符合现行国家标准《通用硅酸盐水泥》GB 175等的相关规定。

检查数量：按同一厂家、同一品种、同一代号、同一强度等级、同一批号且连续进场的水泥，袋装不超过200t为一批，散装不超过500t为一批，每批抽样数量不应少于一次。

检验方法：检查质量证明文件和抽样检验报告。

7.2.2　混凝土外加剂进场时，应对其品种、性能、出厂日期等进行检查，并应对外加剂的相关性能指标进行检验，检验结果应符合现行国家标准《混凝土外加剂》GB 8076和《混凝土外加剂应用技术规范》GB 50119等的规定。

检查数量：按同一厂家、同一品种、同一性能、同一批号且连续进场的混凝土外加剂，不超过50t为一批，每批抽样数量不应少于一次。

检验方法：检查质量证明文件和抽样检验报告。

一般项目

7.2.3　混凝土用矿物掺合料进场时，应对其品种、技术指标、出厂日期等进行检查，并应对矿物掺合料的相关技术指标进行检验，检验结果应符合国家现行有关标准的规定。

检查数量：按同一厂家、同一品种、同一技术指标、同一批号且连续进场的矿物掺合料，粉煤灰、石灰石粉、磷渣粉和钢铁渣粉不超过200t为一批，粒化高炉矿渣粉和复合矿物掺合料不超过500t为一批，沸石粉不超过120t为一批，硅灰不超过30t为一批，每批抽样数量不应少于一次。

检验方法：检查质量证明文件和抽样检验报告。

7.2.4　混凝土原材料中的粗骨料、细骨料质量应符合现行行业标准《普通混凝土用砂、石质量及检验方法标准》JGJ 52的规定，使用经过净化处理的海砂应符合现行行业标准《海砂混凝土应用技术规范》JGJ 206的规定，再生混凝土骨料应符合现行国家标准《混凝土用再生粗骨料》GB/T 25177和《混凝土和砂浆用再生细骨料》GB/T 25176的规定。

检查数量：按现行行业标准《普通混凝土用砂、石质量及检验方法标准》JGJ 52的规定确定。

检验方法：检查抽样检验报告。

7.2.5　混凝土拌制及养护用水应符合现行行业标准《混凝土用水标准》JGJ 63的规定。采用饮用水时，可不检验；采用中水、搅拌站清洗水、施工现场循环水等其他水源时，应对其成分进行检验。

检查数量：同一水源检查不应少于一次。

检验方法：检查水质检验报告。

7.3 混凝土拌合物

主控项目

7.3.1 预拌混凝土进场时，其质量应符合现行国家标准《预拌混凝土》GB/T 14902 的规定。

检查数量：全数检查。

检验方法：检查质量证明文件。

7.3.2 混凝土拌合物不应离析。

检查数量：全数检查。

检验方法：观察。

7.3.3 混凝土中氯离子含量和碱总含量应符合现行国家标准《混凝土结构设计规范》GB 50010 的规定和设计要求。

检查数量：同一配合比的混凝土检查不应少于一次。

检验方法：检查原材料试验报告和氯离子、碱的总含量计算书。

7.3.4 首次使用的混凝土配合比应进行开盘鉴定，其原材料、强度、凝结时间、稠度等应满足设计配合比的要求。

检查数量：同一配合比的混凝土检查不应少于一次。

检验方法：检查开盘鉴定资料和强度试验报告。

一般项目

7.3.5 混凝土拌合物稠度应满足施工方案的要求。

检查数量：对同一配合比混凝土，取样应符合下列规定：

1 每拌制 100 盘且不超过 100m³ 时，取样不得少于一次；

2 每工作班拌制不足 100 盘时，取样不得少于一次；

3 连续浇筑超过 1000m³ 时，每 200m³ 取样不得少于一次；

4 每一楼层取样不得少于一次。

检验方法：检查稠度抽样检验记录。

7.3.6 混凝土有耐久性指标要求时，应在施工现场随机抽取试件进行耐久性检验，其检验结果应符合国家现行有关标准的规定和设计要求。

检查数量：同一配合比的混凝土，取样不应少于一次，留置试件数量应符合国家现行标准《普通混凝土长期性能和耐久性能试验方法标准》GB/T 50082 和《混凝土耐久性检验评定标准》JGJ/T 193 的规定。

检验方法：检查试件耐久性试验报告。

7.3.7 混凝土有抗冻要求时，应在施工现场进行混凝土含气量检验，其检验结果应符合国家现行有关标准的规定和设计要求。

检查数量：同一配合比的混凝土，取样不应少于一次，取样数量应符合现行国家标准《普通混凝土拌合物性能试验方法标准》GB/T 50080 的规定。

检验方法：检查混凝土含气量试验报告。

7.4 混凝土施工

主控项目

7.4.1 混凝土的强度等级必须符合设计要求。用于检验混凝土强度的试件应在浇筑地点随机抽取。

检查数量：对同一配合比混凝土，取样与试件留置应符合下列规定：

1 每拌制 100 盘且不超过 100m³ 时，取样不得少于一次；

2 每工作班拌制不足 100 盘时，取样不得少于一次；

3 连续浇筑超过 1000m³ 时，每 200m³ 取样不得少于一次；

4 每一楼层取样不得少于一次；

5 每次取样应至少留置一组试件。

检验方法：检查施工记录及混凝土强度试验报告。

一般项目

7.4.2 后浇带的留设位置应符合设计要求。后浇带和施工缝的留设及处理方法应符合施工方案要求。

检查数量：全数检查。

检验方法：观察。

7.4.3 混凝土浇筑完毕后应及时进行养护，养护时间以及养护方法应符合施工方案要求。

检查数量：全数检查。

检验方法：观察，检查混凝土养护记录。

8 现浇结构分项工程

8.1 一般规定

8.1.1 现浇结构质量验收应符合下列规定：

1 现浇结构质量验收应在拆模后、混凝土表面未作修整和装饰前进行，并应作出记录；

2 已经隐蔽的不可直接观察和量测的内容，可检查隐蔽工程验收记录；

3 修整或返工的结构构件或部位应有实施前后的文字及图像记录。

8.1.2 现浇结构的外观质量缺陷应由监理单位、施工单位等各方根据其对结构性能和使用功能影响的严重程度按表 8.1.2 确定。

现浇结构外观质量缺陷 表 8.1.2

名称	现象	严重缺陷	一般缺陷
露筋	构件内钢筋未被混凝土包裹而外露	纵向受力钢筋有露筋	其他钢筋有少量露筋
蜂窝	混凝土表面缺少水泥砂浆而形成石子外露	构件主要受力部位有蜂窝	其他部位有少量蜂窝
孔洞	混凝土中孔穴深度和长度均超过保护层厚度	构件主要受力部位有孔洞	其他部位有少量孔洞
夹渣	混凝土中夹有杂物且深度超过保护层厚度	构件主要受力部位有夹渣	其他部位有少量夹渣

名称	现象	严重缺陷	一般缺陷
疏松	混凝土中局部不密实	构件主要受力部位有疏松	其他部位有少量疏松
裂缝	裂缝从混凝土表面延伸至混凝土内部	构件主要受力部位有影响结构性能或使用功能的裂缝	其他部位有少量不影响结构性能或使用功能的裂缝
连接部位缺陷	构件连接处混凝土有缺陷或连接钢筋、连接件松动	连接部位有影响结构传力性能的缺陷	连接部位有基本不影响结构传力性能的缺陷
外形缺陷	缺棱掉角、棱角不直、翘曲不平、飞边凸肋等	清水混凝土构件有影响使用功能或装饰效果的外形缺陷	其他混凝土构件有不影响使用功能的外形缺陷
外表缺陷	构件表面麻面、掉皮、起砂、沾污等	具有重要装饰效果的清水混凝土构件有外表缺陷	其他混凝土构件有不影响使用功能的外表缺陷

8.1.3 装配式结构现浇部分的外观质量、位置偏差、尺寸偏差验收应符合本章要求。

8.2 外观质量

主控项目

8.2.1 现浇结构的外观质量不应有严重缺陷。

对已经出现的严重缺陷，应由施工单位提出技术处理方案，并经监理单位认可后进行处理；对裂缝或连接部位的严重缺陷及其他影响结构安全的严重缺陷，技术处理方案尚应经设计单位认可。对经处理的部位应重新验收。

检查数量：全数检查。

检验方法：观察，检查处理记录。

一般项目

8.2.2 现浇结构的外观质量不应有一般缺陷。

对已经出现的一般缺陷，应由施工单位按技术处理方案进行处理。对经处理的部位应重新验收。

检查数量：全数检查。

检验方法：观察，检查处理记录。

8.3 位置和尺寸偏差

主控项目

8.3.1 现浇结构不应有影响结构性能或使用功能的尺寸偏差；混凝土设备基础不应有影响结构性能或设备安装的尺寸偏差。

对超过尺寸允许偏差且影响结构性能或安装、使用功能的部位，应由施工单位提出技术处理方案，并经监理、设计单位认可后进行处理。对经处理的部位应重新验收。

检查数量：全数检查。

检验方法：量测，检查处理记录。

一般项目

8.3.2 现浇结构的位置和尺寸偏差及检验方法应符合表 8.3.2 的规定。

检查数量：按楼层、结构缝或施工段划分检验批。在同一检验批内，对梁、柱和独立基础，应抽查构件数量的 10%，且不应少于 3 件；对墙和板，应按有代表性的自然间抽查 10%，且不应少于 3 间；对大空间结构，墙可按相邻轴线间高度 5m 左右划分检查面，板可按纵、横轴线划分检查面，抽查 10%，且均不应少于 3 面；对电梯井，应全数检查。

现浇结构位置和尺寸允许偏差及检验方法　　　　　　　　　　　表 8.3.2

项目			允许偏差 (mm)	检验方法
轴线位置	整体基础		15	经纬仪及尺量
	独立基础		10	经纬仪及尺量
	柱、墙、梁		8	尺量
垂直度	层高	≤ 6m	10	经纬仪或吊线、尺量
		> 6m	12	经纬仪或吊线、尺量
	全高（H）≤ 300m		$H/30000+20$	经纬仪、尺量
	全高（H）> 300m		$H/10000$ 且 ≤ 80	经纬仪、尺量
标高	层高		±10	水准仪或拉线、尺量
	全高		±30	水准仪或拉线、尺量
截面尺寸	基础		+15，−10	尺量
	柱、梁、板、墙		+10，−5	尺量
	楼梯相邻踏步高差		6	尺量
电梯井	中心位置		10	尺量
	长、宽尺寸		+25，0	尺量
表面平整度			8	2m 靠尺和塞尺量测
预埋件中心位置	预埋板		10	尺量
	预埋螺栓		5	尺量
	预埋管		5	尺量
	其他		10	尺量
预留洞、孔中心线位置			15	尺量

注：1　检查柱轴线、中心线位置时，沿纵、横两个方向测量，并取其中偏差的较大值。
　　2　H 为全高，单位为 mm。

8.3.3　现浇设备基础的位置和尺寸应符合设计和设备安装的要求。其位置和尺寸偏差及检验方法应符合表 8.3.3 的规定。

检查数量：全数检查。

现浇设备基础位置和尺寸允许偏差及检验方法 表8.3.3

项目		允许偏差 (mm)	检验方法
坐标位置		20	经纬仪及尺量
不同平面标高		0, −20	水准仪或拉线、尺量
平面外形尺寸		±20	尺量
凸台上平面外形尺寸		0, −20	尺量
凹槽尺寸		+20, 0	尺量
平面水平度	每米	5	水平尺、塞尺量测
	全长	10	水准仪或拉线、尺量
垂直度	每米	5	经纬仪或吊线、尺量
	全高	10	经纬仪或吊线、尺量
预埋地脚螺栓	中心位置	2	尺量
	顶标高	+20, 0	水准仪或拉线、尺量
	中心距	±2	尺量
	垂直度	5	吊线、尺量
预埋地脚螺栓孔	中心线位置	10	尺量
	截面尺寸	+20, 0	尺量
	深度	+20, 0	尺量
	垂直度	$h/100$ 且 ≤ 10	吊线、尺量
预埋活动地脚螺栓锚板	中心线位置	5	尺量
	标高	+20, 0	水准仪或拉线、尺量
	带槽锚板平整度	5	直尺、塞尺量测
	带螺纹孔锚板平整度	2	直尺、塞尺量测

注：1 检查坐标、中心线位置时，应沿纵、横两个方向测量，并取其中偏差的较大值。
    2 h 为预埋地脚螺栓孔孔深，单位为 mm。

9 装配式结构分项工程

9.1 一般规定

9.1.1 装配式结构连接部位及叠合构件浇筑混凝土之前，应进行隐蔽工程验收。隐蔽工程验收应包括下列主要内容：

1 混凝土粗糙面的质量，键槽的尺寸、数量、位置；

2 钢筋的牌号、规格、数量、位置、间距，箍筋弯钩的弯折角度及平直段长度；

3 钢筋的连接方式、接头位置、接头数量、接头面积百分率、搭接长度、锚固方式及锚固长度；

4 预埋件、预留管线的规格、数量、位置。

9.1.2 装配式结构的接缝施工质量及防水性能应符合设计要求和国家现行有关标准的规定。

9.2 预制构件

主控项目

9.2.1 预制构件的质量应符合本规范、国家现行有关标准的规定和设计的要求。

检查数量：全数检查。

检验方法：检查质量证明文件或质量验收记录。

9.2.2 专业企业生产的预制构件进场时，预制构件结构性能检验应符合下列规定：

1 梁板类简支受弯预制构件进场时应进行结构性能检验，并应符合下列规定：

1）结构性能检验应符合国家现行有关标准的有关规定及设计的要求，检验要求和试验方法应符合本规范附录 B 的规定。

2）钢筋混凝土构件和允许出现裂缝的预应力混凝土构件应进行承载力、挠度和裂缝宽度检验；不允许出现裂缝的预应力混凝土构件应进行承载力、挠度和抗裂检验。

3）对大型构件及有可靠应用经验的构件，可只进行裂缝宽度、抗裂和挠度检验。

4）对使用数量较少的构件，当能提供可靠依据时，可不进行结构性能检验。

2 对其他预制构件，除设计有专门要求外，进场时可不做结构性能检验。

3 对进场时不做结构性能检验的预制构件，应采取下列措施：

1）施工单位或监理单位代表应驻厂监督生产过程。

2）当无驻厂监督时，预制构件进场时应对其主要受力钢筋数量、规格、间距、保护层厚度及混凝土强度等进行实体检验。

检验数量：同一类型预制构件不超过 1000 个为一批，每批随机抽取 1 个构件进行结构性能检验。

检验方法：检查结构性能检验报告或实体检验报告。

注："同类型"是指同一钢种、同一混凝土强度等级、同一生产工艺和同一结构形式。抽取预制构件时，宜从设计荷载最大、受力最不利或生产数量最多的预制构件中抽取。

9.2.3 预制构件的外观质量不应有严重缺陷，且不应有影响结构性能和安装、使用功能的尺寸偏差。

检查数量：全数检查。

检验方法：观察，尺量；检查处理记录。

9.2.4 预制构件上的预埋件、预留插筋、预埋管线等的规格和数量以及预留孔、预留洞的数量应符合设计要求。

检查数量：全数检查。

检验方法：观察。

一般项目

9.2.5 预制构件应有标识。

检查数量：全数检查。

检验方法：观察。

9.2.6 预制构件的外观质量不应有一般缺陷。

检查数量：全数检查。

检验方法：观察，检查处理记录。

9.2.7　预制构件尺寸偏差及检验方法应符合表 9.2.7 的规定；设计有专门规定时，尚应符合设计要求。施工过程中临时使用的预埋件，其中心线位置允许偏差可取表 9.2.7 中规定数值的 2 倍。

检查数量：同一类型的构件，不超过 100 个为一批，每批应抽查构件数量的 5%，且不应少于 3 个。

预制构件尺寸允许偏差及检验方法　　　　　　　　表 9.2.7

项目			允许偏差（mm）	检验方法
长度	楼板、梁、柱、桁架	＜ 12m	±5	尺量
		≥ 12m 且＜ 18m	±10	
		≥ 18m	±20	
	墙板		±4	
宽度、高（厚）度	楼板、梁、柱、桁架		±5	尺量一端及中部，取其偏差绝对值较大处
	墙板		±4	
表面平整度	楼板、梁、柱、墙板内表面		5	2m 靠尺和塞尺量测
	墙板外表面		3	
侧向弯曲	楼板、梁、柱		$L/750$ 且≤ 20	拉线、直尺量测最大侧向弯曲处
	墙板、桁架		$L/1000$ 且≤ 20	
翘曲	楼板		$L/750$	调平尺在两端量测
	墙板		$L/1000$	
对角线	楼板		10	尺量两个对角线
	墙板		5	
预留孔	中心线位置		5	尺量
	孔尺寸		±5	
预留洞	中心线位置		10	尺量
	洞口尺寸、深度		±10	
预埋件	预埋板中心线位置		5	尺量
	预埋板与混凝土面平面高差		0，−5	
	预埋螺栓		2	
	预埋螺栓外露长度		+10，−5	
	预埋套筒、螺母中心线位置		2	
	预埋套筒、螺母与混凝土面平面高差		±5	
预留插筋	中心线位置		5	尺量
	外露长度		+10，−5	

项目		允许偏差（mm）	检验方法
键槽	中心线位置	5	尺量
	长度、宽度	±5	
	深度	±10	

注：1 L 为构件长度，单位为 mm；
  2 检查中心线、螺栓和孔道位置偏差时，沿纵、横两个方向量测，并取其中偏差较大值。

9.2.8 预制构件的粗糙面的质量及键槽的数量应符合设计要求。

检查数量：全数检查。

检验方法：观察。

9.3 安装与连接

主控项目

9.3.1 预制构件临时固定措施应符合施工方案的要求。

检查数量：全数检查。

检验方法：观察。

9.3.2 钢筋采用套筒灌浆连接时，灌浆应饱满、密实，其材料及连接质量应符合国家现行行业标准《钢筋套筒灌浆连接应用技术规程》JGJ 355 的规定。

检查数量：按国家现行行业标准《钢筋套筒灌浆连接应用技术规程》JGJ 355 的规定确定。

检验方法：检查质量证明文件、灌浆记录及相关检验报告。

9.3.3 钢筋采用焊接连接时，其接头质量应符合现行行业标准《钢筋焊接及验收规程》JGJ 18 的规定。

检查数量：按现行行业标准《钢筋焊接及验收规程》JGJ 18 的有关规定确定。

检验方法：检查质量证明文件及平行加工试件的检验报告。

9.3.4 钢筋采用机械连接时，其接头质量应符合现行行业标准《钢筋机械连接技术规程》JGJ 107 的规定。

检查数量：按现行行业标准《钢筋机械连接技术规程》JGJ 107 的规定确定。

检验方法：检查质量证明文件、施工记录及平行加工试件的检验报告。

9.3.5 预制构件采用焊接、螺栓连接等连接方式时，其材料性能及施工质量应符合国家现行标准《钢结构工程施工质量验收规范》GB 50205 和《钢筋焊接及验收规程》JGJ 18 的相关规定。

检查数量：按国家现行标准《钢结构工程施工质量验收规范》GB 50205 和《钢筋焊接及验收规程》JGJ 18 的规定确定。

检验方法：检查施工记录及平行加工试件的检验报告。

9.3.6 装配式结构采用现浇混凝土连接构件时，构件连接处后浇混凝土的强度应符合设计要求。

检查数量：按本规范第 7.4.1 条的规定确定。

检验方法：检查混凝土强度试验报告。

9.3.7 装配式结构施工后，其外观质量不应有严重缺陷，且不应有影响结构性能和安装、使用功能的尺寸偏差。

检查数量：全数检查。

检验方法：观察，量测；检查处理记录。

一般项目

9.3.8 装配式结构施工后，其外观质量不应有一般缺陷。

检查数量：全数检查。

检验方法：观察，检查处理记录。

9.3.9 装配式结构施工后，预制构件位置、尺寸偏差及检验方法应符合设计要求；当设计无具体要求时，应符合表 9.3.9 的规定。预制构件与现浇结构连接部位的表面平整度应符合表 9.3.9 的规定。

检查数量：按楼层、结构缝或施工段划分检验批。在同一检验批内，对梁、柱和独立基础，应抽查构件数量的 10%，且不应少于 3 件；对墙和板，应按有代表性的自然间抽查 10%，且不应少于 3 间；对大空间结构，墙可按相邻轴线间高度 5m 左右划分检查面，板可按纵、横轴线划分检查面，抽查 10%，且均不应少于 3 面。

装配式结构构件位置和尺寸允许偏差及检验方法　　表 9.3.9

项目			允许偏差（mm）	检验方法
构件轴线位置	竖向构件（柱、墙板、桁架）		8	经纬仪及尺量
	水平构件（梁、楼板）		5	
标高	梁、柱、墙板楼板底面或顶面		±5	水准仪或拉线、尺量
构件垂直度	柱、墙板安装后的高度	≤ 6m	5	经纬仪或吊线、尺量
		>6m	10	
构件倾斜度	梁、桁架		5	经纬仪或吊线、尺量
相邻构件平整度	梁、楼板底面	外露	3	2m 靠尺和塞尺量测
		不外露	5	
	柱、墙板	外露	5	
		不外露	8	
构件搁置长度	梁、板		±10	尺量
支座、支垫中心位置	板、梁、柱、墙板、桁架		10	尺量
墙板接缝宽度			±5	尺量

10 混凝土结构子分部工程

10.1 结构实体检验

10.1.1 对涉及混凝土结构安全的有代表性的部位应进行结构实体检验。结构实体检验应包括混凝土强度、钢筋保护层厚度、结构位置与尺寸偏差以及合同约定的项目；必要时可检验其他项目。

结构实体检验应由监理单位组织施工单位实施，并见证实施过程。施工单位应制定结构实体检验专项方案，并经监理单位审核批准后实施。除结构位置与尺寸偏差外的结构实体检验项目，应由具有相应资质的检测机构完成。

10.1.2 结构实体混凝土强度应按不同强度等级分别检验，检验方法宜采用同条件养护试件方法；当未取得同条件养护试件强度或同条件养护试件强度不符合要求时，可采用回弹 - 取芯法进行检验。

结构实体混凝土同条件养护试件强度检验应符合本规范附录 C 的规定；结构实体混凝土回弹 - 取芯法强度检验应符合本规范附录 D 的规定。

混凝土强度检验时的等效养护龄期可取日平均温度逐日累计达到 600℃·d 时所对应的龄期，且不应小于 14d。日平均温度为 0℃ 及以下的龄期不计入。

冬期施工时，等效养护龄期计算时温度可取结构构件实际养护温度，也可根据结构构件的实际养护条件，按照同条件养护试件强度与在标准养护条件下 28d 龄期试件强度相等的原则由监理、施工等各方共同确定。

10.1.3 钢筋保护层厚度检验应符合本规范附录 E 的规定。

10.1.4 结构位置与尺寸偏差检验应符合本规范附录 F 的规定。

10.1.5 结构实体检验中，当混凝土强度或钢筋保护层厚度检验结果不满足要求时，应委托具有资质的检测机构按国家现行有关标准的规定进行检测。

10.2 混凝土结构子分部工程验收

10.2.1 混凝土结构子分部工程施工质量验收合格应符合下列规定：

1 所含分项工程质量验收应合格；

2 应有完整的质量控制资料；

3 观感质量验收应合格；

4 结构实体检验结果应符合本规范第 10.1 节的要求。

10.2.2 当混凝土结构施工质量不符合要求时，应按下列规定进行处理：

1 经返工、返修或更换构件、部件的，应重新进行验收；

2 经有资质的检测机构按国家现行有关标准检测鉴定达到设计要求的，应予以验收；

3 经有资质的检测机构按国家现行有关标准检测鉴定达不到设计要求，但经原设计单位核算并确认仍可满足结构安全和使用功能的，可予以验收；

4 经返修或加固处理能够满足结构可靠性要求的，可根据技术处理方案和协商文件进行验收。

10.2.3 混凝土结构子分部工程施工质量验收时，应提供下列文件和记录：

1 设计变更文件；

2 原材料质量证明文件和抽样检验报告；

3 预拌混凝土的质量证明文件；

4 混凝土、灌浆料的性能检验报告；

5 钢筋接头的试验报告；

6 预制构件的质量证明文件和安装验收记录；

7 预应力筋用锚具、连接器的质量证明文件和抽样检验报告；

8 预应力筋安装、张拉的检验记录；

9 钢筋套筒灌浆连接及预应力孔道灌浆记录；

10 隐蔽工程验收记录；

11 混凝土工程施工记录；

12 混凝土试件的试验报告；

13 分项工程验收记录；

14 结构实体检验记录；

15 工程的重大质量问题的处理方案和验收记录；

16 其他必要的文件和记录。

10.2.4 混凝土结构工程子分部工程施工质量验收合格后，应按有关规定将验收文件存档备案。

8.《砌体结构工程施工质量验收规范》GB 50203-2011

1 总则（略）
2 术语（略）
3 基本规定

3.0.1 砌体结构工程所用的材料应有产品合格证书、产品性能型式检验报告，质量应符合国家现行有关标准的要求。块体、水泥、钢筋、外加剂尚应有材料主要性能的进场复验报告，并应符合设计要求。严禁使用国家明令淘汰的材料。

3.0.2 砌体结构工程施工前，应编制砌体结构工程施工方案。

3.0.3 砌体结构的标高、轴线，应引自基准控制点。

3.0.4 砌筑基础前，应校核放线尺寸，允许偏差应符合表 3.0.4 的规定。

放线尺寸的允许偏差　　　　　　　　表 3.0.4

长度 L、宽度 B（m）	允许偏差（mn）	长度 L、宽度 B（m）	允许偏差（mn）
L（或 B）≤ 30	±5	60 < L（或 B）≤ 90	±5
30 < L（或 B）≤ 60	±10	L（或 B）> 90	±20

3.0.5 伸缩缝、沉降缝、防震缝中的模板应拆除干净，不得夹有砂浆、块体及碎渣等杂物。

3.0.6 砌筑顺序应符合下列规定：

1 基底标高不同时，应从低处砌起，并应由高处向低处搭砌。当设计无要求时，搭接长度 L 不应小于基础底的高差 H，搭接长度范围内下层基础应扩大砌筑（图 3.0.6）；

2 砌体的转角处和交接处应同时砌筑，当不能同时砌筑时，应按规定留槎、接槎。

3.0.7 砌筑墙体应设置皮数杆。

3.0.8 在墙上留置临时施工洞口，其侧边离交接处墙面不应小于 500mm，洞口净宽度不应超过 1m。抗震设防烈度为 9 度地区建筑物的临时施工洞口位置，应会同设计单位确定。临时施工洞口应做好补砌。

3.0.9 不得在下列墙体或部位设置脚手眼：

1 120mm 厚墙、清水墙、料石墙、独立柱和附墙柱；

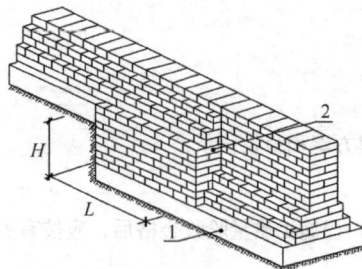

图 3.0.6 基底标高不同时的搭砌示意图（条形基础）

1—混凝土垫层；2—基础扩大部分

2 过梁上与过梁成 60° 角的三角形范围及过梁净跨度 1/2 的高度范围内；

3 宽度小于 1m 的窗间墙；

4 门窗洞口两侧石砌体 300mm，其他砌体 200mm 范围内；转角处石砌体 600mm，其他砌体 450mm 范围内；

5 梁或梁垫下及其左右 500mm 范围内；

6 设计不允许设置脚手眼的部位；

7 轻质墙体；

8 夹心复合墙外叶墙。

3.0.10 脚手眼补砌时，应清除脚手眼内掉落的砂浆、灰尘；脚手眼处砖及填塞用砖应湿润，并应填实砂浆。

3.0.11 设计要求的洞口、沟槽、管道应于砌筑时正确留出或预埋，未经设计同意，不得打凿墙体和在墙体上开凿水平沟槽。宽度超过 300mm 的洞口上部，应设置钢筋混凝土过梁。不应在截面长边小于 500mm 的承重墙体、独立柱内埋设管线。

3.0.12 尚未施工楼面或屋面的墙或柱，其抗风允许自由高度不得超过表 3.0.12 的规定。如超过表中限值时，必须采用临时支撑等有效措施。

墙和柱的允许自由高度（m）   表 3.0.12

墙（柱）厚（mm）	砌体密度 > 1600（kg/m³）			砌体密度 1300~1600（kg/m³）		
	风载（kN/m²）			风载（kN/m²）		
	0.3（约 7 级风）	0.4（约 8 级风）	0.5（约 9 级风）	0.3（约 7 级风）	0.4（约 8 级风）	0.5（约 9 级风）
190	—	—	—	1.4	1.1	0.7
240	2.8	2.1	1.4	2.2	1.7	1.1
370	5.2	3.9	2.6	4.2	3.2	2.1
490	8.6	6.5	4.3	7.0	5.2	3.5
620	14.0	10.5	7.0	11.4	8.6	5.7

注：1 本表适用于施工处相对标高 H 在 10m 范围内的情况。如 10m < H ≤ 15m，15m < H ≤ 20m 时，表中的允许自由高度应分别乘以 0.9、0.8 的系数；如 H > 20m 时，应通过抗倾覆验算确定其允许自由高度；

2 当所砌筑的墙有横墙或其他结构与其连接，而且间距小于表中相应墙、柱的允许自由高度的 2 倍时，砌筑高度可不受本表的限制；

3 当砌体密度小于 1300kg/m³ 时，墙和柱的允许自由高度应另行验算确定。

3.0.13 砌筑完基础或每一楼层后,应校核砌体的轴线和标高。在允许偏差范围内,轴线偏差可在基础顶面或楼面上校正,标高偏差宜通过调整上部砌体灰缝厚度校正。

3.0.14 搁置预制梁、板的砌体顶面应平整,标高一致。

3.0.15 砌体施工质量控制等级分为三级,并应按表3.0.15划分。

施工质量控制等级 表3.0.15

项目	施工质量控制等级		
	A	B	C
现场质量管理	监督检查制度健全,并严格执行;施工方有在岗专业技术管理人员,人员齐全,并持证上岗	监督检查制度基本健全,并能执行;施工方有在岗专业技术管理人员,人员齐全,并持证上岗	有监督检查制度;施工方有在岗专业技术管理人员
砂浆、混凝土强度	试块按规定制作,强度满足验收规定,离散性小	试块按规定制作,强度满足验收规定,离散性较小	试块按规定制作,强度满足验收规定,离散性大
砂浆拌合	机械拌合;配合比计量控制严格	机械拌合;配合比计量控制一般	机械或人工拌合;配合比计量控制较差
砌筑工人	中级工以上,其中,高级工不少于30%	高、中级工不少于70%	初级工以上

注:1 砂浆、混凝土强度离散性大小根据强度标准差确定;
    2 配筋砌体不得为C级施工。

3.0.16 砌体结构中钢筋(包括夹心复合墙内外叶墙间的拉结件或钢筋)的防腐,应符合设计规定。

3.0.17 雨天不宜在露天砌筑墙体,对下雨当日砌筑的墙体应进行遮盖。继续施工时,应复核墙体的垂直度,如果垂直度超过允许偏差,应拆除重新砌筑。

3.0.18 砌体施工时,楼面和屋面堆载不得超过楼板的允许荷载值。当施工层进料口处施工荷载较大时,楼板下宜采取临时支撑措施。

3.0.19 正常施工条件下,砖砌体、小砌块砌体每日砌筑高度宜控制在1.5m或一步脚手架高度内;石砌体不宜超过1.2m。

3.0.20 砌体结构工程检验批的划分应同时符合下列规定:

1 所用材料类型及同类型材料的强度等级相同;

2 不超过250m³砌体;

3 主体结构砌体一个楼层(基础砌体可按一个楼层计);填充墙砌体量少时可多个楼层合并。

3.0.21 砌体结构工程检验批验收时,其主控项目应全部符合本规范的规定;一般项目应有80%及以上的抽检处符合本规范的规定;有允许偏差的项目,最大超差值为允许偏差值的1.5倍。

3.0.22 砌体结构分项工程中检验批抽检时,各抽检项目的样本最小容量除有特殊要求外,按不应小于5确定。

3.0.23 在墙体砌筑过程中,当砌筑砂浆初凝后,块体被撞动或需移动时,应将砂浆清除后再铺浆砌筑。

3.0.24 分项工程检验批质量验收可按本规范附录A各相应记录表填写。

4 砌筑砂浆

4.0.1 水泥使用应符合下列规定:

1　水泥进场时应对其品种、等级、包装或散装仓号、出厂日期等进行检查，并应对其强度、安定性进行复验，其质量必须符合现行国家标准《通用硅酸盐水泥》GB 175 的有关规定。

2　当在使用中对水泥质量有怀疑或水泥出厂超过三个月（快硬硅酸盐水泥超过一个月）时，应复查试验，并按复验结果使用。

3　不同品种的水泥，不得混合使用。

抽检数量：按同一生产厂家、同品种、同等级、同批号连续进场的水泥，袋装水泥不超过 200t 为一批，散装水泥不超过 500t 为一批，每批抽样不少于一次。

检验方法：检查产品合格证、出厂检验报告和进场复验报告。

4.0.2　砂浆用砂宜采用过筛中砂，并应满足下列要求：

1　不应混有草根、树叶、树枝、塑料、煤块、炉渣等杂物；

2　砂中含泥量、泥块含量、石粉含量、云母、轻物质、有机物、硫化物、硫酸盐及氯盐含量（配筋砌体砌筑用砂）等应符合现行行业标准《普通混凝土用砂、石质量及检验方法标准》JGJ 52 的有关规定；

3　人工砂、山砂及特细砂，应经试配能满足砌筑砂浆技术条件要求。

4.0.3　拌制水泥混合砂浆的粉煤灰、建筑生石灰、建筑生石灰粉及石灰膏应符合下列规定：

1　粉煤灰、建筑生石灰、建筑生石灰粉的品质指标应符合现行行业标准《粉煤灰在混凝土及砂浆中应用技术规程》JGJ 28、《建筑生石灰》JC/T 479、《建筑生石灰粉》JC/T 480 的有关规定；

2　建筑生石灰、建筑生石灰粉熟化为石灰膏，其熟化时间分别不得少于 7d 和 2d；沉淀池中储存的石灰膏，应防止干燥、冻结和污染，严禁采用脱水硬化的石灰膏；建筑生石灰粉、消石灰粉不得替代石灰膏配制水泥石灰砂浆。

3　石灰膏的用量，应按稠度 120mm±5mm 计量，现场施工中石灰膏不同稠度的换算系数，可按表 4.0.3 确定。

石灰膏不同稠度的换算系数　　　　　表 4.0.3

稠度（mm）	120	110	100	90	80	70	60	50	40	30
换算系数	1.00	0.99	0.97	0.95	0.93	0.92	0.90	0.88	0.87	0.86

4.0.4　拌制砂浆用水的水质，应符合现行行业标准《混凝土用水标准》JGJ 63 的有关规定。

4.0.5　砌筑砂浆应进行配合比设计。当砌筑砂浆的组成材料有变更时，其配合比应重新确定。砌筑砂浆的稠度宜按表 4.0.5 的规定采用。

砌筑砂浆的稠度　　　　　表 4.0.5

砌体种类	砂浆稠度（mm）
烧结普通砖砌体	70～90
蒸压粉煤灰砖砌体	
混凝土实心砖、混凝土多孔砖砌体	50～70
普通混凝土小型空心砌块砌体	

续表

砌体种类	砂浆稠度（mm）
蒸压灰砂砖砌体	50 ~ 70
烧结多孔砖、空心砖砌体	60 ~ 80
轻骨料小型空心砌块砌体	
蒸压加气混凝土砌块砌体	
石砌体	30 ~ 50

注：1 采用薄灰砌筑法砌筑蒸压加气混凝土砌块砌体时，加气混凝土粘结砂浆的加水量按照其产品说明书控制；
    2 当砌筑其他块体时，其砌筑砂浆的稠度可根据块体吸水特性及气候条件确定。

4.0.6 施工中不应采用强度等级小于 M5 水泥砂浆替代同强度等级水泥混合砂浆，如需替代，应将水泥砂浆提高一个强度等级。

4.0.7 在砂浆中掺入的砌筑砂浆增塑剂、早强剂、缓凝剂、防冻剂、防水剂等砂浆外加剂，其品种和用量应经有资质的检测单位检验和试配确定。所用外加剂的技术性能应符合国家现行有关标准《砌筑砂浆增塑剂》JG/T 164、《混凝土外加剂》GB 8076、《砂浆、混凝土防水剂》JC 474 的质量要求。

4.0.8 配制砌筑砂浆时，各组分材料应采用质量计量，水泥及各种外加剂配料的允许偏差为 ±2%；砂、粉煤灰、石灰膏等配料的允许偏差为 ±5%。

4.0.9 砌筑砂浆应采用机械搅拌，搅拌时间自投料完起算应符合下列规定：

1 水泥砂浆和水泥混合砂浆不得少于 120s；

2 水泥粉煤灰砂浆和掺用外加剂的砂浆不得少于 180s；

3 掺增塑剂的砂浆，其搅拌方式、搅拌时间应符合现行行业标准《砌筑砂浆增塑剂》JG/T 164 的有关规定；

4 干混砂浆及加气混凝土砌块专用砂浆宜按掺用外加剂的砂浆确定搅拌时间或按产品说明书采用。

4.0.10 现场拌制的砂浆应随拌随用，拌制的砂浆应在 3h 内使用完毕；当施工期间最高气温超过 30℃时，应在 2h 内使用完毕。预拌砂浆及蒸压加气混凝土砌块专用砂浆的使用时间应按照厂方提供的说明书确定。

4.0.11 砌体结构工程使用的湿拌砂浆，除直接使用外必须储存在不吸水的专用容器内，并根据气候条件采取遮阳、保温、防雨雪等措施，砂浆在储存过程中严禁随意加水。

4.0.12 砌筑砂浆试块强度验收时其强度合格标准应符合下列规定：

1 同一验收批砂浆试块强度平均值应大于或等于设计强度等级值的 1.10 倍；

2 同一验收批砂浆试块抗压强度的最小一组平均值应大于或等于设计强度等级值的 85%。

注：1 砌筑砂浆的验收批，同一类型、强度等级的砂浆试块不应少于 3 组；同一验收批砂浆只有 1 组或 2 组试块时，每组试块抗压强度平均值应大于或等于设计强度等级值的 1.10 倍；对于建筑结构的安全等级为一级或设计使用年限为 50 年及以上的房屋，同一验收批砂浆试块的数量不得少于 3 组；
    2 砂浆强度应以标准养护、28d 龄期的试块抗压强度为准；
    3 制作砂浆试块的砂浆稠度应与配合比设计一致。

抽检数量：每一检验批且不超过 250m³ 砌体的各类、各强度等级的普通砌筑砂浆，每台搅拌机应至少抽检一次。验收批的预拌砂浆、蒸压加气混凝土砌块专用砂浆，抽检可为 3 组。

检验方法：在砂浆搅拌机出料口或在湿拌砂浆的储存容器出料口随机取样制作砂浆试块（现场拌制的砂浆，同盘砂浆只应作 1 组试块），试块标养 28d 后作强度试验。预拌砂浆中的湿拌砂浆稠度应在进场时取样检验。

4.0.13　当施工中或验收时出现下列情况，可采用现场检验方法对砂浆或砌体强度进行实体检测，并判定其强度：

1　砂浆试块缺乏代表性或试块数量不足；

2　对砂浆试块的试验结果有怀疑或有争议；

3　砂浆试块的试验结果，不能满足设计要求；

4　发生工程事故，需要进一步分析事故原因。

5　砖砌体工程

5.1　一般规定

5.1.1　本章适用于烧结普通砖、烧结多孔砖、混凝土多孔砖、混凝土实心砖、蒸压灰砂砖、蒸压粉煤灰砖等砌体工程。

5.1.2　用于清水墙、柱表面的砖，应边角整齐，色泽均匀。

5.1.3　砌体砌筑时，混凝土多孔砖、混凝土实心砖、蒸压灰砂砖、蒸压粉煤灰砖等块体的产品龄期不应小于 28d。

5.1.4　有冻胀环境和条件的地区，地面以下或防潮层以下的砌体，不应采用多孔砖。

5.1.5　不同品种的砖不得在同一楼层混砌。

5.1.6　砌筑烧结普通砖、烧结多孔砖、蒸压灰砂砖、蒸压粉煤灰砖砌体时，砖应提前 1d ~ 2d 适度湿润，严禁采用干砖或处于吸水饱和状态的砖砌筑，块体湿润程度宜符合下列规定：

1　烧结类块体的相对含水率 60% ~ 70%；

2　混凝土多孔砖及混凝土实心砖不需浇水湿润，但在气候干燥炎热的情况下，宜在砌筑前对其喷水湿润。其他非烧结类块体的相对含水率 40% ~ 50%。

5.1.7　采用铺浆法砌筑砌体，铺浆长度不得超过 750mm；当施工期间气温超过 30℃时，铺浆长度不得超过 500mm。

5.1.8　240mm 厚承重墙的每层墙的最上一皮砖，砖砌体的阶台水平面上及挑出层的外皮砖，应整砖丁砌。

5.1.9　弧拱式及平拱式过梁的灰缝应砌成楔形缝，拱底灰缝宽度不宜小于 5mm，拱顶灰缝宽度不应大于 15mm，拱体的纵向及横向灰缝应填实砂浆；平拱式过梁拱脚下面应伸入墙内不小于 20mm；砖砌平拱过梁底应有 1% 的起拱。

5.1.10　砖过梁底部的模板及其支架拆除时，灰缝砂浆强度不应低于设计强度的 75%。

5.1.11　多孔砖的孔洞应垂直于受压面砌筑。半盲孔多孔砖的封底面应朝上砌筑。

5.1.12　竖向灰缝不应出现瞎缝、透明缝和假缝。

5.1.13　砖砌体施工临时间断处补砌时，必须将接槎处表面清理干净，洒水湿润，并填实砂浆，保持灰缝平直。

5.1.14　夹心复合墙的砌筑应符合下列规定：

1　墙体砌筑时，应采取措施防止空腔内掉落砂浆和杂物；

2 拉结件设置应符合设计要求，拉结件在叶墙上的搁置长度不应小于叶墙厚度的2/3，并不应小于60mm；

3 保温材料品种及性能应符合设计要求。保温材料的浇注压力不应对砌体强度、变形及外观质量产生不良影响。

5.2 主控项目

5.2.1 砖和砂浆的强度等级必须符合设计要求。

抽检数量：每一生产厂家，烧结普通砖、混凝土实心砖每15万块，烧结多孔砖、混凝土多孔砖、蒸压灰砂砖及蒸压粉煤灰砖每10万块各为一验收批，不足上述数量时按1批计，抽检数量为1组。砂浆试块的抽检数量执行本规范第4.0.12条的有关规定。

检验方法：查砖和砂浆试块试验报告。

5.2.2 砌体灰缝砂浆应密实饱满，砖墙水平灰缝的砂浆饱满度不得低于80%；砖柱水平灰缝和竖向灰缝饱满度不得低于90%。

抽检数量：每检验批抽查不应少于5处。

检验方法：用百格网检查砖底面与砂浆的粘结痕迹面积，每处检测3块砖，取其平均值。

5.2.3 砖砌体的转角处和交接处应同时砌筑，严禁无可靠措施的内外墙分砌施工。在抗震设防烈度为8度及8度以上地区，对不能同时砌筑而又必须留置的临时间断处应砌成斜槎，普通砖砌体斜槎水平投影长度不应小于高度的2/3，多孔砖砌体的斜槎长高比不应小于1/2。斜槎高度不得超过一步脚手架的高度。

抽检数量：每检验批抽查不应少于5处。

检验方法：观察检查。

5.2.4 非抗震设防及抗震设防烈度为6度、7度地区的临时间断处，当不能留斜槎时，除转角处外，可留直槎，但直槎必须做成凸槎，且应加设拉结钢筋，拉结钢筋应符合下列规定：

1 每120mm墙厚放置1Φ6拉结钢筋（120mm厚墙应放置2Φ6拉结钢筋）；

2 间距沿墙高不应超过500mm，且竖向间距偏差不应超过100mm；

3 埋入长度从留槎处算起每边均不应小于500mm，对抗震设防烈度6度、7度的地区，不应小于1000mm；

4 末端应有90°弯钩（图5.2.4）。

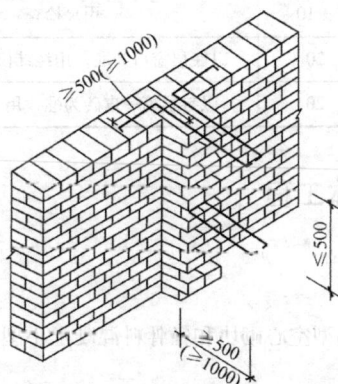

图5.2.4 直槎处拉结钢筋示意图

抽检数量：每检验批抽查不应少于 5 处。

检验方法：观察和尺量检查。

5.3 一般项目

5.3.1 砖砌体组砌方法应正确，内外搭砌，上、下错缝。清水墙、窗间墙无通缝；混水墙中不得有长度大于 300mm 的通缝，长度 200mm ~ 300mm 的通缝每间不超过 3 处，且不得位于同一面墙体上。砖柱不得采用包心砌法。

抽检数量：每检验批抽查不应少于 5 处。

检验方法：观察检查。砌体组砌方法抽检每处应为 3m ~ 5m。

5.3.2 砖砌体的灰缝应横平竖直，厚薄均匀，水平灰缝厚度及竖向灰缝宽度宜为 10mm，但不应小于 8mm，也不应大于 12mm。

抽检数量：每检验批抽查不应少于 5 处。

检验方法：水平灰缝厚度用尺量 10 皮砖砌体高度折算；竖向灰缝宽度用尺量 2m 砌体长度折算。

5.3.3 砖砌体尺寸、位置的允许偏差及检验应符合表 5.3.3 的规定。

砖砌体尺寸、位置的允许偏差及检验 表 5.3.3

项次	项目			允许偏差（mm）	检验方法	抽检数量
1	轴线位移			10	用经纬仪和尺或用其他测量仪器检查	承重墙、柱全数检查
2	基础、墙、柱顶面标高			±15	用水准仪和尺检查	不应少于 5 处
3	墙面垂直度	每层		5	用 2m 托线板检查	不应少于 5 处
		全高	≤ 10m	10	用经纬仪、吊线和尺或用其他测量仪器检查	外墙全部阳角
			> 10m	20		
4	表面平整度	清水墙、柱		5	用 2m 靠尺和楔形塞尺检查	不应少于 5 处
		混水墙、柱		8		
5	水平灰缝平直度	清水墙		7	拉 5m 线和尺检查	不应少于 5 处
		混水墙		10		
6	门窗洞口高、宽（后塞口）			±10	用尺检查	不应少于 5 处
7	外墙上下窗口偏移			20	以底层窗口为准，用经纬仪或吊线检查	不应少于 5 处
8	清水墙游丁走缝			20	以每层第一皮砖为准，用吊线和尺检查	不应少于 5 处

6 混凝土小型空心砌块砌体工程

6.1 一般规定

6.1.1 本章适用于普通混凝土小型空心砌块和轻骨料混凝土小型空心砌块（以下简称小砌块）等砌体工程。

6.12 施工前，应按房屋设计图编绘小砌块平、立面排块图，施工中应按排块图施工。

6.1.3　施工采用的小砌块的产品龄期不应小于28d。

6.1.4　砌筑小砌块时，应清除表面污物，剔除外观质量不合格的小砌块。

6.1.5　砌筑小砌块砌体，宜选用专用小砌块砌筑砂浆。

6.1.6　底层室内地面以下或防潮层以下的砌体，应采用强度等级不低于C20（或Cb20）的混凝土灌实小砌块的孔洞。

6.1.7　砌筑普通混凝土小型空心砌块砌体，不需对小砌块浇水湿润，如遇天气干燥炎热，宜在砌筑前对其喷水湿润；对轻骨料混凝土小砌块，应提前浇水湿润，块体的相对含水率宜为40%～50%。雨天及小砌块表面有浮水时，不得施工。

6.1.8　承重墙体使用的小砌块应完整、无破损、无裂缝。

6.1.9　小砌块墙体应孔对孔、肋对肋错缝搭砌。单排孔小砌块的搭接长度应为块体长度的1/2；多排孔小砌块的搭接长度可适当调整，但不宜小于小砌块长度的1/3，且不应小于90mm。墙体的个别部位不能满足上述要求时，应在灰缝中设置拉结钢筋或钢筋网片，但竖向通缝仍不得超过两皮小砌块。

6.1.10　小砌块应将生产时的底面朝上反砌于墙上。

6.1.11　小砌块墙体宜逐块坐（铺）浆砌筑。

6.1.12　在散热器、厨房和卫生间等设备的卡具安装处砌筑的小砌块，宜在施工前用强度等级不低于C20（或Cb20）的混凝土将其孔洞灌实。

6.1.13　每步架墙（柱）砌筑完后，应随即刮平墙体灰缝。

6.1.14　芯柱处小砌块墙体砌筑应符合下列规定：

1　每一楼层芯柱处第一皮砌块应采用开口小砌块；

2　砌筑时应随砌随清除小砌块孔内的毛边，并将灰缝中挤出的砂浆刮净。

6.1.15　芯柱混凝土宜选用专用小砌块灌孔混凝土。浇筑芯柱混凝土应符合下列规定：

1　每次连续浇筑的高度宜为半个楼层，但不应大于1.8m；

2　浇筑芯柱混凝土时，砌筑砂浆强度应大于1MPa；

3　清除孔内掉落的砂浆等杂物，并用水冲淋孔壁；

4　浇筑芯柱混凝土前，应先注入适量与芯柱混凝土成分相同的去石砂浆；

5　每浇筑400mm～500mm高度捣实一次，或边浇筑边捣实。

6.1.16　小砌块复合夹心墙的砌筑应符合本规范第5.1.14条的规定。

6.2　主控项目

6.2.1　小砌块和芯柱混凝土、砌筑砂浆的强度等级必须符合设计要求。

抽检数量：每一生产厂家，每1万块小砌块为一验收批，不足1万块按一批计，抽检数量为1组；用于多层以上建筑的基础和底层的小砌块抽检数量不应少于2组。砂浆试块的抽检数量应执行本规范第4.0.12条的有关规定。

检验方法：检查小砌块和芯柱混凝土、砌筑砂浆试块试验报告。

6.2.2　砌体水平灰缝和竖向灰缝的砂浆饱满度，按净面积计算不得低于90%。

抽检数量：每检验批抽查不应少于5处。

检验方法：用专用百格网检测小砌块与砂浆粘结痕迹，每处检测3块小砌块，取其平均值。

6.2.3　墙体转角处和纵横交接处应同时砌筑。临时间断处应砌成斜槎，斜槎水平投影长度不应小于斜槎高度。施工洞口可预留直槎，但在洞口砌筑和补砌时，应在直槎上下搭砌的小砌块孔洞内用强度等级不低于 C20（或 Cb20）的混凝土灌实。

抽检数量：每检验批抽查不应少于 5 处。

检验方法：观察检查。

6.2.4 小砌块砌体的芯柱在楼盖处应贯通，不得削弱芯柱截面尺寸；芯柱混凝土不得漏灌。

抽检数量：每检验批抽查不应少于 5 处。

检验方法：观察检查。

6.3 一般项目

6.3.1 砌体的水平灰缝厚度和竖向灰缝宽度宜为 10mm，但不应小于 8mm，也不应大于 12mm。

抽检数量：每检验批抽查不应少于 5 处。

检验方法：水平灰缝厚度用尺量 5 皮小砌块的高度折算；竖向灰缝宽度用尺量 2m 砌体长度折算。

6.3.2 小砌块砌体尺寸、位置的允许偏差应按本规范第 5.3.3 条的规定执行。

7 石砌体工程

7.1 一般规定

7.1.1 本章适用于毛石、毛料石、粗料石、细料石等砌体工程。

7.1.2 石砌体采用的石材应质地坚实，无裂纹和无明显风化剥落；用于清水墙、柱表面的石材，尚应色泽均匀；石材的放射性应经检验，其安全性应符合现行国家标准《建筑材料放射性核素限量》GB 6566 的有关规定。

7.1.3 石材表面的泥垢、水锈等杂质，砌筑前应清除干净。

7.1.4 砌筑毛石基础的第一皮石块应坐浆，并将大面向下；砌筑料石基础的第一皮石块应用丁砌层坐浆砌筑。

7.1.5 毛石砌体的第一皮及转角处、交接处和洞口处，应用较大的平毛石砌筑。每个楼层（包括基础）砌体的最上一皮，宜选用较大的毛石砌筑。

7.1.6 毛石砌筑时，对石块间存在较大的缝隙，应先向缝内填灌砂浆并捣实，然后再用小石块嵌填，不得先填小石块后填灌砂浆，石块间不得出现无砂浆相互接触现象。

7.1.7 砌筑毛石挡土墙应按分层高度砌筑，并应符合下列规定：

1 每砌 3 皮 ~ 4 皮为一个分层高度，每个分层高度应将顶层石块砌平；

2 两个分层高度间分层处的错缝不得小于 80mm。

7.1.8 料石挡土墙，当中间部分用毛石砌筑时，丁砌料石伸入毛石部分的长度不应小于 200mm。

7.1.9 毛石、毛料石、粗料石、细料石砌体灰缝厚度应均匀，灰缝厚度应符合下列规定：

1 毛石砌体外露面的灰缝厚度不宜大于 40mm；

2 毛料石和粗料石的灰缝厚度不宜大于 20mm；

3 细料石的灰缝厚度不宜大于 5mm。

7.1.10 挡土墙的泄水孔当设计无规定时，施工应符合下列规定：

1 泄水孔应均匀设置，在每米高度上间隔 2m 左右设置一个泄水孔；

2 泄水孔与土体间铺设长宽各为 300mm、厚 200mm 的卵石或碎石作疏水层。

7.1.11 挡土墙内侧回填土必须分层夯填，分层松土厚度宜为 300mm。墙顶土面应有适当坡度使流水流向挡土墙外侧面。

7.1.12 在毛石和实心砖的组合墙中，毛石砌体与砖砌体应同时砌筑，并每隔 4 皮～6 皮砖用 2 皮～3 皮丁砖与毛石砌体拉结砌合；两种砌体间的空隙应填实砂浆。

7.1.13 毛石墙和砖墙相接的转角处和交接处应同时砌筑。转角处、交接处自纵墙（或横墙）每隔 4 皮～6 皮砖高度引出不小于 120mm 与横墙（或纵墙）相接。

7.2 主控项目

7.2.1 石材及砂浆强度等级必须符合设计要求。

抽检数量：同一产地的同类石材抽检不应少于 1 组。砂浆试块的抽检数量执行本规范第 4.0.12 条的有关规定。

检验方法：料石检查产品质量证明书，石材、砂浆检查试块试验报告。

7.2.2 砌体灰缝的砂浆饱满度不应小于 80%。

抽检数量：每检验批抽查不应少于 5 处。

检验方法：观察检查。

7.3 一般项目

7.3.1 石砌体尺寸、位置的允许偏差及检验方法应符合表 7.3.1 的规定。

石砌体尺寸、位置的允许偏差及检验方法 表 7.3.1

项次	项目		允许偏差（mm）						检验方法
			毛石砌体		料石砌体				
			基础	墙	毛料石		粗料石		细料石
					基础	墙	基础	墙	墙、柱	
1	轴线位置		20	15	20	15	15	10	10	用经纬仪和尺检查，或用其他测量仪器检查
2	基础和墙砌体顶面标高		±25	±15	±25	±15	±15	±15	±10	用水准仪和尺检查
3	砌体厚度		+ 30	+ 20 − 10	+ 30	+ 20 − 10	+ 15	+ 10 − 5	+ 10 − 5	用尺检查
4	墙面垂直度	每层	—	20	—	20	—	10	7	用经纬仪、吊线和尺检查或用其他测量仪器检查
		全高	—	30	—	30	—	25	10	
5	表面平整度	清水墙、柱	—	—	—	20	—	10	5	细料石用 2m 靠尺和楔形塞尺检查，其他用两直尺垂直于灰缝拉 2m 线和尺检查
		混水墙、柱	—	—	—	20	—	15	—	
6	清水墙水平灰缝平直度		—	—	—	—	—	10	5	拉 10m 线和尺检查

抽检数量：每检验批抽查不应少于 5 处。

7.3.2 石砌体的组砌形式应符合下列规定：

1 内外搭砌，上下错缝，拉结石、丁砌石交错设置；

2 毛石墙拉结石每 0.7m² 墙面不应少于 1 块。

抽检数量：每检验批抽查不应少于 5 处。

检验方法：观察检查。

8 配筋砌体工程

8.1 一般规定

8.1.1 配筋砌体工程除应满足本章要求和规定外，尚应符合本规范第 5 章及第 6 章的要求和规定。

8.1.2 施工配筋小砌块砌体剪力墙，应采用专用的小砌块砌筑砂浆砌筑，专用小砌块灌孔混凝土浇筑芯柱。

8.1.3 设置在灰缝内的钢筋，应居中置于灰缝内，水平灰缝厚度应大于钢筋直径 4mm 以上。

8.2 主控项目

8.2.1 钢筋的品种、规格、数量和设置部位应符合设计要求。

检验方法：检查钢筋的合格证书、钢筋性能复试试验报告、隐蔽工程记录。

8.2.2 构造柱、芯柱、组合砌体构件、配筋砌体剪力墙构件的混凝土及砂浆的强度等级应符合设计要求。

抽检数量：每检验批砌体，试块不应少于 1 组，验收批砌体试块不得少于 3 组。

检验方法：检查混凝土和砂浆试块试验报告。

8.2.3 构造柱与墙体的连接应符合下列规定：

1 墙体应砌成马牙槎，马牙槎凹凸尺寸不宜小于 60mm，高度不应超过 300mm，马牙槎应先退后进，对称砌筑；马牙槎尺寸偏差每一构造柱不应超过 2 处；

2 预留拉结钢筋的规格、尺寸、数量及位置应正确，拉结钢筋应沿墙高每隔 500mm 设 2Φ6，伸入墙内不宜小于 600mm，钢筋的竖向移位不应超过 100mm，且竖向移位每一构造柱不得超过 2 处；

3 施工中不得任意弯折拉结钢筋。

抽检数量：每检验批抽查不应少于 5 处。

检验方法：观察检查和尺量检查。

8.2.4 配筋砌体中受力钢筋的连接方式及锚固长度、搭接长度应符合设计要求。

抽检数量：每检验批抽查不应少于 5 处。

检验方法：观察检查。

8.3 一般项目

8.3.1 构造柱一般尺寸允许偏差及检验方法应符合表 8.3.1 的规定。

构造柱一般尺寸允许偏差及检验方法　　表 8.3.1

项次	项目			允许偏差（mm）	检验方法
1	中心线位置			10	用经纬仪和尺检查或用其他测量仪器检查
2	层间错位			8	用经纬仪和尺检查或用其他测量仪器检查
3	垂直度	每层		10	用2m托线板检查
		全高	≤ 10m	15	用经纬仪、吊线和尺检查或用其他测量仪器检查
			> 10m	20	

抽检数量：每检验批抽查不应少于5处。

8.3.2　设置在砌体灰缝中钢筋的防腐保护应符合本规范第3.0.16条的规定，且钢筋防护层完好，不应有肉眼可见裂纹、剥落和擦痕等缺陷。

抽检数量：每检验批抽查不应少于5处。

检验方法：观察检查。

8.3.3　网状配筋砖砌体中，钢筋网规格及放置间距应符合设计规定。每一构件钢筋网沿砌体高度位置超过设计规定一皮砖厚不得多于一处。

抽检数量：每检验批抽查不应少于5处。

检验方法：通过钢筋网成品检查钢筋规格，钢筋网放置间距采用局部剔缝观察，或用探针刺入灰缝内检查，或用钢筋位置测定仪测定。

8.3.4　钢筋安装位置的允许偏差及检验方法应符合表8.3.4的规定。

钢筋安装位置的允许偏差和检验方法　　表 8.3.4

项目		允许偏差（mm）	检验方法
受力钢筋保护层厚度	网状配筋砌体	±10	检查钢筋网成品，钢筋网放置位置局部剔缝观察，或用探针刺入灰缝内检查，或用钢筋位置测定仪测定
	组合砖砌体	±5	支模前观察与尺量检查
	配筋小砌块砌体	±10	浇筑灌孔混凝土前观察与尺量检查
配筋小砌块砌体墙凹槽中水平钢筋间距		±10	钢尺量连续三档，取最大值

抽检数量：每检验批抽查不应少于5处。

9　填充墙砌体工程

9.1　一般规定

9.1.1　本章适用于烧结空心砖、蒸压加气混凝土砌块、轻骨料混凝土小型空心砌块等填充墙砌体工程。

9.1.2　砌筑填充墙时，轻骨料混凝土小型空心砌块和蒸压加气混凝土砌块的产品龄期不应小于28d，蒸压加气混凝土砌块的含水率宜小于30%。

9.1.3　烧结空心砖、蒸压加气混凝土砌块、轻骨料混凝土小型空心砌块等的运输、装卸过程中，严禁抛掷和倾倒；进场后应按品种、规格堆放整齐，堆置高度不宜超过2m。蒸压加气混凝土砌块在运输及堆放中应防止雨淋。

9.1.4　吸水率较小的轻骨料混凝土小型空心砌块及采用薄灰砌筑法施工的蒸压加气混凝土砌块，砌筑前不应对其浇（喷）水湿润；在气候干燥炎热的情况下，对吸水率较小的轻骨料混凝土小型空心砌块宜在砌筑前喷水湿润。

9.1.5　采用普通砌筑砂浆砌筑填充墙时，烧结空心砖、吸水率较大的轻骨料混凝土小型空心砌块应提前1d～2d浇（喷）水湿润。蒸压加气混凝土砌块采用蒸压加气混凝土砌块砌筑砂浆或普通砌筑砂浆砌筑时，应在砌筑当天对砌块砌筑面喷水湿润。块体湿润程度宜符合下列规定：

1　烧结空心砖的相对含水率60%～70%；

2　吸水率较大的轻骨料混凝土小型空心砌块、蒸压加气混凝土砌块的相对含水率40%～50%。

9.1.6　在厨房、卫生间、浴室等处采用轻骨料混凝土小型空心砌块、蒸压加气混凝土砌块砌筑墙体时，墙底部宜现浇混凝土坎台，其高度宜为150mm。

9.1.7　填充墙拉结筋处的下皮小砌块宜采用半盲孔小砌块或用混凝土灌实孔洞的小砌块；薄灰砌筑法施工的蒸压加气混凝土砌块砌体，拉结筋应放置在砌块上表面设置的沟槽内。

9.1.8　蒸压加气混凝土砌块、轻骨料混凝土小型空心砌块不应与其他块体混砌，不同强度等级的同类块体也不得混砌。

注：窗台处和因安装门窗需要，在门窗洞口处两侧填充墙上、中、下部可采用其他块体局部嵌砌；对与框架柱、梁不脱开方法的填充墙，填塞填充墙顶部与梁之间缝隙可采用其他块体。

9.1.9　填充墙砌体砌筑，应待承重主体结构检验批验收合格后进行。填充墙与承重主体结构间的空（缝）隙部位施工，应在填充墙砌筑14d后进行。

9.2　主控项目

9.2.1　烧结空心砖、小砌块和砌筑砂浆的强度等级应符合设计要求。

抽检数量：烧结空心砖每10万块为一验收批，小砌块每1万块为一验收批，不足上述数量时按一批计，抽检数量为1组。砂浆试块的抽检数量执行本规范第4.0.12条的有关规定。

检验方法：查砖、小砌块进场复验报告和砂浆试块试验报告。

9.2.2　填充墙砌体应与主体结构可靠连接，其连接构造应符合设计要求，未经设计同意，不得随意改变连接构造方法。每一填充墙与柱的拉结筋的位置超过一皮块体高度的数量不得多于一处。

抽检数量：每检验批抽查不应少于5处。

检验方法：观察检查。

9.2.3　填充墙与承重墙、柱、梁的连接钢筋，当采用化学植筋的连接方式时，应进行实体检测。锚固钢筋拉拔试验的轴向受拉非破坏承载力检验值应为6.0kN。抽检钢筋在检验值作用下应基材无裂缝、钢筋无滑移宏观裂损现象；持荷2min期间荷载值降低不大于5%。检验批验收可按本规范表B.0.1通过正常检验一次、二次抽样判定。填充墙砌体植筋锚固力检测记录可按本规范表C.0.1填写。

抽检数量：按表9.2.3确定。

检验方法：原位试验检查。

检验批抽检锚固钢筋样本最小容量   表 9.2.3

检验批的容量	样本最小容量	检验批的容量	样本最小容量
≤ 90	5	281 ~ 500	20
91 ~ 150	8	501 ~ 1200	32
151 ~ 280	13	1201 ~ 3200	50

9.3 一般项目

9.3.1 填充墙砌体尺寸、位置的允许偏差及检验方法应符合表 9.3.1 的规定。

填充墙砌体尺寸、位置的允许偏差及检验方法   表 9.3.1

项次	项目		允许偏差（mm）	检验方法
1	轴线位移		10	用尺检查
2	垂直度（每层）	≤ 3m	5	用2m托线板或吊线、尺检查
		> 3m	10	
3	表面平整度		8	用2m靠尺和楔形尺检查
4	门窗洞口高、宽（后塞口）		±10	用尺检查
5	外墙上、下窗口偏移		20	用经纬仪或吊线检查

抽检数量：每检验批抽查不应少于 5 处。

9.3.2 填充墙砌体的砂浆饱满度及检验方法应符合表 9.3.2 的规定。

填充墙砌体的砂浆饱满度及检验方法   表 9.3.2

砌体分类	灰缝	饱满度及要求	检验方法
空心砖砌体	水平	≥80%	采用百格网检查块体底面或侧面砂浆的粘结痕迹面积
	垂直	填满砂浆，不得有透明缝、瞎缝、假缝	
蒸压加气混凝土砌块、轻骨料混凝土小型空心砌块砌体	水平	≥80%	
	垂直	≥80%	

抽检数量：每检验批抽查不应少于 5 处。

9.3.3 填充墙留置的拉结钢筋或网片的位置应与块体皮数相符合。拉结钢筋或网片应置于灰缝中，埋置长度应符合设计要求，竖向位置偏差不应超过一皮高度。

抽检数量：每检验批抽查不应少于 5 处。

检验方法：观察和用尺量检查。

9.3.4　砌筑填充墙时应错缝搭砌，蒸压加气混凝土砌块搭砌长度不应小于砌块长度的 1/3；轻骨料混凝土小型空心砌块搭砌长度不应小于 90mm；竖向通缝不应大于 2 皮。

抽检数量：每检验批抽查不应少于 5 处。

检验方法：观察检查。

9.3.5　填充墙的水平灰缝厚度和竖向灰缝宽度应正确，烧结空心砖、轻骨料混凝土小型空心砌块砌体的灰缝应为 8mm ~ 12mm；蒸压加气混凝土砌块砌体当采用水泥砂浆、水泥混合砂浆或蒸压加气混凝土砌块砌筑砂浆时，水平灰缝厚度和竖向灰缝宽度不应超过 15mm；当蒸压加气混凝土砌块砌体采用蒸压加气混凝土砌块粘结砂浆时，水平灰缝厚度和竖向灰缝宽度宜为 3mm ~ 4mm。

抽检数量：每检验批抽查不应少于 5 处。

检验方法：水平灰缝厚度用尺量 5 皮小砌块的高度折算；竖向灰缝宽度用尺量 2m 砌体长度折算。

10　冬期施工

10.0.1　当室外日平均气温连续 5d 稳定低于 5℃时，砌体工程应采取冬期施工措施。

注：1　气温根据当地气象资料确定；

　　2　冬期施工期限以外，当日最低气温低于 0℃时，也应按本章的规定执行。

10.0.2　冬期施工的砌体工程质量验收除应符合本章要求外，尚应符合现行行业标准《建筑工程冬期施工规程》JGJ/T 104 的有关规定。

10.0.3　砌体工程冬期施工应有完整的冬期施工方案。

10.0.4　冬期施工所用材料应符合下列规定：

1　石灰膏、电石膏等应防止受冻，如遭冻结，应经融化后使用；

2　拌制砂浆用砂，不得含有冰块和大于 10mm 的冻结块；

3　砌体用块体不得遭水浸冻。

10.0.5　冬期施工砂浆试块的留置，除应按常温规定要求外，尚应增加 1 组与砌体同条件养护的试块，用于检验转入常温 28d 的强度。如有特殊需要，可另外增加相应龄期的同条件养护的试块。

10.0.6　地基土有冻胀性时，应在未冻的地基上砌筑，并应防止在施工期间和回填土前地基受冻。

10.0.7　冬期施工中砖、小砌块浇（喷）水湿润应符合下列规定：

1　烧结普通砖、烧结多孔砖、蒸压灰砂砖、蒸压粉煤灰砖、烧结空心砖、吸水率较大的轻骨料混凝土小型空心砌块在气温高于 0℃条件下砌筑时，应浇水湿润；在气温低于、等于 0℃条件下砌筑时，可不浇水，但必须增大砂浆稠度；

2　普通混凝土小型空心砌块、混凝土多孔砖、混凝土实心砖及采用薄灰砌筑法的蒸压加气混凝土砌块施工时，不应对其浇（喷）水湿润；

3　抗震设防烈度为 9 度的建筑物，当烧结普通砖、烧结多孔砖、蒸压粉煤灰砖、烧结空心砖无法浇水湿润时，如无特殊措施，不得砌筑。

10.0.8　拌合砂浆时水的温度不得超过 80℃，砂的温度不得超过 40℃。

10.0.9　采用砂浆掺外加剂法、暖棚法施工时，砂浆使用温度不应低于 5℃。

10.0.10　采用暖棚法施工，块体在砌筑时的温度不应低于 5℃，距离所砌的结构底面 0.5m 处的棚内温度也不应低于 5℃。

10.0.11　在暖棚内的砌体养护时间，应根据暖棚内温度，按表 10.0.11 确定。

暖棚法砌体的养护时间				表 10.0.11
暖棚的温度（℃）	5	10	15	20
养护时间（d）	≥ 6	≥ 5	≥ 4	≥ 3

10.0.12　采用外加剂法配制的砌筑砂浆，当设计无要求，且最低气温等于或低于－15℃时，砂浆强度等级应较常温施工提高一级。

10.0.13　配筋砌体不得采用掺氯盐的砂浆施工。

11　子分部工程验收

11.0.1　砌体工程验收前，应提供下列文件和记录：

1　设计变更文件；

2　施工执行的技术标准；

3　原材料出厂合格证书、产品性能检测报告和进场复验报告；

4　混凝土及砂浆配合比通知单；

5　混凝土及砂浆试件抗压强度试验报告单；

6　砌体工程施工记录；

7　隐蔽工程验收记录；

8　分项工程检验批的主控项目、一般项目验收记录；

9　填充墙砌体植筋锚固力检测记录；

10　重大技术问题的处理方案和验收记录；

11　其他必要的文件和记录。

11.0.2　砌体子分部工程验收时，应对砌体工程的观感质量作出总体评价。

11.0.3　当砌体工程质量不符合要求时，应按现行国家标准《建筑工程施工质量验收统一标准》GB 50300 有关规定执行。

11.0.4　有裂缝的砌体应按下列情况进行验收：

1　对不影响结构安全性的砌体裂缝，应予以验收，对明显影响使用功能和观感质量的裂缝，应进行处理；

2　对有可能影响结构安全性的砌体裂缝，应由有资质的检测单位检测鉴定，需返修或加固处理的，待返修或加固处理满足使用要求后进行二次验收。

9.《建筑装饰装修工程质量验收规范》GB 50210-2001

1　总则（略）

2　术语（略）

3 基本规定

3.1 设计

3.1.1 建筑装饰装修工程必须进行设计，并出具完整的施工图设计文件。

3.1.2 承担建筑装饰装修工程设计的单位应具备相应的资质，并应建立质量管理体系。由于设计原因造成的质量问题应由设计单位负责。

3.1.3 建筑装饰装修设计应符合城市规划、消防、环保、节能等有关规定。

3.1.4 承担建筑装饰装修工程设计的单位应对建筑物进行必要的了解和实地勘察，设计深度应满足施工要求。

3.1.5 建筑装饰装修工程设计必须保证建筑物的结构安全和主要使用功能。当涉及主体和承重结构改动或增加荷载时，必须由原结构设计单位或具备相应资质的设计单位核查有关原始资料，对既有建筑结构的安全性进行核验、确认。

3.1.6 建筑装饰装修工程的防火、防雷和抗震设计应符合现行国家标准的规定。

3.1.7 当墙体或吊顶内的管线可能产生冰冻或结露时，应进行防冻或防结露设计。

3.2 材料

3.2.1 建筑装饰装修工程所用材料的品种、规格和质量应符合设计要求和国家现行标准的规定。当设计无要求时应符合国家现行标准的规定。严禁使用国家明令淘汰的材料。

3.2.2 建筑装饰装修工程所用材料的燃烧性能应符合现行国家标准《建筑内部装修设计防火规范》（GB 50222）、《建筑设计防火规范》（GBJ 16）和《高层民用建筑设计防火规范》（GB 50045）的规定。

3.2.3 建筑装饰装修工程所用材料应符合国家有关建筑装饰装修材料有害物质限量标准的规定。

3.2.4 所有材料进场时应对品种、规格、外观和尺寸进行验收。材料包装应完好，应有产品合格证书、中文说明书及相关性能的检测报告；进口产品应按规定进行商品检验。

3.2.5 进场后需要进行复验的材料种类及项目应符合本规范各章的规定。同一厂家生产的同一品种、同一类型的进场材料应至少抽取一组样品进行复验，当合同另有约定时应按合同执行。

3.2.6 当国家规定或合同约定应对材料进行见证检测时，或对材料的质量发生争议时，应进行见证检测。

3.2.7 承担建筑装饰装修材料检测的单位应具备相应的资质，并应建立质量管理体系。

3.2.8 建筑装饰装修工程所使用的材料在运输、储存和施工过程中，必须采取有效措施防止损坏、变质和污染环境。

3.2.9 建筑装饰装修工程所使用的材料应按设计要求进行防火、防腐和防虫处理。

3.2.10 现场配制的材料如砂浆、胶粘剂等，应按设计要求或产品说明书配制。

3.3 施工

3.3.1 承担建筑装饰装修工程施工的单位应具备相应的资质，并应建立质量管理体系。施工单位应编制施工组织设计并应经过审查批准。施工单位应按有关的施工工艺标准或经审定的施工技术方案施工，并应对施工全过程实行质量控制。

3.3.2 承担建筑装饰装修工程施工的人员应有相应岗位的资格证书。

3.3.3 建筑装饰装修工程的施工质量应符合设计要求和本规范的规定，由于违反设计文件和本规范的规定施工造成的质量问题应由施工单位负责。

3.3.4 建筑装饰装修工程施工中，严禁违反设计文件擅自改动建筑主体、承重结构或主要使用功能；严禁未经设计确认和有关部门批准擅自拆改水、暖、电、燃气、通讯等配套设施。

3.3.5 施工单位应遵守有关环境保护的法律法规，并应采取有效措施控制施工现场的各种粉尘、废气、废弃物、噪声、振动等对周围环境造成的污染和危害。

3.3.6 施工单位应遵守有关施工安全、劳动保护、防火和防毒的法律法规，应建立相应的管理制度，并应配备必要的设备、器具和标识。

3.3.7 建筑装饰装修工程应在基体或基层的质量验收合格后施工。对既有建筑进行装饰装修前，应对基层进行处理并达到本规范的要求。

3.3.8 建筑装饰装修工程施工前应有主要材料的样板或做样板间（件），并应经有关各方确认。

3.3.9 墙面采用保温材料的建筑装饰装修工程，所用保温材料的类型、品种、规格及施工工艺应符合设计要求。

3.3.10 管道、设备等的安装及调试应在建筑装饰装修工程施工前完成，当必须同步进行时，应在饰面层施工前完成。装饰装修工程不得影响管道、设备等的使用和维修。涉及燃气管道的建筑装饰装修工程必须符合有关安全管理的规定，

3.3.11 建筑装饰装修工程的电器安装应符合设计要求和国家现行标准的规定。严禁不经穿管直接埋设电线。

3.3.12 室内外装饰装修工程施工的环境条件应满足施工工艺的要求。施工环境温度不应低于5℃。当必须在低于5℃气温下施工时，应采取保证工程质量的有效措施。

3.3.13 建筑装饰装修工程施工过程中应做好半成品、成品的保护，防止污染和损坏。

3.3.14 建筑装饰装修工程验收前应将施工现场清理干净。

4 抹灰工程

4.1 一般规定

4.1.1 本章适用于一般抹灰、装饰抹灰和清水砌体勾缝等分项工程的质量验收。

4.1.2 抹灰工程验收时应检查下列文件和记录：

1 抹灰工程的施工图、设计说明及其他设计文件。

2 材料的产品合格证书、性能检测报告、进场验收记录和复验报告。

3 隐蔽工程验收记录。

4 施工记录。

4.1.3 抹灰工程应对水泥的凝结时间和安定性进行复验。

4.1.4 抹灰工程应对下列隐蔽工程项目进行验收：

1 抹灰总厚度大于或等于35mm时的加强措施。

2 不同材料基体交接处的加强措施。

4.1.5 各分项工程的检验批应按下列规定划分：

1 相同材料、工艺和施工条件的室外抹灰工程每 500～1000m² 应划为一个检验批，不足 500m² 也

应划为一个检验批。

2 相同材料、工艺和施工条件的室内抹灰工程每50个自然间（大面积房间和走廊按抹灰面积30m²为一间）应划分为一个检验批，不足50间也应划分为一个检验批。

4.1.6 检查数量应符合下列规定：

1 室内每个检验批应至少抽查10%，并不得少于3间；不足3间时应全数检查。

2 室外每个检验批每100m²应至少抽查一处，每处不得小于10m²。

4.1.7 外墙抹灰工程施工前应先安装钢木门窗框、护栏等，并应将墙上的施工孔洞堵塞密实。

4.1.8 抹灰用的石灰膏的熟化期不应少于15d；罩面用的磨细石灰粉的熟化期不应少于3d。

4.1.9 室内墙面、柱面和门洞口的阳角做法应符合设计要求。设计无要求时，应采用1:2水泥砂浆做暗护角，其高度不应低于2m，每侧宽度不应小于50mm。

4.1.10 当要求抹灰层具有防水、防潮功能时，应采用防水砂浆。

4.1.11 各种砂浆抹灰层，在凝结前应防止快干、水冲、撞击、振动和受冻，在凝结后应采取措施防止玷污和损坏。水泥砂浆抹灰层应在湿润条件下养护。

4.1.12 外墙和顶棚的抹灰层与基层之间及各抹灰层之间必须粘结牢固。

4.2 一般抹灰工程

4.2.1 本节适用于石灰砂浆、水泥砂浆、水泥混合砂浆、聚合物水泥砂浆和麻刀石灰、纸筋石灰、石膏灰等一般抹灰工程的质量验收。一般抹灰工程分为普通抹灰和高级抹灰，当设计无要求时，按普通抹灰验收。

主控项目

4.2.2 抹灰前基层表面的尘土、污垢、油渍等应清除干净，并应洒水润湿。

检验方法：检查施工记录。

4.2.3 一般抹灰所用材料的品种和性能应符合设计要求。水泥的凝结时间和安定性复验应合格。砂浆的配合比应符合设计要求。

检验方法：检查产品合格证书、进场验收记录、复验报告和施工记录。

4.2.4 抹灰工程应分层进行。当抹灰总厚度大于或等于35mm时，应采取加强措施。不同材料基体交接处表面的抹灰，应采取防止开裂的加强措施，当采用加强网时，加强网与各基体的搭接宽度不应小于100mm。

检验方法：检查隐蔽工程验收记录和施工记录。

4.2.5 抹灰层与基层之间及各抹灰层之间必须粘结牢固，抹灰层应无脱层、空鼓，面层应无爆灰和裂缝。

检验方法：观察；用小锤轻击检查；检查施工记录。

一般项目

4.2.6 一般抹灰工程的表面质量应符合下列规定：

1 普通抹灰表面应光滑、洁净、接槎平整，分格缝应清晰。

2 高级抹灰表面应光滑、洁净、颜色均匀、无抹纹，分格缝和灰线应清晰美观。

检验方法：观察；手摸检查。

4.2.7 护角、孔洞、槽、盒周围的抹灰表面应整齐、光滑；管道后面的抹灰表面应平整。

检验方法：观察。

4.2.8 抹灰层的总厚度应符合设计要求；水泥砂浆不得抹在石灰砂浆层上；罩面石膏灰不得抹在水泥砂浆层上。

检验方法：检查施工记录。

4.2.9 抹灰分格缝的设置应符合设计要求，宽度和深度应均匀，表面应光滑，棱角应整齐。

检验方法：观察；尺量检查。

4.2.10 有排水要求的部位应做滴水线（槽）。滴水线（槽）应整齐顺直，滴水线应内高外低，滴水槽宽度和深度均不应小于10mm。

检验方法：观察；尺量检查。

4.2.11 一般抹灰工程质量的允许偏差和检验方法应符合表4.2.11的规定。

一般抹灰的允许偏差和检验方法　　　表 4.2.11

项次	项目	允许偏差（mm）		检验方法
		普通抹灰	高级抹灰	
1	立面垂直度	4	3	用2m垂直检测尺检查
2	表面平整度	4	3	用2m靠尺和塞尺检查
3	阴阳角方正	4	3	用直角检测尺检查
4	分格条（缝）直线度	4	3	拉5m线，不足5m拉通线，用钢直尺检查
5	墙裙、勒脚上口直线度	4	3	拉5m线，不足5m拉通线，用钢直尺检查

注：1 普通抹灰，本表第3项阴角方正可不检查；
2 顶棚抹灰，本表第2项表面平整度可不检查，但应平顺。

4.3 装饰抹灰工程

4.3.1 本节适用于水刷石、斩假石、干粘石、假面砖等装饰抹灰工程的质量验收。

主控项目

4.3.2 抹灰前基层表面的尘土、污垢、油渍等应清除干净，并应洒水润湿。

检验方法：检查施工记录。

4.3.3 装饰抹灰工程所用材料的品种和性能应符合设计要求。水泥的凝结时间和安定性复验应合格。砂浆的配合比应符合设计要求。

检验方法：检查产品合格证书、进场验收记录、复验报告和施工记录。

4.3.4 抹灰工程应分层进行。当抹灰总厚度大于或等于35mm时，应采取加强措施。不同材料基体交接处表面的抹灰，应采取防止开裂的加强措施，当采用加强网时，加强网与各基体的搭接宽度不应小于100mm。

检验方法：检查隐蔽工程验收记录和施工记录。

4.3.5 各抹灰层之间及抹灰层与基体之间必须粘接牢固，抹灰层应无脱层、空鼓和裂缝。

检验方法：观察；用小锤轻击检查；检查施工记录。

一般项目

4.3.6 装饰抹灰工程的表面质量应符合下列规定：

1　水刷石表面应石粒清晰、分布均匀、紧密平整、色泽一致，应无掉粒和接槎痕迹。

2　斩假石表面剁纹应均匀顺直、深浅一致，应无漏剁处；阳角处应横剁并留出宽窄一致的不剁边条，棱角应无损坏。

3　干粘石表面应色泽一致、不露浆、不漏粘，石粒应粘结牢固、分布均匀，阳角处应无明显黑边。

4　假面砖表面应平整、沟纹清晰、留缝整齐、色泽一致，应无掉角、脱皮、起砂等缺陷。

检验方法：观察；手摸检查。

4.3.7　装饰抹灰分格条（缝）的设置应符合设计要求，宽度和深度应均匀，表面应平整光滑，棱角应整齐。

检验方法：观察。

4.3.8　有排水要求的部位应做滴水线（槽）。滴水线（槽）应整齐顺直，滴水线应内高外低，滴水槽的宽度和深度均不应小于10mm。

检验方法：观察；尺量检查。

4.3.9　装饰抹灰工程质量的允许偏差和检验方法应符合表4.3.9的规定。

装饰抹灰的允许偏差和检验方法　　　　　　　　表4.3.9

项次	项目	允许偏差（mm）				检验方法
		水刷石	斩假石	干粘石	假面砖	
1	立面垂直度	5	4	5	5	用2m垂直检测尺检查
2	表面平整度	3	3	5	4	用2m靠尺和塞尺检查
3	阳角方正	3	3	4	4	用直角检测尺检查
4	分格条（缝）直线度	3	3	3	3	拉5m线，不足5m拉通线，用钢直尺检查
5	墙裙、勒脚上口直线度	3	3	—	—	拉5m线，不足5m拉通线，用钢直尺检查

4.4　清水砌体勾缝工程

4.4.1　本节适用于清水砌体砂浆勾缝和原浆勾缝工程的质量验收。

主控项目

4.4.2　清水砌体勾缝所用水泥的凝结时间和安定性复验应合格。砂浆的配合比应符合设计要求。

检验方法：检查复验报告和施工记录。

4.4.3　清水砌体勾缝应无漏勾。勾缝材料应粘结牢固、无开裂。

检验方法：观察。

一般项目

4.4.4　清水砌体勾缝应横平竖直，交接处应平顺，宽度和深度应均匀，表面应压实抹平。

检验方法：观察；尺量检查。

4.4.5　灰缝应颜色一致，砌体表面应洁净。

检验方法：观察。

5 门窗工程

5.1 一般规定

5.1.1 本章适用于木门窗制作安装、金属门窗安装、塑料门窗安装、特种门安装、门窗玻璃安装等分项工程的质量验收。

5.1.2 门窗工程验收时应检查下列文件和记录：

1 门窗工程的施工图、设计说明及其他设计文件。

2 材料的产品合格证书、性能检测报告、进场验收记录和复验报告。

3 特种门及其附件的生产许可文件。

4 隐蔽工程验收记录。

5 施工记录。

5.1.3 门窗工程应对下列材料及其性能指标进行复验：

1 人造木板的甲醛含量。

2 建筑外墙金属窗、塑料窗的抗风性能、空气渗透性能和雨水渗漏性能。

5.1.4 门窗工程应对下列隐蔽工程项目进行验收：

1 预埋件和锚固件。

2 隐蔽部位的防腐、填嵌处理。

5.1.5 各分项工程的检验批应按下列规定划分：

1 同一品种、类型和规格的木门窗、金属门窗、塑料门窗及门窗玻璃每100樘应划分为一个检验批，不足100樘也应划分为一个检验批。

2 同一品种、类型和规格的特种门每50樘应划分为一个检验批，不足50樘也应划分为一个检验批。

5.1.6 检查数量应符合下列规定：

1 木门窗、金属门窗、塑料门窗及门窗玻璃，每个检验批应至少抽查5%，并不得少于3樘，不足3樘时应全数检查；高层建筑的外窗，每个检验批应至少抽查10%，并不得少于6樘，不足6樘时应全数检查。

2 特种门每个检验批应至少抽查50%，并不得少于10樘，不足10樘时应全数检查。

5.1.7 门窗安装前，应对门窗洞口尺寸进行检验。

5.1.8 金属门窗和塑料门窗安装应采用预留洞口的方法施工，不得采用边安装边砌口或先安装后砌口的方法施工。

5.1.9 木门窗与砖石砌体、混凝土或抹灰层接触处应进行防腐处理并应设置防潮层；埋入砌体或混凝土中的木砖应进行防腐处理。

5.1.10 当金属窗或塑料窗组合时，其拼樘料的尺寸、规格、壁厚应符合设计要求。

5.1.11 建筑外门窗的安装必须牢固。在砌体上安装门窗严禁用射钉固定。

5.1.12 物种门安装除应符合设计要求和本规范规定外，还应符合有关专业标准和主管部门的规定。

5.2 木门窗制作与安装工程

5.2.1 本节适用于木门窗制作与安装工程的质量验收。

主控项目

5.2.2 木门窗的木材品种、材质等级、规格、尺寸、框扇的线型及人造木板的甲醛含量应符合设计要求。设计未规定材质等级时，所用木材的质量应符合本规范附录 A 的规定。

检验方法：观察；检查材料进场验收记录和复验报告。

5.2.3 木门窗应采用烘干的木材，含水率应符合《建筑木门、木窗》(JG/T 122) 的规定。

检验方法：检查材料进场验收记录。

5.2.4 木门窗的防火、防腐、防虫处理应符合设计要求。

检验方法：观察；检查材料进场验收记录。

5.2.5 木门窗的结合处和安装配件处不得有木节或已填补的木节。木门窗如有允许限值以内的死节及直径较大的虫眼时，应用同一材质的木塞加胶填补。对于清漆制品，木塞的木纹和色泽应与制品一致。

检验方法：观察。

5.2.6 门窗框和厚度大于 50mm 的门窗扇应用双榫连接。榫槽应采用胶料严密嵌合，并应用胶楔加紧。

检验方法：观察；手扳检查。

5.2.7 胶合板门、纤维板门和模压门不得脱胶。胶合板不得刨透表层单板，不得有戗槎。制作胶合板门、纤维板门时，边框和横楞应在同一平面上，面层、边框及横楞应加压胶结。横楞和上、下冒头应各钻两个以上的透气孔，透气孔应通畅。

检验方法：观察。

5.2.8 木门窗的品种、类型、规格、开启方向、安装位置及连接方式应符合设计要求。

检验方法：观察；尺量检查；检查成品门的产品合格证书。

5.2.9 木门窗框的安装必须牢固。预埋木砖的防腐处理、木门窗框固定点的数量、位置及固定方法应符合设计要求。

检验方法：观察；手扳检查；检查隐蔽工程验收记录和施工记录。

5.2.10 木门窗扇必须安装牢固，并应开关灵活，关闭严密，无倒翘。

检验方法：观察；开启和关闭检查；手扳检查。

5.2.11 木门窗配件的型号、规格、数量应符合设计要求，安装应牢固，位置应正确，功能应满足使用要求。

检验方法：观察；开启和关闭检查；手扳检查。

一般项目

5.2.12 木门窗表面应洁净，不得有刨痕、锤印。

检验方法：观察。

5.2.13 木门窗的割角、拼缝应严密平整。门窗框、扇裁口应顺直，刨面应平整。

检验方法：观察。

5.2.14 木门窗上的槽、孔应边缘整齐，无毛刺。

检验方法：观察。

5.2.15 木门窗与墙体间缝隙的填嵌材料应符合设计要求，填嵌应饱满。寒冷地区外门窗（或门窗框）与砌体间的空隙应填充保温材料。

检验方法：轻敲门窗框检查；检查隐蔽工程验收记录和施工记录。

5.2.16 木门窗批水、盖口条、压缝条、密封条的安装应顺直，与门窗结合应牢固、严密。

检验方法：观察；手扳检查。

5.2.17 木门窗制作的允许偏差和检验方法应符合表 5.2.17 的规定。

木门窗制作的允许偏差和检验方法　　　　表 5.2.17

项次	项目	构件名称	允许偏差（mm）		检验方法
			普通	高级	
1	翘曲	框	3	2	将框、扇平放在检查平台上，用塞尺检查
		扇	2	2	
2	对角线长度差	框、扇	3	2	用钢尺检查，框量裁口里角，扇量外角
3	表面平整度	扇	2	2	用1m靠尺和塞尺检查
4	高度、宽度	框	0；−2	0；−1	用钢尺检查，框量裁口里角，扇量外角
		扇	+2；0	+1；0	
5	裁口、线条结合处高低差	框、扇	1	0.5	用钢直尺和塞尺检查
6	相邻棂子两端间距	扇	2	1	用钢直尺检查

5.2.18　木门窗安装的留缝限值、允许偏差和检验方法应符合表 5.2.18 的规定。

木门窗安装的留缝限值、允许偏差和检验方法　　　　表 5.2.18

项次	项目		留缝限值（mm）		允许偏差（mm）		检验方法
			普通	高级	普通	高级	
1	门窗槽口对角线长度差		—	—	3	2	用钢尺检查
2	门窗框的正、侧面垂直度		—	—	2	1	用1m垂直检测尺检查
3	框与扇、扇与扇接缝高低差		—	—	2	1	用钢直尺和塞尺检查
4	门窗扇对口缝		1～2.5	1.5～2	—	—	用塞尺检查
5	工业厂房双扇大门对口缝		2～5	—	—	—	
6	门窗扇与上框间留缝		1～2	1～1.5	—	—	
7	门窗扇与侧框间留缝		1～2.5	1～1.5	—	—	
8	窗扇与下框间留缝		2～3	2～2.5	—	—	
9	门扇与下框间留缝		3～5	3～4	—	—	
10	双层门窗内外框间距		—	—	4	3	用钢尺检查
11	无下框时门扇与地面间留缝	外门	4～7	5～6	—	—	用塞尺检查
		内门	5～8	6～7	—	—	
		卫生间门	8～12	8～10	—	—	
		厂房大门	10～20	—	—	—	

153

5.3 金属门窗安装工程

5.3.1 本节适用于钢门窗、铝合金门窗、涂色镀锌钢板门窗等金属门窗安装工程的质量验收。

主控项目

5.3.2 金属门窗的品种、类型、规格、尺寸、性能、开启方向、安装位置、连接方式及铝合金门窗的型材壁厚应符合设计要求。金属门窗的防腐处理及填嵌、密封处理应符合设计要求。

检验方法：观察；尺量检查；检查产品合格证书、性能检测报告、进场验收记录和复验报告；检查隐蔽工程验收记录。

5.3.3 金属门窗框和副框的安装必须牢固。预埋件的数量、位置、埋设方式、与框的连接方式必须符合设计要求。

检验方法：手扳检查；检查隐蔽工程验收记录。

5.3.4 金属门窗扇必须安装牢固，并应开关灵活、关闭严密，无倒翘。推拉门窗扇必须有防脱落措施。

检验方法：观察；开启和关闭检查；手扳检查。

5.3.5 金属门窗配件的型号、规格、数量应符合设计要求，安装应牢固，位置应正确，功能应满足使用要求。

检验方法：观察；开启和关闭检查；手扳检查。

一般项目

5.3.6 金属门窗表面应洁净、平整、光滑、色泽一致，无锈蚀。大面应无划痕、碰伤。漆膜或保护层应连续。

检验方法：观察。

5.3.7 铝合金门窗推拉门窗扇开关力应不大于100N。

检验方法：用弹簧秤检查。

5.3.8 金属门窗框与墙体之间的缝隙应填嵌饱满，并采用密封胶密封。密封胶表面应光滑、顺直，无裂纹。

检验方法：观察；轻敲门窗框检查；检查隐蔽工程验收记录。

5.3.9 金属门窗扇的橡胶密封条或毛毡密封条应安装完好，不得脱槽。

检验方法：观察；开启和关闭检查。

5.3.10 有排水孔的金属门窗，排水孔应畅通，位置和数量应符合设计要求。

检验方法：观察。

5.3.11 钢门窗安装的留缝限值、允许偏差和检验方法应符合表5.3.11的规定。

钢门窗安装的留缝限值、允许偏差和检验方法　　　　表5.3.11

项次	项目		留缝限值（mm）	允许偏差（mm）	检验方法
1	门窗槽口宽度、高度	≤1500mm	—	2.5	用钢尺检查
		>1500mm	—	3.5	
2	门窗槽口对角线长度差	≤2000mm	—	5	用钢尺检查
		>2000mm	—	6	

续表

项次	项目	留缝限值（mm）	允许偏差（mm）	检验方法
3	门窗框的正、侧面垂直度	—	3	用1m垂直检测尺检查
4	门窗横框的水平度	—	3	用1m水平尺和塞尺检查
5	门窗横框标高	—	5	用钢尺检查
6	门窗竖向偏离中心	—	4	用钢尺检查
7	双层门窗内外框间距	—	5	用钢尺检查
8	门窗框、扇配合间隙	≤ 2	—	用塞尺检查
9	无下框时门扇与地面间留缝	4 ~ 8	—	用塞尺检查

5.3.12　铝合金门窗安装的允许偏差和检验方法应符合表5.3.12的规定。

铝合金门窗安装的允许偏差和体验方法　　　　　　表5.3.12

项次	项目		允许偏差（mm）	检验方法
1	门窗槽口宽度、高度	≤ 1500mm	1.5	用钢尺检查
		> 1500mm	2	
2	门窗槽口对角线长度差	≤ 2000mm	3	用钢尺检查
		> 2000mm	4	
3	门窗框的正、侧面垂直度		2.5	用垂直检测尺检查
4	门窗横框的水平度		2	用1m水平尺和塞尺检查
5	门窗横框标高		5	用钢尺检查
6	门窗竖向偏离中心		5	用钢尺检查
7	双层门窗内外框间距		4	用钢尺检查
8	推拉门窗扇与框搭接量		1.5	用钢直尺检查

5.3.13　涂色镀锌钢板门窗安装的允许偏差和检验方法应符合表5.3.13的规定。

涂色镀锌钢板门窗安装的允许偏差和检验方法　　　　　　表5.3.13

项次	项目		允许偏差（mm）	检验方法
1	门窗槽口宽度、高度	≤ 1500mm	2	用钢尺检查
		> 1500mm	3	
2	门窗槽口对角线长度差	≤ 2000mm	4	用钢尺检查
		> 2000mm	5	
3	门窗框的正、侧面垂直度		3	用垂直检测尺检查

项次	项目	允许偏差（mm）	检验方法
4	门窗横框的水平度	3	用1m水平尺和塞尺检查
5	门窗横框标高	5	用钢尺检查
6	门窗竖向偏离中心	5	用钢尺检查
7	双层门窗内外框间距	4	用钢尺检查
8	推拉门窗扇与框搭接量	2	用钢直尺检查

5.4 塑料门窗安装工程

5.4.1 本节适用于塑料门窗安装工程的质量验收。

主控项目

5.4.2 塑料门窗的品种、类型、规格、尺寸、开启方向、安装位置、连接方式及填嵌密封处理应符合设计要求，内衬增强型钢的壁厚及设置应符合国家现行产品标准的质量要求。

检验方法：观察；尺量检查；检查产品合格证书、性能检测报告、进场验收记录和复验报告；检查隐蔽工程验收记录。

5.4.3 塑料门窗框、副框和扇的安装必须牢固。固定片或膨胀螺栓的数量与位置应正确，连接方式应符合设计要求。固定点应距窗角、中横框、中竖框150～200mm，固定点间距应不大于600mm。

检验方法：观察；手扳检查；检查隐蔽工程验收记录。

5.4.4 塑料门窗拼樘料内衬增强型钢的规格、壁厚必须符合设计要求，型钢应与型材内腔紧密吻合，其两端必须与洞口固定牢固。窗框必须与拼樘料连接紧密，固定点间距应不大于600mm。

检验方法：观察；手扳检查；尺量检查；检查进场验收记录。

5.4.5 塑料门窗扇应开关灵活、关闭严密，无倒翘。推拉门窗扇必须有防脱落措施。

检验方法：观察；开启和关闭检查；手扳检查。

5.4.6 塑料门窗配件的型号、规格、数量应符合设计要求，安装应牢固，位置应正确，功能应满足使用要求。

检验方法：观察；手扳检查；尺量检查。

5.4.7 塑料门窗框与墙体间缝隙应采用闭孔弹性材料填嵌饱满，表面应采用密封胶密封。密封胶应粘结牢固，表面应光滑、顺直、无裂纹。

检验方法：观察；检查隐蔽工程验收记录。

一般项目

5.4.8 塑料门窗表面应洁净、平整、光滑，大面应无划痕、碰伤。

检验方法：观察。

5.4.9 塑料门窗扇的密封条不得脱槽。旋转窗间隙应基本均匀。

5.4.10 塑料门窗扇的开关力应符合下列规定：

1 平开门窗扇平铰链的开关力应不大于80N；滑撑铰链的开关力应不大于80N，并不小于30N。

2 推拉门窗扇的开关力应不大于100N。

检验方法：观察；用弹簧秤检查。

5.4.11 玻璃密封条与玻璃及玻璃槽口的接缝应平整，不得卷边、脱槽。

检验方法：观察。

5.4.12 排水孔应畅通，位置和数量应符合设计要求。

检验方法：观察。

5.4.13 塑料门窗安装的允许偏差和检验方法应符合表 5.4.13 的规定。

塑料门窗安装的允许偏差和检验方法
表 5.4.13

项次	项目		允许偏差（mm）	检验方法
1	门窗槽口宽度、高度	≤ 1500mm	2	用钢尺检查
		> 1500mm	3	
2	门窗槽口对角线长度差	≤ 2000mm	3	用钢尺检查
		> 2000mm	5	
3	门窗框的正、侧面垂直度		3	用1m垂直检测尺检查
4	门窗横框的水平度		3	用1m水平尺和塞尺检查
5	门窗横框标高		5	用钢尺检查
6	门窗竖向偏离中心		5	用钢直尺检查
7	双层门窗内外框间距		4	用钢尺检查
8	同樘平开门窗相邻扇高度差		2	用钢直尺检查
9	平开门窗铰链部位配合间隙		+2；−1	用塞尺检查
10	推拉门窗扇与框搭接量		+1.5；−2.5	用钢直尺检查
11	推拉门窗扇与竖框平行度		2	用1m水平尺和塞尺检查

5.5 特种门安装工程

5.5.1 本节适用于防火门、防盗门、自动门、全玻门、旋转门、金属卷帘门等特种门安装工程的质量验收。

主控项目

5.5.2 特种门的质量和各项性能应符合设计要求。

检验方法：检查生产许可证、产品合格证书和性能检测报告。

5.5.3 特种门的品种、类型、规格、尺寸、开启方向、安装位置及防腐处理应符合设计要求。

检验方法：观察；尺量检查；检查进场验收记录和隐蔽工程验收记录。

5.5.4 带有机械装置、自动装置或智能化装置的特种门，其机械装置、自动装置或智能化装置的功能应符合设计要求和有关标准的规定。

检验方法：启动机械装置、自动装置或智能化装置，观察。

5.5.5 特种门的安装必须牢固。预埋件的数量、位置、埋设方式、与框的连接方式必须符合设计要求。

检验方法：观察；手扳检查；检查隐蔽工程验收记录。

5.5.6 特种门的配件应齐全，位置应正确，安装应牢固，功能应满足使用要求和特种门的各项性能要求。

检验方法：观察；手扳检查；检查产品合格证书、性能检测报告和进场验收记录。

一般项目

5.5.7 特种门的表面装饰应符合设计要求。

检验方法：观察。

5.5.8 特种门的表面应洁净，无划痕、碰伤。

检验方法：观察。

5.5.9 推拉自动门安装的留缝限值、允许偏差和检验方法应符合表 5.5.9 的规定。

推拉自动门安装的留缝限值、允许偏差和检验方法　　　　　　　　　表 5.5.9

项次	项目		留缝限值（mm）	允许偏差（mm）	检验方法
1	门槽口宽度、高度	≤1500mm	—	1.5	用钢尺检查
		>1500mm	—	2	
2	门槽口对角线长度差	≤2000mm	—	2	用钢尺检查
		>2000mm	—	2.5	
3	门框的正、侧面垂直度		—	1	用1m垂直检测尺检查
4	门构件装配间隙		—	0.3	用塞尺检查
5	门梁导轨水平度		—	1	用1m水平尺和塞尺检查
6	下导轨与门梁导轨平行度		—	1.5	用钢尺检查
7	门扇与侧框间留缝		1.2～1.8	—	用塞尺检查
8	门扇对口缝		1.2～1.8	—	用塞尺检查

5.5.10 推拉自动门的感应时间限值和检验方法应符合表 5.5.10 的规定。

推拉自动门的感应时间限值和检验方法　　　　　　　　　表 5.5.10

项次	项目	感应时间限值（s）	检验方法
1	开门响应时间	≤0.5	用秒表检查
2	堵门保护延时	16～20	用秒表检查
3	门扇全开启后保持时间	13～17	用秒表检查

5.5.11 旋转门安装的允许偏差和检验方法应符合表 5.5.11 的规定。

旋转门安装的允许偏差和检验方法   表 5.5.11

项次	项目	允许偏差（mm）		检验方法
		金属框架玻璃旋转门	木质旋转门	
1	门扇正、侧面垂直度	1.5	1.5	用 1 m 垂直检测尺检查
2	门扇对角线长度差	1.5	1.5	用钢尺检查
3	相邻扇高度差	1	1	用钢尺检查
4	扇与圆弧边留缝	1.5	2	用塞尺检查
5	扇与上顶间留缝	2	2.5	用塞尺检查
6	扇与地面间留缝	2	2.5	用塞尺检查

5.6 门窗玻璃安装工程

5.6.1 本节适用于平板、吸热、反射、中空、夹层、夹丝、磨砂、钢化、压花玻璃等玻璃安装工程的质量验收。

主控项目

5.6.2 玻璃的品种、规格、尺寸、色彩、图案和涂膜朝向应符合设计要求。单块玻璃大于 $1.5m^2$ 时应使用安全玻璃。

检验方法：观察；检查产品合格证书、性能检测报告和进场验收记录。

5.6.3 门窗玻璃裁割尺寸应正确。安装后的玻璃应牢固，不得有裂纹、损伤和松动。

检验方法：观察；轻敲检查。

5.6.4 玻璃的安装方法应符合设计要求。固定玻璃的钉子或钢丝卡的数量、规格应保证玻璃安装牢固。

检验方法：观察；检查施工记录。

5.6.5 镶钉木压条接触玻璃处，应与裁口边缘平齐。木压条应互相紧密连接，并与裁口边缘紧贴，割角应整齐。

检验方法：观察。

5.6.6 密封条与玻璃、玻璃槽口的接触应紧密、平整。密封胶与玻璃、玻璃槽口的边缘应粘结牢固、接缝平齐。

检验方法：观察。

5.6.7 带密封条的玻璃压条，其密封条必须与玻璃全部贴紧，压条与型材之间应无明显缝隙，压条接缝应不大于 0.5mm。

检验方法：观察；尺量检查。

一般项目

5.6.8 玻璃表面应洁净，不得有腻子、密封胶、涂料等污渍。中空玻璃内外表面均应洁净，玻璃中空层内不得有灰尘和水蒸气。

检验方法：观察。

5.6.9 门窗玻璃不应直接接触型材。单面镀膜玻璃的镀膜层及磨砂玻璃的磨砂面应朝向室内。中空玻璃的单面镀膜玻璃应在最外层，镀膜层应朝向室内。

检验方法：观察。

5.6.10　腻子应填抹饱满、粘结牢固；腻子边缘与裁口应平齐。固定玻璃的卡子不应在腻子表面显露。

检验方法：观察。

6　吊顶工程

6.1　一般规定

6.1.1　本章适用于暗龙骨吊顶、明龙骨吊顶等分项工程的质量验收。

6.1.2　吊顶工程验收时应检查下列文件和记录：

1　吊顶工程的施工图、设计说明及其他设计文件。

2　材料的产品合格证书、性能检测报告、进场验收记录和复验报告。

3　隐蔽工程验收记录。

4　施工记录。

6.1.3　吊顶工程应对人造木板的甲醛含量进行复验。

6.1.4　吊顶工程应对下列隐蔽工程项目进行验收：

1　吊顶内管道、设备的安装及水管试压。

2　木龙骨防火、防腐处理。

3　预埋件或拉结筋。

4　吊杆安装。

5　龙骨安装。

6　填充材料的设置。

6.1.5　各分项工程的检验批应按下列规定划分：

同一品种的吊顶工程每50间（大面积房间和走廊按吊顶面积30m²为一间）应划分为一个检验批，不足50间也应划分为一个检验批。

6.1.6　检查数量应符合下列规定：

每个检验批应至少抽查10%，并不得少于3间；不足3间时应全数检查。

6.1.7　安装龙骨前，应按设计要求对房间净高、洞口标高和吊顶内管道、设备及其支架的标高进行交接检验。

6.1.8　吊顶工程的木吊杆、木龙骨和木饰面板必须进行防火处理，并应符合有关设计防火规范的规定。

6.1.9　吊顶工程中的预埋件、钢筋吊杆和型钢吊杆应进行防锈处理。

6.1.10　安装饰面板前应完成吊顶内管道和设备的调试及验收。

6.1.11　吊杆距主龙骨端部距离不得大于300mm，当大于300mm时，应增加吊杆。当吊杆长度大于1.5m时，应设置反支撑。当吊杆与设备相遇时，应调整并增设吊杆。

6.1.12　重型灯具、电扇及其他重型设备严禁安装在吊顶工程的龙骨上。

6.2　暗龙骨吊顶工程

6.2.1　本节适用于以轻钢龙骨、铝合金龙骨、木龙骨等为骨架，以石膏板、金属板、矿棉板、木板、塑料板或格栅等为饰面材料的暗龙骨吊顶工程的质量验收。

主控项目

6.2.2 吊顶标高、尺寸、起拱和造型应符合设计要求。

检验方法：观察；尺量检查。

6.2.3 饰面材料的材质、品种、规格、图案和颜色应符合设计要求。

检验方法：观察；检查产品合格证书、性能检测报告、进场验收记录和复验报告。

6.2.4 暗龙骨吊顶工程的吊杆、龙骨和饰面材料的安装必须牢固。

检验方法：观察；手扳检查；检查隐蔽工程验收记录和施工记录。

6.2.5 吊杆、龙骨的材质、规格、安装间距及连接方式应符合设计要求。金属吊杆、龙骨应经过表面防腐处理；木吊杆、龙骨应进行防腐、防火处理。

检验方法：观察；尺量检查；检查产品合格证书、性能检测报告、进场验收记录和隐蔽工程验收记录。

6.2.6 石膏板的接缝应按其施工工艺标准进行板缝防裂处理。安装双层石膏板时，面层板与基层板的接缝应错开，并不得在同一根龙骨上接缝。

检验方法：观察。

一般项目

6.2.7 饰面材料表面应洁净、色泽一致，不得有翘曲、裂缝及缺损。压条应平直、宽窄一致。

检验方法：观察；尺量检查。

6.2.8 饰面板上的灯具、烟感器、喷淋头、风口篦子等设备的位置应合理、美观，与饰面板的交接应吻合、严密。

检验方法：观察。

6.2.9 金属吊杆、龙平的接缝应均匀一致，角缝应吻合，表面应平整，无翘曲、锤印。木质吊杆、龙平应顺直，无劈裂、变形。

检验方法：检查隐蔽工程验收记录和施工记录。

6.2.10 吊顶内填充吸声材料的品种和铺设厚度应符合设计要求，并应有防散落措施。

检验方法：检查隐蔽工程验收记录和施工记录。

6.2.11 暗龙骨吊顶工程安装的允许偏差和检验方法应符合表 6.2.11 的规定。

暗龙骨吊顶工程安装的允许偏差和检验方法　　　　表 6.2.11

项次	项目	允许偏差（mm）				检验方法
		纸面石膏板	金属板	矿棉板	木板、塑料板、格栅	
1	表面平整度	3	2	2	3	用 2m 靠尺和塞尺检查
2	接缝直线度	3	1.5	3	3	拉 5m 线，不足 5m 拉通线，用钢直尺检查
3	接缝高低差	1	1	1.5	1	用钢直尺和塞尺检查

6.3 明龙骨吊顶工程

6.3.1 本节适用于以轻钢龙骨、铝合金龙骨、木龙骨等为骨架，以石膏板、金属板、矿棉板、塑料板、玻璃板或格栅等饰面材料的明龙骨吊顶工程的质量验收。

主控项目

6.3.2 吊顶标高、尺寸、起拱和造型应符合设计要求。

检验方法：观察；尺量检查。

6.3.3 饰面材料的材质、品种、规格、图案和颜色应符合设计要求。当饰面材料为玻璃板时，应使用安全玻璃或采取可靠的安全措施。

检验方法：观察；检查产品合格证书、性能检测报告和进场验收记录。

6.3.4 饰面材料的安装应稳固严密。饰面材料与龙骨的搭接宽度应大于龙骨受力面宽度的2/3。

检验方法：观察；手扳检查；尺量检查。

6.3.5 吊杆、龙骨的材质、规格、安装间距及连接方式应符合设计要求。金属吊杆、龙骨应进行表面防腐处理；木龙骨应进行防腐、防火处理。

检验方法：观察；尺量检查；检查产品合格证书、进场验收记录和隐蔽工程验收记录。

6.3.6 明龙骨吊顶工程的吊杆和龙骨安装必须牢固。

检验方法：手扳检查；检查隐蔽工程验收记录和施工记录。

一般项目

6.3.7 饰面材料表面应洁净、色泽一致，不得有翘曲、裂缝及缺损。饰面板与明龙骨的搭接应平整、吻合，压条应平直、宽窄一致。

检验方法：观察；尺量检查。

6.3.8 饰面板上的灯具、烟感器、喷淋头、风口箅子等设备的位置应合理、美观，与饰面板的交接应吻合、严密。

检验方法：观察。

6.3.9 金属龙骨的接缝应平整、吻合、颜色一致，不得有划伤、擦伤等表面缺陷。木质龙骨应平整、顺直，无劈裂。

检验方法：观察。

6.3.10 吊顶内填充吸声材料的品种和铺设厚度应符合设计要求，并应有防散落措施。

检验方法：检查隐蔽工程验收记录和施工记录。

6.3.11 明龙骨吊顶工程安装的允许偏差和检验方法应符合表6.3.11的规定。

明龙骨吊顶工程安装的允许偏差和检验方法   表6.3.11

项次	项目	允许偏差（mm）				检验方法
		石膏板	金属板	矿棉板	塑料板、玻璃板	
1	表面平整度	3	2	3	3	用2m靠尺和塞尺检查
2	接缝直线度	3	2	3	3	拉5m线，不足5m拉通线，用钢直尺检查
3	接缝高低差	1	1	2	1	用钢直尺和塞尺检查

7 轻质隔墙工程

7.1 一般规定

7.1.1 本章适用于板材隔墙、骨架隔墙、活动隔墙、玻璃隔墙等分项工程的质量验收。

7.1.2 轻质隔墙工程验收时应检查下列文件和记录：

1 轻质隔墙工程的施工图、设计说明及其他设计文件。

2 材料的产品合格证书、性能检测报告、进场验收记录和复验报告。

3 隐蔽工程验收记录。

4 施工记录。

7.1.3 轻质隔墙工程应对人造木板的甲醛含量进行复验。

7.1.4 轻质隔墙工程应对下列隐蔽工程项目进行验收：

1 骨架隔墙中设备管线的安装及水管试压。

2 木龙骨防火、防腐处理。

3 预埋件或拉结筋。

4 龙骨安装。

5 填充材料的设置。

7.1.5 各分项工程的检验批应按下列规定划分：

同一品种的轻质隔墙工程每 50 间（大面积房间和走廊按轻质隔墙的墙面 30m² 为一间）应划分为一个检验批，不足 50 间也应划分为一个检验批。

7.1.6 轻质隔墙与顶棚和其他墙体的交接处应采取防开裂措施。

7.1.7 民用建筑轻质隔墙工程的隔声性能应符合现行国家标准《民用建筑隔声设计规范》(GBJ 118)的规定。

7.2 板材隔墙工程

7.2.1 本节适用于复合轻质墙板、石膏空心板、预制或现制的钢丝网水泥板等板材隔墙工程的质量验收。

7.2.2 板材隔墙工程的检查数量应符合下列规定：

每个检验批应至少抽查 10%，并不得少于 3 间；不足 3 间时应全数检查。

主控项目

7.2.3 隔墙板材的品种、规格、性能、颜色应符合设计要求。有隔声、隔热、阻燃、防潮等特殊要求的工程，板材应有相应性能等级的检测报告。

检验方法：观察；检查产品合格证书、进场验收记录和性能检测报告。

7.2.4 安装隔墙板材所需预埋件、连接件的位置、数量及连接方法应符合设计要求。

检验方法：观察；尺量检查；检查隐蔽工程验收记录。

7.2.5 隔墙板材安装必须牢固。现制钢丝网水泥隔墙与周边墙体的连接方法应符合设计要求，并应连接牢固。

检验方法：观察；手扳检查。

7.2.6 隔墙板材所用接缝材料的品种及接缝方法应符合设计要求。

检验方法：观察；检查产品合格证书和施工记录。

一般项目

7.2.7 隔墙板材安装应垂直、平整、位置正确，板材不应有裂缝或缺损。

检验方法：观察；尺量检查。

7.2.8 板材隔墙表面应平整光滑、色泽一致、洁净，接缝应均匀、顺直。

检验方法：观察；手摸检查。

7.2.9 隔墙上的孔洞、槽、盒应位置正确、套割方正、边缘整齐。

检验方法：观察。

7.2.10 板材隔墙安装的允许偏差和检验方法应符合表 7.2.10 的规定。

板材隔墙安装的允许偏差和检验方法　　　　　　表 7.2.10

项次	项目	允许偏差（mm）				检验方法
		复合轻质墙板		石膏空心板	钢丝网水泥板	
		金属夹芯板	其他复合板			
1	立面垂直度	2	3	3	3	用 2m 垂直检测尺检查
2	表面平整度	2	3	3	3	用 2m 靠尺和塞尺检查
3	阴阳角方正	3	3	3	4	用直角检测尺检查
4	接缝高低差	1	2	2	3	用钢直尺和塞尺检查

7.3 骨架隔墙工程

7.3.1 本节适用于以轻钢龙骨、木龙骨等为骨架，以纸面石膏板、人造木板、水泥纤维板等为墙面板的隔墙工程的质量验收。

7.3.2 骨架隔墙工程的检查数量应符合下列规定：

每个检验批应至少抽查 10%，并不得少于 3 间；不足 3 间时应全数检查。

主控项目

7.3.3 骨架隔墙所用龙骨、配件、墙面板、填充材料及嵌缝材料的品种、规格、性能和木材的含水率应符合设计要求。有隔声、隔热、阻燃、防潮等特殊要求的工程，材料应有相应性能等级的检测报告。

检验方法：观察；检查产品合格证书、进场验收记录、性能检测报告和复验报告。

7.3.4 骨架隔墙工程边框龙骨必须与基体结构连接牢固，并应平整、垂直、位置正确。

检验方法：手扳检查；尺量检查；检查隐蔽工程验收记录。

7.3.5 骨架隔墙中龙骨间距和构造连接方法应符合设计要求。骨架内设备管线的安装、门窗洞口等部位加强龙骨应安装牢固、位置正确，填充材料的设置应符合设计要求。

检验方法：检查隐蔽工程验收记录。

7.3.6 木龙骨及木墙面板的防火和防腐处理必须符合设计要求。

检验方法：检查隐蔽工程验收记录。

7.3.7 骨架隔墙的墙面板应安装牢固，无脱层、翘曲、折裂及缺损。

检验方法：观察；手扳检查。

7.3.8 墙面板所用接缝材料的接缝方法应符合设计要求。

检验方法：观察。

一般项目

7.3.9 骨架隔墙表面应平整光滑、色泽一致、洁净、无裂缝，接缝应均匀、顺直。

检验方法：观察；手摸检查。

7.3.10 骨架隔墙上的孔洞、槽、盒应位置正确、套割吻合、边缘整齐。

检验方法：观察。

7.3.11 骨架隔墙内的填充材料应干燥，填充应密实、均匀、无下坠。

检验方法：轻敲检查；检查隐蔽工程验收记录。

7.3.12 骨架隔墙安装的允许偏差和检验方法应符合表 7.3.12 的规定。

骨架隔墙安装的允许偏差和检验方法　　　　　　表 7.3.12

项次	项目	允许偏差（mm）		检验方法
		纸面石膏板	人造木板、水泥纤维板	
1	立面垂直度	3	4	用 2m 垂直检测尺检查
2	表面平整度	3	3	用 2m 靠尺和塞尺检查
3	阴阳角方正	3	3	用直角检测尺检查
4	接缝直线度	—	3	拉 5m 线，不足 5m 拉通线，用钢直尺检查
5	压条直线度	—	3	拉 5m 线，不足 5m 拉通线，用钢直尺检查
6	接缝高低差	1	1	用钢直尺和塞尺检查

7.4 活动隔墙工程

7.4.1 本节适用于各种活动隔墙工程的质量验收。

7.4.2 活动隔墙工程的检查数量应符合下列规定：

每个检验批应至少抽查 20%，并不得少于 6 间；不足 6 间时应全数检查。

主控项目

7.4.3 活动隔墙所用墙板、配件等材料的品种、规格、性能和木材的含水率应符合设计要求。有阻燃、防潮等特性要求的工程，材料应有相应性能等级的检测报告。

检验方法：观察；检查产品合格证书、进场验收记录、性能检测报告和复验报告。

7.4.4 活动隔墙轨道必须与基体结构连接牢固，并应位置正确。

检验方法：尺量检查；手扳检查。

7.4.5 活动隔墙用于组装、推拉和制动的构配件必须安装牢固、位置正确，推拉必须安全、平稳、灵活。

检验方法：尺量检查；手扳检查；推拉检查。

7.4.6 活动隔墙制作方法、组合方式应符合设计要求。

检验方法：观察。

一般项目

7.4.7 活动隔墙表面色泽一致、平整光滑、洁净，线条应顺直、清晰。

检验方法：观察；手摸检查。

7.4.8 活动隔墙上的孔洞、槽、盒应位置正确，套割吻合、边缘整齐。

检验方法：观察；尺量检查。

7.4.9 活动隔墙推拉应无噪声。

检验方法：推拉检查。

7.4.10 活动隔墙安装的允许偏差和检验方法应符合表7.4.10的规定。

活动隔墙安装的允许偏差和检验方法   表 7.4.10

项次	项目	允许偏差（mm）	检验方法
1	立面垂直度	3	用2m垂直检测尺检查
2	表面平整度	2	用2m靠尺和塞尺检查
3	接缝直线度	3	拉5m线，不足5m拉通线，用钢直尺检查
4	接缝高低差	2	用钢直尺和塞尺检查
5	接缝宽度	2	用钢直尺检查

7.5 玻璃隔墙工程

7.5.1 本节适用于玻璃砖、玻璃板隔墙工程的质量验收。

7.5.2 玻璃墙工程的检查数量应符合下列规定：

每个检验批应至少抽查20%，并不得少于6间；不足6间时应全数检查。

主控项目

7.5.3 玻璃隔墙工程所用材料的品种、规格、性能、图案和颜色应符合设计要求。玻璃板隔墙应使用安全玻璃。

检验方法：观察；检查产品合格证书、进场验收记录和性能检测报告。

7.5.4 玻璃砖隔墙的砌筑或玻璃板隔墙的安装方法应符合设计要求。

检验方法：观察。

7.5.5 玻璃砖隔墙砌筑中埋设的拉结筋必须与基体结构连接牢固，并应位置正确。

检验方法：手扳检查；尺量检查；检查隐蔽工程验收记录。

7.5.6 玻璃板隔墙的安装必须牢固。玻璃板隔墙胶垫的安装应正确。

检验方法：观察；手推检查；检查施工记录。

一般项目

7.5.7 玻璃隔墙表面应色泽一致、平整洁净、清晰美观。

检验方法：观察。

7.5.8 玻璃隔墙接缝应横平竖直，玻璃应无裂痕、缺损和划痕。

检验方法：观察。

7.5.9 玻璃板隔墙嵌缝及玻璃砖隔墙勾缝应密实平整、均匀顺直、深浅一致。

检验方法：观察。

7.5.10 玻璃隔墙安装的允许偏差和检验方法应符合表 7.5.10 的规定。

玻璃隔墙安装的允许偏差和检验方法　　　　表 7.5.10

项次	项目	允许偏差（mm）		检验方法
		玻璃砖	玻璃板	
1	立面垂直度	3	2	用 2m 垂直检测尺检查
2	表面平整度	3	—	用 2m 靠尺和塞尺检查
3	阴阳角方正	—	2	用直角检测尺检查
4	接缝直线度	—	2	拉 5m 线，不足 5m 拉通线，用钢直尺检查
5	接缝高低差	3	2	用钢直尺和塞尺检查
6	接缝宽度		1	用钢直尺检查

8 饰面板（砖）工程

8.1 一般规定

8.1.1 本章适用于饰面板安装、饰面砖粘贴等分项工程的质量验收。

8.1.2 饰面板（砖）工程验收时应检查下列文件和记录：

1 饰面板（砖）工程的施工图、设计说明及其他设计文件。

2 材料的产品合格证书、性能检测报告、进场验收记录和复验报告。

3 后置埋件的现场拉拔检测报告。

4 外墙饰面砖样板件的粘结强度检测报告。

5 隐蔽工程验收记录。

6 施工记录。

8.1.3 饰面板（砖）工程应对下列材料及其性能指标进行复验：

1 室内用花岗石的放射性。

2 粘贴用水泥的凝结时间、安定性和抗压强度。

3 外墙陶瓷面砖的吸水率。

4 寒冷地区外墙陶瓷面砖的抗冻性。

8.1.4 饰面板（砖）工程应对下列隐蔽工程项目进行验收：

1 预埋件（或后置埋件）。

2 连接节点。

3 防水层。

8.1.5　各分项工程的检验批应按下列规定划分：

1　相同材料、工艺和施工条件的室内饰面板（砖）工程每 50 间（大面积房间和走廊按施工面积 30m² 为一间）应划分为一个检验批，不足 50 间也应划分为一个检验批。

2　相同材料、工艺和施工条件的室外饰面板（砖）工程每 500 ~ 1000m² 应划分为一个检验批，不足 500m² 也应划分为一个检验批。

8.1.6　检查数量应符合下列规定：

1　室内每个检验批应至少抽查 10%，并不得少于 3 间；不足 3 间时应全数检查。

2　室外每个检验批每 100m² 应至少抽查一处，每处不得小于 10m²。

8.1.7　外墙饰面砖粘贴前和施工过程中，均应在相同基层上做样板件，并对样板件的饰面砖粘结强度进行检验，其检验方法和结果判定应符合《建筑工程饰面砖粘结强度检验标准》（JGJ 110）的规定。

8.1.8　饰面板（砖）工程的抗震缝、伸缩缝、沉降缝等部位的处理应保证缝的使用功能和饰面的完整性。

8.2　饰面板安装工程

8.2.1　本节适用于内墙饰面板安装工程和高度不大于 24 m、抗震设防烈度不大于 7 度的外墙饰面板安装工程的质量验收。

主控项目

8.2.2　饰面板的品种、规格、颜色和性能应符合设计要求，木龙骨、木饰面板和塑料饰面板的燃烧性能等级应符合设计要求。

检验方法：观察；检查产品合格证书、进场验收记录和性能检测报告。

8.2.3　饰面板孔、槽的数量、位置和尺寸应符合设计要求。

检验方法：检查进场验收记录和施工记录。

8.2.4　饰面板安装工程的预埋件（或后置埋件）、连接件的数量、规格、位置、连接方法和防腐处理必须符合设计要求。后置埋件的现场拉拔强度必须符合设计要求。饰面板安装必须牢固。

检验方法：手扳检查；检查进场验收记录、现场拉拔检测报告、隐蔽工程验收记录和施工记录。

一般项目

8.2.5　饰面板表面应平整、洁净、色泽一致，无裂痕和缺损。石材表面应无泛碱等污染。

检验方法：观察。

8.2.6　饰面板嵌缝应密实、平直，宽度和深度应符合设计要求，嵌填材料色泽应一致。

检验方法：观察；尺量检查。

8.2.7　采用湿作业法施工的饰面板工程，石材应进行防碱背涂处理。饰面板与基体之间的灌注材料应饱满、密实。

检验方法：用小锤轻击检查；检查施工记录。

8.2.8　饰面板上的孔洞应套割吻合，边缘应整齐。

检验方法：观察。

8.2.9　饰面板安装的允许偏差和检验方法应符合表 8.2.9 的规定。

饰面板安装的允许偏差和检验方法　　　　　　表 8.2.9

| 项次 | 项目 | 允许偏差（mm） | | | | | | | 检验方法 |
| | | 石材 | | | 瓷板 | 木材 | 塑料 | 金属 | |
		光面	剁斧石	蘑菇石					
1	立面垂直度	2	3	3	2	1.5	2	2	用 2m 垂直检测尺检查
2	表面平整度	2	3	—	1.5	1	3	3	用 2m 靠尺和塞尺检查
3	阴阳角方正	2	4	4	2	1.5	3	3	用直角检测尺检查
4	接缝直线度	2	4	4	2	1	1	1	拉 5m 线，不足 5m 拉通线，用钢直尺检查
5	墙裙、勒脚上口直线度	2	3	3	2	2	2	2	拉 5m 线，不足 5m 拉通线，用钢直尺检查
6	接缝高低差	0.5	3	—	0.5	0.5	1	1	用钢直尺和塞尺检查
7	接缝宽度	1	2	2	1	1	1	1	用钢直尺检查

8.3 饰面砖粘贴工程

8.3.1 本节适用于内墙饰面砖粘贴工程和高度不大于 100m、抗震设防烈度不大于 8 度、采用满粘法施工的外墙饰面砖粘贴工程的质量验收。

主控项目

8.3.2 饰面砖的品种、规格、图案、颜色和性能应符合设计要求。

检验方法：观察；检查产品合格证书、进场验收记录、性能检测报告和复验报告。

8.3.3 饰面砖粘贴工程的找平、防水、粘结和勾缝材料及施工方法应符合设计要求及国家现行产品标准和工程技术标准的规定。

检验方法：检查产品合格证书、复验报告和隐蔽工程验收记录。

8.3.4 饰面砖粘贴必须牢固。

检验方法：检查样板件粘结强度检测报告和施工记录。

8.3.5 满粘法施工的饰面砖工程应无空鼓、裂缝。

检验方法：观察；用小锤轻击检查。

一般项目

8.3.6 饰面砖表面应平整、洁净、色泽一致，无裂痕和缺损。

检验方法：观察。

8.3.7 阴阳角处搭接方式、非整砖使用部位应符合设计要求。

检验方法：观察。

8.3.8 墙面突出物周围的饰面砖应整砖套割吻合，边缘应整齐。墙裙、贴脸突出墙面的厚度应一致。

检验方法：观察；尺量检查。

8.3.9 饰面砖接缝应平直、光滑，填嵌应连续、密实；宽度和深度应符合设计要求。

检验方法：观察；尺量检查。

8.3.10 有排水要求的部位应做滴水线（槽）。滴水线（槽）应顺直，流水坡向应正确，坡度应符合设计要求。

检验方法：观察；用水平尺检查。

8.3.11 饰面砖粘贴的允许偏差和检验方法应符合表 8.3.11 的规定。

饰面砖粘贴的允许偏差和检验方法 表 8.3.11

项次	项目	允许偏差（mm）		检验方法
		外墙面砖	内墙面砖	
1	立面垂直度	3	2	用 2m 垂直检测尺检查
2	表面平整度	4	3	用 2m 靠尺和塞尺检查
3	阴阳角方正	3	3	用直角检测尺检查
4	接缝直线度	3	2	拉 5m 线，不足 5m 拉通线，用钢直尺检查
5	接缝高低差	1	0.5	用钢直尺和塞尺检查
6	接缝宽度	1	1	用钢直尺检查

9 幕墙工程

9.1 一般规定

9.1.1 本章适用于玻璃幕墙、金属幕墙、石材幕墙等分项工程的质量验收。

9.1.2 幕墙工程验收时应检查下列文件和记录：

1 幕墙工程的施工图、结构计算书、设计说明及其他设计文件。

2 建筑设计单位对幕墙工程设计的确认文件。

3 幕墙工程所用各种材料、五金配件、构件及组件的产品合格证书、性能检测报告、进场验收记录和复验报告。

4 幕墙工程所用硅酮结构胶的认定证书和抽查合格证明；进口硅酮结构胶的商检证；国家指定检测机构出具的硅酮结构胶相容性和剥离粘结性试验报告；石材用密封胶的耐污染性试验报告。

5 后置埋件的现场拉拔强度检测报告。

6 幕墙的抗风压性能、空气渗透性能、雨水渗漏性能及平面变形性能检测报告。

7 打胶、养护环境的温度、湿度记录；双组份硅酮结构胶的混匀性试验记录及拉断试验记录。

8 防雷装置测试记录。

9 隐蔽工程验收记录。

10 幕墙构件和组件的加工制作记录；幕墙安装施工记录。

9.1.3 幕墙工程应对下列材料及其性能指标进行复验：

1 铝塑复合板的剥离强度。

2 石材的弯曲强度；寒冷地区石材的耐冻融性；室内用花岗石的放射性。

3 玻璃幕墙用结构胶的邵氏硬度、标准条件拉伸粘结强度、相容性试验；石材用结构胶的粘结强度；石材用密封胶的污染性。

9.1.4 幕墙工程应对下列隐蔽工程项目进行验收：

1 预埋件（或后置埋件）。

2 构件的连接节点。

3 变形缝及墙面转角处的构造节点。

4 幕墙防雷装置。

5 幕墙防火构造。

9.1.5 各分项工程的检验批应按下列规定划分：

1 相同设计、材料、工艺和施工条件的幕墙工程每 500～1000m² 应划分为一个检验批，不足 500m² 也应划分为一个检验批。

2 同一单位工程的不连续的幕墙工程应单独划分检验批。

3 对于异型或有特殊要求的幕墙，检验批的划分应根据幕墙的结构、工艺特点及幕墙工程规模，由监理单位（或建设单位）和施工单位协商确定。

9.1.6 检查数量应符合下列规定：

1 每个检验批每 100m² 应至少抽查一处，每处不得小于 10m²。

2 对于异型或有特殊要求的幕墙工程，应根据幕墙的结构和工艺特点，由监理单位（或建设单位）和施工单位协商确定。

9.1.7 幕墙及其连接件应具有足够的承载力、刚度和相对于主体结构的位移能力。幕墙构架立柱的连接金属角码与其他连接件应采用螺栓连接，并应有防松动措施。

9.1.8 隐框、半隐框幕墙所采用的结构粘结材料必须是中性硅酮结构密封胶，其性能必须符合《建筑用硅酮结构密封胶》（GB 16776）的规定；硅酮结构密封胶必须在有效期内使用。

9.1.9 立柱和横梁等主要受力构件，其截面受力部分的壁厚应经计算确定，且铝合金型材壁厚不应小于 3.0mm，钢型材壁厚不应小于 3.5mm。

9.1.10 隐框、半隐框幕墙构件中板材与金属框之间硅酮结构密封胶的粘结宽度，应分别计算风荷载标准值和板材自重标准值作用下硅酮结构密封胶的粘结宽度，并取其较大值，且不得小于 7.0mm。

9.1.11 硅酮结构密封胶应打注饱满，并应在温度 15℃～30℃、相对湿度 50% 以上、洁净的室内进行；不得在现场墙上打注。

9.1.12 幕墙的防火除应符合现行国家标准《建筑设计防火规范》（GBJ 16）和《高层民用建筑设计防火规范》（GB 50045）的有关规定外，还应符合下列规定：

1 应根据防火材料的耐火极限决定防火层的厚度和宽度，并应在楼板处形成防火带。

2 防火层应采取隔离措施。防火层的衬板应采用经防腐处理且厚度不小于 1.5mm 的钢板，不得采用铝板。

3 防火层的密封材料应采用防火密封胶。

4 防火层与玻璃不应直接接触，一块玻璃不应跨两个防火分区。

9.1.13 主体结构与幕墙连接的各种预埋件，其数量、规格、位置和防腐处理必须符合设计要求。

9.1.14 幕墙的金属框架与主体结构预埋件的连接、立柱与横梁的连接及幕墙面板的安装必须符合设计要求，安装必须牢固。

9.1.15 单元幕墙连接处和吊挂处的铝合金型材的壁厚应通过计算确定，并不得小于 5.0 mm。

9.1.16 幕墙的金属框架与主体结构应通过预埋件连接，预埋件应在主体结构混凝土施工时埋入，预埋件的位置应准确。当没有条件采用预埋件连接时，应采用其他可靠的连接措施，并应通过试验确定其承载力。

9.1.17　立柱应采用螺栓与角码连接，螺栓直径应经过计算，并不应小于 10 mm。不同金属材料接触时应采用绝缘垫片分隔。

9.1.18　幕墙的抗震缝、伸缩缝、沉降缝等部位的处理应保证缝的使用功能和饰面的完整性。

9.1.19　幕墙工程的设计应满足维护和清洁的要求。

9.2　玻璃幕墙工程

9.2.1　本节适用于建筑高度不大于 150m、抗震设防烈度不大于 8 度的隐框玻璃幕墙、半隐框玻璃幕墙、明框玻璃幕墙、全玻幕墙及点支承玻璃幕墙工程的质量验收。

主控项目

9.2.2　玻璃幕墙工程所使用的各种材料、构件和组件的质量，应符合设计要求及国家现行产品标准和工程技术规范的规定。

检验方法：检查材料、构件、组件的产品合格证书、进场验收记录、性能检测报告和材料的复验报告。

9.2.3　玻璃幕墙的造型和立面分格应符合设计要求。

检验方法：观察；尺量检查。

9.2.4　玻璃幕墙使用的玻璃应符合下列规定：

1　幕墙应使用安全玻璃，玻璃的品种、规格、颜色、光学性能及安装方向应符合设计要求。

2　幕墙玻璃的厚度不应小于 6.0mm。全玻幕墙肋玻璃的厚度不应小于 12mm。

3　幕墙的中空玻璃应采用双道密封。明框幕墙的中空玻璃应采用聚硫密封胶及丁基密封胶；隐框和半隐框幕墙的中空玻璃应采用硅酮结构密封胶及丁基密封胶；镀膜面应在中空玻璃的第 2 或第 3 面上。

4　幕墙的夹层玻璃应采用聚乙烯醇缩丁醛（PVB）胶片干法加工合成的夹层玻璃。点支承玻璃幕墙夹层玻璃的夹层胶片（PVB）厚度不应小于 0.76mm。

5　钢化玻璃表面不得有损伤；8.0mm 以下的钢化玻璃应进行引爆处理。

6　所有幕墙玻璃均应进行边缘处理。

检验方法：观察；尺量检查；检查施工记录。

9.2.5　玻璃幕墙与主体结构连接的各种预埋件、连接件、紧固件必须安装牢固，其数量、规格、位置、连接方法和防腐处理应符合设计要求。

检验方法：观察；检查隐蔽工程验收记录和施工记录。

9.2.6　各种连接件、紧固件的螺栓应有防松动措施；焊接连接应符合设计要求和焊接规范的规定。

检验方法：观察；检查隐蔽工程验收记录和施工记录。

9.2.7　隐框或半隐框玻璃幕墙，每块玻璃下端应设置两个铝合金或不锈钢托条，其长度不应小于 100mm，厚度不应小于 2mm，托条外端应低于玻璃外表面 2mm。

检验方法：观察；检查施工记录。

9.2.8　明框玻璃幕墙的玻璃安装应符合下列规定：

1　玻璃槽口与玻璃的配合尺寸应符合设计要求和技术标准的规定。

    2 玻璃与构件不得直接接触，玻璃四周与构件凹槽底部应保持一定的空隙，每块玻璃下部应至少放置两块宽度与槽口宽度相同、长度不小于100mm的弹性定位垫块；玻璃两边嵌入量及空隙应符合设计要求。

    3 玻璃四周橡胶条的材质、型号应符合设计要求，镶嵌应平整，橡胶条长度应比边框内槽长1.5%～2.0%，橡胶条在转角处应斜面断开，并应用粘结剂粘结牢固后嵌入槽内。

    检验方法：观察；检查施工记录。

9.2.9 高度超过4m的全玻璃幕墙应吊挂在主体结构上，吊夹具符合设计要求，玻璃与玻璃、玻璃与玻璃肋之间的缝隙，应采用硅酮结构密封胶填嵌严密。

    检验方法：观察；检查隐蔽工程验收记录和施工记录。

9.2.10 点支承玻璃幕墙应采用带万向头的活动不锈钢爪，其钢爪间的中心距离应大于250mm。

    检验方法：观察；尺量检查。

9.2.11 玻璃幕墙四周、玻璃幕墙内表面与主体结构之间的连接节点、各种变形缝、墙角的连接节点应符合设计要求和技术标准的规定。

    检验方法：观察；检查隐蔽工程验收记录和施工记录。

9.2.12 玻璃幕墙应无渗漏。

    检验方法：在易渗漏部位进行淋水检查。

9.2.13 玻璃幕墙结构胶和密封胶的打注应饱满、密实、连续、均匀、无气泡，宽度和厚度应符合设计要求和技术标准的规定。

    检验方法：观察；尺量检查；检查施工记录。

9.2.14 玻璃幕墙开启窗的配件应齐全，安装应牢固，安装位置和开启方向、角度应正确；开启应灵活，关闭应严密。

    检验方法：观察；手扳检查；开启和关闭检查。

9.2.15 玻璃幕墙的防雷装置必须与主体结构的防雷装置可靠连接。

    检验方法：观察；检查隐蔽工程验收记录和施工记录。

一般项目

9.2.16 玻璃幕墙表面应平整、洁净；整幅玻璃的色泽应均匀一致；不得有污染和镀膜损坏。

    检验方法：观察。

9.2.17 每平方米玻璃的表面质量和检验方法应符合表9.2.17的规定。

每平方米玻璃的表面质量和检验方法   表9.2.17

项次	项目	质量要求	检验方法
1	明显划伤和长度>100mm的轻微划伤	不允许	观察
2	长度≤100mm的轻微划伤	≤8条	用钢尺检查
3	擦伤总面积	≤500mm²	用钢尺检查

9.2.18 一个分格铝合金型材的表面质量和检验方法应符合表9.2.18的规定。

一个分格铝合金型材的表面质量和检验方法　　表 9.2.18

项次	项目	质量要求	检验方法
1	明显划伤和长度 >100mm 的轻微划伤	不允许	观察
2	长度 ≤ 100mm 的轻微划伤	≤ 2 条	用钢尺检查
3	擦伤总面积	≤ 500mm²	用钢尺检查

9.2.19　明框玻璃幕墙的外露框或压条应横平竖直，颜色、规格应符合设计要求，压条安装应牢固。单元玻璃幕墙的单元拼缝或隐框玻璃幕墙的分格玻璃拼缝应横平竖直、均匀一致。

检验方法：观察；手扳检查；检查进场验收记录。

9.2.20　玻璃幕墙的密封胶缝应横平竖直、深浅一致、宽窄均匀、光滑顺直。

检验方法：观察；手摸检查。

9.2.21　防火、保温材料填充应饱满、均匀，表面应密实、平整。

检验方法：检查隐蔽工程验收记录。

9.2.22　玻璃幕墙隐蔽节点的遮封装修应牢固、整齐、美观。

检验方法：观察；手扳检查。

9.2.23　明框玻璃幕墙安装的允许偏差和检验方法应符合表 9.2.23 的规定。

明框玻璃幕墙安装的允许偏差和检验方法　　表 9.2.23

项次	项目		允许偏差（mm）	检验方法
1	幕墙垂直度	幕墙高度 ≤ 30m	10	用经纬仪检查
		30m＜幕墙高度 ≤ 60m	15	
		60m＜幕墙高度 ≤ 90m	20	
		幕墙高度＞90m	25	
2	幕墙水平度	幕墙幅宽 ≤ 35m	5	用水平仪检查
		幕墙幅宽＞35m	7	
3	构件直线度		2	用 2m 靠尺和塞尺检查
4	构件水平度	构件长度 ≤ 2m	2	用水平仪检查
		构件长度＞2m	3	
5	相邻构件错位		1	用钢直尺检查
6	分格框对角线长度差	对角线长度 ≤ 2m	3	用钢尺检查
		对角线长度＞2m	4	

9.2.24　隐框、半隐框玻璃幕墙安装的允许偏差和检验方法应符合表 9.2.24 的规定。

隐框、半隐框玻璃幕墙安装的允许偏差和检验方法 表 9.2.24

项次	项目		允许偏差（mm）	检验方法
1	幕墙垂直度	幕墙高度 ≤ 30m	10	用经纬仪检查
		30m＜幕墙高度 ≤ 60m	15	
		60m＜幕墙高度 ≤ 90m	20	
		幕墙高度＞90m	25	
2	幕墙水平度	层高 ≤ 3m	3	用水平仪检查
		层高＞3m	5	
3	幕墙表面平整度		2	用2m靠尺和塞尺检查
4	板材立面垂直度		2	用垂直检测尺检查
5	板材上沿水平度		2	用1m水平尺和钢直尺检查
6	相邻板材板角错位		1	用钢直尺检查
7	阳角方正		2	用直角检测尺检查
8	接缝直线度		3	拉5m线，不足5m拉通线，用钢直尺检查
9	接缝高低差		1	用钢直尺和塞尺检查
10	接缝宽度		1	用钢直尺检查

9.3 金属幕墙工程

9.3.1 本节适用于建筑高度不大于150m的金属幕墙工程的质量验收。

主控项目

9.3.2 金属幕墙工程所使用的各种材料和配件，应符合设计要求及国家现行产品标准和工程技术规范的规定。

检验方法：检查产品合格证书、性能检测报告、材料进场验收记录和复验报告。

9.3.3 金属幕墙的造型和立面分格应符合设计要求。

检验方法：观察；尺量检查。

9.3.4 金属面板的品种、规格、颜色、光泽及安装方向应符合设计要求。

检验方法：观察；检查进场验收记录。

9.3.5 金属幕墙主体结构上的预埋件、后置埋件的数量、位置及后置埋件的拉拔力必须符合设计要求。

检验方法：检查拉拔力检测报告和隐蔽工程验收记录。

9.3.6 金属幕墙的金属框架立柱与主体结构预埋件的连接、立柱与横梁的连接、金属面板的安装必须符合设计要求，安装必须牢固。

检验方法：手扳检查；检查隐蔽工程验收记录。

9.3.7 金属幕墙的防火、保温、防潮材料的设置应符合设计要求，并应密实、均匀、厚度一致。

检验方法：检查隐蔽工程验收记录。

9.3.8 金属框架及连接件的防腐处理应符合设计要求。

检验方法：检查隐蔽工程验收记录和施工记录。

9.3.9 金属幕墙的防雷装置必须与主体结构的防雷装置可靠连接。

检验方法：检查隐蔽工程验收记录。

9.3.10 各种变形缝、墙角的连接节点应符合设计要求和技术标准的规定。

检验方法：观察；检查隐蔽工程验收记录。

9.3.11 金属幕墙的板缝注胶应饱满、密实、连续、均匀、无气泡，宽度和厚度应符合设计要求和技术标准的规定。

检验方法：观察；尺量检查；检查施工记录。

9.3.12 金属幕墙应无渗漏。

检验方法：在易渗漏部位进行淋水检查。

一般项目

9.3.13 金属板表面应平整、洁净、色泽一致。

检验方法：观察。

9.3.14 金属幕墙的压条应平直、洁净、接口严密、安装牢固。

检验方法：观察；手扳检查。

9.3.15 金属幕墙的密封胶缝应横平竖直、深浅一致、宽窄均匀、光滑顺直。

检验方法：观察。

9.3.16 金属幕墙上的滴水线、流水坡向应正确、顺直。

检验方法：观察；用水平尺检查。

9.3.17 每平方米金属板的表面质量和检验方法应符合表9.3.17的规定。

每平方米金属板的表面质量和检验方法 表9.3.17

项次	项目	质量要求	检验方法
1	明显划伤和长度＞100mm的轻微划伤	不允许	观察
2	长度≤100mm的轻微划伤	≤8条	用钢尺检查
3	擦伤总面积	≤500mm²	用钢尺检查

9.3.18 金属幕墙安装的允许偏差和检验方法应符合表9.3.18的规定。

金属幕墙安装的允许偏差和检验方法 表9.3.18

项次	项目		允许偏差（mm）	检验方法
1	幕墙垂直度	幕墙高度≤30m	10	用经纬仪检查
		30m＜幕墙高度≤60m	15	
		60m＜幕墙高度≤90m	20	
		幕墙高度＞90m	25	

续表

项次	项目		允许偏差（mm）	检验方法
2	幕墙水平度	层高 ≤ 3m	3	用水平仪检查
		层高 > 3m	5	
3	幕墙表面平整度		2	用2m靠尺和塞尺检查
4	板材立面垂直度		3	用垂直检测尺检查
5	板材上沿水平度		2	用1m水平尺和钢直尺检查
6	相邻板材板角错位		1	用钢直尺检查
7	阳角方正		2	用直角检测尺检查
8	接缝直线度		3	拉5m线，不足5m拉通线，用钢直尺检查
9	接缝高低差		1	用钢直尺和塞尺检查
10	接缝宽度		1	用钢直尺检查

9.4 石材幕墙工程

9.4.1 本节适用于建筑高度不大于100m、抗震设防烈度不大于8度的石材幕墙工程的质量验收。

主控项目

9.4.2 石材幕墙工程所用材料的品种、规格、性能和等级，应符合设计要求及国家现行产品标准和工程技术规范的规定。石材的弯曲强度不应小于8.0MPa；吸水率应小于0.8%。石材幕墙的铝合金挂件厚度不应小于4.0mm，不锈钢挂件厚度不应小于3.0mm。

检验方法：观察；尺量检查；检查产品合格证书、性能检测报告、材料进场验收记录和复验报告。

9.4.3 石材幕墙的造型、立面分格、颜色、光泽、花纹和图案应符合设计要求。

检验方法：观察。

9.4.4 石材孔、槽的数量、深度、位置、尺寸应符合设计要求。

检验方法：检查进场验收记录或施工记录。

9.4.5 石材幕墙主体结构上的预埋件和后置埋件的位置、数量及后置埋件的拉拔力必须符合设计要求。

检验方法：检查拉拔力检测报告和隐蔽工程验收记录。

9.4.6 石材幕墙的金属框架立柱与主体结构预埋件的连接、立柱与横梁的连接、连接件与金属框架的连接、连接件与石材面板的连接必须符合设计要求，安装必须牢固。

检验方法：手扳检查；检查隐蔽工程验收记录。

9.4.7 金属框架的连接件和防腐处理应符合设计要求。

检验方法：检查隐蔽工程验收记录。

9.4.8 石材幕墙的防雷装置必须与主体结构防雷装置可靠连接。

检验方法：观察；检查隐蔽工程验收记录和施工记录。

9.4.9 石材幕墙的防火、保温、防潮材料的设置应符合设计要求，填充应密实、均匀、厚度一致。

检验方法：检查隐蔽工程验收记录。

9.4.10 各种结构变形缝、墙角的连接节点应符合设计要求和技术标准的规定。

检验方法：检查隐蔽工程验收记录和施工记录。

9.4.11　石材表面和板缝的处理应符合设计要求。

检验方法：观察。

9.4.12　石材幕墙的板缝注胶应饱满、密实、连续、均匀、无气泡，板缝宽度和厚度应符合设计要求和技术标准的规定。

检验方法：观察；尺量检查；检查施工记录。

9.4.13　石材幕墙应无渗漏。

检验方法：在易渗漏部位进行淋水检查。

一般项目

9.4.14　石材幕墙表面应平整、洁净，无污染、缺损和裂痕。颜色和花纹应协调一致，无明显色差，无明显修痕。

检验方法：观察。

9.4.15　石材幕墙的压条应平直、洁净、接口严密、安装牢固。

检验方法：观察；手扳检查。

9.4.16　石材接缝应横平竖直、宽窄均匀；阴阳角石板压向应正确，板边合缝应顺直；凸凹线出墙厚度应一致，上下口应平直；石材面板上洞口、槽边应套割吻合，边缘应整齐。

检验方法：观察；尺量检查。

9.4.17　石材幕墙的密封胶缝应横平竖直、深浅一致、宽窄均匀、光滑顺直。

检验方法：观察。

9.4.18　石材幕墙上的滴水线、流水坡向应正确、顺直。

检验方法：观察；用水平尺检查。

9.4.19　每平方米石材的表面质量和检验方法应符合表 9.4.19 的规定。

每平方米石材的表面质量和检验方法　　　　　　　　　　　　表 9.4.19

项次	项目	质量要求	检验方法
1	裂痕、明显划伤和长度 > 100mm 的轻微划伤	不允许	观察
2	长度 ≤ 100mm 的轻微划伤	≤ 8 条	用钢尺检查
3	擦伤总面积	≤ 500mm²	用钢尺检查

9.4.20　石材幕墙安装的允许偏差和检验方法应符合表 9.4.20 的规定。

石材幕墙安装的允许偏差和检验方法　　　　　　　　　　　　表 9.4.20

项次	项目		允许偏差（mm）		检验方法
			光面	麻面	
1	幕墙垂直度	幕墙高度 ≤ 30m	10		用经纬仪检查
		30m < 幕墙高度 ≤ 60m	15		

续表

项次	项目		允许偏差（mm）		检验方法
			光面	麻面	
1	幕墙垂直度	60m＜幕墙高度≤ 90m	20		用经纬仪检查
		幕墙高度＞90m	25		
2	幕墙水平度		3		用水平仪检查
3	板材立面垂直度		3		用水平仪检查
4	板材上沿水平度		2		用1m水平尺和钢直尺检查
5	相邻板材板角错位		1		用钢直尺检查
6	幕墙表面平整度		2	3	用垂直检测尺检查
7	阳角方正		2	4	用直角检测尺检查
8	接缝直线度		3	4	拉5m线，不足5m拉通线，用钢直尺检查
9	接缝高低差		1	—	用钢直尺和塞尺检查
10	接缝高度		1	2	用钢直尺检查

10 涂饰工程

10.1 一般规定

10.1.1 本章适用于水性涂料涂饰、溶剂型涂料涂饰、美术涂饰等分项工程的质量验收。

10.1.2 涂饰工程验收时应检查下列文件和记录：

1 涂饰工程的施工图、设计说明及其他设计文件。

2 材料的产品合格证书、性能检测报告和进场验收记录。

3 施工记录。

10.1.3 各分项工程的检验批应按下列规定划分：

1 室外涂饰工程每一栋楼的同类涂料涂饰的墙面每 500 ～ 1000m² 应划分为一个检验批，不足 500m² 也应划分为一个检验批。

2 室内涂饰工程同类涂料涂饰的墙面每 50 间（大面积房间和走廊按涂饰面积 30m² 为一间）应划分为一个检验批，不足 50 间也应划分为一个检验批。

10.1.4 检查数量应符合下列规定：

1 室外涂饰工程每 100m² 应至少检查一处，每处不得小于 10m²。

2 室内涂饰工程每个检验批应至少抽查 10%，并不得少于 3 间；不足 3 间时应全数检查。

10.1.5 涂饰工程的基层处理应符合下列要求：

1 新建筑物的混凝土或抹灰层基层在涂饰涂料前应涂刷抗碱封闭底漆。

2 旧墙面在涂饰涂料前应清除疏松的旧装修层，并涂刷界面剂。

3 混凝土或抹灰基层涂刷溶剂型涂料时，含水率不得大于 8%；涂刷乳液型涂料时，含水率不得大于

10%。木材基层的含水率不得大于 12%。

　　4　基层腻子应平整、坚实、牢固，无粉化、起皮和裂缝；内墙腻子的粘结强度应符合《建筑室内用腻子》(JG/T 3049) 的规定。

　　5　厨房、卫生间墙面必须使用耐水腻子。

10.1.6　水性涂料涂饰工程施工的环境温度应在 5 ~ 35℃ 之间。

10.1.7　涂饰工程应在涂层养护期满后进行质量验收。

10.2 水性涂料涂饰工程

10.2.1　本节适用于乳液型涂料、无机涂料、水溶性涂料等水性涂料涂饰工程的质量验收。

主控项目

10.2.2　水性涂料涂饰工程所用涂料的品种、型号和性能应符合设计要求。

检验方法：检查产品合格证书、性能检测报告和进场验收记录。

10.2.3　水性涂料涂饰工程的颜色、图案应符合设计要求。

检验方法：观察。

10.2.4　水性涂料涂饰工程应涂饰均匀、粘结牢固，不得漏涂、透底、起皮和掉粉。

检验方法：观察、手摸检查。

10.2.5　水性涂料涂饰工程的基层处理应符合本规范第 10.1.5 条的要求。

检验方法：观察；手摸检查；检查施工记录。

一般项目

10.2.6　薄涂料的涂饰质量和检验方法应符合表 10.2.6 的规定。

薄涂料的涂饰质量和检验方法　　　　　　　　表 10.2.6

项次	项目	普通涂饰	高级涂饰	检验方法
1	颜色	均匀一致	均匀一致	观察
2	泛碱、咬色	允许少量轻微	不允许	
3	流坠、疙瘩	允许少量轻微	不允许	
4	砂眼、刷纹	允许少量轻微砂眼、刷纹通顺	无砂眼，无刷纹	
5	装饰线、分色线直线度允许偏差 (mm)	2	1	拉 5m 线，不足 5m 拉通线，用钢直尺检查

10.2.7　厚涂料的涂饰质量和检验方法应符合表 10.2.7 的规定。

厚涂料的涂饰质量和检验方法　　　　　　　　表 10.2.7

项次	项目	普通涂饰	高级涂饰	检验方法
1	颜色	均匀一致	均匀一致	观察
2	泛碱、咬色	允许少量轻微	不允许	
3	点状分布	—	疏密均匀	

10.2.8 复层涂料的涂饰质量和检验方法应符合表10.2.8的规定。

复层涂料的涂饰质量和检验方法　　表 10.2.8

项次	项目	质量要求	检验方法
1	颜色	均匀一致	
2	泛碱、咬色	不允许	观察
3	喷点疏密程度	均匀，不允许连片	

10.2.9 涂层与其他装修材料和设备衔接处应吻合，界面应清晰。

检验方法：观察。

10.3 溶剂型涂料涂饰工程

10.3.1 本节适用于丙烯酸酯涂料、聚氨酯丙烯酸涂料、有机硅丙烯酸涂料等溶剂型涂料涂饰工程的质量验收。

主控项目

10.3.2 溶剂型涂料涂饰工程所选用涂料的品种、型号和性能应符合设计要求。

检验方法：检查产品合格证书、性能检测报告和进场验收记录。

10.3.3 溶剂型涂料涂饰工程的颜色、光泽、图案应符合设计要求。

检验方法：观察。

10.3.4 溶剂型涂料涂饰工程应涂饰均匀、粘结牢固，不得漏涂、透底、起皮和反锈。

检验方法：观察；手摸检查。

10.3.5 溶剂型涂料涂饰工程的基层处理应符合本规范第10.2.5条的要求。

检验方法：观察；手摸检查；检查施工记录。

一般项目

10.3.6 色漆的涂饰质量和检验方法应符合表10.3.6的规定。

色漆的涂饰质量和检验方法　　表 10.3.6

项次	项目	普通涂饰	高级涂饰	检验方法
1	颜色	均匀一致	均匀一致	观察
2	光泽、光滑	光泽基本均匀光滑无挡手感	光泽均匀一致光滑	观察、手摸检查
3	刷纹	刷纹通顺	无刷纹	观察
4	裹棱、流坠、皱皮	明显处不允许	不允许	观察
5	装饰线、分色线直线度允许偏差（mm）	2	1	拉5m线，不足5m拉通线，用钢直尺检查

注：无光色漆不检查光泽。

10.3.7 清漆的涂饰质量和检验方法应符合表 10.3.7 的规定。

清漆的涂饰质量和检验方法　　　　　表 10.3.7

项次	项目	普通涂饰	高级涂饰	检验方法
1	颜色	基本一致	均匀一致	观察
2	木纹	棕眼刮平、木纹清楚	棕眼刮平、木纹清楚	观察
3	光泽、光滑	光泽基本均匀光滑无挡手感	光泽均匀一致光滑	观察、手摸检查
4	刷纹	无刷纹	无刷纹	观察
5	裹棱、流坠、皱皮	明显处不允许	不允许	观察

10.3.8 涂层与其他装修材料和设备衔接处应吻合，界面应清晰。

检验方法：观察。

10.4 美术涂饰工程

10.4.1 本节适用于套色涂饰、滚花涂饰、仿花纹涂饰等室内外美术涂饰工程的质量验收。

主控项目

10.4.2 美术涂饰所用材料的品种、型号和性能应符合设计要求。

检验方法：观察；检查产品合格证书、性能检测报告和进场验收记录。

10.4.3 美术涂饰工程应涂饰均匀、粘结牢固，不得有漏涂、透底、起皮、掉粉和反锈。

检验方法：观察；手摸检查。

10.4.4 美术涂饰工程的基层处理应符合本规范第 10.1.5 条的要求。

检验方法：观察；手摸检查；检查施工记录。

10.4.5 美术涂饰的套色、花纹和图案应符合设计要求。

检验方法：观察。

一般项目

10.4.6 美术涂饰表面应洁净，不得有流坠现象。

检验方法：观察。

10.4.7 仿花纹涂饰的饰面应具有被模仿材料的纹理。

检验方法：观察。

10.4.8 套色涂饰的图案不得移位，纹理和轮廓应清晰。

检验方法：观察。

11 裱糊与软包工程

11.1 一般规定

11.1.1 本章适用于裱糊、软包等分项工程的质量验收。

11.1.2 裱糊与软包工程验收时应检查下列文件和记录：

1 裱糊与软包工程的施工图、设计说明及其他设计文件。

2 饰面材料的样板及确认文件。

3 材料的产品合格证书、性能检测报告、进场验收记录和复验报告。

4 施工记录。

11.1.3 各分项工程的检验批应按下列规定划分：

同一品种的裱糊或软包工程每50间（大面积房间和走廊按施工面积30m² 为一间）应划分为一个检验批，不足50间也应划分为一个检验批。

11.1.4 检查数量应符合下列规定：

1 裱糊工程每个检验批应至少抽查10%，并不得少于3间，不足3间时应全数检查。

2 软包工程每个检验批应至少抽查20%，并不得少于6间，不足6间时应全数检查。

11.1.5 裱糊前，基层处理质量应达到下列要求：

1 新建筑物的混凝土或抹灰基层墙面在刮腻子前应涂刷抗碱封闭底漆。

2 旧墙面在裱糊前应清除疏松的旧装修层，并涂刷界面剂。

3 混凝土或抹灰基层含水率不得大于8%；木材基层的含水率不得大于12%。

4 基层腻子应平整、坚实、牢固，无粉化、起皮和裂缝；腻子的粘结强度应符合《建筑室内用腻子》（JG/T 3049）N 型的规定。

5 基层表面平整度、立面垂直度及阴阳角方正应达到本规范第4.2.11条高级抹灰的要求。

6 基层表面颜色应一致。

7 裱糊前应用封闭底胶涂刷基层。

11.2 裱糊工程

11.2.1 本章适用于聚氯乙烯塑料壁纸、复合纸质壁纸、墙布等裱糊工程的质量验收。

主控项目

11.2.2 壁纸、墙布的种类、规格、图案、颜色和燃烧性能等级必须符合设计要求及国家现行标准的有关规定。

检验方法：观察；检查产品合格证书、进场验收记录和性能检测报告。

11.2.3 裱糊工程基层处理质量应符合本规范第11.1.5条的要求。

检验方法：观察；手摸检查；检查施工记录。

11.2.4 裱糊后各幅拼接应横平竖直，拼接处花纹、图案应吻合，不离缝，不搭接，不显拼缝。

检验方法：观察；拼缝检查距离墙面1.5m处正视。

11.2.5 壁纸、墙布应粘贴牢固，不得有漏贴、补贴、脱层、空鼓和翘边。

检验方法：观察；手摸检查。

一般项目

11.2.6 裱糊后的壁纸、墙布表面应平整，色泽应一致，不得有波纹起伏、气泡、裂缝、皱折及斑污，斜视时应无胶痕。

检验方法：观察；手摸检查。

11.2.7 复合压花壁纸的压痕及发泡壁纸的发泡层应无损坏。

检验方法：观察。

11.2.8　壁纸、墙布与各种装饰线、设备线盒应交接严密。

检验方法：观察。

11.2.9　壁纸、墙布边缘应平直整齐，不得有纸毛、飞刺。

检验方法：观察。

11.2.10　壁纸、墙布阴角处搭接应顺光，阳角处应无接缝。

检验方法：观察。

11.3　软包工程

11.3.1　本节适用于墙面、门等软包工程的质量验收。

主控项目

11.3.2　软包面料、内衬材料及边框的材质、颜色、图案、燃烧性能等级和木材的含水率应符合设计要求及国家现行标准的有关规定。

检验方法：观察；检查产品合格证书、进场验收记录和性能检测报告。

11.3.3　软包工程的安装位置及构造做法应符合设计要求。

检验方法：观察；尺量检查；检查施工记录。

11.3.4　软包工程的龙骨、衬板、边框应安装牢固，无翘曲，拼缝应平直。

检验方法：观察；手扳检查。

11.3.5　单块软包面料不应有接缝，四周应绷压严密。

检验方法：观察；手摸检查。

一般项目

11.3.6　软包工程表面应平整、洁净，无凹凸不平及皱折；图案应清晰、无色差，整体应协调美观。

检验方法：观察。

11.3.7　软包边框应平整、顺直、接缝吻合。其表面涂饰质量应符合本规范第 10 章的有关规定。

检验方法：观察；手摸检查。

11.3.8　清漆涂饰木制边框的颜色、木纹应协调一致。

检验方法：观察。

11.3.9　软包工程安装的允许偏差和检验方法应符合表 11.3.9 的规定。

软包工程安装的允许偏差和检验方法　　　　　　　　　　　表 11.3.9

项次	项目	允许偏差（mm）	检验方法
1	垂直度	3	用 1m 垂直检测尺检查
2	边框宽度、高度	0；−2	用钢尺检查
3	对角线长度差	3	用钢尺检查
4	裁口、线条接缝高低差	1	用钢直尺和塞尺检查

12 细部工程

12.1 一般规定

12.1.1 本章适用于下列分项工程的质量验收：

1 橱柜制作与安装。

2 窗帘盒、窗台板、散热器罩制作与安装。

3 门窗套制作与安装。

4 护栏和扶手制作与安装。

5 花饰制作与安装。

12.1.2 细部工程验收时应检查下列文件和记录：

1 施工图、设计说明及其他设计文件。

2 材料的产品合格证书、性能检测报告、进场验收记录和复验报告。

3 隐蔽工程验收记录。

4 施工记录。

12.1.3 细部工程应对人造木板的甲醛含量进行复验。

12.1.4 细部工程应对下列部位进行隐蔽工程验收：

1 预埋件（或后置埋件）。

2 护栏与预埋件的连接节点。

12.1.5 各分项工程的检验批应按下列规定划分：

1 同类制品每 50 间（处）应划分为一个检验批，不足 50 间（处）也应划分为一个检验批。

2 每部楼梯应划分为一个检验批。

12.2 橱柜制作与安装工程

12.2.1 本节适用于位置固定的壁柜、吊柜等橱柜制作与安装工程的质量验收。

12.2.2 检查数量应符合下列规定：

每个检验批至少抽查 3 间（处），不足 3 间（处）时应全数检查。

主控项目

12.2.3 橱柜制作与安装所用材料的材质和规格、木材的燃烧性能等级和含水率、花岗石的放射性及人造木板的甲醛含量应符合设计要求及国家现行标准的有关规定。

检验方法：观察；检查产品合格证书、进场验收记录、性能检测报告和复验报告。

12.2.4 橱柜安装预埋件或后置埋件的数量、规格、位置应符合设计要求。

检验方法：检查隐蔽工程验收记录和施工记录。

12.2.5 橱柜的造型、尺寸、安装位置、制作和固定方法应符合设计要求。橱柜安装必须牢固。

检验方法：观察；尺量检查；手扳检查。

12.2.6 橱柜配件的品种、规格应符合设计要求。配件应齐全，安装应牢固。

检验方法：观察；手扳检查；检查进场验收记录。

12.2.7 橱柜的抽屉和柜门应开关灵活、回位正确。

检验方法：观察；开启和关闭检查。

一般项目

12.2.8 橱柜表面应平整、洁净、色泽一致，不得有裂缝、翘曲及损坏。

检验方法：观察。

12.2.9 橱柜裁口应顺直、拼缝应严密。

检验方法：观察。

12.2.10 橱柜安装的允许偏差和检验方法应符合表 12.2.10 的规定。

橱柜安装的允许偏差和检验方法　　　　　　　　　　　表 12.2.10

项次	项目	允许偏差（mm）	检验方法
1	外型尺寸	3	用钢尺检查
2	立面垂直度	2	用 1m 垂直检测尺检查
3	门与框架的平等度	2	用钢尺检查

12.3 窗帘盒、窗台板和散热器罩制作与安装工程

12.3.1 本节适用于窗帘盒、窗台板和散热器罩制作与安装工程的质量验收。

12.3.2 检查数量应符合下列规定：

每个检验批应至少抽查 3 间（处），不足 3 间（处）时应全数检查。

主控项目

12.3.3 窗帘盒、窗台板和散热器罩制作与安装所使用材料的材质的规格、木材的燃烧性能等级和含水率、花岗石的放射性及人造木板的甲醛含量应符合设计要求及国家现行标准的有关规定。

检验方法：观察；检查产品合格证书、进场验收记录、性能检测报告和复验报告。

12.3.4 窗帘盒、窗台板和散热器罩的造型、规格、尺寸、安装位置和固定方法必须符合设计要求。窗帘盒、窗台板和散热器罩的安装必须牢固。

检验方法：观察；尺量检查；手扳检查。

12.3.5 窗帘盒配件的品种、规格应符合设计要求，安装应牢固。

检验方法：手扳检查；检查进场验收记录。

一般项目

12.3.6 窗帘盒、窗台板和散热器罩表面应平整、洁净、线条顺直、接缝严密、色泽一致，不得有裂缝、翘曲及损坏。

检验方法：观察。

12.3.7 窗帘盒、窗台板和散热器罩与墙面、窗框的衔接应严密，密封胶缝应顺直、光滑。

检验方法：观察。

12.3.8 窗帘盒、窗台板和散热器罩安装的允许偏差和检验方法应符合表 12.3.8 的规定。

窗帘盒、窗台板和散热器罩安装的允许偏差和检验方法　　　表 12.3.8

项次	项目	允许偏差（mm）	检验方法
1	水平度	2	用 1m 水平尺和塞尺检查
2	上口、下口直线度	3	拉 5m 线，不足 5m 拉通线，用钢直尺检查
3	两端距窗洞口长度差	2	用钢直尺检查
4	两端出墙厚度差	3	用钢直尺检查

12.4　门窗套制作与安装工程

12.4.1　本节适用于门窗套制作与安装工程的质量验收。

12.4.2　检查数量应符合下列规定：

每个检验批应至少抽查 3 间（处），不足 3 间（处）时应全数检查。

主控项目

12.4.3　门窗套制作与安装所使用材料的材质、规格、花纹和颜色、木材的燃烧性能等级和含水率、花岗石的放射性及人造木板的甲醛含量应符合设计要求及国家现行标准的有关规定。

检验方法：观察；检查产品合格证书、进场验收记录、性能检测报告和复验报告。

12.4.4　门窗套的造型、尺寸和固定方法应符合设计要求，安装应牢固。

检验方法：观察；尺量检查；手扳检查。

一般项目

12.4.5　门窗套表面应平整、洁净、线条顺直、接缝严密、色泽一致，不得有裂缝、翘曲及损坏。

检验方法：观察。

12.4.6　门窗套安装的允许偏差和检验方法应符合表 12.4.6 的规定。

门窗套安装的允许偏差和检验方法　　　表 12.4.6

项次	项目	允许偏差（mm）	检验方法
1	正、侧面垂直度	3	用 1m 垂直检测尺检查
2	门窗套上口水平度	1	用 1m 水平检测尺和塞尺检查
3	门窗套上口直线度	3	拉 5m 线，不足 5m 拉通线，用钢直尺检查

12.5　护栏和扶手制作与安装工程

12.5.1　本节适用于护栏和扶手制作与安装工程的质量验收。

12.5.2　检查数量应符合下列规定：

每个检验批的护栏和扶手应全部检查。

主控项目

12.5.3　护栏和扶手制作与安装所使用材料的材质、规格、数量和木材、塑料的燃烧性能等级应符合设计要求。

检验方法：观察；检查产品合格证书、进场验收记录和性能检测报告。

12.5.4　护栏和扶手的造型、尺寸及安装位置应符合设计要求。

检验方法：观察；尺量检查；检查进场验收记录。

12.5.5　护栏和扶手安装预埋件的数量、规格、位置以及护栏与预埋件的连接节点应符合设计要求。

检验方法：检查隐蔽工程验收记录和施工记录。

12.5.6　护栏高度、栏杆间距、安装位置必须符合设计要求。护栏安装必须牢固。

检验方法：观察；尺量检查；手扳检查。

12.5.7　护栏玻璃应使用公称厚度不小于 12mm 的钢化玻璃或钢化夹层玻璃。当护栏一侧距楼地面高度为 5m 及以上时，应使用钢化夹层玻璃。

检验方法：观察；尺量检查；检查产品合格证书和进场验收记录。

一般项目

12.5.8　护栏和扶手转角弧度应符合设计要求，接缝应严密，表面应光滑，色泽应一致，不得有裂缝、翘曲及损坏。

检验方法：观察；手摸检查。

12.5.9　护栏和扶手安装的允许偏差和检验方法应符合表 12.5.9 的规定。

护栏和扶手安装的允许偏差和检验方法　　　　　表 12.5.9

项次	项目	允许偏差（mm）	检验方法
1	护栏垂直度	3	用 1m 垂直检测尺检查
2	栏杆间距	3	用钢尺检查
3	扶手直线度	4	拉通线，用钢直尺检查
4	扶手高度	3	用钢尺检查

12.6　花饰制作与安装工程

12.6.1　本节适用于混凝土、石材、木材、塑料、金属、玻璃、石膏等花饰制作与安装工程的质量验收。

12.6.2　检查数量应符合下列规定：

1　室外每个检验批应全部检查。

2　室内每个检验批应至少抽查 3 间（处）；不足 3 间（处）时应全数检查。

主控项目

12.6.3　花饰制作与安装所使用材料的材质、规格应符合设计要求。

检验方法：观察；检查产品合格证书和进场验收记录。

12.6.4　花饰的造型、尺寸应符合设计要求。

检验方法：观察；尺量检查。

12.6.5　花饰的安装位置和固定方法必须符合设计要求，安装必须牢固。

检验方法：观察；尺量检查；手扳检查。

一般项目

12.6.6　花饰表面应洁净，接缝应严密吻合，不得有歪斜、裂缝、翘曲及损坏。

检验方法：观察。

12.6.7　花饰安装的允许偏差和检验方法应符合表 12.6.7 的规定。

花饰安装的允许偏差和检验方法 表 12.6.7

项次	项目		允许偏差（mm）		检验方法
			室内	室外	
1	条型花饰的水平度或垂直度	每米	1	2	拉线和用 1m 垂直检测尺检查
		全长	3	6	
2	单独花饰中心位置偏移		10	15	拉线和用钢直尺检查

13 分部工程质量验收

13.0.1 建筑装饰装修工程质量验收的程序和组织应符合《建筑工程施工质量验收统一标准》（GB 50300—2001）第 6 章的规定。

13.0.2 建筑装饰装修工程的子分部工程及其分项工程应按本规范附录 B 划分。

13.0.3 建筑装饰装修工程施工过程中，应按本规范各章一般规定的要求对隐蔽工程进行验收，并按本规范附录 C 的格式记录。

13.0.4 检验批的质量验收应按《建筑工程施工质量验收统一标准》（GB 50300—2001）附录 D 的格式记录。检验批的合格判定应符合下列规定：

1 抽查样本均应符合本规范主控项目的规定。

2 抽查样本的 80% 以上应符合本规范一般项目的规定。其余样本不得有影响使用功能或明显影响装饰效果的缺陷，其中有允许偏差的检验项目，其最大偏差不得超过本规范规定允许偏差的 1.5 倍。

13.0.5 分项工程的质量验收应按《建筑工程施工质量验收统一标准》（GB 50300—2001）附录 E 的格式记录，各检验批的质量均应达到本规范的规定。

13.0.6 子分部工程的质量验收应按《建筑工程施工质量验收统一标准》（GB 50300—2001）附录 F 的格式记录。子分部工程中各分项工程的质量均应验收合格，并应符合下列规定：

1 应具备本规范各子分部工程规定检查的文件和记录。

2 应具备表 13.0.6 所规定的有关安全和功能的检测项目的合格报告。

3 观感质量应符合本规范各项工程中一般项目的要求。

有关安全和功能的检测项目表 表 13.0.6

项次	子分部工程	检测项目
1	门窗工程	1 建筑外墙金属窗的抗风压性能、空气渗透性能和雨水渗漏性能 2 建筑外墙塑料窗的抗风压性能、空气渗透性能和雨水渗漏性能
2	饰面板（砖）工程	1 饰面板后置埋件的现场拉拔强度 2 饰面砖样板件的粘结强度
3	幕墙工程	1 硅酮结构胶的相容性试验 2 幕墙后置埋件的现场拉拔强度 3 幕墙的抗风压性能、空气渗透性能、雨水渗漏性能及平面变形性能

13.0.7　分部工程的质量验收应按《建筑工程施工质量验收统一标准》（GB 50300—2001）附录 F 的格式记录。分部工程中各子分部工程的质量均应验收合格，并应按本规范第 13.0.6 条 1 至 3 款的规定进行核查。

当建筑工程只有装饰装修分部工程时，该工程应作为单位工程验收。

13.0.8　有特殊要求的建筑装饰装修工程，竣工验收时应按合同约定加测相关技术指标。

13.0.9　建筑装饰装修工程的室内环境质量应符合国家现行标准《民用建筑工程室内环境污染控制规范》（GB 50325）的规定。

13.0.10　未经竣工验收合格的建筑装饰装修工程不得投入使用。

10.《地下防水工程质量验收规范》GB 50208-2011

1　总则（略）
2　术语（略）
3　基本规定（略）
4　地下建筑防水工程

4.1　防水混凝土

4.1.1　防水混凝土适用于抗渗等级不低于 P6 的地下混凝土结构。不适用于环境温度高于 80℃的地下工程。处于侵蚀性介质中，防水混凝土的耐侵蚀性要求应符合现行国家标准《工业建筑防腐蚀设计规范》GB 50046 和《混凝土结构耐久性设计规范》GB 50476 的有关规定。

4.1.2　水泥的选择应符合下列规定：

1　宜采用普通硅酸盐水泥或硅酸盐水泥，采用其他品种水泥时应经试验确定；

2　在受侵蚀性介质作用时，应按介质的性质选用相应的水泥品种；

3　不得使用过期或受潮结块的水泥，并不得将不同品种或强度等级的水泥混合使用。

4.1.3　砂、石的选择应符合下列规定：

1　砂宜选用中粗砂，含泥量不应大于 3.0%，泥块含量不宜大于 1.0%；

2　不宜使用海砂；在没有使用河砂的条件时，应对海砂进行处理后才能使用，且控制氯离子含量不得大于 0.06%；

3　碎石或卵石的粒径宜为 5mm ～ 40mm，含泥量不应大于 1.0%，泥块含量不应大于 0.5%；

4　对长期处于潮湿环境的重要结构混凝土用砂、石，应进行碱活性检验。

4.1.4　矿物掺合料的选择应符合下列规定：

1　粉煤灰的级别不应低于 II 级，烧失量不应大于 5%；

2　硅粉的比表面积不应小于 $15000m^2/kg$，SiO_2 含量不应小于 85%；

3　粒化高炉矿渣粉的品质要求应符合现行国家标准《用于水泥和混凝土中的粒化高炉矿渣粉》GB/T 18046 的有关规定。

4.1.5 混凝土拌合用水，应符合现行行业标准《混凝土用水标准》JGJ 63 的有关规定。

4.1.6 外加剂的选择应符合下列规定：

1 外加剂的品种和用量应经试验确定，所用外加剂应符合现行国家标准《混凝土外加剂应用技术规范》GB 50119 的质量规定；

2 掺加引气剂或引气型减水剂的混凝土，其含气量宜控制在 3% ~ 5%；

3 考虑外加剂对硬化混凝土收缩性能的影响；

4 严禁使用对人体产生危害、对环境产生污染的外加剂。

4.1.7 防水混凝土的配合比应经试验确定，并应符合下列规定：

1 试配要求的抗渗水压值应比设计值提高 0.2MPa；

2 混凝土胶凝材料总量不宜小于 320kg/m³，其中水泥用量不宜少于 260kg/m³；粉煤灰掺量宜为胶凝材料总量的 20% ~ 30%，硅粉的掺量宜为胶凝材料总量的 2% ~ 5%；

3 水胶比不得大于 0.50，有侵蚀性介质时水胶比不宜大于 0.45；

4 砂率宜为 35% ~ 40%，泵送时可增至 45%；

5 灰砂比宜为 1 : 1.5 ~ 1 : 2.5；

6 混凝土拌合物的氯离子含量不应超过胶凝材料总量的 0.1%；混凝土中各类材料的总碱量即 Na_2O 当量不得大于 3kg/m³。

4.1.8 防水混凝土采用预拌混凝土时，入泵坍落度宜控制在 120mm ~ 160mm，坍落度每小时损失不应大于 20mm，坍落度总损失值不应大于 40mm。

4.1.9 混凝土拌制和浇筑过程控制应符合下列规定：

1 拌制混凝土所用材料的品种、规格和用量，每工作班检查不应少于两次。每盘混凝土组成材料计量结果的允许偏差应符合表 4.1.9-1 的规定。

混凝土组成材料计量结果的允许偏差（%）　　表 4.1.9-1

混凝土组成材料	每盘计量	累计计量
水泥、掺合料	±2	±1
粗、细骨料	±3	±2
水、外加剂	±2	±1

注：累计计量仅适用于微机控制计量的搅拌站。

2 混凝土在浇筑地点的坍落度，每工作班至少检查两次，坍落度试验应符合现行国家标准《普通混凝土拌合物性能试验方法标准》GB/T 50080 的有关规定。混凝土坍落度允许偏差应符合表 4.1.9-2 的规定。

混凝土坍落度允许偏差（mm）　　表 4.1.9-2

观察坍落度	允许偏差
≤ 40	±10
50 ~ 90	±15
>90	±20

3 泵送混凝土在交货地点的入泵坍落度，每工作班至少检查两次。混凝土入泵时的坍落度允许偏差应符合表 4.1.9-3 的规定。

混凝土入泵时的坍落度允许偏差（mm）　　　　　　　表 4.1.9-3

所需坍落度	允许偏差
≤ 100	±20
> 100	±30

4 当防水混凝土拌合物在运输后出现离析，必须进行二次搅拌。当坍落度损失后不能满足施工要求时，应加入原水胶比的水泥浆或掺加同品种的减水剂进行搅拌，严禁直接加水。

4.1.10 防水混凝土抗压强度试件，应在混凝土浇筑地点随机取样后制作，并应符合下列规定：

1 同一工程、同一配合比的混凝土，取样频率和试件留置组数应符合现行国家标准《混凝土结构工程施工质量验收规范》GB 50204 的有关规定；

2 抗压强度试验应符合现行国家标准《普通混凝土力学性能试验方法标准》GB/T 50081 的有关规定；

3 结构构件的混凝土强度评定应符合现行国家标准《混凝土强度检验评定标准》GB/T 50082 的有关规定。

4.1.11 防水混凝土抗渗性能应采用标准条件下养护混凝土抗渗试件的试验结果评定，试件应在混凝土浇筑地点随机取样后制作，并应符合下列规定：

1 连续浇筑混凝土每 500m³ 应留置一组 6 个抗渗试件，且每项工程不得少于两组；采用预拌混凝土的抗渗试件，留置组数应视结构的规模和要求而定；

2 抗渗性能试验应符合现行国家标准《普通混凝土长期性能和耐久性能试验方法标准》GB/T 50082 的有关规定。

4.1.12 大体积防水混凝土的施工应采取材料选择、温度控制、保温保湿等技术措施。在设计许可的情况下，掺粉煤灰混凝土设计强度等级的龄期宜为 60d 或 90d。

4.1.13 防水混凝土分项工程检验批的抽样检验数量，应按混凝土外露面积每 100m² 抽查 1 处，每处 10m²，且不得少于 3 处。

I 主控项目

4.1.14 防水混凝土的原材料、配合比及坍落度必须符合设计要求。

检验方法：检查产品合格证、产品性能检测报告、计量措施和材料进场检验报告。

4.1.15 防水混凝土的抗压强度和抗渗性能必须符合设计要求。

检验方法：检查混凝土抗压强度、抗渗性能检验报告。

4.1.16 防水混凝土结构的施工缝、变形缝、后浇带、穿墙管、埋设件等设置和构造必须符合设计要求。

检验方法：观察检查和检查隐蔽工程验收记录。

II 一般项目

4.1.17 防水混凝土结构表面应坚实、平整，不得有露筋、蜂窝等缺陷；埋设件位置应准确。

检验方法：观察检查。

4.1.18 防水混凝土结构表面的裂缝宽度不应大于 0.2mm，且不得贯通。

检验方法：用刻度放大镜检查。

4.1.19 防水混凝土结构厚度不应小于 250mm，其允许偏差应为 +8mm、–5mm；主体结构迎水面钢筋保护层厚度不应小于 50mm，其允许偏差应为 ±5mm。

检验方法：尺量检查和检查隐蔽工程验收记录。

4.2 水泥砂浆防水层

4.2.1 水泥砂浆防水层适用于地下工程主体结构的迎水面或背水面。不适用于受持续振动或环境温度高于 80℃的地下工程。

4.2.2 水泥砂浆防水层应采用聚合物水泥防水砂浆、掺外加剂或掺合料的防水砂浆。

4.2.3 水泥砂浆防水层所用的材料应符合下列规定：

1 水泥应使用普通硅酸盐水泥、硅酸盐水泥或特种水泥，不得使用过期或受潮结块的水泥；

2 砂宜采用中砂，含泥量不应大于 1.0%，硫化物及硫酸盐含量不应大于 1.0%；

3 用于拌制水泥砂浆的水，应采用不含有害物质的洁净水；

4 聚合物乳液的外观为均匀液体，无杂质、无沉淀、不分层；

5 外加剂的技术性能应符合现行国家或行业有关标准的质量要求。

4.2.4 水泥砂浆防水层的基层质量应符合下列规定：

1 基层表面应平整、坚实、清洁，并应充分湿润、无明水；

2 基层表面的孔洞、缝隙，应采用与防水层相同的水泥砂浆堵塞并抹平；

3 施工前应将埋设件、穿墙管预留凹槽内嵌填密封材料后，再进行水泥砂浆防水层施工。

4.2.5 水泥砂浆防水层施工应符合下列规定：

1 水泥砂浆的配制，应按所掺材料的技术要求准确计量；

2 分层铺抹或喷涂，铺抹时应压实、抹平，最后一层表面应提浆压光；

3 防水层各层应紧密粘合，每层宜连续施工；必须留设施工缝时，应采用阶梯坡形槎，但与阴阳角处的距离不得小于 200mm；

4 水泥砂浆终凝后应及时进行养护，养护温度不宜低于 5℃，并应保持砂浆表面湿润，养护时间不得少于 14d；聚合物水泥防水砂浆未达到硬化状态时，不得浇水养护或直接受雨水冲刷，硬化后应采用干湿交替的养护方法。潮湿环境中，可在自然条件下养护。

4.2.6 水泥砂浆防水层分项工程检验批的抽样检验数量，应按施工面积每 100m² 抽查 1 处，每处 10m²，且不得少于 3 处。

I 主控项目

4.2.7 防水砂浆的原材料及配合比必须符合设计规定。

检验方法：检查产品合格证、产品性能检测报告、计量措施和材料进场检验报告。

4.2.8 防水砂浆的粘结强度和抗渗性能必须符合设计规定。

检验方法：检查砂浆粘结强度、抗渗性能检测报告。

4.2.9 水泥砂浆防水层与基层之间应结合牢固，无空鼓现象。

检验方法：观察和用小锤轻击检查。

Ⅱ一般项目

4.2.10 水泥砂浆防水层表面应密实、平整，不得有裂纹、起砂、麻面等缺陷。

检验方法：观察检查。

4.2.11 水泥砂浆防水层施工缝留槎位置应正确，接槎应按层次顺序操作，层层搭接紧密。

检验方法：观察检查和检查隐蔽工程验收记录。

4.2.12 水泥砂浆防水层的平均厚度应符合设计要求，最小厚度不得小于设计厚度的85%。

检验方法：用针测法检查。

4.2.13 水泥砂浆防水层表面平整度的允许偏差应为5mm。

检查方法：用2m靠尺和楔形塞尺检查。

4.3 卷材防水层

4.3.1 卷材防水层适用于受侵蚀性介质作用或受振动作用的地下工程；卷材防水层应铺设在主体结构的迎水面。

4.3.2 卷材防水层应采用高聚物改性沥青类防水卷材和合成高分子类防水卷材。所选用的基层处理剂、胶粘剂、密封材料等均应与铺贴的卷材相匹配。

4.3.3 在进场材料检验的同时，防水卷材接缝粘结质量检验应按本规范附录D执行。

4.3.4 铺贴防水卷材前，基面应干净、干燥，并应涂刷基层处理剂；当基面潮湿时，应涂刷湿固化型胶粘剂或潮湿界面隔离剂。

4.3.5 基层阴阳角应做成圆弧或45°坡角，其尺寸应根据卷材品种确定；在转角处、变形缝、施工缝，穿墙管等部位应铺贴卷材加强层，加强层宽度不应小于500mm。

4.3.6 防水卷材的搭接宽度应符合表4.3.6的要求。铺贴双层卷材时，上下两层和相邻两幅卷材的接缝应错开1/3～1/2幅宽，且两层卷材不得相互垂直铺贴。

防水卷材的搭接宽度 表4.3.6

卷材品种	搭接宽度（mm）
弹性体改性沥青防水卷材	100
改性沥青聚乙烯胎防水卷材	100
自粘聚合物改性沥青防水卷材	80
三元乙丙橡胶防水卷材	100/60（胶粘剂/胶结带）
聚氯乙烯防水卷材	60/80（单焊缝/双焊缝）
	100（胶结剂）
聚乙烯丙纶复合防水卷材	100（粘结料）
高分子自粘胶膜防水卷材	70/80（自粘胶/胶结带）

4.3.7 冷粘法铺贴卷材应符合下列规定：

1 胶粘剂应涂刷均匀，不得露底、堆积；

2　根据胶粘剂的性能，应控制胶结剂涂刷与卷材铺贴的间隔时间；

3　铺贴时不得用力拉伸卷材，排除卷材下面的空气，辊压粘结牢固；

4　铺贴卷材应平整、顺直，搭接尺寸准确，不得扭曲、皱折；

5　卷材接缝部位应采用专用粘结剂或胶结带满粘，接缝口应用密封材料封严，其宽度不应小于10mm。

4.3.8　热熔法铺贴卷材应符合下列规定：

1　火焰加热器加热卷材应均匀，不得加热不足或烧穿卷材；

2　卷材表面热熔后应立即滚铺，排除卷材下面的空气，并粘结牢固；

3　铺贴卷材应平整、顺直，搭接尺寸准确，不得扭曲、皱折；

4　卷材接缝部位应溢出热熔的改性沥青胶料，并粘结牢固，封闭严密。

4.3.9　自粘法铺贴卷材应符合下列规定：

1　铺贴卷材时，应将有黏性的一面朝向主体结构；

2　外墙、顶板铺贴时，排除卷材下面的空气，辊压粘贴牢固；

3　铺贴卷材应平整、顺直，搭接尺寸准确，不得有扭曲、皱折和起泡；

4　立面卷材铺贴完成后，应将卷材端头固定，并应用密封材料封严；

5　低温施工时，宜对卷材和基面采用热风适当加热，然后铺贴卷材。

4.3.10　卷材接缝采用焊接法施工应符合下列规定：

1　焊接前卷材应铺放平整，搭接尺寸准确，焊接缝的结合面应清扫干净；

2　焊接时应先焊长边搭接缝，后焊短边搭接缝；

3　控制热风加热温度和时间，焊接处不得漏焊、跳焊或焊接不牢；

4　焊接时不得损害非焊接部位的卷材。

4.3.11　铺贴聚乙烯丙纶复合防水卷材应符合下列规定：

1　应采用配套的聚合物水泥防水粘结材料；

2　卷材与基层粘贴应采用满粘法，粘结面积不应小于90%，刮涂粘结料应均匀，不得露底、堆积、流淌；

3　固化后的粘结料厚度不应小于1.3mm；

4　卷材接缝部位应挤出粘结料，接缝表面处应涂刮1.3mm厚50mm宽聚合物水泥粘结料封边；

5　聚合物水泥粘结料固化前，不得在其上行走或进行后续作业。

4.3.12　高分子自粘胶膜防水卷材宜采用预铺反粘法施工，并应符合下列规定：

1　卷材宜单层铺设；

2　在潮湿基面铺设时，基面应平整坚固、无明水；

3　卷材长边应采用自粘边搭接，短边应采用胶结带搭接，卷材端部搭接区应相互错开；

4　立面施工时，在自粘边位置距离卷材边缘10mm～20mm内，每隔400mm～600mm应进行机械固定，并应保证固定位置被卷材完全覆盖；

5　浇筑结构混凝土时不得损伤防水层。

4.3.13　卷材防水层完工并经验收合格后应及时做保护层。保护层应符合下列规定：

1　顶板的细石混凝土保护层与防水层之间宜设置隔离层。细石混凝土保护层厚度：机械回填时不宜小于70mm，人工回填时不宜小于50mm；

2　底板的细石混凝土保护层厚度不应小于50mm；

3　侧墙宜采用软质保护材料或铺抹20mm厚1∶2.5水泥砂浆。

4.3.14　卷材防水层分项工程检验批的抽样检验数量，应按铺贴面积每100m² 抽查1处，每处10m²，且不得少于3处。

Ⅰ主控项目

4.3.15　卷材防水层所用卷材及其配套材料必须符合设计要求。

检验方法：检查产品合格证、产品性能检测报告和材料进场检验报告。

4.3.16　卷材防水层在转角处、变形缝、施工缝、穿墙管等部位做法必须符合设计要求。

检验方法：观察检查和检查隐蔽工程验收记录。

Ⅱ一般项目

4.3.17　卷材防水层的搭接缝应粘贴或焊接牢固，密封严密，不得有扭曲、皱折、翘边和起泡等缺陷。

检验方法：观察检查。

4.3.18　采用外防外贴法铺贴卷材防水层时，立面卷材接槎的搭接宽度，高聚物改性沥青类卷材应为150mm，合成高分子类卷材应为100mm，且上层卷材应盖过下层卷材。

检验方法：观察和尺量检查。

4.3.19　侧墙卷材防水层的保护层与防水层应结合紧密，保护层厚度应符合设计要求。

检验方法：观察和尺量检查。

4.3.20　卷材搭接宽度的允许偏差应为 -10mm。

检验方法：观察和尺量检查。

4.4　涂料防水层

4.4.1　涂料防水层适用于受侵蚀性介质作用或受振动作用的地下工程；有机防水涂料宜用于主体结构的迎水面，无机防水涂料宜用于主体结构的迎水面或背水面。

4.4.2　有机防水涂料应采用反应型、水乳型、聚合物水泥等涂料；无机防水涂料应采用掺外加剂、掺合料的水泥基防水涂料或水泥基渗透结晶型防水涂料。

4.4.3　有机防水涂料基面应干燥。当基面较潮湿时，应涂刷湿固化型胶结剂或潮湿界面隔离剂；无机防水涂料施工前，基面应充分润湿，但不得有明水。

4.4.4　涂料防水层的施工应符合下列规定：

1　多组分涂料应按配合比准确计量，搅拌均匀，并应根据有效时间确定每次配制的用量；

2　涂料应分层涂刷或喷涂，涂层应均匀，涂刷应待前遍涂层干燥成膜后进行。每遍涂刷时应交替改变涂层的涂刷方向，同层涂膜的先后搭压宽度宜为30mm～50mm；

3　涂料防水层的甩槎处接槎宽度不应小于100mm，接涂前应将其甩槎表面处理干净；

4　采用有机防水涂料时，基层阴阳角处应做成圆弧；在转角处、变形缝、施工缝、穿墙管等部位应增加胎体增强材料和增涂防水涂料，宽度不应小于500mm；

5　胎体增强材料的搭接宽度不应小于100mm。上下两层和相邻两幅胎体的接缝应错开1/3幅宽，且上下两层胎体不得相互垂直铺贴。

4.4.5　涂料防水层完工并经验收合格后应及时做保护层。保护层应符合本规范第4.3.13条的规定。

4.4.6　涂料防水层分项工程检验批的抽样检验数量，应按涂层面积每100m² 抽查1处，每处10m²，且不得少于 3 处。

Ⅰ 主控项目

4.4.7 涂料防水层所用的材料及配合比必须符合设计要求。

检验方法：检查产品合格证、产品性能检测报告、计量措施和材料进场检验报告。

4.4.8 涂料防水层的平均厚度应符合设计要求，最小厚度不得小于设计厚度的 90%。

检验方法：用针测法检查。

4.4.9 涂料防水层在转角处、变形缝、施工缝、穿墙管等部位做法必须符合设计要求。

检验方法：观察检查和检查隐蔽工程验收记录。

Ⅱ 一般项目

4.4.10 涂料防水层应与基层粘结牢固、涂刷均匀，不得流淌、鼓泡、露槎。

检验方法：观察检查。

4.4.11 涂层间夹铺胎体增强材料时，应使防水涂料浸透胎体覆盖完全，不得有胎体外露现象。

检验方法：观察检查。

4.4.12 侧墙涂料防水层的保护层与防水层应结合紧密，保护层厚度应符合设计要求。

检验方法：观察检查。

4.5 塑料防水板防水层

4.5.1 塑料防水板防水层适用于经常承受水压、侵蚀性介质或有振动作用的地下工程；塑料防水板宜铺设在复合式衬砌的初期支护与二次衬砌之间。

4.5.2 塑料防水板防水层的基面应平整，无尖锐突出物，基面平整度 D/L 不应大于 1/6。

注：D 为初期支护基面相邻两凸面间凹进去的深度；

　　L 为初期支护基面相邻两凸面间的距离。

4.5.3 初期支护的渗漏水，应在塑料防水板防水层铺设前封堵或引排。

4.5.4 塑料防水板的铺设应符合下列规定：

1 铺设塑料防水板前应先铺缓冲层，缓冲层应用暗钉圈固定在基面上；缓冲层搭接宽度不应小于 50mm；铺设塑料防水板时，应边铺边用压焊机将塑料防水板与暗钉圈焊接；

2 两幅塑料防水板的搭接宽度不应小于 100mm，下部塑料防水板应压住上部塑料防水板。接缝焊接时，塑料防水板的搭接层数不得超过 3 层；

3 塑料防水板的搭接缝应采用双焊缝，每条焊缝的有效宽度不应小于 10mm；

4 塑料防水板铺设时宜设置分区预埋注浆系统；

5 分段设置塑料防水板防水层时，两端应采取封闭措施。

4.5.5 塑料防水板的铺设应超前二次衬砌混凝土施工，超前距离宜为 5m ~ 20m。

4.5.6 塑料防水板应牢固地固定在基面上，固定点间距应根据基面平整情况确定，拱部宜为 0.5m ~ 0.8m，边墙宜为 1.0m ~ 1.5m，底部宜为 1.5m ~ 2.0m；局部凹凸较大时，应在凹处加密固定点。

4.5.7 塑料防水板防水层分项工程检验批的抽样检验数量，应按铺设面积每 100m² 抽查 1 处，每处 10m²，但不得少于 3 处。焊缝检验应按焊缝条数抽查 5%，每条焊缝为 1 处，但不得少于 3 处。

Ⅰ 主控项目

4.5.8 塑料防水板及其配套材料必须符合设计要求。

检验方法：检查产品合格证、产品性能检测报告和材料进场检验报告。

4.5.9　塑料防水板的搭接缝必须采用双缝热熔焊接，每条焊缝的有效宽度不应小于 10mm。

检验方法：双焊缝间空腔内充气检查和尺量检查。

Ⅱ 一般项目

4.5.10　塑料防水板应采用无钉孔铺设，其固定点的间距应符合本规范第 4.5.6 条的规定。

检验方法：观察和尺量检查。

4.5.11　塑料防水板与暗钉圈应焊接牢靠，不得漏焊、假焊和焊穿。

检验方法：观察检查。

4.5.12　塑料防水板的铺设应平顺，不得有下垂、绷紧和破损现象。

检验方法：观察检查。

4.5.13　塑料防水板搭接宽度的允许偏差应为 –10mm。

检验方法：尺量检查。

4.6　金属板防水层

4.6.1　金属板防水层适用于抗渗性能要求较高的地下工程，金属板应铺设在主体结构迎水面。

4.6.2　金属板防水层所采用的金属材料和保护材料应符合设计要求。金属板及其焊接材料的规格、外观质量和主要物理性能，应符合国家现行有关标准的规定。

4.6.3　金属板的拼接及金属板与工程结构的锚固件连接应采用焊接。金属板的拼接焊缝应进行外观检查和无损检验。

4.6.4　金属板表面有锈蚀、麻点或划痕等缺陷时，其深度不得大于该板材厚度的负偏差值。

4.6.5　金属板防水层分项工程检验批的抽样检验数量，应按铺设面积每 $10m^2$ 抽查 1 处，每处 $1m^2$，且不得少于 3 处。焊缝表面缺陷检验应按焊缝的条数抽查 5%，且不得少于 1 条焊缝；每条焊缝检查 1 处，总抽查数不得少于 10 处。

Ⅰ 主控项目

4.6.6　金属板和焊接材料必须符合设计要求。

检验方法：检查产品合格证、产品性能检测报告和材料进场检验报告。

4.6.7　焊工应持有有效的执业资格证书。

检验方法：检查焊工执业资格证书和考核日期。

Ⅱ 一般项目

4.6.8　金属板表面不得有明显凹面和损伤。

检验方法：观察检查。

4.6.9　焊缝不得有裂纹、未熔合、夹渣、焊瘤、咬边、烧穿、弧坑、针状气孔等缺陷。

检验方法：观察检查和使用放大镜、焊缝量规及钢尺检查，必要时采用渗透或磁粉探伤检查。

4.6.10　焊缝的焊波应均匀，焊渣和飞溅物应清除干净；保护涂层不得有漏涂、脱皮和反锈现象。

检验方法：观察检查。

4.7　膨润土防水材料防水层

4.7.1　膨润土防水材料防水层适用于 pH 为 4 ～ 10 的地下环境中；膨润土防水材料防水层应用于复合式

衬砌的初期支护与二次衬砌之间以及明挖法地下工程主体结构的迎水面,防水层两侧应具有一定的夹持力。

4.7.2 膨润土防水材料中的膨润土颗粒应采用钠基膨润土,不应采用钙基膨润土。

4.7.3 膨润土防水材料防水层基面应坚实、清洁,不得有明水,基面平整度应符合本规范第4.5.2条的规定;基层阴阳角应做成圆弧或坡角。

4.7.4 膨润土防水毯的织布面与膨润土防水板的膨润土面,均应与结构外表面密贴。

4.7.5 膨润土防水材料应采用水泥钉和垫片固定;立面和斜面上的固定间距宜为400mm ~ 500mm,平面上应在搭接缝处固定。

4.7.6 膨润土防水材料的搭接宽度应大于100mm;搭接部位的固定间距宜为200mm ~ 300mm,固定点与搭接边缘的距离宜为25mm ~ 30mm,搭接处应涂抹膨润土密封膏。平面搭接缝处可干撒膨润土颗粒,其用量宜为0.3kg/m ~ 0.5kg/m。

4.7.7 膨润土防水材料的收口部位应采用金属压条和水泥钉固定,并用膨润土密封膏覆盖。

4.7.8 转角处和变形缝、施工缝、后浇带等部位均应设置宽度不小于500mm加强层,加强层应设置在防水层与结构外表面之间。穿墙管件部位宜采用膨润土橡胶止水条、膨润土密封膏进行加强处理。

4.7.9 膨润土防水材料分段铺设时,应采取临时遮挡防护措施。

4.7.10 膨润土防水材料防水层分项工程检验批的抽样检验数量,应按铺贴面积每100m² 抽查1处,每处10m²,且不得少于3处。

Ⅰ主控项目

4.7.11 膨润土防水材料必须符合设计要求。

检验方法:检查产品合格证、产品性能检测报告和材料进场检验报告。

4.7.12 膨润土防水材料防水层在转角处和变形缝、施工缝、后浇带、穿墙管等部位做法必须符合设计要求。

检验方法:观察检查和检查隐蔽工程验收记录。

Ⅱ一般项目

4.7.13 膨润土防水毯的织布面或防水板的膨润土面,应朝向工程主体结构的迎水面。

检验方法:观察检查。

4.7.14 立面或斜面铺设的膨润土防水材料应上层压住下层,防水层与基层、防水层与防水层之间应密贴,并应平整无折皱。

检验方法:观察检查。

4.7.15 膨润土防水材料的搭接和收口部位应符合本规范第4.7.5条、第4.7.6条、第4.7.7条的规定。

检验方法:观察和尺量检查。

4.7.16 膨润土防水材料搭接宽度的允许偏差应为 –10mm。

检验方法:观察和尺量检查。

5 细部构造防水工程

5.1 施工缝

Ⅰ主控项目

5.1.1 施工缝用止水带、遇水膨胀止水条或止水胶、水泥基渗透结晶型防水涂料和预埋注浆管必须符合设计要求。

检验方法：检查产品合格证、产品性能检测报告和材料进场检验报告。

5.1.2 施工缝防水构造必须符合设计要求。

检验方法：观察检查和检查隐蔽工程验收记录。

Ⅱ一般项目

5.1.3 墙体水平施工缝应留设在高出底板表面不小于300mm的墙体上。拱、板与墙结合的水平施工缝，宜留在拱、板与墙交接处以下150mm～300mm处；垂直施工缝应避开地下水和裂隙水较多的地段，并宜与变形缝相结合。

检验方法：观察检查和检查隐蔽工程验收记录。

5.1.4 在施工缝处继续浇筑混凝土时，已浇筑的混凝土抗压强度不应小于1.2MPa。

检验方法：观察检查和检查隐蔽工程验收记录。

5.1.5 水平施工缝浇筑混凝土前，应将其表面浮浆和杂物清除，然后铺设净浆、涂刷混凝土界面处理剂或水泥基渗透结晶型防水涂料，再铺30mm～50mm厚的1∶1水泥砂浆，并及时浇筑混凝土。

检验方法：观察检查和检查隐蔽工程验收记录。

5.1.6 垂直施工缝浇筑混凝土前，应将其表面清理干净，再涂刷混凝土界面处理剂或水泥基渗透结晶型防水涂料，并及时浇筑混凝土。

检验方法：观察检查和检查隐蔽工程验收记录。

5.1.7 中埋式止水带及外贴式止水带埋设位置应准确，固定应牢靠。

检验方法：观察检查和检查隐蔽工程验收记录。

5.1.8 遇水膨胀止水条应具有缓膨胀性能；止水条与施工缝基面应密贴，中间不得有空鼓、脱离等现象；止水条应牢固地安装在缝表面或预留凹槽内；止水条采用搭接连接时，搭接宽度不得小于30mm。

检验方法：观察检查和检查隐蔽工程验收记录。

5.1.9 遇水膨胀止水胶应采用专用注胶器挤出粘结在施工缝表面，并做到连续、均匀、饱满、无气泡和孔洞，挤出宽度及厚度应符合设计要求；止水胶挤出成形后，固化期内应采取临时保护措施；止水胶固化前不得浇筑混凝土。

检验方法：观察检查和检查隐蔽工程验收记录。

5.1.10 预埋注浆管应设置在施工缝断面中部，注浆管与施工缝基面应密贴并固定牢靠，固定间距宜为200mm～300mm；注浆导管与注浆管的连接应牢固、严密，导管埋入混凝土内的部分应与结构钢筋绑扎牢固，导管的末端应临时封堵严密。

检验方法：观察检查和检查隐蔽工程验收记录。

5.2 变形缝

Ⅰ主控项目

5.2.1 变形缝用止水带、填缝材料和密封材料必须符合设计要求。

检验方法：检查产品合格证、产品性能检测报告和材料进场检验报告。

5.2.2 变形缝防水构造必须符合设计要求。

检验方法：观察检查和检查隐蔽工程验收记录。

5.2.3 中埋式止水带埋设位置应准确，其中间空心圆环与变形缝的中心线应重合。

检验方法：观察检查和检查隐蔽工程验收记录。

Ⅱ一般项目

5.2.4 中埋式止水带的接缝应设在边墙较高位置上，不得设在结构转角处；接头宜采用热压焊接，接缝应平整、牢固，不得有裂口和脱胶现象。

检验方法：观察检查和检查隐蔽工程验收记录。

5.2.5 中埋式止水带在转角处应做成圆弧形；顶板、底板内止水带应安装成盆状，并宜采用专用钢筋套或扁钢固定。

检验方法：观察检查和检查隐蔽工程验收记录。

5.2.6 外贴式止水带在变形缝与施工缝相交部位宜采用十字配件；外贴式止水带在变形缝转角部位宜采用直角配件。止水带埋设位置应准确，固定应牢靠，并与固定止水带的基层密贴，不得出现空鼓、翘边等现象。

检验方法：观察检查和检查隐蔽工程验收记录。

5.2.7 安设于结构内侧的可卸式止水带所需配件应一次配齐，转角处应做成45°坡角，并增加紧固件的数量。

检验方法：观察检查和检查隐蔽工程验收记录。

5.2.8 嵌填密封材料的缝内两侧基面应平整、洁净、干燥，并应涂刷基层处理剂；嵌缝底部应设置背衬材料；密封材料嵌填应严密、连续、饱满，粘结牢固。

检验方法：观察检查和检查隐蔽工程验收记录。

5.2.9 变形缝处表面粘贴卷材或涂刷涂料前，应在缝上设置隔离层和加强层。

检验方法：观察检查和检查隐蔽工程验收记录。

5.3 后浇带

Ⅰ主控项目

5.3.1 后浇带用遇水膨胀止水条或止水胶、预埋注浆管、外贴式止水带必须符合设计要求。

检验方法：检查产品合格证、产品性能检测报告和材料进场检验报告。

5.3.2 补偿收缩混凝土的原材料及配合比必须符合设计要求。

检验方法：检查产品合格证、产品性能检测报告、计量措施和材料进场检验报告。

5.3.3 后浇带防水构造必须符合设计要求。

检验方法：观察检查和检查隐蔽工程验收记录。

5.3.4 采用掺膨胀剂的补偿收缩混凝土，其抗压强度、抗渗性能和限制膨胀率必须符合设计要求。

检验方法：检查混凝土抗压强度、抗渗性能和水中养护14d后的限制膨胀率检测报告。

Ⅱ一般项目

5.3.5 补偿收缩混凝土浇筑前，后浇带部位和外贴式止水带应采取保护措施。

检验方法：观察检查。

5.3.6 后浇带两侧的接缝表面应先清理干净，再涂刷混凝土界面处理剂或水泥基渗透结晶型防水涂料；后浇混凝土的浇筑时间应符合设计要求。

检验方法：观察检查和检查隐蔽工程验收记录。

5.3.7 遇水膨胀止水条的施工应符合本规范第5.1.8条的规定；遇水膨胀止水胶的施工应符合本规范

第5.1.9条的规定；预埋注浆管的施工应符合本规范第5.1.10条的规定；外贴式止水带的施工应符合本规范第5.2.6条的规定。

检验方法：观察检查和检查隐蔽工程验收记录。

5.3.8 后浇带混凝土应一次浇筑，不得留设施工缝；混凝土浇筑后应及时养护，养护时间不得少于28d。

检验方法：观察检查和检查隐蔽工程验收记录。

5.4 穿墙管

Ⅰ 主控项目

5.4.1 穿墙管用遇水膨胀止水条和密封材料必须符合设计要求。

检验方法：检查产品合格证、产品性能检测报告和材料进场检验报告。

5.4.2 穿墙管防水构造必须符合设计要求。

检验方法：观察检查和检查隐蔽工程验收记录。

Ⅱ 一般项目

5.4.3 固定式穿墙管应加焊止水环或环绕遇水膨胀止水圈，并作好防腐处理；穿墙管应在主体结构迎水面预留凹槽，槽内应用密封材料嵌填密实。

检验方法：观察检查和检查隐蔽工程验收记录。

5.4.4 套管式穿墙管的套管与止水环及翼环应连续满焊，并作好防腐处理；套管内表面应清理干净，穿墙管与套管之间应用密封材料和橡胶密封圈进行密封处理，并采用法兰盘及螺栓进行固定。

检验方法：观察检查和检查隐蔽工程验收记录。

5.4.5 穿墙盒的封口钢板与混凝土结构墙上预埋的角钢应焊严，并从钢板上的预留浇注孔注入改性沥青密封材料或细石混凝土，封填后将浇注孔口用钢板焊接封闭。

检验方法：观察检查和检查隐蔽工程验收记录。

5.4.6 当主体结构迎水面有柔性防水层时，防水层与穿墙管连接处应增设加强层。

检验方法：观察检查和检查隐蔽工程验收记录。

5.4.7 密封材料嵌填应密实、连续、饱满，粘结牢固。

检验方法：观察检查和检查隐蔽工程验收记录。

5.5 埋设件

Ⅰ 主控项目

5.5.1 埋设件用密封材料必须符合设计要求。

检验方法：检查产品合格证、产品性能检测报告、材料进场检验报告。

5.5.2 埋设件防水构造必须符合设计要求。

检验方法：观察检查和检查隐蔽工程验收记录。

Ⅱ 一般项目

5.5.3 埋设件应位置准确，固定牢靠；埋设件应进行防腐处理。

检验方法：观察、尺量和手扳检查。

5.5.4 埋设件端部或预留孔、槽底部的混凝土厚度不得小于250mm；当混凝土厚度小于250mm时，应局部加厚或采取其他防水措施。

检验方法：尺量检查和检查隐蔽工程验收记录。

5.5.5 结构迎水面的埋设件周围应预留凹槽，凹槽内应用密封材料嵌填密实。

检验方法：观察检查和检查隐蔽工程验收记录。

5.5.6 用于固定模板的螺栓必须穿过混凝土结构时，可采用工具式螺栓或螺栓加堵头，螺栓上应加焊止水环。拆模后留下的凹槽应用密封材料封堵密实，并用聚合物水泥砂浆抹平。

检验方法：观察检查和检查隐蔽工程验收记录。

5.5.7 预留孔、槽内的防水层应与主体防水层保持连续。

检验方法：观察检查和检查隐蔽工程验收记录。

5.5.8 密封材料嵌填应密实、连续、饱满，粘结牢固。

检验方法：观察检查和检查隐蔽工程验收记录。

5.6 预留通道接头

Ⅰ 主控项目

5.6.1 预留通道接头用中埋式止水带、遇水膨胀止水条或止水胶、预埋注浆管、密封材料和可卸式止水带必须符合设计要求。

检验方法：检查产品合格证、产品性能检测报告、材料进场检验报告。

5.6.2 预留通道接头防水构造必须符合设计要求。

检验方法：观察检查和检查隐蔽工程验收记录。

5.6.3 中埋式止水带埋设位置应准确，其中间空心圆环与通道接头中心线应重合。

检验方法：观察检查和检查隐蔽工程验收记录。

Ⅱ 一般项目

5.6.4 预留通道先浇筑混凝土结构、中埋式止水带和预埋件应及时保护，预埋件应进行防锈处理。

检验方法：观察检查。

5.6.5 遇水膨胀止水条的施工应符合本规范第5.1.8条的规定；遇水膨胀止水胶的施工应符合本规范第5.1.9条的规定；预埋注浆管的施工应符合本规范第5.1.10条的规定。

检验方法：观察检查和检查隐蔽工程验收记录。

5.6.6 密封材料嵌填应密实、连续、饱满，粘结牢固。

检验方法：观察检查和检查隐蔽工程验收记录。

5.6.7 用膨胀螺栓固定可卸式止水带时，止水带与紧固件压块以及止水带与基面之间应结合紧密。采用金属膨胀螺栓时，应选用不锈钢材料或进行防锈处理。

检验方法：观察检查和检查隐蔽工程验收记录。

5.6.8 预留通道接头外部应设保护墙。

检验方法：观察检查和检查隐蔽工程验收记录。

5.7 桩头

Ⅰ 主控项目

5.7.1 桩头用聚合物水泥防水砂浆、水泥基渗透结晶型防水涂料、遇水膨胀止水条或止水胶和密封材料必须符合设计要求。

检验方法：检查产品合格证、产品性能检测报告和材料进场检验报告。

5.7.2 桩头防水构造必须符合设计要求。

检验方法：观察检查和检查隐蔽工程验收记录。

5.7.3 桩头混凝土应密实，如发现渗漏水应及时采取封堵措施。

检验方法：观察检查和检查隐蔽工程验收记录。

Ⅱ一般项目

5.7.4 桩头顶面和侧面裸露处应涂刷水泥基渗透结晶型防水涂料，并延伸到结构底板垫层150mm处；桩头四周300mm范围内应抹聚合物水泥防水砂浆过渡层。

检验方法：观察检查和检查隐蔽工程验收记录。

5.7.5 结构底板防水层应做在聚合物水泥防水砂浆过渡层上并延伸至桩头侧壁，其与桩头侧壁接缝处应采用密封材料嵌填。

检验方法：观察检查和检查隐蔽工程验收记录。

5.7.6 桩头的受力钢筋根部应采用遇水膨胀止水条或止水胶，并应采取保护措施。

检验方法：观察检查和检查隐蔽工程验收记录。

5.7.7 遇水膨胀止水条的施工应符合本规范第5.1.8条的规定；遇水膨胀止水胶的施工应符合本规范第5.1.9条的规定。

检验方法：观察检查和检查隐蔽工程验收记录。

5.7.8 密封材料嵌填应密实、连续、饱满，粘结牢固。

检验方法：观察检查和检查隐蔽工程验收记录。

5.8 孔口

Ⅰ主控项目

5.8.1 孔口用防水卷材、防水涂料和密封材料必须符合设计要求。

检验方法：检查产品合格证、产品性能检测报告和材料进场检验报告。

5.8.2 孔口防水构造必须符合设计要求。

检验方法：观察检查和检查隐蔽工程验收记录。

Ⅱ一般项目

5.8.3 人员出入口应高出地面不应小于500mm；汽车出入口设置明沟排水时，其高出地面宜为150mm，并应采取防雨措施。

检验方法：观察和尺量检查。

5.8.4 窗井的底部在最高地下水位以上时，窗井的墙体和底板应作防水处理，并宜与主体结构断开。窗台下部的墙体和底板应做防水处理。

检验方法：观察检查和检查隐蔽工程验收记录。

5.8.5 窗井或窗井的一部分地最高地下水位以下时，窗井应与主体结构连成整体，其防水层也应连成整体，并应在窗井内设置集水井。窗台下部的墙体和底板应做防水层。

检验方法：观察检查和检查隐蔽工程验收记录。

5.8.6 窗井内的底板应低于窗下缘300mm。窗井墙高出室外地面不得小于500mm；窗井外地面应做散水，散水与墙面间应采用密封材料嵌填。

检验方法：观察检查和尺量检查。

5.8.7 密封材料嵌填应密实、连续、饱满，粘结牢固。

检验方法：观察检查和检查隐蔽工程验收记录。

5.9 坑、池

Ⅰ 主控项目

5.9.1 坑、池防水混凝土的原材料、配合比及坍落度必须符合设计要求。

检验方法：检查产品合格证、产品性能检测报告、计量措施和材料进场检验报告。

5.9.2 坑、池防水构造必须符合设计要求。

检验方法：观察检查和检查隐蔽工程验收记录。

5.9.3 坑、池、储水库内部防水层完成后，应进行蓄水试验。

检验方法：观察检查和检查蓄水试验记录。

Ⅱ 一般项目

5.9.4 坑、池、储水库宜采用防水混凝土整体浇筑，混凝土表面应坚实、平整，不得有露筋、蜂窝和裂缝等缺陷。

检验方法：观察检查和检查隐蔽工程验收记录。

5.9.5 坑、池底板的混凝土厚度不应少于 250mm；当底板的厚度小于 250mm 时，应采取局部加厚措施，并应使防水层保持连续。

检验方法：观察检查和检查隐蔽工程验收记录。

5.9.6 坑、池施工完后，应及时遮盖和防止杂物堵塞。

检验方法：观察检查。

11.《住宅室内防水工程技术规范》JGJ 298-2013

1 总则（略）
2 术语（略）
3 基本规定

3.0.1 住宅室内防水工程应遵循防排结合、刚柔相济、因地制宜、经济合理、安全环保、综合治理的原则。

3.0.2 住宅室内防水工程宜根据不同的设防部位，按柔性防水涂料、防水卷材、刚性防水材料的顺序，选用适宜的防水材料，且相邻材料之间应具有相容性。

3.0.3 密封材料宜采用与主体防水层相匹配的材料。

3.0.4 住宅室内防水工程完成后，楼、地面和独立水容器的防水性能应通过蓄水试验进行检验。

3.0.5 住宅室内外排水系统应保持畅通。

3.0.6 住宅室内防水工程应积极采用通过技术评估或鉴定,并经工程实践证明质量可靠的新材料、新技术、新工艺。

4 防水材料

4.1 防水涂料

4.1.1 住宅室内防水工程宜使用聚氨酯防水涂料、聚合物乳液防水涂料、聚合物水泥防水涂料和水乳型沥青防水涂料等水性或反应型防水涂料。

4.1.2 住宅室内防水工程不得使用溶剂型防水涂料。

4.1.3 对于住宅室内长期浸水的部位,不宜使用遇水产生溶胀的防水涂料。

4.1.4 聚氨酯防水涂料的性能指标应符合表 4.1.4 的规定。

聚氨酯防水涂料的性能指标 表 4.1.4

项目		性能指标	
		单组分	双组分
拉伸强度(MPa)		≥ 1.9	
断裂伸长率(%)		≥ 450	
撕裂强度(N/mm)		≥ 12	
不透水性(0.3MPa,30min)		不透水	
固体含量(%)		≥ 80	≥ 92
加热伸缩率(%)	伸长	≤ 1.0	
	缩短	≤ 4.0	
热处理	拉伸强度保持率(%)	80 ~ 150	
	断裂伸长率(%)	≥ 400	
碱处理	拉伸强度保持率(%)	60 ~ 150	
	断裂伸长率(%)	≥ 400	
酸处理	拉伸强度保持率(%)	80 ~ 150	
	断裂伸长率(%)	≥ 400	

注:对于加热伸缩率及热处理后的拉伸强度保持率和断裂伸长率,仅当聚氨酯防水涂料用于地面辐射采暖工程时才作要求。

4.1.5 聚合物乳液防水涂料的性能指标应符合表 4.1.5 的规定。

聚合物乳液防水涂料的性能指标 表 4.1.5

项目	性能指标
拉伸强度(MPa)	≥ 1.0
断裂延伸率(%)	≥ 300

续表

项目		性能指标
不透水性（0.3MPa，30min）		不透水
同体含量（%）		≥ 65
干燥时间（h）	表干时间	≤ 4
	实干时间	≤ 8
处理后的拉伸强度保持率（%）	加热处理	≥ 80
	碱处理	≥ 60
	酸处理	≥ 40
处理后的断裂延伸率（%）	加热处理	≥ 200
	碱处理	≥ 200
	酸处理	≥ 200
加热伸缩率（%）	伸长	≤ 1.0
	缩短	≤ 1.0

注：对于加热伸缩率及热处理后的拉伸强度保持率和断裂伸长率，仅当聚合物乳液防水涂料用于地面辐射采暖工程时才作要求。

4.1.6 聚合物水泥防水涂料的性能指标应符合表4.1.6的规定。

I型产品不宜用于长期浸水环境的防水工程；II型产品可用于长期浸水环境和干湿交替环境的防水工程；III型产品宜用于住宅室内墙面或顶棚的防潮。

聚合物水泥防水涂料的性能指标　　表4.1.6

项目		性能指标		
		I 型	II 型	III 型
固体含量（%）		≥ 70	≥ 70	≥ 70
拉伸强度	无处理（MPa）	≥ 1.2	≥ 1.8	≥ 1.8
	加热处理后保持率（%）	≥ 80	≥ 80	≥ 80
	碱处理后保持率（%）	≥ 60	≥ 70	≥ 70
断裂伸长率	无处理（%）	≥ 200	≥ 80	≥ 30
	加热处理（%）	≥ 150	≥ 65	≥ 20
	碱处理（%）	≥ 150	≥ 65	≥ 20
粘结强度	无处理（MPa）	≥ 0.5	≥ 0.7	≥ 1.0
	潮湿基层（MPa）	≥ 0.5	≥ 0.7	≥ 1.0
	碱处理（MPa）	≥ 0.5	≥ 0.7	≥ 1.0
	浸水处理（MPa）	≥ 0.5	≥ 0.7	≥ 1.0
不透水性（0.3MPa，30min）		不透水	不透水	不透水
抗渗性（砂浆背水面）（MPa）		—	≥ 0.6	≥ 0.8

注：对于加热处理后的拉伸强度和断裂伸长率，仅当聚合物水泥防水涂料用于地面辐射采暖工程时才作要求。

4.1.7 水乳型沥青防水涂料的性能指标应符合表 4.1.7 的规定。

水乳型沥青防水涂料的性能指标 表 4.1.7

项目		性能指标
固体含量（%）		≥ 45
耐热度（℃）		80±2，无流淌、滑移、滴落
不透水性（0.1MPa，30min）		不透水
粘结强度（MPa）		≥ 0.30
断裂伸长率（%）	标准条件	≥ 600
	碱处理	≥ 600
	热处理	≥ 600

注：对于耐热度及热处理后的断裂伸长率，仅当水乳型沥青防水涂料用于地面辐射采暖工程时才作要求。

4.1.8 防水涂料的有害物质限量应分别符合表 4.1.8-1 和表 4.1.8-2 的规定。

水性防水涂料中有害物质含量指标 表 4.1.8-1

项目		水性防水涂料
挥发性有机化合物（VOC）（g/L）		≤ 120
游离甲醛（mg/kg）		≤ 200
苯、甲苯、乙苯和二甲苯总和（mg/kg）		≤ 300
氨（mg/kg）		≤ 1000
可溶性重金属（mg/kg）	铅	≤ 90
	镉	≤ 75
	铬	≤ 60
	汞	≤ 60

注：对于无色、白色、黑色防水涂料，不需测定可溶性重金属。

反应型防水涂料中有害物质含量指标 表 4.1.8-2

项目		反应型防水涂料
挥发性有机化合物（VOC）（g/L）		≤ 200
甲苯 + 乙苯 + 二甲苯（g/kg）		≤ 1.0
苯（mg/kg）		≤ 200
苯酚（mg/kg）		≤ 500
蒽（mg/kg）		≤ 100
萘（mg/kg）		≤ 500
游离 TDI（g/kg）		≤ 7
可溶性重金属（mg/kg）	铅	≤ 90

续表

项目		反应型防水涂料
可溶性重金属（mg/kg）	镉	≤ 75
	铬	≤ 60
	汞	≤ 60

注：1 游离TDI仅适用于聚氨酯类防水涂料；
　　2 对于无色、白色、黑色防水涂料，不需测定可溶性重金属。

4.1.9 用于附加层的胎体材料宜选用（30～50）g/m² 的聚酯纤维无纺布、聚丙烯纤维无纺布或耐碱玻璃纤维网格布。

4.1.10 住宅室内防水工程采用防水涂料时，涂膜防水层厚度应符合表4.1.10的规定。

涂膜防水层厚度　　　　　表 4.1.10

防水涂料	涂膜防水层厚度（mm）	
	水平面	垂直面
聚合物水泥防水涂料	≥ 1.5	≥ 1.2
聚合物乳液防水涂料	≥ 1.5	≥ 1.2
聚氨酯防水涂料	≥ 1.5	≥ 1.2
水乳型沥青防水涂料	≥ 2.0	≥ 1.5

4.2 防水卷材

4.2.1 住宅室内防水工程可选用自粘聚合物改性沥青防水卷材和聚乙烯丙纶复合防水卷材。

4.2.2 自粘聚合物改性沥青防水卷材的性能指标应符合表4.2.2-1和表4.2.2-2的规定。

无胎基（N类）自粘聚合物改性沥青防水卷材的性能指标　　表 4.2.2-1

项目		性能指标	
		PE 类	PEF 类
拉伸性能	拉力（N/50mm）	≥ 150	≥ 150
	最大拉力时延伸率（%）	≥ 200	≥ 30
耐热性		70℃滑动不超过 2mm	
不透水性		0.2MPa，120min 不透水	
剥离强度（N/mm）	卷材与卷材	≥ 1.0	
	卷材与铝板	≥ 1.5	
热老化	拉力保持率（%）	≥ 80	
	最大拉力时延伸率（%）	≥ 200	≥ 30
	剥离强度（N/mm）	≥ 1.5	

续表

项目		性能指标	
		PE 类	PEF 类
热稳定性	外观	无起鼓、皱折、滑动、流淌	
	尺寸变化（%）	≤ 2	

注：对于耐热性、热老化和热稳定性，仅当 N 类自粘聚合物改性沥青防水卷材用于地面辐射采暖工程时才作要求。

聚酯胎基（PY 类）自粘聚合物改性沥青防水卷材的性能指标　　　表 4.2.2-2

项目			性能指标
可溶物含量（g/m²）	2.0mm		≥ 1300
	3.0mm		≥ 2100
	4.0mm		≥ 2900
拉伸性能	拉力（N/50mm）	2.0mm	≥ 350
		3.0mm	≥ 450
		4.0mm	≥ 450
	最大拉力时延伸率（%）		≥ 30
耐热性			70℃滑动不超过 2mm
不透水性			0.3MPa，120min 不透水
剥离强度（N/mm）	卷材与卷材		≥ 1.0
	卷材与铝板		≥ 1.5
热老化	最大拉力时延伸率（%）		≥ 30
	剥离强度（N/mm）		≥ 1.5

注：对于耐热性和热老化，仅当 PY 类自粘聚合物改性沥青防水卷材用于地面辐射采暖工程时才作要求。

4.2.3　聚乙烯丙纶复合防水卷材应采用与之相配套的聚合物水泥防水粘结料，共同组成复合防水层，且聚乙烯丙纶复合防水卷材和聚合物水泥防水粘结料的性能指标应分别符合表 4.2.3-1 和表 4.2.3-2 的规定。

聚乙烯丙纶复合防水卷材的性能指标　　　表 4.2.3-1

项目		性能指标
断裂拉伸强度（常温）（N/cm）		≥ 60×80%
扯断伸长率（常温）（%）		≥ 400×50%
热空气老化（80℃ ×168h）	断裂拉伸强度保持率（%）	≥ 80
	扯断伸长率保持率（%）	≥ 70
不透水性（0.3MPa，30min）		不透水
撕裂强度（N）		≥ 20

注：对于热空气老化，仅当聚乙烯丙纶复合防水卷材用于地面辐射采暖工程时才作要求。

聚合物水泥防水粘结料的性能指标　　　表 4.2.3-2

项目		性能指标
与水泥基面的粘结拉伸强度（MPa）	常温 7d	≥ 0.6
	耐水性	≥ 0.4
剪切状态下的粘合性（卷材与卷材，标准试验条件）(N/mm)		≥ 2.0 或卷材断裂
剪切状态下的粘合性（卷材与水泥基面，标准试验条件）(N/mm)		≥ 1.8 或卷材断裂
抗渗性（MPa，7d）		≥ 1.0

4.2.4　防水卷材宜采用冷粘法施工，胶粘剂应与卷材相容，并应与基层粘结可靠。

4.2.5　防水卷材胶粘剂应具有良好的耐水性、耐腐蚀性和耐霉变性，且有害物质限量值应符合表 4.2.5 的规定。

防水卷材胶粘剂有害物质限量值　　　表 4.2.5

项目	指标
总挥发性有机物（g/L）	≤ 350
甲苯＋二甲苯（g/kg）	≤ 10
苯（g/kg）	≤ 0.2
游离甲醛（g/kg）	≤ 1.0

4.2.6　卷材防水层厚度应符合表 4.2.6 的规定。

卷材防水层厚度　　　表 4.2.6

防水卷材	卷材防水层厚度（mm）	
自粘聚合物改性沥青防水卷材	无胎基 ≥ 1.5	聚酯胎基 ≥ 2.0
聚乙烯丙纶复合防水卷材	卷材 ≥ 0.7（芯材 ≥ 0.5），胶结料 ≥ 1.3	

4.3　防水砂浆

4.3.1　防水砂浆应使用由专业生产厂家生产的商品砂浆，并应符合现行行业标准《商品砂浆》JG/T 230 的规定。

4.3.2　掺防水剂的防水砂浆的性能指标应符合表 4.3.2 的规定。

掺防水剂的防水砂浆的性能指标　　　表 4.3.2

项目	性能指标
净浆安定性	合格

续表

项目		性能指标
凝结时间	初凝（min）	≥ 45
	终凝（h）	≤ 10
抗压强度比	7d（%）	≥ 95
	28d（%）	≥ 85
渗水压力比（%）		≥ 200
48h 吸水量比（%）		≤ 75

4.3.3 聚合物水泥防水砂浆的性能指标应符合表 4.3.3 的规定。

聚合物水泥防水砂浆性能的性能指标 表 4.3.3

项目		性能指标	
		干粉类（Ⅰ类）	乳液类（Ⅱ类）
凝结时间	初凝（min）	≥ 45	≥ 45
	终凝（h）	≤ 12	≤ 24
抗渗压力（MPa）	7d	≥ 1.0	
	28d	≥ 1.5	
抗压强度（MPa）	28d	≥ 24.0	
抗折强度（MPa）	28d	≥ 8.0	
压折比		≤ 3.0	
粘结强度（MPa）	7d	≥ 1.0	
	28d	≥ 1.2	
耐碱性（饱和 Ca(OH)$_2$ 溶液，168h）		无开裂，无剥落	
耐热性（100℃水，5h）		无开裂，无剥落	

注：1 凝结时间可根据用户需要及季节变化进行调整；
    2 对于耐热性，仅当聚合物水泥防水砂浆用于地面辐射采暖工程时才作要求。

4.3.4 防水砂浆的厚度应符合表 4.3.4 的规定。

防水砂浆的厚度 表 4.3.4

防水砂浆		砂浆层厚度（mm）
掺防水剂的防水砂浆		≥ 20
聚合物水泥防水砂浆	涂刮型	≥ 3.0
	抹压型	≥ 15

4.4 防水混凝土

4.4.1 用于配制防水混凝土的水泥应符合下列规定：

1 水泥宜采用硅酸盐水泥、普通硅酸盐水泥，并应符合现行国家标准《通用硅酸盐水泥》GB 175 的规定；

2 不得使用过期或受潮结块的水泥，不得将不同品种或强度等级的水泥混合使用。

4.4.2 用于配制防水混凝土的化学外加剂、矿物掺合料、砂、石及拌合用水等应符合国家现行有关标准的规定。

4.5 密封材料

4.5.1 住宅室内防水工程的密封材料宜采用丙烯酸建筑密封胶、聚氨酯建筑密封胶或硅酮建筑密封胶。

4.5.2 对于地漏、大便器、排水立管等穿越楼板的管道根部，宜使用丙烯酸酯建筑密封胶或聚氨酯建筑密封胶嵌填，且性能指标应分别符合表 4.5.2-1 和表 4.5.2-2 的规定。

丙烯酸酯建筑密封胶的性能指标 表 4.5.2-1

项目	性能指标
表干时间（h）	≤ 1
挤出性（mL/min）	≥ 100
弹性恢复率（%）	≥ 40
定伸粘结性	无破坏
浸水后定伸粘结性	无破坏

聚氨酯建筑密封胶的性能指标 表 4.5.2-2

项目	性能指标
表干时间（h）	≤ 24
挤出性（mL/min）①	≥ 80
弹性恢复率（%）	≥ 70
定伸粘结性	无破坏
浸水后定伸粘结性	无破坏

注：①对于挤出性，仅适用于单组分产品。

4.5.3 对于热水管管根部、套管与穿墙管间隙及长期浸水的部位，宜使用硅酮建筑密封胶（F 类）嵌填，其性能指标应符合表 4.5.3 的规定。

硅酮建筑密封胶（F类）的性能指标 表 4.5.3

项目	性能指标
表干时间（h）	≤ 3
挤出性（mL/min）	≥ 80
弹性恢复率（%）	≥ 70
定伸粘结性	无破坏
浸水后定伸粘结性	无破坏

4.6 防潮材料

4.6.1 墙面、顶棚宜采用防水砂浆、聚合物水泥防水涂料做防潮层；无地下室的地面可采用聚氨酯防水涂料、聚合物乳液防水涂料、水乳型沥青防水涂料和防水卷材做防潮层。

4.6.2 采用不同材料做防潮层时，防潮层厚度可按表 4.6.2 确定。

防潮层厚度 表 4.6.2

材料种类		防潮层厚度（mm）
防水砂浆	掺防水剂的防水砂浆	15 ～ 20
	涂刷型聚合物水泥防水砂浆	2 ～ 3
	抹压型聚合物水泥防水砂浆	10 ～ 15
防水涂料	聚合物水泥防水涂料	1.0 ～ 1.2
	聚合物乳液防水涂料	1.0 ～ 1.2
	聚氨酯防水涂料	1.0 ～ 1.2
	水乳型沥青防水涂料	1.0 ～ 1.5
防水卷材	自粘聚合物改性沥青防水卷材　无胎基	1.2
	聚酯毡基	2.0
	聚乙烯丙纶复合防水卷材	卷材 ≥ 0.7（芯材 ≥ 0.5），胶结料 ≥ 1.3

5 防水设计

5.1 一般规定

5.1.1 住宅卫生间、厨房、浴室、设有配水点的封闭阳台、独立水容器等均应进行防水设计。

5.1.2 住宅室内防水设计应包括下列内容：

1 防水构造设计；

2 防水、密封材料的名称、规格型号、主要性能指标；

3 排水系统设计；

4 细部构造防水、密封措施。

5.2 功能房间防水设计

5.2.1 卫生间、浴室的楼、地面应设置防水层，墙面、顶棚应设置防潮层。门口应有阻止积水外溢的措施。

5.2.2 厨房的楼、地面应设置防水层，墙面宜设置防潮层；厨房布置在无用水点房间的下层时，顶棚应设置防潮层。

5.2.3 当厨房设有采暖系统的分集水器、生活热水控制总阀门时，楼、地面宜就近设置地漏。

5.2.4 排水立管不应穿越下层住户的居室；当厨房设有地漏时，地漏的排水支管不应穿过楼板进入下层住户的居室。

5.2.5 厨房的排水立管支架和洗涤池不应直接安装在与卧室相邻的墙体上。

5.2.6 设有配水点的封闭阳台，墙面应设防水层，顶棚宜防潮，楼、地面应有排水措施，并应设置防水层。

5.2.7 独立水容器应有整体的防水构造。现场浇筑的独立水容器应采用刚柔结合的防水设计。

5.2.8 采用地面辐射采暖的无地下室住宅，底层无配水点的房间地面应在绝热层下部设置防潮层。

5.3 技术措施

5.3.1 住宅室内防水应包括楼、地面防水、排水、室内墙体防水和独立水容器防水、防渗。

5.3.2 楼、地面防水设计应符合下列规定：

1 对于有排水要求的房间，应绘制放大布置平面图，并应以门口及沿墙周边为标志标高，标注主要排水坡度和地漏表面标高。

2 对于无地下室的住宅，地面宜采用强度等级为 C15 的混凝土作为刚性垫层，且厚度不宜小于 60mm。楼面基层宜为现浇钢筋混凝土楼板，当为预制钢筋混凝土条板时，板缝间应采用防水砂浆堵严抹平，并应沿通缝涂刷宽度不小于 300mm 的防水涂料形成防水涂膜带。

3 混凝土找坡层最薄处的厚度不应小于 30mm；砂浆找坡层最薄处的厚度不应小于 20mm。找平层兼找坡层时，应采用强度等级为 C20 的细石混凝土；需设填充层铺设管道时，宜与找坡层合并，填充材料宜选用轻骨料混凝土。

4 装饰层宜采用不透水材料和构造，主要排水坡度应为 0.5% ～ 1.0%，粗糙面层排水坡度不应小于 1.0%。

5 防水层应符合下列规定：

1）对于有排水的楼、地面，应低于相邻房间楼、地面 20mm 或做挡水门槛；当需进行无障碍设计时，应低于相邻房间面层 15mm，并应以斜坡过渡。

2）当防水层需要采取保护措施时，可采用 20mm 厚 1：3 水泥砂浆做保护层。

5.3.3 墙面防水设计应符合下列规定：

1 卫生间、浴室和设有配水点的封闭阳台等墙面应设置防水层；防水层高度宜距楼、地面面层 1.2m。

2 当卫生间有非封闭式洗浴设施时，花洒所在及其邻近墙面防水层高度不应小于 1.8m。

5.3.4 有防水设防的功能房间，除应设置防水层的墙面外，其余部分墙面和顶棚均应设置防潮层。

5.3.5 钢筋混凝土结构独立水容器的防水、防渗应符合下列规定：

1 应采用强度等级为 C30、抗渗等级为 P6 的防水钢筋混凝土结构，且受力壁体厚度不宜小于 200mm；

2 水容器内侧应设置柔性防水层；

3 设备与水容器壁体连接处应做防水密封处理。

5.4 细部构造

5.4.1 楼、地面的防水层在门口处应水平延展，且向外延展的长度不应小于 500mm，向两侧延展的宽度不应小于 200mm（图 5.4.1）。

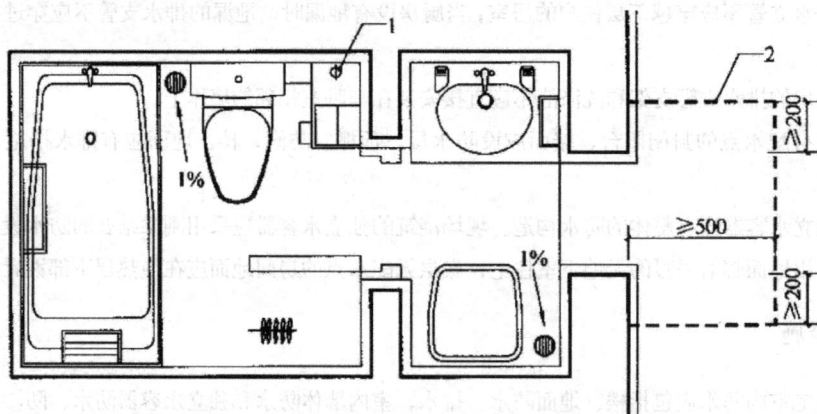

图 5.4.1 楼、地面门口处防水层延展示意
1—穿越楼板的管道及其防水套管；2—门口处防水层延展范围

5.4.2 穿越楼板的管道应设置防水套管，高度应高出装饰层完成面 20mm 以上；套管与管道间应采用防水密封材料嵌填压实（图 5.4.2）。

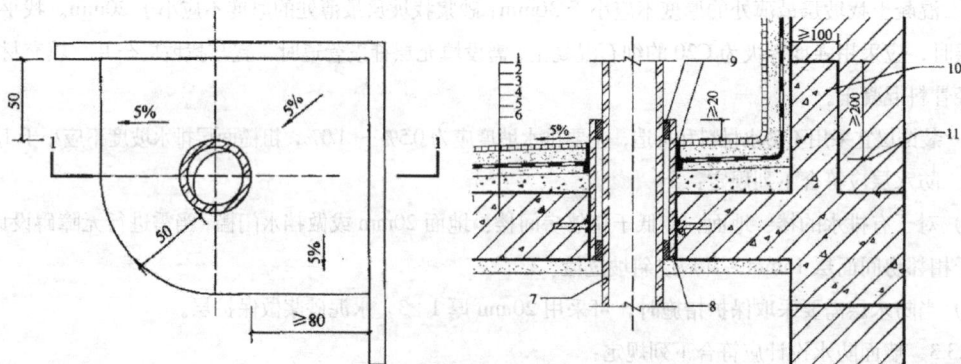

图 5.4.2 管道穿越楼板的防水构造
1—楼、地面面层；2—粘结层；3—防水层；4—找平层；5—垫层或找坡层；6—钢筋混凝土楼板；
7—排水立管；8—防水套管；9—密封膏；10—C20 细石混凝土翻边；11—装饰层完成面高度

5.4.3 地漏、大便器、排水立管等穿越楼板的管道根部应用密封材料嵌填压实（图5.4.3）。

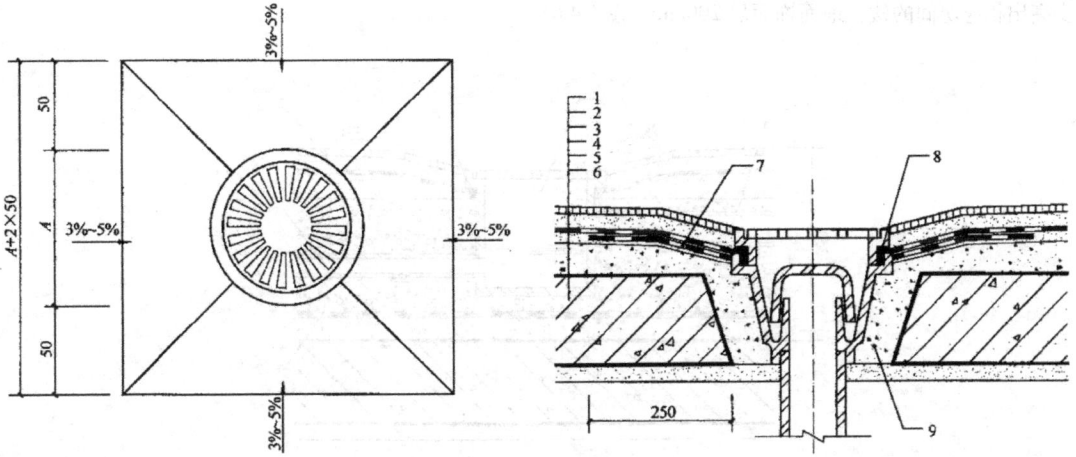

图5.4.3 地漏防水构造
1—楼、地面面层；2—粘结层；3—防水层；4—找平层；5—垫层或找坡层；6—钢筋混凝土楼板；
7—防水层的附加层；8—密封膏；9—C20细石混凝土掺聚合物填实

5.4.4 水平管道在下降楼板上采用同层排水措施时，楼板、楼面应做双层防水设防。对降板后可能出现的管道渗水，应有密闭措施（图5.4.4），且宜在贴临下降楼板上表面处设泄水管，并宜采取增设独立的泄水立管的措施。

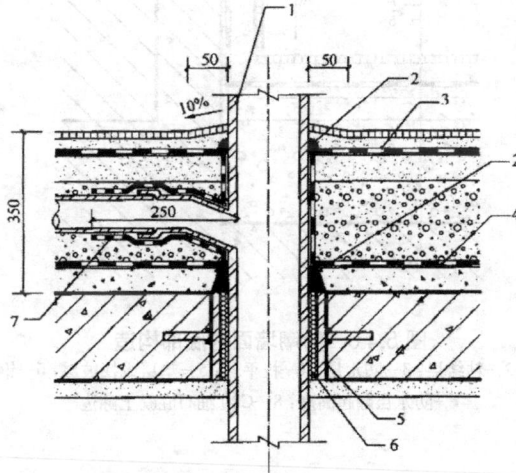

图5.4.4 同层排水时管道穿越楼板的防水构造
1—排水立管；2—密封膏；3—设防房间装修面层下设防的防水层；4—钢筋混凝土楼板基层上设防的防水层；
5—防水套管； 6—管壁间用填充材料塞实；7—附加层

5.4.5 对于同层排水的地漏，其旁通水平支管宜与下降楼板上表面处的泄水管联通，并接至增设的独立泄水立管上（图5.4.5）。

5.4.6 当墙面设置防潮层时，楼、地面防水层应沿墙面上翻，且至少应高出饰面层 200mm。当卫生间、厨房采用轻质隔墙时，应做全防水墙面，其四周根部除门洞外，应做 C20 细石混凝土坎台，并应至少高出相连房间的楼、地面饰面层 200mm（图 5.4.6）。

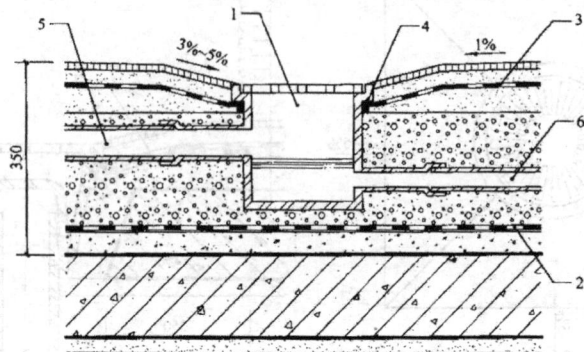

图 5.4.5　同层排水时的地漏防水构造
1—产品多通道地漏；2—下降的钢筋混凝土楼板基层上设防的防水层；3—设防房间装修面层下设防的防水层；
4—密封膏；5—排水支管接至排水立管；6—旁通水平支管接至增设的独立泄水立管

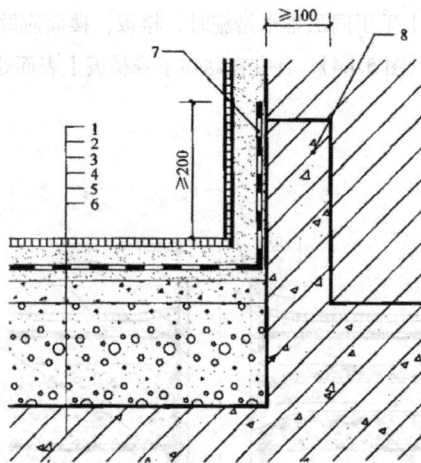

图 5.4.6　防潮墙面的底部构造
1—楼、地面面层；2—粘结层；3—防水层；4—找平层；5—垫层或找坡层；6—钢筋混凝土楼板；
7—防水层翻起高度；8—C20 细石混凝土翻边

6　防水施工

6.1　一般规定

6.1.1　住宅室内防水工程施工单位应有专业施工资质，作业人员应持证上岗。

6.1.2　住宅室内防水工程应按设计施工。

6.1.3　施工前，应通过图纸会审和现场勘查，明确细部构造和技术要求，并应编制施工方案。

6.1.4 进场的防水材料，应抽样复验，并应提供检验报告。严禁使用不合格材料。

6.1.5 防水材料及防水施工过程不得对环境造成污染。

6.1.6 穿越楼板、防水墙面的管道和预埋件等，应在防水施工前完成安装。

6.1.7 住宅室内防水工程的施工环境温度宜为 5℃ ~ 35℃。

6.1.8 住宅室内防水工程施工，应遵守过程控制和质量检验程序，并应有完整检查记录。

6.1.9 防水层完成后，应在进行下一道工序前采取保护措施。

6.2 基层处理

6.2.1 基层应符合设计的要求，并应通过验收。基层表面应坚实平整，无浮浆，无起砂、裂缝现象。

6.2.2 与基层相连接的各类管道、地漏、预埋件、设备支座等应安装牢固。

6.2.3 管根、地漏与基层的交接部位，应预留宽 10mm，深 10mm 的环形凹槽，槽内应嵌填密封材料。

6.2.4 基层的阴、阳角部位宜做成圆弧形。

6.2.5 基层表面不得有积水，基层的含水率应满足施工要求。

6.3 防水涂料施工

6.3.1 防水涂料施工时，应采用与涂料配套的基层处理剂。基层处理剂涂刷应均匀、不流淌、不堆积。

6.3.2 防水涂料在大面积施工前，应先在阴阳角、管根、地漏、排水口、设备基础根等部位施做附加层，并应夹铺胎体增强材料，附加层的宽度和厚度应符合设计要求。

6.3.3 防水涂料施工操作应符合下列规定：

1 双组分涂料应按配比要求在现场配制，并应使用机械搅拌均匀，不得有颗粒悬浮物；

2 防水涂料应薄涂、多遍施工，前后两遍的涂刷方向应相互垂直，涂层厚度应均匀，不得有漏刷或堆积现象；

3 应在前一遍涂层实干后，再涂刷下一遍涂料；

4 施工时宜先涂刷立面，后涂刷平面；

5 夹铺胎体增强材料时，应使防水涂料充分浸透胎体层，不得有折皱、翘边现象。

6.3.4 防水涂膜最后一遍施工时，可在涂层表面撒砂。

6.4 防水卷材施工

6.4.1 防水卷材与基层应满粘施工，防水卷材搭接缝应采用与基材相容的密封材料封严。

6.4.2 涂刷基层处理剂应符合下列规定：

1 基层潮湿时，应涂刷湿固化胶粘剂或潮湿界面隔离剂；

2 基层处理剂不得在施工现场配制或添加溶剂稀释；

3 基层处理剂应涂刷均匀，无露底、堆积；

4 基层处理剂干燥后应立即进行下道工序的施工。

6.4.3 防水卷材的施工应符合下列规定：

1 防水卷材应在阴阳角、管根、地漏等部位先铺设附加层，附加层材料可采用与防水层同品种的卷材或与卷材相容的涂料；

2 卷材与基层应满粘施工，表面应平整、顺直，不得有空鼓、起泡、皱折；

3 防水卷材应与基层粘结牢固，搭接缝处应粘结牢固。

6.4.4 聚乙烯丙纶复合防水卷材施工时，基层应湿润，但不得有明水。

6.4.5 自粘聚合物改性沥青防水卷材在低温施工时，搭接部位宜采用热风加热。

6.5 防水砂浆施工

6.5.1 施工前应洒水润湿基层，但不得有明水，并宜做界面处理。

6.5.2 防水砂浆应用机械搅拌均匀，并应随拌随用。

6.5.3 防水砂浆宜连续施工。当需留施工缝时，应采用坡形接槎，相邻两层接槎应错开 100mm 以上，距转角不得小于 200mm。

6.5.4 水泥砂浆防水层终凝后，应及时进行保湿养护，养护温度不宜低于 5℃。

6.5.5 聚合物防水砂浆，应按产品的使用要求进行养护。

6.6 密封施工

6.6.1 基层应干净、干燥，可根据需要涂刷基层处理剂。

6.6.2 密封施工宜在卷材、涂料防水层施工之前、刚性防水层施工之后完成。

6.6.3 双组分密封材料应配比准确，混合均匀。

6.6.4 密封材料施工宜采用胶枪挤注施工，也可用腻子刀等嵌填压实。

6.6.5 密封材料应根据预留凹槽的尺寸、形状和材料的性能采用一次或多次嵌填。

6.6.6 密封材料嵌填完成后，在硬化前应避免灰尘、破损及污染等。

7 质量验收

7.1 一般规定

7.1.1 室内防水工程质量验收的程序和组织，应符合现行国家标准《建筑工程施工质量验收统一标准》GB 50300 的规定。

7.1.2 住宅室内防水施工的各种材料应有产品合格证书和性能检测报告。材料的品种、规格、性能等应符合国家现行有关标准和防水设计的要求。

7.1.3 防水涂料、防水卷材、防水砂浆和密封胶等防水、密封材料应进行见证取样复验，复验项目及现场抽样要求应按本规范附录 A 执行。

7.1.4 住宅室内防水工程分项工程的划分应符合表 7.1.4 的规定。

室内防水工程分项工程的划分 　　　　　　　　　　　　　　表 7.1.4

部位	分项工程
基层	找平层、找坡层
防水与密封	防水层，密封、细部构造
面层	保护层

7.1.5 住宅室内防水工程应以每一个自然间或每一个独立水容器作为检验批，逐一检验。

7.1.6 室内防水工程验收后，工程质量验收记录应进行存档。

7.2 基层

Ⅰ 主控项目

7.2.1 防水基层所用材料的质量及配合比，应符合设计要求。

检验方法：检查出厂合格证、质量检验报告和计量措施。

检验数量：按材料进场批次为一检验批。

7.2.2 防水基层的排水坡度，应符合设计要求。

检验方法：用坡度尺检查。

检验数量：全数检验。

Ⅱ 一般项目

7.2.3 防水基层应抹平、压光，不得有疏松、起砂、裂缝。

检验方法：观察检查。

检验数量：全数检验。

7.2.4 阴、阳角处宜按设计要求做成圆弧形，且应整齐平顺。

检验方法：观察和尺量检查。

检验数量：全数检验。

7.2.5 防水基层表面平整度的允许偏差不宜大于 4mm。

检验方法：用 2m 靠尺和楔形塞尺检查。

检验数量：全数检验。

7.3 防水与密封

Ⅰ 主控项目

7.3.1 防水材料、密封材料、配套材料的质量应符合设计要求，计量、配合比应准确。

检验方法：检查出厂合格证、计量措施、质量检验报告和现场抽样复验报告。

检验数量：进场检验按材料进场批次为一检验批；现场抽样复验，按本规范附录 A 执行。

7.3.2 在转角、地漏、伸出基层的管道等部位，防水层的细部构造应符合设计要求。

检验方法：观察检查和检查隐蔽工程验收记录。

检验数量：全数检验。

7.3.3 防水层的平均厚度应符合设计要求，最小厚度不应小于设计厚度的90%。

检验方法：用涂层测厚仪量测或现场取 20mm×20mm 的样品，用卡尺测量。

检验数量：在每一个自然间的楼、地面及墙面各取一处；在每一个独立水容器的水平面及立面各取一处。

7.3.4 密封材料的嵌填宽度和深度应符合设计要求。

检验方法：观察和尺量检查。

检验数量：全数检验。

7.3.5 密封材料嵌填应密实、连续、饱满，粘结牢固，无气泡、开裂、脱落等缺陷。

检验方法：观察检查。

检验数量：全数检验。

7.3.6　防水层不得渗漏。

检验方法：在防水层完成后进行蓄水试验，楼、地面蓄水高度不应小于20mm。蓄水时间不应少于24h；独立水容器应满池蓄水。蓄水时间不应少于24h。

检验数量：每一自然间或每一独立水容器逐一检验。

Ⅱ　一般项目

7.3.7　涂膜防水层与基层应粘结牢固，表面平整，涂刷均匀，不得有流淌、皱折、鼓泡、露胎体和翘边等缺陷。

检验方法：观察检查。

检验数量：全数检验。

7.3.8　涂膜防水层的胎体增强材料应铺贴平整，每层的短边搭接缝应错开。

检验方法：观察检查。

检验数量：全数检验。

7.3.9　防水卷材的搭接缝应牢固，不得有皱折、开裂、翘边和鼓泡等缺陷；卷材在立面上的收头应与基层粘贴牢固。

检验方法：观察检查。

检验数量：全数检验。

7.3.10　防水砂浆各层之间应结合牢固，无空鼓；表面应密实、平整、不得有开裂、起砂、麻面等缺陷；阴阳角部位应做圆弧状。

检验方法：观察和用小锤轻击检查。

检验数量：全数检验。

7.3.11　密封材料表面应平滑，缝边应顺直，周边无污染。

检验方法：观察检查。

检验数量：全数检验。

7.3.12　密封接缝宽度的允许偏差应为设计宽度的±10%。

检验方法：尺量检查。

检验数量：全数检验。

7.4　保护层

Ⅰ　主控项目

7.4.1　防水保护层所用材料的质量及配合比应符合设计要求。

检验方法：检查出厂合格证、质量检验报告和计量措施。

检验数量：按材料进场批次为一检验批。

7.4.2　水泥砂浆、混凝土的强度应符合设计要求。

检验数量：按材料进场批次为一检验批。

检验方法：检查砂浆、混凝土的抗压强度试验报告。

7.4.3　防水保护层表面的坡度应符合设计要求，不得有倒坡或积水。

检验方法：用坡度尺检查和淋水检验。

检验数量：全数检验。

7.4.4 防水层不得渗漏。

检验方法：在保护层完成后应再次作蓄水试验，楼、地面蓄水高度不应小于 20mm，蓄水时间不应少于 24h；独立水容器应满池蓄水，蓄水时间不应少于 24h。

检验数量：每一自然间或每一独立水容器逐一检验。

Ⅱ 一般项目

7.4.5 保护层应与防水层粘结牢固，结合紧密，无空鼓。

检验方法：观察检查，用小锤轻击检查。

检验数量：全数检验。

7.4.6 保护层应表面平整，不得有裂缝、起壳、起砂等缺陷；保护层表面平整度不应大于 5mm。

检验方法：观察检查，用 2m 靠尺和楔形塞尺检查。

检验数量：全数检验。

7.4.7 保护层厚度的允许偏差应为设计厚度的 ±10%，且不应大于 5mm。

检验方法：用钢针插入和尺量检查。

检验数量：在每一自然间的楼、地面及墙面各取一处；在每一个独立水容器的水平面及立面各取一处。

12.《建筑电气工程施工质量验收规范》GB 50303-2015

1 总则（略）
2 术语（略）
3 基本规定

3.1 一般规定

3.1.1 建筑电气工程施工现场的质量管理除应符合现行国家标准《建筑工程施工质量验收统一标准》GB 50300 的有关规定外，尚应符合下列规定：

1 安装电工、焊工、起重吊装工和电力系统调试等人员应持证上岗；

2 安装和调试用各类计量器具应检定合格，且使用时应在检定有效期内。

3.1.2 电气设备、器具和材料的额定电压区段划分应符合表 3.1.2 的规定。

额定电压区段划分　　　　　　　　表 3.1.2

额定电压区段	交流	直流
特低压	50V 及以下	120V 及以下
低压	50V ~ 1.0kV（含 1.0kV）	120V ~ 1.5kV（含 1.5kV）
高压	1.0kV 以上	1.5kV 以上

3.1.3 电气设备上的计量仪表、与电气保护有关的仪表应检定合格，且当投入运行时，应在检定有效期内。

3.1.4 建筑电气动力工程的空载试运行和建筑电气照明工程负荷试运行前，应根据电气设备及相关建筑设备的种类、特性和技术参数等编制试运行方案或作业指导书，并应经施工单位审核同意、经监理单位确认后执行。

3.1.5 高压的电气设备、布线系统以及继电保护系统必须交接试验合格。

3.1.6 低压和特低压的电气设备和布线系统的检测或交接试验应符合本规范的规定。

3.1.7 电气设备的外露可导电部分应单独与保护导体相连接，不得串联连接，连接导体的材质、截面积应符合设计要求。

3.1.8 除采取下列任一间接接触防护措施外，电气设备或布线系统应与保护导体可靠连接：

1 采用Ⅱ类设备；

2 已采取电气隔离措施；

3 采用特低电压供电；

4 将电气设备安装在非导电场所内；

5 设置不接地的等电位联结。

3.2 主要设备、材料、成品和半成品进场验收

3.2.1 主要设备、材料、成品和半成品应进场验收合格，并应做好验收记录和验收资料归档。当设计有技术参数要求时，应核对其技术参数，并应符合设计要求。

3.2.2 实行生产许可证或强制性认证（CCC认证）的产品，应有许可证编号或CCC认证标志，并应抽查生产许可证或CCC认证证书的认证范围、有效性及真实性。

3.2.3 新型电气设备、器具和材料进场验收时应提供安装、使用、维修和试验要求等技术文件。

3.2.4 进口电气设备、器具和材料进场验收时应提供质量合格证明文件，性能检测报告以及安装、使用、维修、试验要求和说明等技术文件；对有商检规定要求的进口电气设备，尚应提供商检证明。

3.2.5 当主要设备、材料、成品和半成品的进场验收需进行现场抽样检测或因有异议送有资质试验室抽样检测时，应符合下列规定：

1 现场抽样检测：对于母线槽、导管、绝缘导线、电缆等，同厂家、同批次、同型号、同规格的，每批至少应抽取1个样本；对于灯具、插座、开关等电器设备，同厂家、同材质、同类型的，应各抽检3%，自带蓄电池的灯具应按5%抽检，且均不应少于1个（套）。

2 因有异议送有资质的试验室而抽样检测：对于母线槽、绝缘导线、电缆、梯架、托盘、槽盒、导管、型钢、镀锌制品等，同厂家、同批次、不同种规格的，应抽检10%，且不应少于2个规格；对于灯具、插座、开关等电器设备，同厂家、同材质、同类型的，数量500个（套）及以下时应抽检2个（套），但应各不少于1个（套），500个（套）以上时应抽检3个（套）。

3 对于由同一施工单位施工的同一建设项目的多个单位工程，当使用同一生产厂家、同材质、同批次、同类型的主要设备、材料、成品和半成品时，其抽检比例宜合并计算。

4 当抽样检测结果出现不合格，可加倍抽样检测，仍不合格时，则该批设备、材料、成品或半成品应判定为不合格品，不得使用。

5 应有检测报告。

3.2.6 变压器、箱式变电所、高压电器及电瓷制品的进场验收应包括下列内容：

1 查验合格证和随带技术文件：变压器应有出厂试验记录；

2 外观检查：设备应有铭牌，表面涂层应完整，附件应齐全，绝缘件应无缺损、裂纹，充油部分不应渗漏，充气高压设备气压指示应正常。

3.2.7 高压成套配电柜、蓄电池柜、UPS柜、EPS柜、低压成套配电柜（箱）、控制柜（台、箱）的进场验收应符合下列规定：

1 查验合格证和随带技术文件：高压和低压成套配电柜、蓄电池柜、UPS柜、EPS柜等成套柜应有出厂试验报告；

2 核对产品型号、产品技术参数：应符合设计要求；

3 外观检查：设备应有铭牌，表面涂层应完整、无明显碰撞凹陷，设备内元器件应完好无损、接线无脱落脱焊，绝缘导线的材质、规格应符合设计要求，蓄电池柜内电池壳体应无碎裂、漏液，充油、充气设备应无泄漏。

3.2.8 柴油发电机组的进场验收应包括下列内容：

1 核对主机、附件、专用工具、备品备件和随机技术文件：合格证和出厂试运行记录应齐全、完整，发电机及其控制柜应有出厂试验记录；

2 外观检查：设备应有铭牌，涂层应完整，机身应无缺件。

3.2.9 电动机、电加热器、电动执行机构和低压开关设备等的进场验收应包括下列内容：

1 查验合格证和随机技术文件：内容应填写齐全、完整；

2 外观检查：设备应有铭牌，涂层应完整，设备器件或附件应齐全、完好、无缺损。

3.2.10 照明灯具及附件的进场验收应符合下列规定：

1 查验合格证：合格证内容应填写齐全、完整，灯具材质应符合设计要求和产品标准要求；新型气体放电灯应随带技术文件；太阳能灯具的内部短路保护、过载保护、反向放电保护、极性反接保护等功能性试验资料应齐全，并应符合设计要求。

2 外观检查：

1) 灯具涂层应完整、无损伤，附件应齐全，Ⅰ类灯具的外露可导电部分应具有专用的PE端子；

2) 固定灯具带电部件及提供防触电保护的部位应为绝缘材料，且应耐燃烧和防引燃；

3) 消防应急灯具应获得消防产品型式试验合格评定，且具有认证标志；

4) 疏散指示标志灯具的保护罩应完整、无裂纹；

5) 游泳池和类似场所灯具（水下灯及防水灯具）的防护等级应符合设计要求，当对其密闭和绝缘性能有异议时，应按批抽样送有资质的试验室检测；

6) 内部接线应为铜芯绝缘导线，其截面积应与灯具功率相匹配，且不应小于$0.5mm^2$。

3 自带蓄电池的供电时间检测：对于自带蓄电池的应急灯具，应现场检测蓄电池最少持续供电时间，且应符合设计要求。

4 绝缘性能检测：对灯具的绝缘性能进行现场抽样检测，灯具的绝缘电阻值不应小于$2M\Omega$，灯具内绝缘导线的绝缘层厚度不应小于0.6mm。

3.2.11 开关、插座、接线盒和风扇及附件的进场验收应包括下列内容：

1 查验合格证：合格证内容填写应齐全、完整。

2 外观检查：开关、插座的面板及接线盒盒体应完整、无碎裂、零件齐全，风扇应无损坏、涂层完整，调速器等附件应适配。

3 电气和机械性能检测：对开关、插座的电气和机械性能应进行现场抽样检测，并应符合下列规定：

1) 不同极性带电部件间的电气间隙不应小于 3mm，爬电距离不应小于 3mm；

2) 绝缘电阻值不应小于 5MΩ；

3) 用自攻锁紧螺钉或自切螺钉安装的，螺钉与软塑固定件旋合长度不应小于 8mm，绝缘材料固定件在经受 10 次拧紧退出试验后，应无松动或掉渣，螺钉及螺纹应无损坏现象；

4) 对于金属间相旋合的螺钉螺母，拧紧后完全退出，反复 5 次后，应仍然能正常使用。

4 对开关、插座、接线盒及面板等绝缘材料的耐非正常热、耐燃和耐漏电起痕性能有异议时，应按批抽样送有资质的试验室检测。

3.2.12 绝缘导线、电缆的进场验收应符合下列规定：

1 查验合格证：合格证内容填写应齐全、完整。

2 外观检查：包装完好，电缆端头应密封良好，标识应齐全。抽检的绝缘导线或电缆绝缘层应完整无损，厚度均匀。电缆无压扁、扭曲，铠装不应松卷。绝缘导线、电缆外护层应有明显标识和制造厂标。

3 检测绝缘性能：电线、电缆的绝缘性能应符合产品技术标准或产品技术文件规定。

4 检查标称截面积和电阻值：绝缘导线、电缆的标称截面积应符合设计要求，其导体电阻值应符合现行国家标准《电缆的导体》GB/T 3956 的有关规定。当对绝缘导线和电缆的导电性能、绝缘性能、绝缘厚度、机械性能和阻燃耐火性能有异议时，应按批抽样送有资质的试验室检测。检测项目和内容应符合国家现行有关产品标准的规定。

3.2.13 导管的进场验收应符合下列规定：

1 查验合格证：钢导管应有产品质量证明书，塑料导管应有合格证及相应检测报告。

2 外观检查：钢导管应无压扁，内壁应光滑；非镀锌钢导管不应有锈蚀，油漆应完整；镀锌钢导管镀层覆盖应完整、表面无锈斑；塑料导管及配件不应碎裂、表面应有阻燃标记和制造厂标。

3 应按批抽样检测导管的管径、壁厚及均匀度，并应符合国家现行有关产品标准的规定。

4 对机械连接的钢导管及其配件的电气连续性有异议时，应按现行国家标准《电气安装用导管系统》GB 20041 的有关规定进行检验。

5 对塑料导管及配件的阻燃性能有异议时，应按批抽样送有资质的试验室检测。

3.2.14 型钢和电焊条的进场验收应符合下列规定：

1 查验合格证和材质证明书：有异议时，应按批抽样送有资质的试验室检测；

2 外观检查：型钢表面应无严重锈蚀、过度扭曲和弯折变形；电焊条包装应完整，拆包检查焊条尾部应无锈斑。

3.2.15 金属镀锌制品的进场验收应符合下列规定：

1 查验产品质量证明书：应按设计要求查验其符合性；

2 外观检查：镀锌层应覆盖完整、表面无锈斑，金具配件应齐全，无砂眼；

3 埋入土壤中的热浸镀锌钢材应检测其镀锌层厚度不应小于 63μm；

4 对镀锌质量有异议时，应按批抽样送有资质的试验室检测。

3.2.16 梯架、托盘和槽盒的进场验收应符合下列规定：

1 查验合格证及出厂检验报告：内容填写应齐全、完整；

2 外观检查：配件应齐全，表面应光滑、不变形；钢制梯架、托盘和槽盒涂层应完整、无锈蚀；塑料槽盒应无破损、色泽均匀，对阻燃性能有异议时，应按批抽样送有资质的试验室检测；铝合金梯架、托盘和槽盒涂层应完整，不应有扭曲变形、压扁或表面划伤等现象。

3.2.17 母线槽的进场验收应符合下列规定：

1 查验合格证和随带安装技术文件，并应符合下列规定：

1) CCC 型式试验报告中的技术参数应符合设计要求，导体规格及相应温升值应与 CCC 型式试验报告中的导体规格一致，当对导体的载流能力有异议时，应送有资质的试验室做极限温升试验，额定电流的温升应符合国家现行有关产品标准的规定；

2) 耐火母线槽除应通过 CCC 认证外，还应提供由国家认可的检测机构出具的型式检验报告，其耐火时间应符合设计要求；

3) 保护接地导体（PE）应与外壳有可靠的连接，其截面积应符合产品技术文件规定；当外壳兼作保护接地导体（PE）时，CCC 型式试验报告和产品结构应符合国家现行有关产品标准的规定。

2 外观检查：防潮密封应良好，各段编号应标志清晰，附件应齐全、无缺损，外壳应无明显变形，母线螺栓搭接面应平整、镀层覆盖应完整、无起皮和麻面；插接母线槽上的静触头应无缺损、表面光滑、镀层完整；对有防护等级要求的母线槽尚应检查产品及附件的防护等级与设计的符合性，其标识应完整。

3.2.18 电缆头部件、导线连接器及接线端子的进场验收应符合下列规定：

1 查验合格证及相关技术文件，并应符合下列规定：

1) 铝及铝合金电缆附件应具有与电缆导体匹配的检测报告；

2) 矿物绝缘电缆的中间连接附件的耐火等级不应低于电缆本体的耐火等级；

3) 导线连接器和接线端子的额定电压、连接容量及防护等级应满足设计要求。

2 外观检查：部件应齐全，包装标识和产品标志应清晰，表面应无裂纹和气孔，随带的袋装涂料或填料不应泄漏；铝及铝合金电缆用接线端子和接头附件的压接圆筒内表面应有抗氧化剂；矿物绝缘电缆专用终端接线端子规格应与电缆相适配；导线连接器的产品标识应清晰明了、经久耐用。

3.2.19 金属灯柱的进场验收应符合下列规定：

1 查验合格证：合格证应齐全、完整；

2 外观检查：涂层应完整，根部接线盒盒盖紧固件和内置熔断器、开关等器件应齐全，盒盖密封垫片应完整。金属灯柱内应设有专用接地螺栓，地脚螺孔位置应与提供的附图尺寸一致，允许偏差应为±2mm。

3.2.20 使用的降阻剂材料应符合设计及国家现行有关标准的规定，并应提供经国家相应检测机构检验检测合格的证明。

3.3 工序交接确认

3.3.1 变压器、箱式变电所的安装应符合下列规定：

1 变压器、箱式变电所安装前，室内顶棚、墙体的装饰面应完成施工，无渗漏水，地面的找平层应完成施工，基础应验收合格，埋入基础的导管和变压器进线、出线预留孔及相关预埋件等经检查应合格；

2 变压器、箱式变电所通电前，变压器及系统接地的交接试验应合格。

3.3.2 成套配电柜、控制柜（台、箱）和配电箱（盘）的安装应符合下列规定：

1 成套配电柜（台）、控制柜安装前，室内顶棚、墙体的装饰工程应完成施工，无渗漏水，室内地面的找平层应完成施工，基础型钢和柜、台、箱下的电缆沟等经检查应合格，落地式柜、台、箱的基础及埋入基础的导管应验收合格；

2 墙上明装的配电箱（盘）安装前，室内顶棚、墙体、装饰面应完成施工，暗装的控制（配电）箱的预留孔和动力、照明配线的线盒及导管等经检查应合格；

3 电源线连接前，应确认电涌保护器（SPD）型号、性能参数符合设计要求，接地线与 PE 排连接可靠；

4 试运行前，柜、台、箱、盘内 PE 排应完成连接，柜、台、箱、盘内的元件规格、型号应符合设计要求，接线应正确且交接试验合格。

3.3.3 电动机、电加热器及电动执行机构接线前，应与机械设备完成连接，且经手动操作检验符合工艺要求，绝缘电阻应测试合格。

3.3.4 柴油发电机组的安装应符合下列规定：

1 机组安装前，基础应验收合格。

2 机组安放后，采取地脚螺栓固定的机组应初平、螺栓孔灌浆、精平、紧固地脚螺栓、二次灌浆等安装合格；安放式的机组底部应垫平、垫实。

3 空载试运行前，油、气、水冷、风冷、烟气排放等系统和隔振防噪声设施应完成安装，消防器材应配置齐全、到位且符合设计要求，发电机应进行静态试验，随机配电盘、柜接线经检查应合格，柴油发电机组接地经检查应符合设计要求。

4 负荷试运行前，空载试运行和试验调整应合格。

5 投入备用状态前，应在规定时间内，连续无故障负荷试运行合格。

3.3.5 UPS 或 EPS 接至馈电线路前，应按产品技术要求进行试验调整，并应经检查确认。

3.3.6 电气动力设备试验和试运行应符合下列规定：

1 电气动力设备试验前，其外露可导电部分应与保护导体完成连接，并经检查应合格；

2 通电前，动力成套配电（控制）柜、台、箱的交流工频耐压试验和保护装置的动作试验应合格；

3 空载试运行前，控制回路模拟动作试验应合格，盘车或手动操作检查电气部分与机械部分的转动或动作应协调一致。

3.3.7 母线槽安装应符合下列规定：

1 变压器和高低压成套配电柜上的母线槽安装前，变压器、高低压成套配电柜、穿墙套管等应安装就位，并应经检查合格；

2 母线槽支架的设置应在结构封顶、室内底层地面完成施工或确定地面标高、清理场地、复核层间距离后进行；

3 母线槽安装前，与母线槽安装位置有关的管道、空调及建筑装修工程应完成施工；

4 母线槽组对前，每段母线的绝缘电阻应经测试合格，且绝缘电阻值不应小于 20MΩ；

5 通电前，母线槽的金属外壳应与外部保护导体完成连接，且母线绝缘电阻测试和交流工频耐压试验应合格。

3.3.8 梯架、托盘和槽盒安装应符合下列规定：

1 支架安装前，应先测量定位；

2 梯架、托盘和槽盒安装前，应完成支架安装，且顶棚和墙面的喷浆、油漆或壁纸等应基本完成。

3.3.9 导管敷设应符合下列规定：

1 配管前，除埋入混凝土中的非镀锌钢导管的外壁外，应确认其他场所的非镀锌钢导管内、外壁均已做防腐处理；

2 埋设导管前，应检查确认室外直埋导管的路径、沟槽深度、宽度及垫层处理等符合设计要求；

3 现浇混凝土板内的配管，应在底层钢筋绑扎完成，上层钢筋未绑扎前进行，且配管完成后应经检查确认后，再绑扎上层钢筋和浇捣混凝土；

4 墙体内配管前，现浇混凝土墙体内的钢筋绑扎及门、窗等位置的放线应已完成；

5 接线盒和导管在隐蔽前，经检查应合格；

6 穿梁、板、柱等部位的明配导管敷设前，应检查其套管、埋件、支架等设置符合要求；

7 吊顶内配管前，吊顶上的灯位及电气器具位置应先进行放样，并应与土建及各专业施工协调配合。

3.3.10 电缆敷设应符合下列规定：

1 支架安装前，应先清除电缆沟、电气竖井内的施工临时设施、模板及建筑废料等，并应对支架进行测量定位；

2 电缆敷设前，电缆支架、电缆导管、梯架、托盘和槽盒应完成安装，并已与保护导体完成连接，且经检查应合格；

3 电缆敷设前，绝缘测试应合格；

4 通电前，电缆交接试验应合格，检查并确认线路去向、相位和防火隔堵措施等应符合设计要求。

3.3.11 绝缘导线、电缆穿导管及槽盒内敷线应符合下列规定：

1 焊接施工作业应已完成，检查导管、槽盒安装质量应合格；

2 导管或槽盒与柜、台、箱应已完成连接，导管内积水及杂物应已清理干净；

3 绝缘导线、电缆的绝缘电阻应经测试合格；

4 通电前，绝缘导线、电缆交接试验应合格，检查并确认接线去向和相位等应符合设计要求。

3.3.12 塑料护套线直敷布线应符合下列规定：

1 弹线定位前，应完成墙面、顶面装饰工程施工；

2 布线前，应确认穿梁、墙、楼板等建筑结构上的套管已安装到位，且塑料护套线经绝缘电阻测试合格。

3.3.13 钢索配线的钢索吊装及线路敷设前，除地面外的装修工程应已结束，钢索配线所需的预埋件及预留孔应预埋、预留完成。

3.3.14 电缆头制作和接线应符合下列规定：

1 电缆头制作前，电缆绝缘电阻测试应合格，检查并确认电缆头的连接位置、连接长度应满足要求；

2 控制电缆接线前，应确认绝缘电阻测试合格，校线正确；

3 电力电缆或绝缘导线接线前，电缆交接试验或绝缘电阻测试应合格，相位核对应正确。

3.3.15 照明灯具安装应符合下列规定：

1 灯具安装前，应确认安装灯具的预埋螺栓及吊杆、吊顶上安装嵌入式灯具用的专用支架等已完成，对需做承载试验的预埋件或吊杆经试验应合格；

2 影响灯具安装的模板、脚手架应已拆除，顶棚和墙面喷浆、油漆或壁纸等及地面清理工作应已完成；

3 灯具接线前，导线的绝缘电阻测试应合格；

4 高空安装的灯具，应先在地面进行通断电试验合格。

3.3.16 照明开关、插座、风扇安装前，应检查吊扇的吊钩已预埋完成、导线绝缘电阻测试应合格，顶棚和墙面的喷浆、油漆或壁纸等已完工。

3.3.17 照明系统的测试和通电试运行应符合下列规定：

1 导线绝缘电阻测试应在导线接续前完成；

2 照明箱（盘）、灯具、开关、插座的绝缘电阻测试应在器具就位前或接线前完成；

3 通电试验前，电气器具及线路绝缘电阻应测试合格，当照明回路装有剩余电流动作保护器时，剩余电流动作保护器应检测合格；

4 备用照明电源或应急照明电源做空载自动投切试验前，应卸除负荷，有载自动投切试验应在空载自动投切试验合格后进行；

5 照明全负荷试验前，应确认上述工作应已完成。

3.3.18 接地装置安装应符合下列规定：

1 对于利用建筑物基础接地的接地体，应先完成底板钢筋敷设，然后按设计要求进行接地装置施工，经检查确认后，再支模或浇捣混凝土。

2 对于人工接地的接地体，应按设计要求利用基础沟槽或开挖沟槽，然后经检查确认，再埋入或打入接地极和敷设地下接地干线。

3 降低接地电阻的施工应符合下列规定：

1）采用接地模块降低接地电阻的施工，应先按设计位置开挖模块坑，并将地下接地干线引到模块上，经检查确认，再相互焊接；

2）采用添加降阻剂降低接地电阻的施工，应先按设计要求开挖沟槽或钻孔垂直埋管，再将沟槽清理干净，检查接地体埋入位置后，再灌注降阻剂；

3）采用换土降低接地电阻的施工，应先按设计要求开挖沟槽，并将沟槽清理干净，再在沟槽底部铺设经确认合格的低电阻率土壤，经检查铺设厚度达到设计要求后，再安装接地装置；接地装置连接完好，并完成防腐处理后，再覆盖上一层低电阻率土壤。

4 隐蔽装置前，应先检查验收合格后，再覆土回填。

3.3.19 防雷引下线安装应符合下列规定：

1 当利用建筑物柱内主筋作引下线时，应在柱内主筋绑扎或连接后，按设计要求进行施工，经检查确认，再支模；

2 对于直接从基础接地体或人工接地体暗敷埋入粉刷层内的引下线，应先检查确认不外露后，再贴面砖或刷涂料等；

3 对于直接从基础接地体或人工接地体引出明敷的引下线，应先埋设或安装支架，并经检查确认后，再敷设引下线。

3.3.20 接闪器安装前，应先完成接地装置和引下线的施工，接闪器安装后应及时与引下线连接。

3.3.21 防雷接地系统测试前，接地装置应完成施工且测试合格；防雷接闪器应完成安装，整个防雷接地系统应连成回路。

3.3.22 等电位联结应符合下列规定：

1 对于总等电位联结，应先检查确认总等电位联结端子的接地导体位置，再安装总等电位联结端子板，然后按设计要求作总等电位联结；

2 对于局部等电位联结，应先检查确认连接端子位置及连接端子板的截面积，再安装局部等电位联结端子板，然后按设计要求作局部等电位联结；

3 对特殊要求的建筑金属屏蔽网箱，应先完成网箱施工，经检查确认后，再与 PE 连接。

3.4 分部（子分部）工程划分及验收

3.4.1 建筑电气分部工程的质量验收，应按检验批、分项工程、子分部工程逐级进行验收，各子分部工程、分项工程和检验批的划分应符合本规范附录 A 的规定。

3.4.2 建筑电气分部工程检验批的划分应符合下列规定：

1 变配电室安装工程中分项工程的检验批，主变配电室应作为 1 个检验批；对于有数个分变配电室，且不属于子单位工程的子分部工程，应分别作为 1 个检验批，其验收记录应汇入所有变配电室有关分项工程的验收记录中；当各分变配电室属于各子单位工程的子分部工程时，所属分项工程应分别作为 1 个检验批，其验收记录应作为分项工程验收记录，且应经子分部工程验收记录汇总后纳入分部工程验收记录中。

2 供电干线安装工程中分项工程的检验批，应按供电区段和电气竖井的编号划分。

3 对于电气动力和电气照明安装工程中分项工程的检验批，其界区的划分应与建筑土建工程一致。

4 自备电源和不间断电源安装工程中分项工程，应分别作为 1 个检验批。

5 对于防雷及接地装置安装工程中分项工程的检验批，人工接地装置和利用建筑物基础钢筋的接地体应分别作为 1 个检验批，且大型基础可按区块划分成若干个检验批；对于防雷引下线安装工程，6 层以下的建筑应作为 1 个检验批，高层建筑中依均压环设置间隔的层数应作为 1 个检验批；接闪器安装同一屋面，应作为 1 个检验批；建筑物的总等电位联结应作为 1 个检验批，每个局部等电位联结应作为 1 个检验批，电子系统设备机房应作为 1 个检验批。

6 对于室外电气安装工程中分项工程的检验批，应按庭院大小、投运时间先后、功能区块等进行划分。

3.4.3 当验收建筑电气工程时，应核查下列各项质量控制资料，且资料内容应真实、齐全、完整：

1 设计文件和图纸会审记录及设计变更与工程洽商记录；

2 主要设备、器具、材料的合格证和进场验收记录；

3 隐蔽工程检查记录；

4 电气设备交接试验检验记录；

5 电动机检查（抽芯）记录；

6 接地电阻测试记录；

7 绝缘电阻测试记录；

8 接地故障回路阻抗测试记录；

9 剩余电流动作保护器测试记录；

10 电气设备空载试运行和负荷试运行记录；

11 EPS 应急持续供电时间记录；

12 灯具固定装置及悬吊装置的载荷强度试验记录；

13 建筑照明通电试运行记录；

14 接闪线和接闪带固定支架的垂直拉力测试记录；

15 接地（等电位）联结导通性测试记录；

16 工序交接合格等施工安装记录。

3.4.4 建筑电气分部（子分部）工程和所含分项工程的质量验收记录应无遗漏缺项、填写正确。

3.4.5 技术资料应齐全，且应符合工序要求、有可追溯性；责任单位和责任人均应确认且签章齐全。

3.4.6 检验批验收时应按本规范主控项目和一般项目中规定的检查数量和抽查比例进行检查，施工单位过程检查时应进行全数检查。

3.4.7　单位工程质量验收时，建筑电气分部（子分部）工程实物质量应抽检下列部位和设施，且抽检结果应符合本规范的规定：

1　变配电室，技术层、设备层的动力工程，电气竖井，建筑顶部的防雷工程，电气系统接地，重要的或大面积活动场所的照明工程，以及 5% 自然间的建筑电气动力、照明工程；

2　室外电气工程的变配电室，以及灯具总数的 5%。

3.4.8　变配电室通电后可抽测下列项目，抽测结果应符合本规范的规定和设计要求：

1　各类电源自动切换或通断装置；

2　馈电线路的绝缘电阻；

3　接地故障回路阻抗；

4　开关插座的接线正确性；

5　剩余电流动作保护器的动作电流和时间；

6　接地装置的接地电阻；

7　照度。

4 ～ 17（略）

18　普通灯具安装

18.1　主控项目

18.1.1　灯具固定应符合下列规定：

1　灯具固定应牢固可靠，在砌体和混凝土结构上严禁使用木楔、尼龙塞或塑料塞固定；

2　质量大于 10kg 的灯具，固定装置及悬吊装置应按灯具重量的 5 倍恒定均布载荷做强度试验，且持续时间不得少于 15min。

检查数量：第 1 款按每检验批的灯具数量抽查 5%，且不得少于 1 套；第 2 款全数检查。

检查方法：施工或强度试验时观察检查，查阅灯具固定装置及悬吊装置的载荷强度试验记录。

18.1.2　悬吊式灯具安装应符合下列规定：

1　带升降器的软线吊灯在吊线展开后，灯具下沿应高于工作台面 0.3m；

2　质量大于 0.5kg 的软线吊灯，灯具的电源线不应受力；

3　质量大于 3kg 的悬吊灯具，固定在螺栓或预埋吊钩上，螺栓或预埋吊钩的直径不应小于灯具挂销直径，且不应小于 6mm；

4　当采用铜管作灯具吊杆时，其内径不应小于 10mm，壁厚不应小于 15mm；

5　灯具与固定装置及灯具连接件之间采用螺纹连接的，螺纹啮合扣数不应少于 5 扣。

检查数量：按每检验批的不同灯具型号各抽查 5%，且各不得少于 1 套。

检查方法：观察检查并用尺量检查。

18.1.3　吸顶或墙面上安装的灯具，其固定用的螺栓或螺钉不应少于 2 个，灯具应紧贴饰面。

检查数量：按每检验批的不同安装形式各抽查 5%，且各不得少于 1 套。

检查方法：观察检查。

18.1.4　由接线盒引至嵌入式灯具或槽灯的绝缘导线应符合下列规定：

1　绝缘导线应采用柔性导管保护，不得裸露，且不应在灯槽内明敷；

2　柔性导管与灯具壳体应采用专用接头连接。

检查数量：按每检验批的灯具数量抽查5%，且不得少于1套。

检查方法：观察检查。

18.1.5　普通灯具的Ⅰ类灯具外露可导电部分必须采用铜芯软导线与保护导体可靠连接，连接处应设置接地标识，铜芯软导线的截面积应与进入灯具的电源线截面积相同。

检查数量：按每检验批的灯具数量抽查5%，且不得少于1套。

检查方法：尺量检查、工具拧紧和测量检查。

18.1.6　除采用安全电压以外，当设计无要求时，敞开式灯具的灯头对地面距离应大于2.5m。

检查数量：按每检验批的灯具数量抽查10%，且各不得少于1套。

检查方法：观察检查并用尺量检查。

18.1.7　埋地灯安装应符合下列规定：

1　埋地灯的防护等级应符合设计要求；

2　埋地灯的接线盒应采用防护等级为IPX7的防水接线盒，盒内绝缘导线接头应做防水绝缘处理。

检查数量：按灯具总数抽查5%，且不得少于1套。

检查方法：观察检查，查阅产品进场验收记录及产品质量合格证明文件。

18.1.8　庭院灯、建筑物附属路灯安装应符合下列规定：

1　灯具与基础固定应可靠，地脚螺栓备帽应齐全；灯具接线盒应采用防护等级不小于IPX5的防水接线盒，盒盖防水密封垫应齐全、完整。

2　灯具的电器保护装置应齐全，规格应与灯具适配。

3　灯杆的检修门应采取防水措施，且闭锁防盗装置完好。

检查数量：按灯具型号各抽查5%，且各不得少于1套。

检查方法：观察检查、工具拧紧及用手感检查，查阅产品进场验收记录及产品质量合格证明文件。

18.1.9　安装在公共场所的大型灯具的玻璃罩，应采取防止玻璃罩向下溅落的措施。

检查数量：全数检查。

检查方法：观察检查。

18.1.10　LED灯具安装应符合下列规定：

1　灯具安装应牢固可靠，饰面不应使用胶类粘贴。

2　灯具安装位置应有较好的散热条件，且不宜安装在潮湿场所。

3　灯具用的金属防水接头密封圈应齐全、完好。

4　灯具的驱动电源、电子控制装置室外安装时，应置于金属箱（盒）内；金属箱（盒）的IP防护等级和散热条件应符合设计要求，驱动电源的极性标记应清晰、完整；

5　室外灯具配线管路应按明配管敷设，且应具备防雨功能，IP防护等级应符合设计要求。

检查数量：按灯具型号各抽查5%，且各不得少于1套。

检查方法：观察检查，查阅产品进场验收记录及产品质量合格证明文件。

18.2　一般项目

18.2.1　引向单个灯具的绝缘导线截面积应与灯具功率相匹配，绝缘铜芯导线的线芯截面积不应小于

$1mm^2$。

检查数量：按每检验批的灯具数量抽查5%，且不得少于1套。

检查方法：观察检查。

18.2.2 灯具的外形、灯头及其接线应符合下列规定：

1 灯具及其配件应齐全，不应有机械损伤、变形、涂层剥落和灯罩破裂等缺陷；

2 软线吊灯的软线两端应做保护扣，两端线芯应搪锡；当装升降器时，应采用安全灯头；

3 除敞开式灯具外，其他各类容量在100W及以上的灯具，引入线应采用瓷管、矿棉等不燃材料作隔热保护；

4 连接灯具的软线应盘扣、搪锡压线，当采用螺口灯头时，相线应接于螺口灯头中间的端子上；

5 灯座的绝缘外壳不应破损和漏电；带有开关的灯座，开关手柄应无裸露的金属部分。

检查数量：按每检验批的灯具型号各抽查5%，且各不得少于1套。

检查方法：观察检查。

18.2.3 灯具表面及其附件的高温部位靠近可燃物时，应采取隔热、散热等防火保护措施。

检查数量：按每检验批的灯具总数量抽查20%，且各不得少于1套。

检查方法：观察检查。

18.2.4 高低压配电设备、裸母线及电梯曳引机的正上方不应安装灯具。

检查数量：全数检查。

检查方法：观察检查。

18.2.5 投光灯的底座及支架应牢固，枢轴应沿需要的光轴方向拧紧固定。

检查数量：按灯具总数抽查10%，且不得少于1套。

检查方法：观察检查和手感检查。

18.2.6 聚光灯和类似灯具出光口面与被照物体的最短距离应符合产品技术文件要求。

检查数量：按灯具型号各抽查10%，且各不得少于1套。

检查方法：尺量检查，并核对产品技术文件。

18.2.7 导轨灯的灯具功率和载荷应与导轨额定载流量和最大允许载荷相适配。

检查数量：按灯具总数抽查10%，且不得少于1台。

检查方法：观察检查并核对产品技术文件。

18.2.8 露天安装的灯具应有泄水孔，且泄水孔应设置在灯具腔体的底部。灯具及其附件、紧固件、底座和与其相连的导管、接线盒等应有防腐蚀和防水措施。

检查数量：按灯具数量抽查10%，且不得少于1套。

检查方法：观察检查。

18.2.9 安装于槽盒底部的荧光灯具应紧贴槽盒底部，并应固定牢固。

检查数量：按每检验批的灯具数量抽查10%，且不得少于1套。

检查方法：观察检查和手感检查。

18.2.10 庭院灯、建筑物附属路灯安装应符合下列规定：

1 灯具的自动通、断电源控制装置应动作准确；

2 灯具应固定可靠、灯位正确，紧固件应齐全、拧紧。

检查数量：按灯具型号各抽查10%，且各不得少于1套。

检查方法：模拟试验、观察检查和手感检查。

19　专用灯具安装

19.1　主控项目

19.1.1　专用灯具的 I 类灯具外露可导电部分必须用铜芯软导线与保护导体可靠连接，连接处应设置接地标识，铜芯软导线的截面积应与进入灯具的电源线截面积相同。

检查数量：按每检验批的灯具数量抽查 5%，且不得少于 1 套。

检查方法：尺量检查、工具拧紧和测量检查。

19.1.2　手术台无影灯安装应符合下列规定：

1　固定灯座的螺栓数量不应少于灯具法兰底座上的固定孔数，且螺栓直径应与底座孔径相适配；螺栓应采用双螺母锁固。

2　无影灯的固定装置除应按本规范第 18.1.1 条第 2 款进行均布载荷试验外，尚应符合产品技术文件的要求。

检查数量：全数检查。

检查方法：施工或强度试验时观察检查，查阅灯具固定装置的载荷强度试验记录。

19.1.3　应急灯具安装应符合下列规定：

1　消防应急照明回路的设置除应符合设计要求外，尚应符合防火分区设置的要求，穿越不同防火分区时应采取防火隔堵措施；

2　对于应急灯具、运行中温度大于 60℃的灯具，当靠近可燃物时，应采取隔热、散热等防火措施；

3　EPS 供电的应急灯具安装完毕后，应检验 EPS 供电运行的最少持续供电时间，并应符合设计要求；

4　安全出口指示标志灯设置应符合设计要求；

5　疏散指示标志灯安装高度及设置部位应符合设计要求；

6　疏散指示标志灯的设置不应影响正常通行，且不应在其周围设置容易混同疏散标志灯的其他标志牌等；

7　疏散指示标志灯工作应正常，并应符合设计要求；

8　消防应急照明线路在非燃烧体内穿钢导管暗敷时，暗敷钢导管保护层厚度不应小于 30mm。

检查数量：第 2 款全数检查；第 1 款、第 3 款～第 7 款按每检验批的灯具型号各抽查 10%，且均不得少于 1 套；第 8 款按检验批数量抽查 10%，且不得少于 1 个检验批。

检查方法：第 1 款、第 2 款、第 4 款～第 7 款观察检查，第 3 款试验检验并核对设计文件，第 8 款尺量检查、查阅隐蔽工程检查记录。

19.1.4　霓虹灯安装应符合下列规定：

1　霓虹灯管应完好、无破裂；

2　灯管应采用专用的绝缘支架固定，且牢固可靠；灯管固定后，与建（构）筑物表面的距离不宜小于 20mm；

3　霓虹灯专用变压器应为双绕组式，所供灯管长度不应大于允许负载长度，露天安装的应采取防雨措施；

4　霓虹灯专用变压器的二次侧和灯管间的连接线应采用额定电压大于 15kV 的高压绝缘导线，导线连接应牢固，防护措施应完好；高压绝缘导线与附着物表面的距离不应小于 20mm 。

检查数量：全数检查。

检查方法：观察检查并用尺量和手感检查。

19.1.5 高压铀灯、金属卤化物灯安装应符合下列规定：

1 光源及附件应与镇流器、触发器和限流器配套使用，触发器与灯具本体的距离应符合产品技术文件的要求；

2 电源线应经接线柱连接，不应使电源线靠近灯具表面。

检查数量：按灯具型号各抽查 10%，且均不得少于 1 套。

检查方法：观察检查并用尺量检查，核对产品技术文件。

19.1.6 景观照明灯具安装应符合下列规定：

1 在人行道等人员来往密集场所安装的落地式灯具，当无围栏防护时，灯具距地面高度应大于 2.5m；

2 金属构架及金属保护管应分别与保护导体采用焊接或螺栓连接，连接处应设置接地标识。

检查数量：全数检查。

检查方法：观察检查并用尺量检查，查阅隐蔽工程检查记录。

19.1.7 航空障碍标志灯安装应符合下列规定：

1 灯具安装应牢固可靠，且应有维修和更换光源的措施；

2 当灯具在烟囱顶上装设时，应安装在低于烟囱口 1.5m ~ 3m 的部位且应呈正三角形水平排列；

3 对于安装在屋面接闪器保护范围以外的灯具，当需设置接闪器时，其接闪器应与屋面接闪器可靠连接。

检查数量：全数检查。

检查方法：观察检查，查阅隐蔽工程检查记录。

19.1.8 太阳能灯具安装应符合下列规定：

1 太阳能灯具与基础固定应可靠，地脚螺栓有防松措施，灯具接线盒盖的防水密封垫应齐全、完整；

2 灯具表面应平整光洁、色泽均匀，不应有明显的裂纹、划痕、缺损、锈蚀及变形等缺陷。

检查数量：按灯具数量抽查 10%，且不得少于 1 套。

检查方法：观察检查和手感检查。

19.1.9 洁净场所灯具嵌入安装时，灯具与顶棚之间的间隙应用密封胶条和衬垫密封，密封胶条和衬垫应平整，不得扭曲、折叠。

检查数量：按灯具数量抽查 10%，且不得少于 1 套。

检查方法：观察检查。

19.1.10 游泳池和类似场所灯具（水下灯及防水灯具）安装应符合下列规定：

1 当引入灯具的电源采用导管保护时，应采用塑料导管；

2 固定在水池构筑物上的所有金属部件应与保护联结导体可靠连接，并应设置标识。

检查数量：全数检查。

检查方法：观察检查和手感检查，查阅隐蔽工程检查记录和等电位联结导通性测试记录。

19.2 一般项目

19.2.1 手术台无影灯安装应符合下列规定：

1 底座应紧贴顶板、四周无缝隙；

2 表面应保持整洁、无污染，灯具镀、涂层应完整无划伤。

检查数量：全数检查。

检查方法：观察检查。

19.2.2 当应急电源或镇流器与灯具分离安装时，应固定可靠，应急电源或镇流器与灯具本体之间的连接绝缘导线应用金属柔性导管保护，导线不得外露。

检查数量：按每检验批的灯具数量抽查10%，且不得少于1套。

检查方法：观察检查和手感检查。

19.2.3 霓虹灯安装应符合下列规定：

1 明装的霓虹灯变压器安装高度低于3.5m时应采取防护措施；室外安装距离晒台、窗口、架空线等不应小于1m，并应有防雨措施。

2 霓虹灯变压器应固定可靠，安装位置宜方便检修，且应隐蔽在不易被非检修人触及的场所。

3 当橱窗内装有霓虹灯时，橱窗门与霓虹灯变压器一次侧开关应有联锁装置，开门时不得接通霓虹灯变压器的电源。

4 霓虹灯变压器二次侧的绝缘导线应采用高绝缘材料的支持物固定，对于支持点的距离，水平线段不应大于0.5m，垂直线段不应大于0.75m。

5 霓虹灯管附着基面及其托架应采用金属或不燃材料制作，并应固定可靠，室外安装应耐风压。

检查数量：按灯具安装部位各抽查10%，且各不得少于1套。

检查方法：观察检查并用尺量和手感检查。

19.2.4 高压钠灯、金属卤化物灯安装应符合下列规定：

1 灯具的额定电压、支架形式和安装方式应符合设计要求；

2 光源的安装朝向应符合产品技术文件的要求。

检查数量：按灯具型号各抽查10%，且各不得少于1套。

检查方法：观察检查并查验产品技术文件、核对设计文件。

19.2.5 建筑物景观照明灯具构架应固定可靠、地脚螺栓拧紧、备帽齐全；灯具的螺栓应紧固、无遗漏。灯具外露的绝缘导线或电缆应有金属柔性导管保护。

检查数量：按灯具数量抽查10%，且不得少于1套。

检查方法：观察检查和手感检查。

19.2.6 航空障碍标志灯安装位置应符合设计要求，灯具的自动通、断电源控制装置应动作准确。

检查数量：全数检查。

检查方法：模拟试验和观察检查。

19.2.7 太阳能灯具的电池板朝向和仰角调整应符合地区纬度，迎光面上应无遮挡物、电池板上方应无直射光源。电池组件与支架连接应牢固可靠，组件的输出线不应裸露，并应用扎带绑扎固定。

检查数量：按灯具总数抽查10%，且不得少于1套。

检查方法：观察检查。

20 开关、插座、风扇安装

20.1 主控项目

20.1.1 当交流、直流或不同电压等级的插座安装在同一场所时，应有明显的区别，插座不得互换；配套的插头应按交流、直流或不同电压等级区别使用。

检查数量：按每检验批的插座数量抽查 20%，且不得少于 1 个。

检查方法：观察检查并用插头进行试插检查。

20.1.2 不间断电源插座及应急电源插座应设置标识。

检查数量：按插座总数抽查 10%，且不得少于 1 套。

检查方法：观察检查。

20.1.3 插座接线应符合下列规定：

1 对于单相两孔插座，面对插座的右孔或上孔应与相结连接，左孔或下孔应与中性导体（N）连接；对于单相三孔插座，面对插座的右孔应与相结连接，左孔应与中性导体（N）连接。

2 单相三孔、三相四孔及三相五孔插座的保护接地导体（PE）应接在上孔；插座的保护接地导体端子不得与中性导体端子连接；同一场所的三相插座，其接线的相序应一致。

3 保护接地导体（PE）在插座之间不得串联连接。

4 相结与中性导体（N）不应利用插座本体的接线端子转接供电。

检查数量：按每检验批的插座型号各抽查 5%，且均不得少于 1 套。

检查方法：观察检查并用专用测试工具检查。

20.1.4 照明开关安装应符合下列规定：

1 同一建（构）筑物的开关宜采用同一系列的产品，单控开关的通断位置应一致，且应操作灵活、接触可靠；

2 相线应经开关控制；

3 紫外线杀菌灯的开关应有明显标识，并应与普通照明开关的位置分开。

检查数量：第 3 款全数检查，第 1 款和第 2 款按每检验批的开关数量抽查 5%，且按规格型号各不得少于 1 套。

检查方法：观察检查、用电笔测试检查和手动开启开关检查。

20.1.5 温控器接线应正确，显示屏指示应正常，安装标高应符合设计要求。

检查数量：按每检验批的数量抽查 10%，且不得少于 1 套。

检查方法：观察检查。

20.1.6 吊扇安装应符合下列规定：

1 吊扇挂钩安装应牢固，吊扇挂钩的直径不应小于吊扇挂销直径，且不应小于 8mm；挂钩销钉应有防振橡胶垫；挂销的防松零件应齐全、可靠。

2 吊扇扇叶距地高度不应小于 2.5m。

3 吊扇组装不应改变扇叶角度，扇叶的固定螺栓防松零件应齐全。

4 吊杆间、吊杆与电机间螺纹连接，其啮合长度不应小于 20mm，且防松零件应齐全紧固。

5 吊扇应接线正确，运转时扇叶应无明显颤动和异常声响。

6 吊扇开关安装标高应符合设计要求。

238

检查数量：按吊扇数量抽查 5%，且不得少于 1 套。

检查方法：听觉检查、观察检查、尺量检查和卡尺检查。

20.1.7 壁扇安装应符合下列规定：

1 壁扇底座应采用膨胀螺栓或焊接固定，固定应牢固可靠；膨胀螺栓的数量不应少于 3 个，且直径不应小于 8mm。

2 防护罩应扣紧、固定可靠，当运转时扇叶和防护罩应无明显颤动和异常声响。

检查数量：按壁扇数量抽查 5%，且不得少于 1 套。

检查方法：听觉检查、观察检查和手感检查。

20.2 一般项目

20.2.1 暗装的插座盒或开关盒应与饰面平齐，盒内干净整洁，无锈蚀，绝缘导线不得裸露在装饰层内；面板应紧贴饰面、四周无缝隙、安装牢固，表面光滑、无碎裂、划伤，装饰帽（板）齐全。

检查数量：按每检验批的盒子数量抽查 10%，且不得少于 1 个。

检查方法：观察检查和手感检查。

20.2.2 插座安装应符合下列规定：

1 插座安装高度应符合设计要求，同一室内相同规格并列安装的插座高度宜一致；

2 地面插座应紧贴饰面，盖板应固定牢固、密封良好。

检查数量：按每个检验批的插座总数抽查 10%，且按型号各不得少于 1 个。

检查方法：观察检查并用尺量和手感检查。

20.2.3 照明开关安装应符合下列规定：

1 照明开关安装高度应符合设计要求；

2 开关安装位置应便于操作，开关边缘距门框边缘的距离宜为 0.15m ~ 0.20m；

3 相同型号并列安装高度宜一致，并列安装的拉线开关的相邻间距不宜小于 20mm。

检查数量：按每检验批的开关数量抽查 10%，且不得少于 1 个。

检查方法：观察检查并用尺量检查。

20.2.4 温控器安装高度应符合设计要求；同一室内并列安装的温控器高度宜一致，且控制有序不错位。

检查数量：按每检验批数量抽查 10%，且不得少于 1 个。

检查方法：观察检查并用尺量检查。

20.2.5 吊扇安装应符合下列规定：

1 吊扇涂层应完整，表面无划痕、无污染，吊杆上、下扣碗安装应牢固到位；

2 同一室内并列安装的吊扇开关高度宜一致，并应控制有序、不错位。

检查数量：按吊扇数量抽查 10%，且不得少于 1 套。

检查方法：观察检查，用尺量和手感检查。

20.2.6 壁扇安装应符合下列规定：

1 壁扇安装高度应符合设计要求；

2 涂层应完整、表面无划痕、无污染，防护罩应无变形。

检查数量：按壁扇数量抽查 10%，且不得少于 1 套。

检查方法：观察检查并用尺量检查。

20.2.7　换气扇安装应紧贴饰面、固定可靠。无专人管理场所的换气扇宜设置定时开关。

检查数量：按换气扇数量抽查 10%，且不得少于 1 套。

检查方法：观察检查和手感检查。

21　建筑物照明通电试运行

21.1　主控项目

21.1.1　灯具回路控制应符合设计要求，且应与照明控制柜、箱（盘）及回路的标识一致；开关宜与灯具控制顺序相对应，风扇的转向及调速开关应正常。

检查数量：按每检验批的末级照明配电箱数量抽查 20%，且不得少于 1 台配电箱及相应回路。

检查方法：核对技术文件，观察检查并操作检查。

21.1.2　公共建筑照明系统通电连续试运行时间应为 24h，住宅照明系统通电连续试运行时间应为 8h。所有照明灯具均应同时开启，且应每 2h 按回路记录运行参数，连续试运行时间内应无故障。

检查数量：按每检验批的末级照明配电箱总数抽查 5%，且不得少于 1 台配电箱及相应回路。

检查方法：试验运行时观察检查或查阅建筑照明通电试运行记录。

21.1.3　对设计有照度测试要求的场所，试运行时应检测照度，并应符合设计要求。

检查数量：全数检查。

检查方法：用照度测试仪测试，并查阅照度测试记录。

22～24（略）

25　建筑物等电位联结

25.1　主控项目

25.1.1　建筑物等电位联结的范围、形式、方法、部位及联结导体的材料和截面积应符合设计要求。

检查数量：全数检查。

检查方法：施工中核对设计文件观察检查并查阅隐蔽工程检查记录，核查产品质量证明文件、材料进场验收记录。

25.1.2　需做等电位联结的外露可导电部分或外界可导电部分的连接应可靠。采用焊接时，应符合本规范第 22.2.2 条的规定；采用螺栓连接时，应符合本规范第 23.2.1 条第 2 款的规定，其螺栓、垫圈、螺母等应为热镀锌制品，且应连接牢固。

检查数量：按总数抽查 10%，且不得少于 1 处。

检查方法：观察检查。

25.2　一般项目

25.2.1　需做等电位联结的卫生间内金属部件或零件的外界可导电部分，应设置专用接线螺栓与等电位联结导体连接，并应设置标识；连接处螺帽应紧固、防松零件应齐全。

检查数量：按连接点总数抽查 10%，且不得少于 1 处。

检查方法：观察检查和手感检查。

25.2.2 当等电位联结导体在地下暗敷时，其导体间的连接不得采用螺栓压接。

检查数量：全数检查。

检查方法：施工中观察检查并查阅隐蔽工程检查记录。

13.《建筑给水排水及采暖工程施工质量验收规范》GB 50242-2002

1 总则（略）
2 术语（略）
3 基本规定

3.1 质量管理

3.1.1 建筑给水、排水及采暖工程施工现场应具有必要的施工技术标准、健全的质量管理体系和工程质量检测制度，实现施工全过程质量控制。

3.1.2 建筑给水、排水及采暖工程的施工应按照批准的工程设计文件和施工技术标准进行施工。修改设计应有设计单位出具的设计变更通知单。

3.1.3 建筑给水、排水及采暖工程的施工应编制施工组织设计或施工方案，经批准后方可实施。

3.1.4 建筑给水、排水及采暖工程的分部、分项工程划分见附录 A。

3.1.5 建筑给水、排水及采暖工程的分项工程，应按系统、区域、施工段或楼层等划分。分项工程应划分成若干个检验批进行验收。

3.1.6 建筑给水、排水及采暖工程的施工单位应当具有相应的资质。工程质量验收人员应具备相应的专业技术资格。

3.2 材料设备管理

3.2.1 建筑给水、排水及采暖工程所使用的主要材料、成品、半成品、配件、器具和设备必须具有中文质量合格证明文件，规格、型号及性能检测报告应符合国家技术标准或设计要求。进场时应做检查验收，并经监理工程师核查确认。

3.2.2 所有材料进场时应对品种、规格、外观等进行验收。包装应完好，表面无划痕及外力冲击破损。

3.2.3 主要器具和设备必须有完整的安装使用说明书。在运输、保管和施工过程中，应采取有效措施防止损坏或腐蚀。

3.2.4 阀门安装前，应作强度和严密性试验。试验应在每批（同牌号、同型号、同规格）数量中抽查 10%，且不小于一个。对于安装在主干管上起切断作用的闭路阀门，应逐个作强度和严密性试验。

3.2.5 阀门的强度和严密性试验，应符合以下规定：阀门的强度试验压力为公称压力的 1.5 倍；严密性试验压力为公称压力的 1.1 倍；试验压力在试验持续时间内应保持不变，且壳体填料及阀瓣密封面无渗漏。阀门试压的试验持续时间应不少于表 3.2.5 的规定。

阀门试验持续时间　　　　　　　　　表 3.2.5

公称直径 DN（mm）	最短试验持续时间（s）		
	严密性试验		强度试验
	金属密封	非金属密封	
≤ 50	15	15	15
65 ~ 200	30	15	60
250 ~ 450	60	30	180

3.2.6 管道上使用冲压弯头时，所使用的冲压弯头外径应与管道外径相同。

3.3 施工过程质量控制

3.3.1 建筑给水、排水及采暖工程与相关各专业之间，应进行交接质量检验，并形成记录。

3.3.2 隐蔽工程应在隐蔽前经验收各方检验合格后，才能隐蔽，并形成记录。

3.3.3 地下室或地下构筑物外墙有管道穿过的，应采取防水措施。对有严格防水要求的建筑物，必须采用柔性防水套管；

3.3.4 管道穿过结构伸缩缝、抗震缝及沉降缝敷设时，应根据情况采取下列保护措施：

1 在墙体两侧采取柔性连接。

2 在管道或保温层外皮上、下部留有不小于 150mm 的净空。

3 在穿墙处做成方形补偿器，水平安装。

3.3.5 在同一房间内，同类型的采暖设备、卫生器具有管道配件，除有特殊要求外，应安装在同一高度上。

3.3.6 明装管道成排安装时，直线部分应互相平和。曲线部分：当管道水平或垂直并行时，应与直线部分保持等距；管道水平上下并行时，弯管部分的曲率半径应一致。

3.3.7 管道支、吊、托架的安装，应符合下列规定：

1 位置正确，埋设应平整牢固。

2 固定支架与管道接触应紧密，固定应牢靠。

3 滑动支架应灵活，滑托与滑槽两侧间应留有 3 ~ 5mm 的间隙，纵向移动量应符合设计要求。

4 无热伸长管道的吊架、吊杆应垂直安装。

5 有热伸长管道的吊架、吊杆应向热膨胀的反方向偏移。

6 固定在建筑结构上的管道支、吊架不得影响结构的安全。

3.3.8 钢管水平安装的支、吊架间距不应大于表 3.3.8 的规定。

钢管管道支架的最大间距　　表 3.3.8

公称直径（mm）		5	20	25	32	40	50	60	80	100	125	150	200	250	300
支架的最大间距（m）	保温管	2	2.5	2.5	2.5	3	3	4	4	4.5	6	7	7	8	8.5
	不保温管	2.5	3	3.5	4	4.5	5	6	6	6.5	7	8	9.5	11	12

3.3.9　采暖、给水及热水供应系统的塑料管及复合管垂直或水平安装的支架间距应符合表 3.3.9 的规定。采用金属制作的管道支架，应在管道与支架间加衬非金属垫或套管。

塑料管及复合管管道支架的最大间距　　表 3.3.9

管径（mm）			12	14	16	18	20	25	32	40	50	63	75	90	110
支架最大间距（m）	立管		0.5	0.6	0.7	0.8	0.9	1.0	1.1	1.3	1.6	1.8	2.0	2.2	2.4
	水平管	冷水管	0.4	0.4	0.5	0.5	0.6	0.7	0.8	0.9	1.0	1.1	1.2	1.35	1.55
		热水管	0.2	0.2	0.25	0.3	0.3	0.35	0.4	0.5	0.6	0.7	0.8		

3.3.10　铜管垂直水平安装的支架间距应符合表 3.3.10 的规定。

铜管垂直或支架的最大间距　　表 3.3.10

公称直径（mm）		15	20	25	32	40	50	65	80	100	125	150	200
支架最大间距（m）	垂直管	1.8	2.4	2.4	3.0	3.0	3.0	3.5	3.5	3.5	3.5	4.0	4.0
	水平管	1.2	1.8	1.8	2.4	2.4	2.4	3.0	3.0	3.0	3.0	3.5	3.5

3.3.11　采暖，给水及热水供应系统的金属管道立管管卡安装应符合下列规定：

1　楼层高度小于或等于 5m，每层必须安装 1 个。

2　楼层高度大于 5m，每层不得少于 2 个。

3　管卡安装高度，距地面应为 1.5~1.8m，2 个以上管卡应匀称安装，同一房间管卡应安装在同一高度上。

3.3.12　管道及管道支墩（座），严禁铺设在冻土和未经处理的松土上。

3.3.13　管道穿过墙壁和楼板，应设置金属或塑料套管。安装在楼板内的套管，其顶部高出装饰地面 20mm；安装在卫生间及厨房内的套管，其顶部应高出装饰地面 50mm，底部应与楼板底面相平；安装在墙壁内的套管其两端与饰面相平。穿过楼板的套管与管道之间缝隙应用阻燃密实材料和防水油膏填实，端面光滑。穿墙套管与管道之间缝隙宜用阻燃密实材料填实，且端面应光滑。管道的接口不得设在套管内。

3.3.14　弯制钢管，弯曲半径应符合下列规定：

1　热弯：应不小于管道外径的 3.5 倍。

243

2　冷弯：应不小于管道外径的 4 倍。

3　焊接弯头：应不小于管道外径的 1.5 倍。

4　冲压弯头：应不小于管道外径。

3.3.15　管道接口应符合下列规定：

1　管道采用粘接接口，管端插入承口的深度不得小于表 3.3.15 的规定。

管端插入承口的深度   表 3.3.15

公称直径（mm）	20	25	32	40	50	75	100	125	150
插入深度（mm）	16	19	22	26	31	44	61	69	80

2　熔接连接管道的结合面应有一均匀的熔接圈，不得出现局部熔瘤或熔接圈凹凸不匀现象。

3　采用橡胶圈接口的管道，允许沿曲线敷设，每个接口的最大偏转角不得超过 2℃。

4　法兰连接时衬垫不得凸入管内，其外边缘接近螺栓孔为宜。不得安放双垫或偏垫。

5　连接法兰的螺栓，直径和长度应符合标准，拧紧后，突出螺母的长度不应大于螺杆直径的 1/2。

6　螺栓连接管道安装后的管螺纹根部应有 2～3 扣的外露螺纹，多余的麻丝应清理干净并做防腐处理。

7　承插口采用水泥捻口时，油麻必须清洁、填塞密实，水泥应捻入并密实饱满，其接口面凹入承口边缘的深度不得大于 2mm。

8　卡箍（套）式连接两管口端应平整、无缝隙，沟槽应均匀，卡紧螺栓后管道应平直，卡箍（套）安装方向应一致。

3.3.16　各种承压管道系统和设备应做水压试验，非承压管道系统和设备应做灌水试验。

4　室内给水系统安装

4.1　一般规定

4.1.1　本章适用于工作压力不大于 1.0MPa 的室内给水和消火栓系统管道安装工程的质量检验与验收。

4.1.2　给水管道必须采用管材相适应的管件。生活给水系统所涉及的材料必须达到饮用水卫生标准。

4.1.3　管径小于或等于 100mm 的镀锌钢管应采用螺纹连接，套丝扣时破坏的镀锌层表面及外露螺纹部分应做防腐处理；管径大于 100mm 的镀锌钢管应采用法兰或卡套式专用管件连接，镀锌钢管与法兰的焊接处应二次镀锌。

4.1.4　给水塑料管和复合管可以采用橡胶圈接口、粘接接口、热熔连接、专用管件连接及法兰连接等形式。塑料管和复合管与金属管件、阀门等的连接应使用专用管件连接，不得在塑料管上套丝。

4.1.5　给水铸铁管管道应采用水泥捻口或橡胶圈接口方式进行连接。

4.1.6　铜管连接可采用专用接头或焊接，当管径小于 22mm 时宜采用插或套管焊接，承口应迎介质流向安装；当管径大于或等于22mm时宜采用对口焊接。

4.1.7 给水立管和装有3个或3个以上配水点的支管始端，均应安装可拆卸的连接件。

4.1.8 冷、热水管道同时安装应符合下列规定：

1 上、下平行安装时热水管应在冷水管上方。

2 垂直平行安装时热水管应在冷水管左侧。

4.2 给水管道及配件安装

主控项目

4.2.1 室内给水管道的水压试验必须符合设计要求。当设计未注明时，各种材质的给水管道系统试验压力均为工作压力的1.5倍，但不得小于0.6MPa。

检验方法：金属及复合管给水管道系统在试验压力下观测10min，压力降不应大于0.02MPa，然后降到工作压力进行检查，应不渗不漏；塑料管给水系统应在试验压力下稳压1h，压力降不得超过0.05MPa，然后在工作压力的1.15倍状态下稳压2h，压力降不得超过0.03MPa，同时检查各连接处不得渗漏。

4.2.2 给水系统交付使用前必须进行通水试验并做好记录。

检查方法：观察和开启阀门、水嘴等放水。

4.2.3 生产给水系统管道在交付使用前必须冲洗和消毒，并经有关部门取样检验，符合国家《生活饮用水标准》方可使用。

检验方法：检查有关部门提供的检测报告。

4.2.4 室内直埋给水管道（塑料管道和复合管道除外）应做防腐处理。埋地管道防腐层材质和结构应符合设计要求。

检验方法：观察或局部解剖检查。

一般项目

4.2.5 给水引入管与排水排出管的水平净距不得小于1m。室内给水与排水管道平行敷设时，两管间的最小水平净距不得小于0.5m；交叉铺设时，垂直净距不得小于0.15m。给水管应铺在排水管上面，若给水管必须铺在排水管下面时，给水管应加套管，其长度不得小于排水管管道径的3倍。

检验方法：尺量检查。

4.2.6 管道及管件焊接的焊缝表面质量应符合下列要求：

1 焊缝外形尺寸应符合图纸和工艺文件的规定，焊缝高度不得低于母材表面，焊缝与母材应圆滑过渡。

2 焊缝及热影响区表面应无裂纹、未熔合、未焊透、夹渣、弧坑和气孔等缺陷。

检验方法：观察检查。

4.2.7 给水水平管道应有2‰~5‰的坡度坡向泄水装置。

检验方法：水平尺和尺量检查。

4.2.8 给水管道和阀门安装的允许偏差应符合表4.2.8的规定。

管道和阀门安装的允许偏差和检验方法 表 4.2.8

项次	项目		允许偏差（mm）	检验方法
1	水平管道纵横方向弯曲	钢管	每米 1 全长 25m 以上 ≥ 25	用水平尺、直尺、拉线和尺量检查
		塑料管 复合管	每米 1.5 全长 25m 以上 ≥ 25	
		铸铁管	每米 2 全长 25m 以上 ≥ 25	
2	立管垂直度	钢管	每米 3 5m 以上 ≥ 8	吊线和尺量检查
		塑料管 复合管	每米 2 5m 以上 ≥ 8	
		铸铁管	每米 3 5m 以上 ≥ 10	
3	成排管段和成排阀门	在同一平面上间距	3	尺量检查

4.2.9 管道的支、吊架安装应平整牢固，其间距应符合本规范第 3.3.8 条、第 3.3.9 条或第 3.3.10 条的规定。

检验方法：观察、尺量及手扳检查。

4.2.10 水表应安装在便于检修、不受曝晒、污染和冻结的地方。安装螺翼式水表，表前与阀应有不小于 8 倍水表接口直径的直线管段。表外壳距墙表面净距为 10~30mm；水表进水口中心标高按设计要求，允许偏差为 ±10mm。

检验方法：观察和尺量检查。

4.3 室内消火栓系统安装

主控项目

4.3.1 室内消火栓系统安装完成后应取屋顶层（或水箱间内）试验消火栓和首层取二处消火栓做试射试验，达到设计要求为合格。

检验方法：实地试射检查。

一般项目

4.3.2 安装消火栓水龙带，水龙带与水枪和快速接头绑扎好后，应根据箱内构造将水龙带挂放在箱内的挂钉、托盘或支架上。

检查方法：观察检查。

4.3.3 箱式消火栓的安装应符合下列规定：

1 栓口应朝外，并不应安装在门轴侧。

2 栓口中心距地面为 1.1m，允许偏差 ±20mm。

3 阀门中心距箱侧面为 140mm，距箱后内表面为 100mm，允许偏差 ±5mm。

4 消火栓箱体安装的垂直度允许偏差为 3mm。

检验方法：观察和尺量检查。

4.4 给水设备安装

主控项目

4.4.1 水泵就位前的基础混凝土强度、坐标、标高、尺寸和螺栓孔位置必须符合设计规定。

检验方法：对照图纸用仪器和尺量检查。

4.4.2 水泵试运转的轴承温升必须符合设备说明书的规定。

检验方法：温度计实测检查。

4.4.3 敞口水箱的满水试验和密闭水箱（罐）的水压试验必须符合设计与本规范的规定。

检验方法：满水试验静置 24h 观察，不渗不漏；水压试验在试验压力下 10min 压力不降，不渗不漏。

一般项目

4.4.4 水箱支架或底座安装，其尺寸及位置应符合设计规定，埋设平整牢固。

检验方法：对照图纸，尺量检查。

4.4.5 水箱溢流管和泄放管应设置在排水地点附近但不得与排水管直接连接。

检验方法：观察检查。

4.4.6 立式水泵的减振装置不应采用弹簧减振器。

检验方法：观察检查。

4.4.7 室内给水设备安装的允许偏差应符合表 4.4.7 的规定。

室内给水设备安装的允许偏差和检验方法　　　　　　　　　表 4.4.7

项次	项目		允许偏差（mm）	检验方法
1	静置设备	坐标	15	经纬仪或拉线、尺量
		标高	±5	用水准仪、拉线和尺量检查
		垂直度（每米）	5	吊线和尺量检查
2	离心式水泵	立式泵体垂直度（每米）	0.1	水平尺和塞尺检查
		卧式泵体水平度（每米）	0.1	水平尺和塞尺检查
		联轴器同心度　轴向倾斜（每米）	0.8	在联轴器互相垂直的四个位置上用水准仪、百分表或测微螺钉和塞尺检查
		联轴器同心度　径向位移	0.1	

4.4.8 管道及设备保温层的厚度和平整度的允许偏差应符合表 4.4.8 的规定。

管道及设备保温的允许偏差和检验方法　　　　　　　　　表 4.4.8

项次	项目		允许偏差（mm）	检验方法
1	厚度		$+0.1\delta$ -0.05δ	用钢针刺入
2	表面平整度	卷材	5	用 2m 靠尺和楔形塞尺检查
		涂抹	10	

注：δ 为保温层厚度。

5 室内排水系统安装

5.1 一般规定

5.1.1 本章适用于室内排水管道、雨水管道安装工程的质量检验与验收。

5.1.2 生活污水管道应使用塑料管、铸铁管或混凝土管（由成组洗脸盆或饮用喷水器到共用水封之间的排水管和连接卫生器具的排水短管，可使用钢管）。

雨水管道宜使用塑料管、铸铁管、镀锌和非镀锌钢管或混凝土管等。

悬吊式雨水管道应选用钢管、铸铁管或塑料管。易受振动的雨水管道（如锻造车间等）应使用钢管。

5.2 排水管道及配件安装

主控项目

5.2.1 隐蔽或埋地的排水管道在隐蔽前必须做灌水试验，其灌水高度应不低于底层卫生器具的上边缘或底层地面高度。

检验方法：满水 15min 水面下降后，再灌满观察 5min，液面不降，管道及接口无渗漏为合格。

5.2.2 生活污水铸铁管道的坡度必须符合设计或本规范表 5.2.2 的规定。

生活污水铸铁管道的坡度　　　　表 5.2.2

项次	管径（mm）	标准坡度（‰）	最小坡度（‰）
1	50	35	25
2	75	25	15
3	100	20	12
4	125	15	10
5	150	10	7
6	200	8	5

检验方法：水平尺、拉线尺量检查。

5.2.3 生活污水塑料管道的坡度必须符合设计或本规范表 5.2.3 的规定。

生活污水塑料管道的坡度　　　　表 5.2.3

项次	管径（mm）	标准坡度（‰）	最小坡度（‰）
1	50	25	12
2	75	15	8
3	110	12	6
4	125	10	5
5	160	7	4

检验方法：水平尺、拉线尺量检查。

5.2.4 排水塑料管必须按设计要求及位置装设伸缩节。如设计无要求时，伸缩节间距不得大于 4m。高层建筑中明设排水塑料管道应按设计要求设置阻火圈或防火套管。

检验方法：观察检查。

5.2.5 排水主立管及水平干管管道均应做通球试验，通球球径不小于排水管道管径的 2/3，通球率必须达到 100%。

检查方法：通球检查。

一般项目

5.2.6 在生活污水管道上设置的检查口或清扫口，当设计无要求时应符合下列规定：

1 在立管上应每隔一层设置一个检查口，但在最底层和有卫生器具的最高层必须设置。如为两层建筑时，可仅在底层设置立管检查口；如有乙字弯管时，则在该层乙字弯管的上部设置检查口。检查口中心高度距操作地面一般为 1m，允许偏差 ±20mm；检查口的朝向应便于检修。暗装立管，在检查口处应安装检修门。

2 在连接 2 个及 2 个以上大便器或 3 个及 3 个以上卫生器具的污水横管上应设置清扫口。当污水管在楼板下悬吊敷设时，可将清扫口设在上一层楼地面上，污水管起点的清扫口与管道相垂直的墙面距离不得小于 200mm；若污水管起点设置堵头代替清扫口时，与墙面距离不得小于 400mm。

3 在转角小于 135° 的污水横管上，应设置检查口或清扫口。

4 污水横管的直线管段，应按设计要求的距离设置检查口或清扫口。

检验方法：观察和尺量检查。

5.2.7 埋在地下或地板下的排水管道的检查口，应设在检查井内。井底表面标高与检查口的法兰相平，井底表面应有 5% 坡度，坡向检查口。

检验方法：尺量检查。

5.2.8 金属排水管道上的吊钩或卡箍应固定在承重结构上。固定件间距：横管不大于 2m；立管不大于 3m。楼层高度小于或等于 4m，立管可安装 1 个固定件。立管底部的弯管处应设支墩或采取固定措施。

检验方法：观察和尺量检查。

5.2.9 排水塑料管道支、吊架间距应符合表 5.2.9 的规定。

排水塑料管道支吊架最大间距（单位：m） 表 5.2.9

管径（mm）	50	75	110	125	160
立管	1.2	1.5	2.0	2.0	2.0
横管	0.5	0.75	1.10	1.30	1.6

检验方法：尺量检查。

5.2.10 排水通气管不得与风道或烟道连接，且应符合下列规定：

1 通气管应高出屋面 300mm，但必须大于最大积雪厚度。

2 在通气管出口 4m 以内有门、窗时，通气管应高出门、窗顶 600mm 或引向无门、窗一侧。

3 在经常有人停留的平屋顶上，通气管应高出屋面 2m，并应根据防雷要求设置防雷装置。

4 屋顶有隔热层应从隔热层板面算起。

检验方法：观察和尺量检查。

5.2.11 安装未经消毒处理的医院含菌污水管道，不得与其他排水管道直接连接。

检验方法：观察检查。

5.2.12 饮食业工艺设备引出的排水管及饮用水水箱的溢流管，不得与污水道直接连接，并应留出不小于100mm的隔断空间。

检验方法：观察和尺量检查。

5.2.13 通向室外的排水管，穿过墙壁或基础必须下返时，应采用45°三通和45°弯头连接，并应在垂直管段顶部设置清扫口。

检验方法：观察和尺量检查。

5.2.14 由室内通向室外排水检查井的排水管，井内引入管应高于排出管或两管顶相平，并不小于90°的水流转角，如跌落差大于300mm可不受角度限制。

检验方法：观察和尺量检查。

5.2.15 用于室内排水的水平管道与水平管道、水平管道与立管的连接，应采用45°三通或45°四通和90°斜三通或90°斜四通。立管与排出管端部的连接，应采用两个45°弯头或曲率半径不小于4倍管径的90°弯头。

检验方法：观察和尺量检查。

5.2.16 室内排水管道安装的允许偏差应符合表5.2.16的相关规定。

室内排水和雨水管道安装的允许偏差和检验方法　　　　表5.2.16

项次	项目				允许偏差（mm）	检验方法
1	坐标				15	
2	标高				±15	
3	横管纵横方向弯曲	铸铁管	每1m		≥1	用水准仪（水平尺）、直尺、拉线和尺量检查
			全长（25m以上）		≥25	
		钢管	每1m	管径小于或等于100mm	1	
				管径大于100mm	1.5	
			全长（25m以上）	管径小于或等于100mm	≥25	
				管径大于100mm	≥308	
		塑料管	每1m		1.5	
			全长（25m以上）		≥38	
		钢筋混凝土管、混凝土管	每1m		3	
			全长（25m以上）		≥75	
4	立管垂直度	铸铁管	每1m		3	吊线和尺量检查
			全长（5m以上）		≥15	
		钢管	每1m		3	
			全长（5m以上）		≥10	
		塑料管	每1m		3	
			全长（5m以上）		≥15	

5.3 雨水管道及配件安装

主控项目

5.3.1 安装在室内的雨水管道安装后应做灌水试验，灌水高度必须到每根立管上部的雨水斗。

检验方法：灌水试验持续 1h，不渗不漏。

5.3.2 雨水管道如采用塑料管，其伸缩节安装应符合设计要求。

检验方法：对照图纸检查。

5.3.3 悬吊式雨水管道的敷设坡度不得小于 5‰；埋地雨水管道的最小坡度，应符合表 5.3.3 的规定。

地下埋设雨水排水管道的最小坡度 表 5.3.3

项次	管径（mm）	最小坡度（‰）
1	50	20
2	75	15
3	100	8
4	125	6
5	150	5
6	200 ~ 400	4

检验方法：水平尺、拉线尺量检查。

一般项目

5.3.4 雨水管道不得与生活污水管道相连接。

检验方法：观察检查。

5.3.5 雨水斗管的连接应固定在屋面承重结构上。雨水斗边缘与屋面相连处应严密不漏。连接管管径当设计无要求时，不得小于 100mm。

检验方法：观察和尺量检查。

5.3.6 悬吊式雨水管道的检查口或带法兰堵口的三通的间距不得大于表 5.3.6 的规定。

悬吊管检查口间距 表 5.3.6

项次	悬吊管直径（mm）	检查口间距（mm）
1	≤ 150	≯ 15
2	≥ 200	≯ 20

检验方法：拉线、尺量检查。

5.3.7 雨水管道安装的允许偏差应符合本规范表 5.2.16 的规定。

5.3.8 雨水钢管管道焊接的焊口允许偏差应符合表 5.3.8 的规定。

钢管管道焊口允许偏差和检验方法　　　　表 5.3.8

项次	项目		允许偏差	检验方法
1	焊口平直度	管壁厚 10mm 以内	管壁厚 1/4	焊接检验尺和游标卡尺检查
2	焊缝加强面	高度	+1mm	
		宽度		
3	咬边	深度	小于 0.5mm	直尺检查
	长度	连续长度	25mm	
		总长度（两侧）	小于焊缝长度的 10%	

6　室内热水供应系统安装

6.1　一般规定

6.1.1　本章节适用于工作压力不大于 1.0MPa，热水温度不超过 75℃ 的室内热水供应管道安装工程的质量检验与验收。

6.1.2　热水供应系统的管道应采用塑料管、复合管、镀锌钢管和铜管。

6.1.3　热水供应系统管道及配件安装应按本规范第 4.2 节的相关规定执行。

6.2　管道及配件安装

主控项目

6.2.1　热水供应系统安装完毕，管道保温之前应进行水压试验。试验压力应符合设计要求。当设计未注明时，热水供应系统水压试验压力应为系统顶点的工作压力加 0.1MPa，同时在系统顶点的试验压力不小于 0.3MPa。

检验方法：钢管或复合管道系统试验压力下 10min 内压力降不大于 0.02MPa，然后降至工作压力检查，压力应不降，且不渗不漏；塑料管道系统在试验压力下稳压 1h，压力降不得超过 0.05MPa，然后在工作压力 1.5 倍状态下稳压 2h，压力降不得超过 0.03MPa，连接处不得渗漏。

6.2.2　热水供应管道应尽量利用自然弯补偿热伸缩，直线段过长则应设置补偿器。补偿器型式、规格、位置应符合设计要求，并按有关规定进行预拉伸。

检验方法：对照设计图纸检查。

6.2.3　热水供应系统竣工后必须进行冲洗。

检验方法：现场观察检查。

一般项目

6.2.4　管道安装坡度应符合设计规定。

检验方法：水平尺、拉线尺量检查。

6.2.5　温度控制器及阀门应安装在便于观察和维护的位置。

检验方法：观察检查。

6.2.6　热水供应管道和阀门安装的允许偏差符合本规范表 4.2.8 的规定。

6.2.7　热水供应系统管道应保温（浴室内明装管道除外），保温材料、厚度、保护壳等应符合设计规定。保温层厚度和平整度的允许偏差应符合本规范表 4.4.8 的规定。

6.3　辅助设备安装

主控项目

6.3.1　在安装太阳能集热器玻璃前，应对集热排管和上、下集管作水压试验，试验压力为工作压力的 1.5 倍。

检验方法：试验压力下 10min 内压力不降，不渗不漏。

6.3.2　热交换器应以工作压力的 1.5 倍作水压试验。蒸汽部分应不低于蒸汽供汽压力加 0.3MPa；热水部分应不低于 0.4MPa。

检验方法：试验压力下 10min 内压力不降，不渗不漏。

6.3.3　水泵就位前的基础混凝土强度、坐标、标高、尺寸和螺栓孔位置必须符合设计要求。

检验方法：对照图纸用仪器和尺量检查。

6.3.4　水泵试运转的轴承温升必须符合设备说明书的规定。

检验方法：温度计实测检查。

6.3.5　敞口水箱的满水试验和密闭水箱（罐）的水压试验必须符合设计与本规范的规定。

检验方法：满水试验静置 24h，观察不渗不漏；水压试验在试验压力 10min 压力不降，不渗不漏。

一般项目

6.3.6　安装固定式太阳能热水器，朝向应正南。如果受条件限制时，其偏移角不得大于 15°。集热器的倾角，对于春、夏、秋三个季节使用的，应采用当地纬度为倾角；若以夏季为主，可比当地纬度减少 10°。

检验方法：观察和分度仪检查。

6.3.7　由集热器上、下集管接往热水箱的循环管道，应有不小于 5‰ 的坡度。

检验方法：尺量检查。

6.3.8　自然循环的热水箱底部与集热器上集管之间的距离为 0.3~1.0m。

检验方法：尺量检查。

6.3.9　制作吸热钢板凹槽时，其圆度应准确，间距应一致。安装集热排管时，应用卡箍和钢丝紧固在钢板凹槽内。

检验方法：手扳和尺量检查。

6.3.10　太阳能热水器的最低处应安装泄水装置。

检验方法：观察检查。

6.3.11　热水箱及上、下集管等循环管道均应保温。

检验方法：观察检查。

6.3.12　凡以水作介质的太阳能热水器，在 0℃ 以下地区使用，应采取防冻措施。

检验方法：观察检查。

6.3.13　热水供应辅助设备安装的允许偏差应符合本规范表 4.4.7 的规定。

6.3.14　太阳能热水器安装的允许偏差应符合表 6.3.14 的规定。

太阳能热水器安装的允许偏差和检验方法　　　　　　表 6.3.14

项目			允许偏差	检验方法
板式直管太阳能热水器	标高	中心线距地面（mm）	±20	尺量
	固定安装朝向	最大偏移角	不大于 15°	分度仪检查

7 卫生器具安装

7.1 一般规定

7.1.1 本章适用于室内污水盆、洗涤盆、洗脸（手）盆、盥洗槽、浴盆、淋浴器、大便器、小便器、小便槽、大便冲洗槽、妇女卫生盆、化验盆、排水栓、地漏、加热器、煮沸消毒器和饮水器等卫生器具安装的质量检验与验收。

7.1.2 卫生器具的安装应采用预埋螺栓或膨胀螺栓安装固定。

7.1.3 卫生器具安装高度如设计无要求时，应符合表 7.1.3 的规定。

卫生器具的安装高度　　　　　　表 7.1.3

项次	卫生器具名称		卫生器具安装高度（mm）		备注
			居住和公共建筑	幼儿园	
1	污水盆（池）	架空式	800	800	
		落地式	500	500	
2	洗涤盆（池）		800	800	
3	洗脸盆、洗手盆（有塞、无塞）		800	500	自地面至器具上边缘
4	盥洗槽		800	500	
5	浴盆		≯520		
6	坐式大便器	高水箱	1800	1800	自台阶面至高水箱底 自台阶面至低水箱底
		低水箱	900	900	
7	坐式大便器	高水箱	1800	1800	自地面至高水箱底 自地面至低水箱底
		低水箱 外露排水管式	510	370	
		虹吸喷射式	470		
8	小便器	挂式	600	450	自地面至下边缘
9	水便槽		200	150	自地面至台阶面
10	大便槽冲洗水箱		≮2000		自台阶面至水箱底
11	妇女卫生盆		360		自地面至器具上边缘
12	化验盆		800		自地面至器具上边缘

7.1.4 卫生器具给水配件的安装高度，如设计无要求时，应符合表 7.1.4 的规定。

卫生器具给水配件的安装高度

表 7.1.4

项次	给水配件名称		配件中心距地面高度（mm）	冷热水龙头距离（mm）
1	架空式污水盆（池）水龙头		1000	—
2	落地式污水盆（池）水龙头		800	—
3	洗涤盆（池）水龙头		1000	150
4	住宅集中给水龙头		1000	—
5	洗手盆水龙头		1000	—
6	洗脸盆	水龙头（上配水）	1000	150
		水龙头（下配水）	800	150
		角阀（下配水）	450	—
7	盥洗槽	水龙头	1000	150
		冷热水管上下并行 其中热水龙头	1100	150
8	浴盆	水龙头（上配水）	670	150
9	淋浴器	截止阀	1150	95
		混合阀	1150	
		淋浴喷头下沿	2100	—
10	蹲式大便器（台阶面算起）	高水箱角阀及截止阀	2040	
		低水箱角阀	250	—
		手动式自闭冲洗阀	600	
		脚踏式自闭冲洗阀	150	
		拉管式冲洗阀（从地面算起）	1600	
		带防污助冲器阀门（从地面算起）	900	
11	坐式大便器	高水箱角阀及截止阀	2040	
		低水箱角阀	150	—
12	大便槽冲洗水箱截止阀（从台阶面算起）		≮ 2400	—
13	立式小便器角阀		1130	
14	挂式小便器角阀及截止阀		1050	
15	小便槽多孔冲洗管		1100	—
16	实验室化验水龙头		1000	—
17	妇女卫生盆混合阀		360	—

注：装设在幼儿园内的洗手盆、洗脸盆和盥洗槽水嘴中心离地面安装高度应为700mm，其他卫生器具给水配件的安装高度，应按卫生器具实际尺寸相应减少。

7.2 卫生器具安装

主控项目

7.2.1 排水栓和地漏的安装应平正、牢固，低于排水表面，周边无渗漏。地漏水封高度不得小于50mm。

检验方法：试水观察检查。

7.2.2 卫生器具交工前应做满水和通水试验。

检验方法：满水后各连接件不渗不漏；能通水试验给、排水畅通。

一般项目

7.2.3 卫生器具安装的允许偏差应符合表7.2.3的规定。

卫生器具安装的允许偏差和检验方法　　　　表 7.2.3

项次	项目		允许偏差（mm）	检验方法
1	坐标	单独器具	10	拉线、吊线和尺量检查
		成排器具	5	
2	坐标	单独器具	±15	
		成排器具	±10	
3	器具水平度		2	用水平尺和尺量检查
4	器具垂直度		3	吊线和尺量检查

7.2.4 有饰面的浴盆，应留有通向浴盆排水口的检修门。

检验方法：观察检查。

7.2.5 小便槽冲洗管，应采用镀锌钢管或硬质资料管。冲洗孔应斜向下方安装，冲洗水流向同墙面成45°角。镀锌钢管钻孔后应进行二次镀锌。

检验方法：观察检查。

7.2.6 卫生器具的支、托架必须防腐良好，安装平整、牢固，与器具接触紧密、平稳。

检验方法：观察和手扳检查。

7.3 卫生器具给水配件安装

主控项目

7.3.1 卫生器具给水配件应完好无损伤，接口严密，启闭部分灵活。

检验方法：观察及手扳检查。

一般项目

7.3.2 卫生器具给水配件安装标高的允许偏差应符合表7.3.2的规定。

7.3.3 浴盆软管淋浴器挂钩的高度，如设计无要求，应距地面1.8m。

检验方法：尺量检查。

卫生器具给水配件安装标高的允许偏差和检验方法　　　　　表 7.3.2

项次	项目	允许偏差（mm）	检验方法
1	大便器高、低水箱角阀及截止阀	±10	
2	水嘴	±10	尺量检查
3	淋浴器喷头下沿	±15	
4	浴盆软管淋浴器挂钩	±20	

7.4　卫生器具排水管道安装

主控项目

7.4.1　与排水横管连接的各卫生器具的受水口和立管均应采取妥善可靠的固定措施；管道与楼板的接合部位应采取牢固可靠的防渗、防漏措施。

检验方法：观察和手扳检查。

7.4.2　边境卫生器具的排水管道接口应紧密不漏，其固定支架、管卡等支撑位置应正确、牢固，与管道的接触应平整。

检验方法：观察及通水检查。

一般项目

7.4.3　卫生器具排水管道安装的允许偏差应符合表 7.4.3 的规定。

卫生器具排水管道安装的允许偏差及检验方法　　　　　表 7.4.3

项次	检查项目		允许偏差（mm）	检验方法
1	横管弯曲度	每 1m 长	2	用水平尺量检查
		横管长度≤ 10m，全长	< 8	
		横管长度> 10m，全长	10	
2	卫生器具的排水管口及横支管的纵横坐标	单独器具	10	用尺量检查
		成排器具	5	
3	卫生器具的接口标高	单独器具	±10	用水平尺和尺量检查
		成排器具	±5	

7.4.4　连接卫生器具的排水管管径和最小坡度，如设计无要求时，应符合表 7.4.4 的规定。

连接卫生器具的排水管道管径和最小坡度　　　　　表 7.4.4

项次	卫生器具名称	排水管管径（mm）	管道的最小坡度（‰）
1	污水盆（池）	50	25
2	单、双格洗涤盆（池）	50	25

续表

项次	卫生器具名称		排水管管径（mm）	管道的最小坡度（‰）
3	洗手盆、洗脸盆		32～50	20
4	浴盆		50	20
5	淋浴器		50	20
6	大便器	高、低水箱	100	12
		自闭式冲洗阀	100	12
		拉管式冲洗阀	100	12
7	小便器	手动、自闭式冲洗阀	40～50	20
		自动冲洗水箱	40～50	20
8	化验盆（无塞）		40～50	25
9	净身器		40～50	20
10	饮水器		20～50	10～20
11	家用洗衣机		50（软管为30）	

检验方法：用水平尺和尺量检查。

8　室内采暖系统安装

8.1　一般规定

8.1.1　本章适用于饱和蒸汽压力不大于0.7MPa，热水温度不超过130℃的室内采暖系统安装的质量检验与验收。

8.1.2　焊接钢管的连接，管径小于或等于32mm，应采用螺纹连接；管径大于32mm，采用焊接。镀锌钢管的连接见本规范第4.1.3条。

8.2　管道及配件安装

主控项目

8.2.1　管道安装坡度，当设计未注明时，应符合下列规定：

1　气、水同向流动的热水采暖管道和汽、水不同向流动的蒸汽管道及凝结水管道，坡度应为3‰，不得小于2‰；

2　气、水逆向流动的热水采暖管道和汽、水逆向流动的蒸汽管道，坡度不应小于5‰；

3　散热器支管的坡度应为1%，坡向应利于排气和泄水。

检验方法：观察，水平尺、拉线、尺量检查。

8.2.2　补偿器的型号、安装位置及预拉伸和固定支架的构造及安装位置应符合设计要求。

检验方法：对照图纸，现场观察，并查验预拉伸记录。

8.2.3 平衡阀及调节阀型号、规格、公称压力及安装位置应符合设计要求。安装完后应根据系统平衡要求进行调试并作出标志。

检验方法：对照图纸查验产品合格证，并现场查看。

8.2.4 蒸汽减压阀和管道及设备上安全阀的型号、规格、公称压力及安装位置应符合设计要求。安装完毕后应根据系统工作压力进行调试，并做出标志。

检验方法：对照图纸查验产品合格证及调试结果证明书。

8.2.5 方形补偿器制作时，应用整根无缝钢管煨制，如需要接口，其接口应设在垂直臂的中间位置，且接口必须焊接。

检验方法：观察检查。

8.2.6 方形补偿器应水平安装，并与管道的坡度一致；如其臂长方向垂直安装必须设排气及泄水装置。

检验方法：观察检查。

一般项目

8.2.7 热量表、疏水器、除污器、过滤器及阀门的型号、规格、公称压力及安装位置应符合设计要求。

检验方法：对照图纸查验产品合格证。

8.2.8 钢管管道焊口尺寸的允许偏差应符合本规范表5.3.8的规定。

8.2.9 采暖系统入口装置及分户热计量系统入户装置，应符合设计要求。安装位置应便于检修、维护和观察。

检验方法：现场观察。

8.2.10 散热器支管长度超过1.5m时，应在支管上安装管卡。

检验方法：尺量和观察检查。

8.2.11 上供下回式系统的热水干管变径应顶平偏心连接，蒸汽干管变径应底平偏心连接。

检验方法：观察检查。

8.2.12 在管道干管上焊接垂直或水平分支管道时，干管开孔所产生的钢渣及管壁等废弃物不得残留管内，且分支管道在焊接时不得插入干管内。

检验方法：观察检查。

8.2.13 膨胀水箱的膨胀管及循环管上不得安装阀门。

检验方法：观察检查。

8.2.14 当采暖热媒为110~130℃的高温水时，管道可拆卸件应使用法兰，不得使用长丝和活接头。法兰垫料应使用耐热橡胶板。

检验方法：观察和查验进料单。

8.2.15 焊接钢管管径大于32mm的管道转弯，在作为自然补偿时应使用煨弯。塑料管及复合管除必须使用直角弯头的场合外应使用管道直接弯曲转弯。

检验方法：观察检查。

8.2.16 管道、金属支架和设备的防腐和涂漆应附着良好，无脱皮、起泡、流淌和漏涂缺陷。

检验方法：现场观察检查。

8.2.17 管道和设备保温的允许偏差应符合本规范表4.4.8的规定。

8.2.18 采暖管道安装的允许偏差应符合表8.2.18的规定。

采暖管道安装的允许偏差和检验方法 表 8.2.18

项次	项目			允许偏差	检验方法
1	横管道纵、横方向弯曲（mm）	每 1m	管径 ≤ 100mm	1	用水平尺、直尺、拉线和尺量检查
			管径 >100mm	1.5	
		全长（25m 以上）	管径 ≤ 100mm	≯ 13	
			管径 >100mm	≯ 25	
2	立管垂直度（mm）	每 1m		2	吊线和尺量检查
		全长（5m 以上）		≯ 10	
3	弯管	椭圆率 $\dfrac{D_{max}-D_{min}}{D_{max}}$	管径 ≤ 100mm	10%	用外卡钳和尺量检查
			管径 >100mm	8%	
		折皱不平度（mm）	管径 ≤ 100mm	4	
			管径 >100mm	5	

注：D_{max}，D_{min} 分别为管子最大外径及最小外径。

8.3 辅助设备及散热器安装

主控项目

8.3.1 散热器组对后，以及整组出厂的散热器在安装之前应作水压试验。试验压力如设计无要求时应为工作压力的 1.5 倍，但不小于 0.6MPa。

检验方法：试验时间为 2~3min，压力不降且不渗不漏。

8.3.2 水泵、水箱、热交换器等辅助设备安装的质量检验与验收应按本规范第 4.4 节和第 13.6 节的相关规定执行。

一般项目

8.3.3 散热器组对应平直紧密，组对后的平直度应符合表 8.3.3 规定。

组对后的散热器平直度允许偏差 表 8.3.3

项次	散热器类型	片数	允许偏差（mm）
1	长翼型	2 ~ 4	4
		5 ~ 7	6
2	铸铁片式 钢制片式	3 ~ 15	4
		16 ~ 25	6

检验方法：拉线和尺量

8.3.4 组对散热器的垫片应符合下列规定：

1 组对散热器垫片应使用成品，组对后垫片外露不应大于 1mm。

2 散热器垫片材质当设计无要求时,应采用耐热橡胶。

检验方法:观察和尺量检查。

8.3.5 散热器支架、托架安装,位置应准确,埋设牢固。散热器支架、托架数量,应符合设计或产品说明书要求。如设计未注时,则应符合表 8.3.5 的规定。

散热器支架、托架数量 表 8.3.5

项次	散热器型式	安装方式	每组片数	上部托钩或卡架数	下部托钩或卡架数	合计
1	长翼型	挂墙	2 ~ 4	1	2	3
			5	2	2	4
			6	2	3	5
			7	2	4	6
2	柱型 柱翼型	挂墙	3 ~ 8	1	2	3
			9 ~ 12	1	3	4
			13 ~ 16	2	4	6
			17 ~ 20	2	5	7
			21 ~ 25	2	6	8
3	柱型 柱翼型	带足落地	3 ~ 8	1	—	1
			8 ~ 12	1	—	1
			13 ~ 16	2	—	2
			17 ~ 20	2	—	2
			21 ~ 25	2	—	2

检验方法:现场清点检查

8.3.6 散热器背面与装饰后的墙内表面安装距离,应符合设计或产品说明书要求。如设计未注明,应为 30mm。

检验方法:尺量检查。

8.3.7 散热器安装允许偏差应符合表 8.3.7 的规定。

散热器安装允许偏差和检验方法 表 8.3.7

项次	项目	允许偏差(mm)	检验方法
1	散热器背面与墙内表面距离	3	尺量
2	与窗中心线或设计定位尺寸	20	
3	散热器垂直度	3	吊线和尺量

8.3.8 铸铁或钢制散热器表面的防腐及面漆应附着良好,色泽均匀,无脱落、起泡、流淌和漏涂缺陷。

检验方法:现场观察。

8.4 金属辐射板安装

主控项目

8.4.1 辐射板在安装前应作水压试验,如设计无要求时试验压力应为工作压力1.5倍,但不得小于0.6MPa。

检验方法:试验压力下2~3min压力不降且不渗不漏。

8.4.2 水平安装的辐射板应有不小于5‰的坡度坡向回水管。

检验方法:水平尺、拉线和尺量检查。

8.4.3 辐射板管道及带状辐射板之间的连接,应使用法兰连接。

检验方法:观察检查。

8.5 低温热水地板辐射采暖系统安装

主控项目

8.5.1 地面下敷设的盘管埋地部分不应有接头。

检验方法:隐蔽前现场查看。

8.5.2 盘管隐蔽前必须进行水压试验,试验压力为工作压力的1.5倍,但不小于0.6MPa。

检验方法:稳压1h内压力降不大于0.05MPa且不渗不漏。

8.5.3 加热盘管弯曲部分不得出现硬折弯现象,曲率半径应符合下列规定:

1 塑料管:不应小于管道外径的8倍。

2 复合管:不应小于管道外径的5倍。

检验方法:尺量检查。

一般项目

8.5.4 分、集水器型号、规格、公称压力及安装位置、高度等应符合设计要求。

检验方法:对照图纸及产品说明书,尺量检查。

8.5.5 加热盘管管径、间距和长度应符合设计要求。间距偏差不大于±10mm。

检验方法:拉线和尺量检查。

8.5.6 防潮层、防水层、隔热层及伸缩缝应符合设计要求。

检验方法:填充层浇灌前观察检查。

8.5.7 填充层强度标号应符合设计要求。

检验方法:作试块抗压试验。

8.6 系统水压试验及调试

主控项目

8.6.1 采暖系统安装完毕,管道保温之前应进行水压试验。试验压力应符合设计要求。当设计未注明时,应符合下列规定:

1 蒸汽、热水采暖系统,应以系统顶点工作压力加0.1MPa作水压试验,同时在系统顶点的试验压力不小于0.3MPa。

2 高温热水采暖系统,试验压力应为系统顶点工作压力加0.4MPa。

3 使用塑料管及复合管的热水采暖系统，应以系统顶点工作压力加 0.2MPa 作水压试验，同时在系统顶点的试验压力小于 0.4MPa。

检验方法：使用钢管及复合管的采暖系统应在试验压力下 10min 内压力降不大于 0.02MPa，降至工作压力后检查，不渗、不漏；

使用塑料管的采暖系统应在试验压力下 1h 内压力降不大于 0.05MPa，然后降至工作压力的 1.15 倍，稳压 2h，压力降不大于 0.03MPa，同时各连接处不渗、不漏。

8.6.2 系统试压合格后，应对系统进行冲洗并清扫过滤器及除污器。

检验方法：现场观察，直至排出水不含泥沙、铁屑杂质，且水色不浑浊为合格。

8.6.3 系统冲洗完毕应充水、加热，进行试运行和调试。

检验方法：观察、测量室温应满足设计要求。

14.《民用建筑工程室内环境污染控制规范》GB 50325-2010

1 总则（略）
2 术语（略）
3 材料

3.1 无机非金属建筑主体材料和装修材料（略）

3.2 人造木板及饰面人造木板

3.2.1 民用建筑工程室内用人造木板及饰面人造木板，必须测定游离甲醛含量或游离甲醛释放量。

3.2.2 当采用环境测试舱法测定游离甲醛释放量，并依此对人造木板进行分级时，其限量应符合现行国家标准《室内装饰装修材料人造板及其制品中甲醛释放限量》GB 18580 的规定，见表 3.2.2。

环境测试舱法测定游离甲醛释放量限量　　　　表 3.2.2

级别	限量（mg/m³）
E_1	≤ 0.12

3.2.3 当采用穿孔法测定游离甲醛含量，并依此对人造木板进行分级时，其限量应符合现行国家标准《室内装饰装修材料 人造板及其制品中甲醛释放限量》GB 18580 的规定。

3.2.4 当采用干燥器法测定游离甲醛释放量，并依此对人造木板进行分级时，其限量应符合现行国家标准《室内装饰装修材料 人造板及其制品中甲醛释放限量》GB 18580 的规定。

3.2.5 饰面人造木板可采用环境测试舱法或干燥器法测定游离甲醛释放量，当发生争议时应以环境测试舱法的测定结果为准；胶合板、细木工板宜采用干燥器法测定游离甲醛释放量；刨花板、纤维板等宜采用穿孔法测定游离甲醛含量。

3.2.6 环境测试舱法测定游离甲醛释放量，宜按本规范附录 B 进行。

3.2.7 采用穿孔法及干燥器法进行检测时，应符合现行国家标准《室内装饰装修材料 人造板及其制品中甲醛释放限量》GB 18580 的规定。

3.3 涂料

3.3.1 民用建筑工程室内用水性涂料和水性腻子，应测定游离甲醛的含量，其限量应符合表 3.3.1 的规定。

室内用水性涂料和水性腻子中游离甲醛限量 　　表 3.3.1

测定项目	限量	
	水性涂料	水性腻子
游离甲醛（mg/kg）	≤ 100	

3.3.2 民用建筑工程室内用溶剂型涂料和木器用溶剂型腻子，应按其规定的最大稀释比例混合后，测定 VOC 和苯、甲苯＋二甲苯＋乙苯的含量，其限量应符合表 3.3.2 的规定。

室内用溶剂型涂料和木器用溶剂型腻子中 VOC、苯、甲苯＋二甲苯＋乙苯限量 　表 3.3.2

涂料类别	VOC（g/L）	苯（%）	甲苯＋二甲苯＋乙苯（%）
醇酸类涂料	≤ 500	≤ 0.3	≤ 5
硝基类涂料	≤ 720	≤ 0.3	≤ 30
聚氨酯类涂料	≤ 670	≤ 0.3	≤ 30
酚醛防锈漆	≤ 270	≤ 0.3	—
其他溶剂型涂料	≤ 600	≤ 0.3	≤ 30
木器用溶剂型腻子	≤ 550	≤ 0.3	≤ 30

3.3.3 聚氨酯漆测定固化剂中游离二异氰酸酯（TDI、HDI）的含量后，应按其规定的最小稀释比例计算出聚氨酯漆中游离二异氰酸酯（TDI、HDI）含量，且不应大于 4g/kg。测定方法宜符合现行国家标准《色漆和清漆用漆基 异氰酸酯树脂中二异氰酸酯（TDI）单体的测定》GB/T 18446 的有关规定。

3.3.4 水性涂料和水性腻子中游离甲醛含量的测定方法，宜符合现行国家标准《室内装饰装修材料 内墙涂料中有害物质限量》GB 18582 有关的规定。

3.3.5 溶剂型涂料中挥发性有机化合物（VOC）、苯、甲苯＋二甲苯＋乙苯含量测定方法，宜符合本规范附录 C 的规定。

3.4 胶粘剂

3.4.1 民用建筑工程室内用水性胶粘剂，应测定挥发性有机化合物（VOC）和游离甲醛的含量，其限量应符合表 3.4.1 的规定。

室内用水性胶粘剂中 VOC 和游离甲醛限量　　　　表 3.4.1

测定项目	限量			
	聚乙酸乙烯酯胶粘剂	橡胶类胶粘剂	聚氨酯类胶粘剂	其他胶粘剂
挥发性有机化合物（VOC）（g/L）	≤ 110	≤ 250	≤ 100	≤ 350
游离甲醛（g/kg）	≤ 1.0	≤ 1.0	—	≤ 1.0

3.4.2　民用建筑工程室内用溶剂型胶粘剂，应测定挥发性有机化合物（VOC）、苯、甲苯＋二甲苯的含量，其限量应符合表 3.4.2 的规定。

室内用溶剂型胶粘剂中 VOC、苯、甲苯＋二甲苯限量　　　　表 3.4.2

测定项目	限量			
	氯丁橡胶胶粘剂	SBS 胶粘剂	聚氨酯类胶粘剂	其他胶粘剂
苯（g/kg）	≤ 5.0			
甲苯＋二甲苯（g/kg）	≤ 200	≤ 150	≤ 150	≤ 150
挥发性有机物（g/L）	≤ 700	≤ 650	≤ 700	≤ 700

3.4.3　聚氨酯胶粘剂应测定游离甲苯二异氰酸酯（TDI）的含量，按产品推荐的最小稀释量计算出聚氨酯漆中游离甲苯二异氰酸酯（TDI）含量，且不应大于 4g/kg，测定方法宜符合现行国家标准《室内装饰装修材料 胶粘剂中有害物质限量》GB 18583 的规定。

3.4.4　水性胶粘剂中游离甲醛、挥发性有机化合物（VOC）含量的测定方法，宜符合现行国家标准《室内装饰装修材料 胶粘剂中有害物质限量》GB 18583 的规定。

3.4.5　溶剂型胶粘剂中挥发性有机化合物（VOC）、苯、甲苯＋二甲苯含量测定方法，宜符合本规范附录 C 的规定。

3.5　水性处理剂

3.5.1　民用建筑工程室内用水性阻燃剂（包括防火涂料）、防水剂、防腐剂等水性处理剂，应测定游离甲醛的含量，其限量应符合表 3.5.1 的规定。

室内用水性处理剂中游离甲醛限量　　　　表 3.5.1

测定项目	限量
游离甲醛（mg/kg）	≤ 100

3.5.2　水性处理剂中游离甲醛含量的测定方法，宜按现行国家标准《室内装饰装修材料 内墙涂料中有害物质限量》GB 18582 的方法进行。

3.6 其他材料

3.6.1 民用建筑工程中所使用的能释放氨的阻燃剂、混凝土外加剂，氨的释放量不应大于 0.10%，测定方法应符合现行国际标准《混凝土外加剂中释放氨的限量》GB 18588 的有关规定。

3.6.2 能释放甲醛的混凝土外加剂，其游离甲醛含量不应大于 500mg/kg，测定方法应符合现行国家标准《室内装饰装修材料 内墙涂料中有害物质限量》GB 18582 的有关规定。

3.6.3 民用建筑工程中使用的粘合木结构材料，游离甲醛释放量不应大于 0.12mg/m³，其测定方法应符合本规范附录 B 的有关规定。

3.6.4 民用建筑工程室内装修时，所使用的壁布、帷幕等游离甲醛释放量不应大于 0.12mg/m³，其测定方法应符合本规范附录 B 的有关规定。

3.6.5 民用建筑工程室内用壁纸中甲醛含量不应大于 120mg/kg，测定方法应符合现行国家标准《室内装饰装修材料 壁纸中有害物质限量》GB 18585 的有关规定。

3.6.6 民用建筑工程室内用聚氯乙烯卷材地板中挥发物含量测定方法应符合现行国家标准《室内装饰装修材料 聚氯乙烯卷材地板中有害物质限量》GB 18586 的规定，其限量应符合表 3.6.6 的有关规定。

聚氯乙烯卷材地板中挥发物限量　　　　　　　　　表 3.6.6

名称		限量（g/m²）
发泡类卷材地板	玻璃纤维基材	≤ 75
	其他基材	≤ 35
非发泡类卷材地板	玻璃纤维基材	≤ 40
	其他基材	≤ 10

3.6.7 民用建筑工程室内用地毯、地毯衬垫中总挥发性有机化合物和游离甲醛的释放量测定方法应符合本规范附录 B 的规定，其限量应符合表 3.6.7 的有关规定。

地毯、地毯衬垫中有害物质释放限量　　　　　　　　　表 3.6.7

名称	有害物质项目	限量（mg/m²·h）	
		A 级	B 级
地毯	总挥发性有机化合物	≤ 0.500	≤ 0.600
	游离甲醛	≤ 0.050	≤ 0.050
地毯衬垫	总挥发性有机化合物	≤ 1.000	≤ 1.200
	游离甲醛	≤ 0.050	≤ 0.050

4 工程勘察设计

4.1 ~ 4.2（略）

4.3 材料选择

4.3.1 民用建筑工程室内不得使用国家禁止使用、限制使用的建筑材料。

4.3.2 Ⅰ类民用建筑工程室内装修采用的无机非金属装修材料必须为A类。

4.3.3 Ⅱ类民用建筑工程宜采用A类无机非金属装修材料；当A类和B类无机非金属装修材料混合使用时，每种材料的使用量应按下式计算：

$$\sum f_i \cdot I_{Rai} \leq 1.0 \tag{4.3.3-1}$$

$$\sum f_i \cdot I_{\gamma i} \leq 1.3 \tag{4.3.3-2}$$

式中：f_i——第i种材料在材料总用量中所占的质量百分比（%）；

I_{Rai}——第i种材料的内照射指数；

$I_{\gamma i}$——第i种材料的外照射指数。

4.3.4 Ⅰ类民用建筑工程的室内装修，采用的人造木板及饰面人造木板必须达到E_1级要求。

4.3.5 Ⅱ类民用建筑工程的室内装修，采用的人造木板及饰面人造木板宜达到E_1级要求；当采用E_2级人造木板时，直接暴露于空气的部位应进行表面涂覆密封处理。

4.3.6 民用建筑工程的室内装修，所采用的涂料、胶粘剂、水性处理剂，其苯、甲苯和二甲苯、游离甲醛、游离甲苯二异氰酸酯（TDI）、挥发性有机化合物（VOC）的含量，应符合本规范的规定。

4.3.7 民用建筑工程室内装修时，不应采用聚乙烯醇水玻璃内墙涂料、聚乙烯醇缩甲醛内墙涂料和树脂以硝化纤维素为主、溶剂以二甲苯为主的水包油型（O/W）多彩内墙涂料。

4.3.8 民用建筑工程室内装修时，不应采用聚乙烯醇缩甲醛类胶粘剂。

4.3.9 民用建筑工程室内装修中所使用的木地板及其他木质材料，严禁采用沥青、煤焦油类防腐、防潮处理剂。

4.3.10 Ⅰ类民用建筑工程室内装修粘贴塑料地板时，不应采用溶剂型胶粘剂。

4.3.11 Ⅱ类民用建筑工程中地下室及不与室外直接自然通风的房间粘贴塑料地板时，不宜采用溶剂型胶粘剂。

4.3.12 民用建筑工程中，不应在室内采用脲醛树脂泡沫塑料作为保温、隔热和吸声材料。

5 工程施工

5.1 一般规定

5.1.1 建设、施工单位应按设计要求及本规范的有关规定，对所用建筑材料和装修材料进行进场抽查复验。

5.1.2 当建筑材料和装修材料进场检验，发现不符合设计要求及本规范的有关规定时，严禁使用。

5.1.3 施工单位应按设计要求及本规范的有关规定进行施工，不得擅自更改设计文件要求。当需要更改时，应按规定程序进行设计变更。

5.1.4 民用建筑工程室内装修，当多次重复使用同一设计时，宜先做样板间，并对其室内坏境污染物浓度进行检测。

5.1.5 样板间室内环境污染物浓度的检测方法，应符合本规范第6章的有关规定。当检测结果不符合本规范的规定时，应查找原因并采取相应措施进行处理。

5.2 材料进场检验

5.2.1 民用建筑工程中，建筑主体采用的无机非金属材料和建筑装修采用的花岗岩、瓷质砖、磷石膏制品必须有放射性指标检测报告，并应符合本规范第 3 章、第 4 章要求。

5.2.2 民用建筑工程室内饰面采用的天然花岗岩石材或瓷质砖使用面积大于 200m² 时，应对不同产品、不同批次材料分别进行放射性指标的抽查复验。

5.2.3 民用建筑工程室内装修中所采用的人造木板及饰面人造木板，必须有游离甲醛含量或游离甲醛释放量检测报告，并应符合设计要求和本规范的有关规定。

5.2.4 民用建筑工程室内装修中采用的人造木板或饰面人造木板面积大于 500m² 时，应对不同产品、不同批次材料的游离甲醛含量或游离甲醛释放量分别进行抽查复验。

5.2.5 民用建筑工程室内装修中所采用的水性涂料、水性胶粘剂、水性处理剂必须有同批次产品的挥发性有机化合物（VOC）和游离甲醛含量检测报告；溶剂型涂料、溶剂型胶粘剂必须有同批次产品的挥发性有机化合物（VOC）、苯、甲苯＋二甲苯、游离甲苯二异氰酸酯（TDI）含量检测报告，并应符合设计要求和本规范的有关规定。

5.2.6 建筑材料和装修材料的检测项目不全或对检测结果有疑问时，必须将材料送有资格的检测机构进行检验，检验合格后方可使用。

5.3 施工要求

5.3.1 采取防氡设计措施的民用建筑工程，其地下工程的变形缝、施工缝、穿墙管（盒）、埋设件、预留孔洞等特殊部位的施工工艺，应符合现行国家标准《地下工程防水技术规范》GB 50108 的有关规定。

5.3.2 I 类民用建筑工程当采用异地土作为回填土时，该回填土应进行镭 -226、钍 -232、钾 -40 的比活度测定。当内照射指数（I_{Ra}）不大于 1.0 和外照射指数（I_r）不大于 1.3 时，方可使用。

5.3.3 民用建筑工程室内装修时，严禁使用苯、工业苯、石油苯、重质苯及混苯作为稀释剂和溶剂。

5.3.4 民用建筑工程室内装修施工时，不应使用苯、甲苯、二甲苯和汽油进行除油和清除旧油漆作业。

5.3.5 涂料、胶粘剂、水性处理剂、稀释剂和溶剂等使用后，应及时封闭存放，废料应及时清出。

5.3.6 民用建筑工程室内严禁使用有机溶剂清洗施工用具。

5.3.7 采暖地区的民用建筑工程，室内装修施工不宜在采暖期内进行。

5.3.8 民用建筑工程室内装修中，进行饰面人造木板拼接施工时，对达不到 E_1 级的芯板，应对其断面及无饰面部位进行密封处理。

5.3.9 壁纸（布）、地毯、装饰板、吊顶等施工时，应注意防潮，避免覆盖局部潮湿区域。空调冷凝水导排应符合现行国家标准《采暖通风与空气调节设计规范》GB 50019 的有关规定。

6 验收

6.0.1 民用建筑工程及室内装修工程的室内环境质量验收，应在工程完工至少 7d 以后、工程交付使用前进行。

6.0.2　民用建筑工程及其室内装修工程验收时,应检查下列资料:

1　工程地质勘察报告、工程地点土壤中氡浓度或氡析出率检测报告、工程地点土壤天然放射性核素镭 -226、钍 -232、钾 -40 含量检测报告;

2　涉及室内新风量的设计、施工文件,以及新风量的检测报告;

3　涉及室内环境污染控制的施工图设计文件及工程设计变更文件;

4　建筑材料和装修材料的污染物检测报告,材料进场检验记录、复验报告;

5　与室内环境污染控制有关的隐蔽工程验收记录、施工记录;

6　样板间室内环境污染物浓度检测报告(不做样板间的除外)。

6.0.3　民用建筑工程所用建筑材料和装修材料的类别、数量和施工工艺等,应符合设计要求和本规范的有关规定。

6.0.4　民用建筑工程验收时,必须进行室内环境污染物浓度检测。其限量应符合表 6.0.4 的规定。

民用建筑工程室内环境污染物浓度限量　　　　表 6.0.4

污染物	Ⅰ类民用建筑工程	Ⅱ类民用建筑工程
氡（Bq/m³）	≤ 200	≤ 400
甲醛（mg/m³）	≤ 0.08	≤ 0.1
苯（mg/m³）	≤ 0.09	≤ 0.09
氨（mg/m³）	≤ 0.2	≤ 0.2
TVOG（mg/m³）	≤ 0.5	≤ 0.6

注：1　表中污染物浓度测量值,除氡外均指室内测量值扣除同步测定的室外上风向空气测量值(本底值)后的测量值。
　　2　表中污染物浓度测量值的极限值判定,采用全数值比较法。

6.0.5　民用建筑工程验收时,采用集中中央空调的工程,应进行室内新风量的检测,检测结果应符合设计要求和现行国家标准《公共建筑节能设计标准》GB 50189 的有关规定。

6.0.6　民用建筑工程室内空气中氡的检测,所选用方法的测量结果不确定度不应大于 25%,方法的探测下限不应大于 10Bq/m³。

6.0.7　民用建筑工程室内空气中甲醛的检测方法,应符合现行国家标准《公共场所空气中甲醛测定方法》GB/T 18204.26 中酚试剂分光光度法的规定。

6.0.8　民用建筑工程室内空气中甲醛检测,也可采用简便取样仪器检测方法,甲醛简便取样仪器应定期进行校准,测量结果在 0.01mg/m³ ~ 0.60mg/m³ 测定范围内的不确定度应小于 20%。当发生争议时,应以现行国家标准《公共场所空气中甲醛检验方法》GB/T 18204.26 中酚试剂分光光度法的测定结果为准。

6.0.9　民用建筑工程室内空气中苯的检测方法,应符合本规范附录 F 的规定。

6.0.10　民用建筑工程室内空气中氨的检测方法,应符合现行国家标准《公共场所空气中氨测定方法》GB/T 18204.25 中靛酚监光光度法的规定。

6.0.11　民用建筑工程室内空气中总挥发性有机化合物(TVOC)的检测方法,应符合本规范附录 G 的规定。

6.0.12 民用建筑工程验收时，应抽检每个建筑单体有代表性的房间室内环境污染物浓度，氡、甲醛、氨、苯、TVOC的抽检数量不得少于房间总数的5%，每个建筑单体不得少于3间，当房间总数少于3间时，应全数检测。

6.0.13 民用建筑工程验收时，凡进行了样板间室内环境污染物浓度检测且检测结果合格的，抽检量减半，并不得少于3间。

6.0.14 民用建筑工程验收时，室内环境污染物浓度检测点数应按表6.0.14设置。

室内环境污染物浓度检测点数设置 表 6.0.14

房间使用面积（m²）	检测点数（个）
< 50	1
≥ 50，< 100	2
≥ 100，< 500	不少于 3
≥ 500，< 1000	不少于 5
≥ 1000，< 3000	不少于 6
≥ 3000	每 1000m² 不少于 3

6.0.15 当房间内有2个及以上检测点时，应采用对角线、斜线、梅花状均衡布点，并取各点检测结果的平均值作为该房间的检测值。

6.0.16 民用建筑工程验收时，环境污染物浓度现场检测点应距内墙面不小于0.5m、距楼地面高度0.8m ~ 1.5m。检测点应均匀分布，避开通风道和通风口。

6.0.17 民用建筑工程室内环境中甲醛、苯、氨、总挥发性有机化合物（TVOC）浓度检测时，对采用集中空调的民用建筑工程，应在空调正常运转的条件下进行；对采用自然通风的民用建筑工程，检测应在对外门窗关闭1h后进行。对甲醛、氨、苯、TVOC取样检测时，装饰装修工程中完成的固定式家具，应保持正常使用状态。

6.0.18 民用建筑工程室内环境中氡浓度检测时，对采用集中空调的民用建筑工程，应在空调正常运转的条件下进行；对采用自然通风的民用建筑工程，应在房间的对外门窗关闭24h以后进行。

6.0.19 当室内环境污染物浓度的全部检测结果符合本规范表6.0.4的规定时，应判定该工程室内环境质量合格。

6.0.20 当室内环境污染物浓度检测结果不符合本规范的规定时，应查找原因并采取措施进行处理。抽取措施进行处理后的工程，可对不合格项进行再次检测。再次检测时，抽检量应增加1倍，并应包含同类型房间及原不合格房间。再次检测结果全部符合本规范的规定时，应判定为室内环境质量合格。

6.0.21 室内环境质量验收不合格的民用建筑工程，严禁投入使用。

15.《住宅装饰装修工程施工规范》GB 50327-2001

1 总则（略）
2 术语（略）
3 基本规定

3.1 施工基本要求

3.1.1 施工前应进行设计交底工作，并应对施工现场进行核查，了解物业管理的有关规定。

3.1.2 各工序、各分项工程应自检、互检及交接检。

3.1.3 施工中，严禁损坏房屋原有绝热设施；严禁损坏受力钢筋；严禁超荷载集中堆放物品；严禁在预制混凝土空心楼板上打孔安装埋件。

3.1.4 施工中，严禁擅自改动建筑主体、承重结构或改变房间主要使用功能；严禁擅自拆改燃气、暖气、通讯等配套设施。

3.1.5 管道、设备工程的安装及调试应在装饰装修工程施工前完成，必须同步进行的应在饰面层施工前完成。装饰装修工程不得影响管道、设备的使用和维修。涉及燃气管道的装饰装修工程必须符合有关安全管理的规定。

3.1.6 施工人员应遵守有关施工安全、劳动保护、防火、防毒的法律、法规。

3.1.7 施工现场用电应符合下列规定：

1 施工现场用电应从户表以后设立临时施工用电系统。

2 安装、维修或拆除临时施工用电系统，应由电工完成。

3 临时施工供电开关箱中应装设漏电保护器。进入开关箱的电源线不得用插销连接。

4 临时用电线路应避开易燃、易爆物品堆放地。

5 暂停施工时应切断电源。

3.1.8 施工现场用水应符合下列规定：

1 不得在未做防水的地面蓄水。

2 临时用水管不得有破损、滴漏。

3 暂停施工时应切断水源。

3.1.9 文明施工和现场环境应符合下列要求：

1 施工人员应衣着整齐。

2 施工人员应服从物业管理或治安保卫人员的监督、管理。

3 应控制粉尘、污染物、噪声、震动等对相邻居民、居民区和城市环境的污染及危害。

4 施工堆料不得占用楼道内的公共空间，封堵紧急出口。

5 室外堆料应遵守物业管理规定，避开公共通道、绿化地、化粪池等市政公用设施。

6 工程垃圾宜密封包装，并放在指定垃圾堆放地。

7 不得堵塞、破坏上下水管道、垃圾道等公共设施，不得损坏楼内各种公共标识。

8 工程验收前应将施工现场清理干净。

3.2 材料、设备基本要求

3.2.1 住宅装饰装修工程所用材料的品种、规格、性能应符合设计的要求及国家现行有关标准的规定。

3.2.2 严禁使用国家明令淘汰的材料。

3.2.3 住宅装饰装修所用的材料应按设计要求进行防火、防腐和防蛀处理。

3.2.4 施工单位应对进场主要材料的品种、规格、性能进行验收。主要材料应有产品合格证书，有特殊要求的应有相应的性能检测报告和中文说明书。

3.2.5 现场配制的材料应按设计要求或产品说明书制作。

3.2.6 应配备满足施工要求的配套机具设备及检测仪器。

3.2.7 住宅装饰装修工程应积极使用新材料、新技术、新工艺、新设备。

3.3 成品保护

3.3.1 施工过程中材料运输应符合下列规定：

1 材料运输使用电梯时，应对电梯采取保护措施。

2 材料搬运时要避免损坏楼道内顶、墙、扶手、楼道窗户及楼道门。

3.3.2 施工过程中应采取下列成品保护措施：

1 各工种在施工中不得污染、损坏其他工种的半成品、成品。

2 材料表面保护膜应在工程竣工时撤除。

3 对邮箱、消防、供电、电视、报警、网络等公共设施应采取保护措施。

4 防火安全

4.1 一般规定

4.1.1 施工单位必须制定施工防火安全制度，施工人员必须严格遵守。

4.1.2 住宅装饰装修材料的燃烧性能等级要求，应符合现行国家标准《建筑内部装修设计防火规范》（GB 50222）的规定。

4.2 材料的防火处理

4.2.1 对装饰织物进行阻燃处理时，应使其被阻燃剂浸透，阻燃剂的干含量应符合产品说明书的要求。

4.2.2 对木质装饰装修材料进行防火涂料涂布前应对其表面进行清洁。涂布至少分两次进行，且第二次涂布应在第一次涂布的涂层表干后进行，涂布量应不小于 $500g/m^2$。

4.3 施工现场防火

4.3.1 易燃物品应相对集中放置在安全区域并应有明显标识。施工现场不得大量积存可燃材料。

4.3.2 易燃易爆材料的施工，应避免敲打、碰撞、摩擦等可能出现火花的操作。配套使用的照明灯、电动机、电气开关、应有安全防爆装置。

4.3.3 使用油漆等挥发性材料时，应随时封闭其容器。擦拭后的棉纱等物品应集中存放且远离热源。

4.3.4 施工现场动用电气焊等明火时，必须清除周围及焊渣滴落区的可燃物质，并设专人监督。

4.3.5 施工现场必须配备灭火器，砂箱或其他灭火工具。

4.3.6 严禁在施工现场吸烟。

4.3.7 严禁在运行中的管道、装有易燃易爆的容器和受力构件上进行焊接和切割。

4.4 电气防火

4.4.1 照明、电热器等设备的高温部位靠近非 A 级材料或导线穿越 B$_2$ 级以下装修材料时，应采用岩棉、瓷管或玻璃棉等 A 级材料隔热。当照明灯具或镇流器嵌入可燃装饰装修材料中时，应采取隔热措施予以分隔。

4.4.2 配电箱的壳体和底板宜采用 A 级材料制作。配电箱不得安装在 B$_2$ 级以下（含 B$_2$ 级）的装修材料上。开关、插座应安装在 B$_1$ 级以上的材料上。

4.4.3 卤钨灯灯管附近的导线应采用耐热绝缘材料制成的护套，不得直接使用具有延燃性绝缘的导线。

4.4.4 明敷塑料导线应穿管或加线槽板保护，吊顶内的导线应穿金属管或 B$_1$ 级 PVC 管保护，导线不得裸露。

4.5 消防设施的保护

4.5.1 住宅装饰装修不得遮挡消防设施、疏散指示标志及安全出口，并且不应妨碍消防设施和疏散通道的正常使用，不得擅自改动防火门。

4.5.2 消火栓门四周的装饰装修材料颜色应与消火栓门的颜色有明显区别。

4.5.3 住宅内部火灾报警系统的穿线管，自动喷淋灭火系统的水管线应用独立的吊管架固定。不得借用装饰装修用的吊杆和放置在吊顶上固定。

4.5.4 当装饰装修重新分割了住宅房间的平面布局时，应根据有关设计规范针对新的平面调整火灾自动报警探测器与自动灭火喷头的布置。

4.5.5 喷淋管线、报警器线路、接线箱及相关器件宜暗装处理。

5 室内环境污染控制

5.0.1 本规范中控制的室内环境污染物为：氡（^{222}Rn）、甲醛、氨、苯和总挥发性有机物（TVOC）。

5.0.2 住宅装饰装修室内环境污染控制除应符合本规范外，尚应符合《民用建筑工程室内环境污染控制规范》（GB 50325—2001）等国家现行标准的规定。设计、施工应选用低毒性、低污染的装饰装修材料。

5.0.3 对室内环境污染控制有要求的，可按有关规定对 5.0.1 条的内容全部或部分进行检测，其污染物浓度限值应符合表 5.0.3 的要求。

住宅装饰装修后室内环境污染物浓度限值　　　　表 5.0.3

室内环境污染物	浓度限值
氡（Bq/m³）	≤ 200

续表

室内环境污染物	浓度限值
甲醛（mg/m³）	≤ 0.08
苯（mg/m³）	≤ 0.09
氨（mg/m³）	≤ 0.20
总挥发性有机物 TVOC（Bq/m³）	≤ 0.50

6 防水工程

6.1 一般规定

6.1.1 本章适用于卫生间、厨房、阳台的防水工程施工。

6.1.2 防水施工宜采用涂膜防水。

6.1.3 防水施工人员应具备相应的岗位证书。

6.1.4 防水工程应在地面、墙面隐蔽工程完毕并经检查验收后进行。其施工方法应符合国家现行标准、规范的有关规定。

6.1.5 施工时应设置安全照明，并保持通风。

6.1.6 施工环境温度应符合防水材料的技术要求，并宜在5℃以上。

6.1.7 防水工程应做两次蓄水试验。

6.2 主要材料质量要求

6.2.1 防水材料的性能应符合国家现行有关标准的规定，并应有产品合格证书。

6.3 施工要点

6.3.1 基层表面应平整，不得有松动、空鼓、起沙、开裂等缺陷，含水率应符合防水材料的施工要求。

6.3.2 地漏、套管、卫生洁具根部、阴阳角等部位，应先做防水附加层。

6.3.3 防水层应从地面延伸到墙面，高出地面100mm；浴室墙面的防水层不得低于1800mm。

6.3.4 防水砂浆施工应符合下列规定：

1 防水砂浆的配合比应符合设计或产品的要求，防水层应与基层结合牢固，表面应平整，不得有空鼓、裂缝和麻面起砂，阴阳角应做成圆弧形。

2 保护层水泥砂浆的厚度、强度应符合设计要求。

6.3.5 涂膜防水施工应符合下列规定：

1 涂膜涂刷应均匀一致，不得漏刷。总厚度应符合产品技术性能要求。

2 玻纤布的接槎应顺流水方向搭接，搭接宽度应不小于100mm。两层以上玻纤布的防水施工，上、下搭接应错开幅宽的1/2。

7 抹灰工程

7.1 一般规定

7.1.1 本章适用于住宅内部抹灰工程施工。

7.1.2 顶棚抹灰层与基层之间及各抹灰层之间必须粘结牢固，无脱层、空鼓。

7.1.3 不同材料基体交接处表面的抹灰应采取防止开裂的加强措施。

7.1.4 室内墙面、柱面和门洞口的阳角做法应符合设计要求。设计无要求时，应采用1:2水泥砂浆做暗护角，其高度不应低于2m，每侧宽度不应小于50mm。

7.1.5 水泥砂浆抹灰层应在抹灰24h后进行养护。抹灰层在凝结前，应防止快干、水冲、撞击和震动。

7.1.6 冬期施工，抹灰时的作业面温度不宜低于5℃；抹灰层初凝前不得受冻。

7.2 主要材料质量要求

7.2.1 抹灰用的水泥宜为硅酸盐水泥、普通硅酸盐水泥，其强度等级不应小于32.5。

7.2.2 不同品种不同标号的水泥不得混合使用。

7.2.3 水泥应有产品合格证书。

7.2.4 抹灰用砂子宜选用中砂，砂子使用前应过筛，不得含有杂物。

7.2.5 抹灰用石灰膏的熟化期不应少于15d。罩面用磨细石灰粉的熟化期不应少于3d。

7.3 施工要点

7.3.1 基层处理应符合下列规定：

1 砖砌体，应清除表面杂物、尘土，抹灰前应洒水湿润。

2 混凝土，表面应凿毛或在表面洒水润湿后涂刷1:1水泥砂浆（加适量胶粘剂）。

3 加气混凝土，应在湿润后边刷界面剂，边抹强度不大于M5的水泥混合砂浆。

7.3.2 抹灰层的平均总厚度应符合设计要求。

7.3.3 大面积抹灰前应设置标筋。抹灰应分层进行，每遍厚度宜为5～7mm。抹石灰砂浆和水泥混合砂浆每遍厚度宜为7～9mm。当抹灰总厚度超出35mm时，应采取加强措施。

7.3.4 用水泥砂浆和水泥混合砂浆抹灰时，应待前一抹灰层凝结后方可抹后一层；用石灰砂浆抹灰时，应待前一抹灰层七八成干后方可抹后一层。

7.3.5 底层的抹灰层强度不得低于面层的抹灰层强度。

7.3.6 水泥砂浆拌好后，应在初凝前用完，凡结硬砂浆不得继续使用。

8 吊顶工程

8.1 一般规定

8.1.1 本章适用于明龙骨和暗龙骨吊顶工程的施工。

8.1.2 吊杆、龙骨的安装间距、连接方式应符合设计要求。后置埋件、金属吊杆、龙骨应进行防腐处理。木吊杆、木龙骨、造型木板和木饰面板应进行防腐、防火、防蛀处理。

8.1.3 吊顶材料在运输、搬运、安装、存放时应采取相应措施，防止受潮、变形及损坏板材的表面和边角。

8.1.4 重型灯具、电扇及其他重型设备严禁安装在吊顶龙骨上。

8.1.5 吊顶内填充的吸音、保温材料的品种和铺设厚度应符合设计要求，并应有防散落措施。

8.1.6 饰面板上的灯具、烟感器、喷淋头、风口篦子等设备的位置应合理、美观，与饰面板交接处应严密。

8.1.7 吊顶与墙面、窗帘盒的交接应符合设计要求。

8.1.8 搁置式轻质饰面板，应按设计要求设置压卡装置。

8.1.9 胶粘剂的类型应按所用饰面板的品种配套选用。

8.2 主要材料质量要求

8.2.1 吊顶工程所用材料的品种、规格和颜色应符合设计要求。饰面板，金属龙骨应有产品合格证书。木吊杆、木龙骨的含水率应符合国家现行标准的有关规定。

8.2.2 饰面板表面应平整，边缘应整齐、颜色应一致。穿孔板的孔距应排列整齐；胶合板、木质纤维板、大芯板不应脱胶、变色。

8.2.3 防火涂料应有产品合格证书及使用说明书。

8.3 施工要点

8.3.1 龙骨的安装应符合下列要求：

1 应根据吊顶的设计标高在四周墙上弹线。弹线应清晰、位置应准确。

2 主龙骨吊点间距、起拱高度应符合设计要求。当设计无要求时，吊点间距应小于 1.2m，应按房间短向跨度的 1‰～3‰起拱。主龙骨安装后应及时校正其位置标高。

3 吊杆应通直，距主龙骨端部距离不得超过 300mm。当吊杆与设备相遇时，应调整吊点构造或增设吊杆。

4 次龙骨应紧贴主龙骨安装。固定板材的次龙骨间距不得大于 600mm，在潮湿地区和场所，间距宜为 300～400mm。用沉头自攻钉安装饰面板时，接缝处次龙骨宽度不得小于 40mm。

5 暗龙骨系列横撑龙骨应用连接件将其两端连接在通长次龙骨上。明龙骨系列的横撑龙骨与通长龙骨搭接处的间隙不得大于 1mm。

6 边龙骨应按设计要求弹线，固定在四周墙上。

7 全面校正主、次龙的位置及平整度，连接件应错位安装。

8.3.2 安装饰面板前应完成吊顶内管道和设备的调试和验收。

8.3.3 饰面板安装前应按规格、颜色等进行分类选配。

8.3.4 暗龙骨饰面板（包括纸面石膏板、纤维水泥加压板、胶合板、金属方块板、金属条形板、塑料条形板、石膏板、钙塑板、矿棉板和格栅等）的安装应符合下列规定：

1 以轻钢龙骨、铝合金龙骨为骨架，采用钉固法安装时应使用沉头自攻钉固定。

2 以木龙骨为骨架，采用钉固法安装时应使用木螺钉固定，胶合板可用铁钉固定。

3　金属饰面板采用吊挂连接件、插接件固定时应按产品说明书的规定放置。

4　采用复合粘贴法安装时，胶粘剂未完全固化前板材不得有强烈振动。

8.3.5　纸面石膏板和纤维水泥加压板安装应符合下列规定：

1　板材应在自由状态下进行安装，固定时应从板的中间向板的四周固定。

2　纸面石膏板螺钉与板边距离：纸包边宜为 10 ~ 15mm，切割边宜为 15 ~ 20mm；水泥加压板螺钉与板边距离宜为 8 ~ 15mm。

3　板周边钉距宜为 150 ~ 170mm，板中钉距不得大于 200mm。

4　安装双层石膏板时，上下层板的接缝应错开，不得在同一根龙骨上接缝。

5　螺钉头宜略埋入板面，并不得使纸面破损。钉眼应做防锈处理并用腻子抹平。

6　石膏板的接缝应按设计要求进行板缝处理。

8.3.6　石膏板、钙塑板的安装应符合下列规定：

1　当采用钉固法安装时，螺钉与板边距离不得小于 15mm，螺钉间距宜为 150 ~ 170mm，均匀布置，并应与板面垂直，钉帽应进行防锈处理，并应用与板面颜色相同涂料涂饰或用石膏腻子抹平。

2　当采用粘接法安装时，胶粘剂应涂抹均匀，不得漏涂。

8.3.7　矿棉装饰吸声板安装应符合下列规定：

1　房间内湿度过大时不宜安装。

2　安装前应预先排板，保证花样、图案的整体性。

3　安装时，吸声板上不得放置其他材料，防止板材受压变形。

8.3.8　明龙骨饰面板的安装应符合以下规定：

1　饰面板安装应确保企口的相互咬接及图案花纹的吻合。

2　饰面板与龙骨嵌装时应防止相互挤压过紧或脱挂。

3　采用搁置法安装时应留有板材安装缝，每边缝隙不宜大于 1mm。

4　玻璃吊顶龙骨上留置的玻璃搭接宽度应符合设计要求，并应采用软连接。

5　装饰吸声板的安装如采用搁置法安装，应有定位措施。

9　轻质隔墙工程

9.1　一般规定

9.1.1　本章适用于板材隔墙、骨架隔墙和玻璃隔墙等非承重轻质隔墙工程的施工。

9.1.2　轻质隔墙的构造，固定方法应符合设计要求。

9.1.3　轻质隔墙材料在运输和安装时，应轻拿轻放，不得损坏表面和边角。应防止受潮变形。

9.1.4　当轻质隔墙下端用木踢脚覆盖时，饰面板应与地面留有 20 ~ 30mm 缝隙；当用大理石、瓷砖、水磨石等做踢脚板时，饰面板下端应与踢脚板上口齐平，接缝应严密。

9.1.5　板材隔墙、饰面板安装前应按品种、规格、颜色等进行分类选配。

9.1.6　轻质隔墙与顶棚和其他墙体的交接处应采取防开裂措施。

9.1.7　接触砖、石、混凝土的龙骨和埋置的木楔应作防腐处理。

9.1.8　胶粘剂应按饰面板的品种选用。现场配置胶粘剂，其配合比应由试验决定。

9.2 主要材料质量要求

9.2.1 板材隔墙的墙板、骨架隔墙的饰面板和龙骨、玻璃隔墙的玻璃应有产品合格证书。

9.2.2 饰面板表面应平整，边沿应整齐，不应有污垢、裂纹、缺角、翘曲、起皮、色差和图案不完整等缺陷。胶合板不应有脱胶、变色和腐朽。

9.2.3 复合轻质墙板的板面与基层（骨架）粘接必须牢固。

9.3 施工要点

9.3.1 墙位放线应按设计要求，沿地、墙、顶弹出隔墙的中心线和宽度线，宽度线应与隔墙厚度一致，弹线应清晰，位置应准确。

9.3.2 轻钢龙骨的安装应符合下列规定：

1 应按弹线位置固定沿地、沿顶龙骨及边框龙骨，龙骨的边线应与弹线重合。龙骨的端部应安装牢固，龙骨与基体的固定点间距应不大于1m。

2 安装竖向龙骨应垂直，龙骨间距应符合设计要求。潮湿房间和钢板网抹灰墙，龙骨间距不宜大于400mm。

3 安装支撑龙骨时，应先将支撑卡安装在竖向龙骨的开口方向，卡距宜为400～600mm，距龙骨两端的距离宜为20～25mm。

4 安装贯通系列龙骨时，低于3m的隔墙安装一道，3～5m隔墙安装两道。

5 饰面板横向接缝处不在沿地、沿顶龙骨上时，应加横撑龙骨固定。

6 门窗或特殊接点处安装附加龙骨应符合设计要求。

9.3.3 木龙骨的安装应符合下列规定：

1 木龙骨的横截面积及纵、横向间距应符合设计要求。

2 骨架横、竖龙骨宜采用开半榫、加胶、加钉连接。

3 安装饰面板前应对龙骨进行防火处理。

9.3.4 骨架隔墙在安装饰面板前应检查骨架的牢固程度、墙内设备管线及填充材料的安装是否符合设计要求，如有不符合处应采取措施。

9.3.5 纸面石膏板的安装应符合以下规定：

1 石膏板宜竖向铺设，长边接缝应安装在竖龙骨上。

2 龙骨两侧的石膏板及龙骨一侧的双层板的接缝应错开，不得在同一根龙骨上接缝。

3 轻钢龙骨应用自攻螺钉固定，木龙骨应用木螺钉固定。沿石膏板周边钉间距不得大于200mm，板中钉间距不得大于300mm，螺钉与板边距离应为10～15mm。

4 安装石膏板时应从板的中部向板的四边固定。钉头略埋入板内，但不得损坏纸面，钉眼应进行防锈处理。

5 石膏板的接缝应按设计要求进行板缝处理。石膏板与周围墙或柱应留有3mm的槽口，以便进行防开裂处理。

9.3.6 胶合板的安装应符合下列规定：

1 胶合板安装前应对板背面进行防火处理。

2 轻钢龙骨应采用自攻螺钉固定。木龙骨采用圆钉固定时，钉距宜为80～150mm，钉帽应砸扁；

采用钉枪固定时，钉距宜为 80 ~ 100mm。

3 阳角处宜作护角。

4 胶合板用木压条固定时，固定点间距不应大于 200mm。

9.3.7 板材隔墙的安装应符合下列规定：

1 墙位放线应清晰，位置应准确。隔墙上下基层应平整、牢固。

2 板材隔墙安装拼接应符合设计和产品构造要求。

3 安装板材隔墙时宜使用简易支架。

4 安装板材隔墙所用的金属件应进行防腐处理。

5 板材隔墙拼接用的芯材应符合防火要求。

6 在板材隔墙上开槽、打孔应用云石机切割或电钻钻孔，不得直接剔凿和用力敲击。

9.3.8 玻璃砖墙的安装应符合下列规定：

1 玻璃砖墙宜以 1.5m 高为一个施工段，待下部施工段胶结材料达到设计强度后再进行上部施工。

2 当玻璃砖墙面积过大时应增加支撑。玻璃砖墙的骨架应与结构连接牢固。

3 玻璃砖应排列均匀整齐，表面平整，嵌缝的油灰或密封膏应饱满密实。

9.3.9 平板玻璃隔墙的安装应符合下列规定：

1 墙位放线应清晰，位置应准确。隔墙基层应平整、牢固。

2 骨架边框的安装应符合设计和产品组合的要求。

3 压条应与边框紧贴，不得弯棱、凸鼓。

4 安装玻璃前应对骨架、边框的牢固程度进行检查，如有不牢应进行加固。

5 玻璃安装应符合本规范门窗工程的有关规定。

10 门窗工程

10.1 一般规定

10.1.1 本章适用于木门窗，铝合金门窗、塑料门窗安装工程的施工。

10.1.2 门窗安装前应按下列要求进行检查：

1 门窗的品种、规格、开启方向、平整度等应符合国家现行有关标准规定，附件应齐全。

2 门窗洞口应符合设计要求。

10.1.3 门窗的存放、运输应符合下列规定：

1 木门窗应采取措施防止受潮、碰伤、污染与暴晒。

2 塑料门窗贮存的环境温度应小于 50℃；与热源的距离不应小于 1m。当在环境温度为 0℃的环境中存放时，安装前应在室温下放置 24h。

3 铝合金、塑料门窗运输时应竖立排放并固定牢靠。樘与樘间应用软质材料隔开，防止相互磨损及压坏玻璃和五金件。

10.1.4 门窗的固定方法应符合设计要求。门窗框、扇在安装过程中，应防止变形和损坏。

10.1.5 门窗安装应采用预留洞口的施工方法，不得采用边安装边砌口或先安装后砌口的施工方法。

10.1.6 推拉门窗扇必须有防脱溶措施，扇与框的搭接量应符合设计要求。

10.1.7 建筑外门窗的安装必须牢固，在砖砌体上安装门窗严禁用射钉固定。

10.2 主要材料质量要求

10.2.1 门窗、玻璃、密封胶等应按设计要求选用，并应有产品合格证书。

10.2.2 门窗的外观、外形尺寸、装配质量、力学性能应符合国家现行标准的有关规定，塑料门窗中的竖框、中横框或拼樘料等主要受力杆件中的增强型钢，应在产品说明中注明规格、尺寸。门窗表面不应有影响外观质量的缺陷。

10.2.3 木门窗采用的木材，其含水率应符合国家现行标准的有关规定。

10.2.4 在木门窗的结合处和安装五金配件处，均不得有木节或已填补的木节。

10.2.5 金属门窗选用的零附件及固定件，除不锈钢外均应经防腐蚀处理。

10.2.6 塑料门窗组合窗及连窗门的拼樘应采用与其内腔紧密吻合的增强型钢作为内衬，型钢两端比拼樘料长出 10 ~ 15mm。外窗的拼樘料截面积尺寸及型钢形状、壁厚，应能使组合窗承受本地区的瞬间风压值。

10.3 施工要点

10.3.1 木门窗的安装应符合下列规定：

1 门窗框与砖石砌体、混凝土或抹灰层接触部位以及固定用木砖等均应进行防腐处理。

2 门窗框安装前应校正方正，加钉必要拉条避免变形。安装门窗框时，每边固定点不得少于两处，其间距不得大于 1.2m。

3 门窗框需镶贴脸时，门窗框应凸出墙面，凸出的厚度应等于抹灰层或装饰面层的厚度。

4 木门窗五金配件的安装应符合下列规定：

1）合页距门窗扇上下端宜取立挺高度的 1/10，并应避开上、下冒头。

2）五金配件安装应用木螺钉固定。硬木应钻 2/3 深度的孔，孔径应略小于木螺钉直径。

3）门锁不宜安装在冒头与立梃的结合处。

4）窗拉手距地面宜为 1.5 ~ 1.6m，门拉手距地面宜为 0.9 ~ 1.05m。

10.3.2 铝合金门窗的安装应符合下列规定：

1 门窗装入洞口应横平竖直，严禁将门窗框直接埋入墙体。

2 密封条安装时应留有比门窗的装配边长 20 ~ 30mm 的余量，转角处应斜面断开，并用胶粘剂粘贴牢固，避免收缩产生缝隙。

3 门窗框与墙体间缝隙不得用水泥砂浆填塞，应采用弹性材料填嵌饱满，表面应用密封胶密封。

10.3.3 塑料门窗的安装应符合下列规定：

1 门窗安装五金配件时，应钻孔后用自攻螺钉拧入，不得直接锤击钉入。

2 门窗框、副框和扇的安装必须牢固。固定片或膨胀螺栓的数量与位置应正确，连接方式应符合设计要求，固定点应距窗角、中横框、中竖框 150 ~ 100mm，固定点间距应小于或等于 600mm。

3 安装组合窗时应将两窗框与拼樘料卡接，卡接后应用紧固件双向拧紧，其间距应小于或等于 600mm，紧固件端头及拼樘料与窗框间的缝隙应用嵌缝膏进行密封处理。拼樘料型钢两端必须与洞口固定牢固。

4 门窗框与墙体间缝隙不得用水泥砂浆填塞,应采用弹性材料填嵌饱满,表面应用密封胶密封。

10.3.4 木门窗玻璃的安装应符合下列规定:

1 玻璃安装前应检查框内尺寸、将裁口内的污垢清除干净。

2 安装长边大于 1.5m 或短边大于 1m 的玻璃,应用橡胶垫并用压条和螺钉固定。

3 安装木框、扇玻璃,可用钉子固定,钉距不得大于 300mm,且每边不少于两个;用木压条固定时,应先刷底油后安装,并不得将玻璃压得过紧。

4 安装玻璃隔墙时,玻璃在上框面应留有适量缝隙,防止木框变形,损坏玻璃。

5 使用密封膏时,接缝处的表面应清洁、干燥。

10.3.5 铝合金、塑料门窗玻璃的安装应符合下列规定:

1 安装玻璃前,应清出槽口内的杂物。

2 使用密封膏前,接缝处的表面应清洁、干燥。

3 玻璃不得与玻璃槽直接接触,并应在玻璃四边垫上不同厚度的垫块,边框上的垫块应用胶粘剂固定。

4 镀膜玻璃应安装在玻璃的最外层,单面镀膜玻璃应朝向室内。

11 细部工程

11.1 一般规定

11.1.1 本章适用木门窗套、窗帘盒、固定柜橱、护栏、扶手、花饰等细部工程的制作安装施工。

11.1.2 细部工程应在隐蔽工程已完成并经验收后进行。

11.1.3 框架结构的固定柜橱应用榫连接。板式结构的固定柜橱应用专用连接件连接。

11.1.4 细木饰面板安装后,应立即刷一遍底漆。

11.1.5 潮湿部位的固定橱柜、木门套应做防潮处理。

11.1.6 护栏、扶手应采用坚固、耐久材料,并能承受规范允许的水平荷载。

11.1.7 扶手高度不应小于 0.90m,护栏高度不应小于 1.05m,栏杆间距不应大于 0.11m。

11.1.8 湿度较大的房间,不得使用未经防水处理的石膏花饰、纸质花饰等。

11.1.9 花饰安装完毕后,应采取成品保护措施。

11.2 主要材料质量要求

11.2.1 人造木板、胶粘剂的甲醛含量应符合国家现行标准的有关规定,应有产品合格证书。

11.2.2 木材含水率应符合国家现行标准的有关规定。

11.3 施工要点

11.3.1 木门窗套的制作安装应符合下列规定:

1 门窗洞口应方正垂直,预埋木砖应符合设计要求,并应进行防腐处理。

2 根据洞口尺寸、门窗中心线和位置线,用方木制成搁栅骨架并应做防腐处理,横撑位置必须与预埋件位置重合。

3 搁栅骨架应平整牢固,表面刨平。安装搁栅骨架应方正,除预留出板面厚度外,搁栅骨架与木砖间的间隙应垫以木垫，连接牢固。安装洞口搁栅骨架时，一般先上端后两侧，洞口上部骨架应与紧固件连接牢固。

4 与墙体对应的基层板板面应进行防腐处理，基层板安装应牢固。

5 饰面板颜色、花纹应谐调。板面应略大于搁栅骨架，大面应净光，小面应刮直。木纹根部应向下，长度方向需要对接时，花纹应通顺，其接头位置应避开视线平视范围，宜在室内地面 2m 以上或 1.2m 以下，接头应留在横撑上。

6 贴脸、线条的品种、颜色、花纹应与饰面板谐调。贴脸接头应成 45° 角，贴脸与门窗套板面结合应紧密、平整，贴脸或线条盖住抹灰墙面应不小于 10mm。

11.3.2 木窗帘盒的制作安装应符合下列规定：

1 窗帘盒宽度应符合设计要求。当设计无要求时，窗帘盒宜伸出窗口两侧 200～300mm，窗帘盒中线应对准窗口中线，并使两端伸出窗口长度相同。窗帘盒下沿与窗口上沿应平齐或略低。

2 当采用木龙骨双包夹板工艺制作窗帘盒时，遮挡板外立面不得有明榫、露钉帽，底边应做封边处理。

3 窗帘盒底板可采用后置埋木楔或膨胀螺栓固定，遮挡板与顶棚交接处宜用角线收口。窗帘盒靠墙部分应与墙面紧贴。

4 窗帘轨道安装应平直，窗帘轨固定点必须在底板的龙骨上，连接必须用木螺钉，严禁用圆钉固定。采用电动窗帘轨时，应按产品说明书进行安装调试。

11.3.3 固定橱柜的制作安装应符合下列规定：

1 根据设计要求及地面及顶棚标高，确定橱柜的平面位置和标高。

2 制作木框架时，整体立面应垂直、平面应水平，框架交接处应做榫连接，并应涂刷木工乳胶。

3 侧板、底板、面板应用扁头钉与框架固定牢固，钉帽应做防腐处理。

4 抽屉应采用燕尾榫连接，安装时应配置抽屉滑轨。

5 五金件可先安装就位，油漆之前将其拆除，五金件安装应整齐、牢固。

11.3.4 扶手、护栏的制作安装应符合下列规定：

1 木扶手与弯头的接头要在下部连接牢固。木扶手的宽度或厚度超过 70mm 时，其接头应粘接加强。

2 扶手与垂直杆件连接牢固，紧固件不得外露。

3 整体弯头制作前应做足尺样板，按样板划线。弯头粘结时，温度不宜低于 5℃。弯头下部应与栏杆扁钢结合紧密、牢固。

4 木扶手弯头加工成形应刨光，弯曲应自然，表面应磨光。

5 金属扶手、护栏垂直杆件与预埋件连接应牢固、垂直，如焊接，则表面应打磨抛光。

6 玻璃栏板应使用夹层夹玻璃或安全玻璃。

11.3.5 花饰的制作安装应符合下列规定：

1 装饰线安装的基层必须平整、坚实，装饰线不得随基层起伏。

2 装饰线、件的安装应根据不同基层，采用相应的连接方式。

3 木（竹）质装饰线、件的接口应拼对花纹，拐弯接口应齐整无缝，同一种房间的颜色应一致，封口压边条与装饰线、件连接紧密牢固。

4 石膏装饰线、件安装的基层应干燥，石膏线与基层连接的水平线和定位线的位置、距离应一致，接缝应 45° 角拼接。当使用螺钉固定花件时，应用电钻打孔，螺钉钉头应沉入孔内，螺钉应做防锈处理；当使用胶粘剂固定花件时，应选用短时间固化的胶粘材料。

5 金属类装饰线、件安装前应做防腐处理。基层应干燥、坚实。铆接、焊接或紧固件连接时，紧固件位置应整齐，焊接点应在隐蔽处、焊接表面应无毛刺。刷漆前应去除氧化层。

12 墙面铺装工程

12.1 一般规定

12.1.1 本章适用于石材、墙面砖、木材、织物、壁纸等材料的住宅墙面铺贴安装工程施工。

12.1.2 墙面铺装工程应在墙面隐蔽及抹灰工程、吊顶工程已完成并经验收后进行。当墙体有防水要求时，应对防水工程进行验收。

12.1.3 采用湿作业法铺贴的天然石材应作防碱处理。

12.1.4 在防水层上粘贴饰面砖时，粘结材料应与防水材料的性能相容。

12.1.5 墙面面层应有足够的强度，其表面质量应符合国家现行标准的有关规定。

12.1.6 湿作业施工现场环境温度宜在5℃以上；裱糊时空气相对湿度不得大于85%，应防止湿度及温度剧烈变化。

12.2 主要材料质量要求

12.2.1 石材的品种、规格应符合设计要求，天然石材表面不得有隐伤、风化等缺陷。

12.2.2 墙面砖的品种、规格应符合设计要求，并应有产品合格证书。

12.2.3 木材的品种、质量等级应符合设计要求，含水率应符合国家现行标准的有关要求。

12.2.4 织物、壁纸、胶粘剂等应符合设计要求，并应有性能检测报告和产品合格证书。

12.3 施工要点

12.3.1 墙面砖铺贴应符合下列规定：

1 墙面砖铺贴前应进行挑选，并应浸水2h以上，晾干表面水分。

2 铺贴前应进行放线定位和排砖，非整砖应排放在次要部位或阴角处。每面墙不宜有两列非整砖，非整砖宽度不宜小于整砖的1/3。

3 铺贴前应确定水平及竖向标志，垫好底尺，挂线铺贴。墙面砖表面应平整、接缝应平直、缝宽应均匀一致。阴角砖应压向正确，阳角线宜做成45°角对接。在墙面突出物处，应整砖套割吻合，不得用非整砖拼凑铺贴。

4 结合砂浆宜采用1:2水泥砂浆，砂浆厚度宜为6～10mm。水泥砂浆应满铺在墙砖背面，一面墙不宜一次铺贴到顶，以防塌落。

12.3.2 墙面石材铺装应符合下列规定：

1 墙面砖铺贴前应进行挑选，并应按设计要求进行预拼。

2 强度较低或较薄的石材应在背面粘贴玻璃纤维网布。

3 当采用湿作业法施工时，固定石材的钢筋网应与预埋件连接牢固。每块石材与钢筋网拉接点不得少于4个。拉接用金属丝应具有防锈性能。灌注砂浆前应将石材背面及基层湿润，并应用填缝材料临时封闭石材板缝，避免漏浆。灌注砂浆宜用1:2.5水泥砂浆，灌注时应分层进行，每层灌注高度宜为150～200mm，且不超过板高的1/3，插捣应密实。待其初凝后方可灌注上层水泥砂浆。

4 当采用粘贴法施工时，基层处理应平整但不应压光。胶粘剂的配合比应符合产品说明书的要求。胶液应均匀、饱满的刷抹在基层和石材背面，石材就位时应准确，并应立即挤紧、找平、找正，进行顶、卡固定。溢出胶液应随时清除。

12.3.3 木装饰装修墙制作安装应符合下列规定：

1 制作安装前应检查基层的垂直度和平整度，有防潮要求的应进行防潮处理。

2 按设计要求弹出标高、竖向控制线、分格线。打孔安装木砖或木楔，深度应不小于 40mm，木砖或木楔应做防腐处理。

3 龙骨间距应符合设计要求。当设计无要求时：横向间距宜为 300mm，竖向间距宜为 400mm。龙骨与木砖或木楔连接应牢固。龙骨、本质基层板应进行防火处理。

4 饰面板安装前应进行选配，颜色、木纹对接应自然谐调。

5 饰面板固定应采用射钉或胶粘接，接缝应在龙骨上，接缝应平整。

6 镶接式木装饰墙可用射钉从凹榫边倾斜射入。安装第一块时必须校对竖向控制线。

7 安装封边收口线条时应用射钉固定，钉的位置应在线条的凹槽处或背视线的一侧。

12.3.4 软包墙面制作安装应符合下列规定：

1 软包墙面所用填充材料、纺织面料和龙骨、木基层板等均应进行防火处理。

2 墙面防潮处理应均匀涂刷一层清油或满铺油纸。不得用沥青油毡做防潮层。

3 木龙骨宜采用凹槽榫工艺预制，可整体或分片安装，与墙体连接应紧密、牢固。

4 填充材料制作尺寸应正确，棱角应方正，应与木基层板粘接紧密。

5 织物面料裁剪时经纬应顺直。安装应紧贴墙面，接缝应严密，花纹应吻合，无波纹起伏、翘边和褶皱，表面应清洁。

6 软包布面与压线条、贴脸线、踢脚板、电气盒等交接处应严密、顺直、无毛边。电气盒盖等开洞处，套割尺寸应准确。

12.3.5 墙面裱糊应符合下列规定：

1 基层表面应平整、不得有粉化、起皮、裂缝和突出物，色泽应一致。有防潮要求的应进行防潮处理。

2 裱糊前应按壁纸、墙布的品种、花色、规格进行选配。拼花、裁切、编号、裱糊时应按编号顺序粘贴。

3 墙面应采用整幅裱糊，先垂直面后水平面，先细部后大面，先保证垂直后对花拼逢，垂直面是先上后下，先长墙面后短墙面，水平面是先高后低。阴角处接缝应搭接，阳角处应包角不得有接缝。

4 聚氯乙烯塑料壁纸裱糊前应先将壁纸用水润湿数分钟，墙面裱糊时应在基层表面涂刷胶粘剂，顶棚裱糊时，基层和壁纸背面均应涂刷胶粘剂。

5 复合壁纸不得浸水，裱糊前应先在壁纸背面涂刷胶粘剂，放置数分钟，裱糊时，基层表面应涂刷胶粘剂。

6 纺织纤维壁纸不宜在水中浸泡，裱糊前宜用湿布清洁背面。

7 带背胶的壁纸裱糊前应在水中浸泡数分钟。裱糊顶棚时应涂刷一层稀释的胶粘剂。

8 金属壁纸裱糊前应浸水 1～2min，阴干 5～8min 后在其背面刷胶。刷胶应使用专用的壁纸粉胶，一边刷胶，一边将刷过胶的部分，向上卷在发泡壁纸卷上。

9 玻璃纤维基材壁纸、无纺墙布无需进行浸润。应选用粘接强度较高的胶粘剂，裱糊前应在基层表面涂胶，墙布背面不涂胶。玻璃纤维墙布裱糊对花时不得横拉斜扯避免变形脱落。

10 开关、插座等突出墙面的电气盒，裱糊前应先卸去盒盖。

13 涂饰工程

13.1 一般规定

13.1.1 本章适用于住宅内部水性涂料、溶剂型涂料和美术涂饰的涂饰工程施工。

13.1.2 涂饰工程应在抹灰、吊顶、细部、地面及电气工程等已完成并验收合格后进行。

13.1.3 涂饰工程应优先采用绿色环保产品。

13.1.4 混凝土或抹灰基层涂刷溶剂型涂料时，含水率不得大于8%；涂刷水性涂料时，含水率不得大于10%；木质基层含水率不得大于12%。

13.1.5 涂料在使用前应搅拌均匀，并应在规定的时间内用完。

13.1.6 施工现场环境温度宜在5～35℃之间，并应注意通风换气和防尘。

13.2 主要材料质量要求

13.2.1 涂料的品种、颜色应符合设计要求，并应有产品性能检测报告和产品合格证书。

13.2.2 涂饰工程所用腻子的粘结强度应符合国家现行标准的有关规定。

13.3 施工要点

13.3.1 基层处理应符合下列规定：

1 混凝土及水泥砂浆抹灰基层：应满刮腻子、砂纸打光，表面应平整光滑、线角顺直。

2 纸面石膏板基层：应按设计要求对板缝、钉眼进行处理后，满刮腻子、砂纸打光。

3 清漆木质基层：表面应平整光滑、颜色谐调一致、表面无污染、裂缝、残缺等缺陷。

4 调和漆本质基层：表面应平整、无严重污染。

5 金属基层：表面应进行除锈和防锈处理。

13.3.2 涂饰施工一般方法：

1 滚涂法：将蘸取漆液的毛辊先按W方式运动将涂料大致涂在基层上，然后用不蘸取漆液的毛辊紧贴基层上下、左右来回滚动，使漆液在基层上均匀展开，最后用蘸取漆液的毛辊按一定方向满滚一遍。阴角及上下口宜采用排笔刷涂找齐。

2 喷涂法：喷枪压力宜控制在0.4～0.8MPa范围内。喷涂时喷枪与墙面应保持垂直，距离宜在500mm左右，匀速平行移动。两行重叠宽度宜控制在喷涂宽度的1/3。

3 刷涂法：直按先左后右、先上后下、先难后易、先边后面的顺序进行。

13.3.3 木质基层涂刷清漆：本质基层上的节疤、松脂部位应用虫胶漆封闭，钉眼处应用油性腻子嵌补。在刮腻子、上色前，应涂刷一遍封闭底漆，然后反复对局部进行拼色和修色，每修完一次，刷一遍中层漆，干后打磨，直至色调谐调统一，再做饰面漆。

13.3.4 木质基层涂刷调和漆：先满刷清油一遍，待其干后用油腻子将钉孔、裂缝、残缺处嵌刮平整，干后打磨光滑，再刷中层和面层油漆。

13.3.5 对泛碱、析盐的基层应先用3%的草酸溶液清洗，然后用清水冲刷干净或在基层上满刷一遍耐碱底漆，待其干后刮腻子，再涂刷面层涂料。

13.3.6 浮雕涂饰的中层涂料应颗粒均匀，用专用塑料辊蘸煤油或水均匀滚压，厚薄一致，待完全干燥固化后，才可进行面层涂饰，面层为水性涂料应采用喷涂，溶剂型涂料应采用刷涂。间隔时间宜在 4h 以上。

13.3.7 涂料、油漆打磨应待涂膜完全干透后进行，打磨应用力均匀，不得磨透露底。

14 地面铺装工程

14.1 一般规定

14.1.1 本章适用于石材（包括人造石材）、地面砖、实木地板、竹地板、实木复合地板、强化复合地板、地毯等材料的地面面层的铺贴安装工程施工。

14.1.2 地面铺装宜在地面隐蔽工程、吊顶工程、墙面抹灰工程完成并验收后进行。

14.1.3 地面面层应有足够的强度，其表面质量应符合国家现行标准、规范的有关规定。

14.1.4 地面铺装图案及固定方法等应符合设计要求。

14.1.5 天然石材在铺装前应采取防护措施，防止出现污损、泛碱等现象。

14.1.6 湿作业施工现场环境温度宜在 5℃以上。

14.2 主要材料质量要求

14.2.1 地面铺装材料的品种、规格、颜色等均匀符合设计要求并应有产品合格证书。

14.2.2 地面铺装时所用龙骨、垫木、毛地板等木料的含水率，以及防腐、防蛀、防火处理等均应符合国家现行标准、规范的有关规定。

14.3 施工要点

14.3.1 石材、地面砖铺贴应符合下列规定：

1 石材、地面砖铺贴前应浸水湿润。天然石材铺贴前应进行对色、拼花并试拼、编号。

2 铺贴前应根据设计要求确定结合层砂浆厚度，拉十字线控制其厚度和石材、地面砖表面平整度。

3 结合层砂浆宜采用体积比为 1∶3 的干硬性水泥砂浆，厚度宜高出实铺厚度 2～3mm。铺贴前应在水泥砂浆上刷一道水灰比为 1∶2 的素水泥浆或干铺水泥 1～2mm 后洒水。

4 石材、地面砖铺贴时应保持水平就位，用橡皮锤轻击使其与砂浆粘结紧密，同时调整其表面平整度及缝宽。

5 铺贴后应及时清理表面，24h 后应用 1∶1 水泥浆灌缝，选择与地面颜色一致的颜料与白水泥拌和均匀后嵌缝。

14.3.2 竹、实木地板铺装应符合下列规定：

1 基层平整度误差不得大于 5mm。

2 铺装前应对基层进行防潮处理，防潮层宜涂刷防水涂料或铺设塑料薄膜。

3 铺装前应对地板进行选配，宜将纹理、颜色接近的地板集中使用于一个房间或部位。

4 木龙骨应与基层连接牢固，固定点间距不得大于 600mm。

5 毛地板应与龙骨成 30°或 45°铺钉，板缝应为 2～3mm，相邻板的接缝应错开。

6 在龙骨上直接铺装地板时，主次龙骨的间距应根据地板的长宽模数计算确定，地板接缝应在龙骨的中线上。

7 地板钉长度宜为板厚的 2.5 倍，钉帽应砸扁。固定时应从凹榫边 30° 角倾斜钉入。硬木地板应先钻孔，孔径应略小于地板钉直径。

8 毛地板及地板与墙之间应留有 8 ~ 10mm 的缝隙。

9 地板磨光应先刨后磨，磨削应顺木纹方向，磨削总量应控制在 0.3 ~ 0.8mm 内。

10 单层直铺地板的基层必须平整、无油污。铺贴前应在基层刷一层薄而匀的底胶以提高粘结力。铺贴时基层和地板背面均应刷胶，待不粘手后再进行铺贴。拼板时应用榔头垫木块敲打紧密，板缝不得大于 0.3mm。溢出的胶液应及时清理干净。

14.3.3 强化复合地板铺装应符合下列规定：

1 防潮垫层应满铺平整，接缝处不得叠压。

2 安装第一排时应凹槽面靠墙。地板与墙之间应留有 8 ~ 10mm 的缝隙。

3 房间长度或宽度超过 8m 时，应在适当位置设置伸缩缝。

14.3.4 地毯铺装应符合下列规定：

1 地毯对花拼接应按毯面绒毛和织纹走向的同一方向拼接。

2 当使用张紧器伸展地毯时，用力方向应呈 V 字形，应由地毯中心向四周展开。

3 当使用倒刺板固定地毯时，应沿房间四周将倒刺板与基层固定牢固。

4 地毯铺装方向，应是毯面绒毛走向的背光方向。

5 满铺地毯，应用扁铲将毯边塞入卡条和墙壁间的间隙中或塞入踢脚下面。

6 裁剪楼梯地毯时，长度应留有一定余量，以便在使用中可挪动常磨损的位置。

15 卫生器具及管道安装工程

15.1 一般规定

15.1.1 本章适用于厨房、卫生间的洗涤、洁身等卫生器具的安装以及分户进水阀后给水管段、户内排水管段的管道施工。

15.1.2 卫生器具、各种阀门等应积极采用节水型器具。

15.1.3 各种卫生设备及管道安装均应符合设计要求及国家现行标准规范的有关规定。

15.2 主要材料质量要求

15.2.1 卫生器具的品种、规格、颜色应符合设计要求并应有产品合格证书。

15.2.2 给排水管材、件应符合设计要求并应有产品合格证书。

15.3 施工要点

15.3.1 各种卫生设备与地面或墙体的连接应用金属固定件安装牢固。金属固定件应进行防腐处理。当墙体为多孔砖墙时，应凿孔填实水泥砂浆后再进行固定件安装。当墙体为轻质隔墙时，应在墙体内设后置埋件，后置埋件应与墙体连接牢固。

15.3.2 各种卫生器具安装的管道连接件应易于拆卸、维修。排水管道连接应采用有橡胶垫片排水栓。

卫生器具与金属固定件的连接表面应安置铅质或橡胶垫片。各种卫生陶瓷类器具不得采用水泥砂浆窝嵌。

15.3.3　各种卫生器具与台面、墙面、地面等接触部位均应采用硅酮胶或防水密封条密封。

15.3.4　各种卫生器具安装验收合格后应采取适当的成品保护措施。

15.3.5　管道敷设应横平竖直，管卡位置及管道坡度等均应符合规范要求。各类阀门安装应位置正确且平正，便于使用和维修。

15.3.6　嵌入墙体、地面的管道应进行防腐处理并用水泥砂浆保护，其厚度应符合下列要求：墙内冷水管不小于 10mm、热水管不小于 15mm，嵌入地面的管道不小于 10mm。嵌入墙体、地面或暗敷的管道应作隐蔽工程验收。

15.3.7　冷热水管安装应左热右冷，平行间距应不小于 200mm。当冷热水供水系统采用分水器供水时，应采用半柔性管材连接。

15.3.8　各种新型管材的安装应按生产企业提供的产品说明书进行施工。

16　电气安装工程

16.1　一般规定

16.1.1　本章适用于住宅单相入户配电箱户表后的室内电路布线及电器、灯具安装。

16.1.2　电气安装施工人员应持证上岗。

16.1.3　配电箱户表后应根据室内用电设备的不同功率分别配线供电；大功率家电设备应独立配线安装插座。

16.1.4　配线时，相线与零线的颜色应不同；同一住宅相线（L）颜色应统一，零线（N）宜用蓝色，保护线（PE）必须用黄绿双色线。

16.1.5　电路配管、配线施工及电器、灯具安装除遵守本规定外，尚应符合国家现行有关标准规范的规定。

16.1.6　工程竣工时应向业主提供电气工程竣工图。

16.2　主要材料质量要求

16.2.1　电器、电料的规格、型号应符合设计要求及国家现行电器产品标准的有关规定。

16.2.2　电器、电料的包装应完好，材料外观不应有破损，附件、备件应齐全。

16.2.3　塑料电线保护管及接线盒必须是阻燃型产品，外观不应有破损及变形。

16.2.4　金属电线保护管及接线盒外观不应有折扁和裂缝，管内应无毛刺，管口应平整。

16.2.5　通信系统使用的终端盒、接线盒与配电系统的开关、插座，宜选用同一系列产品。

16.3　施工要点

16.3.1　应根据用电设备位置，确定管线走向、标高及开关、插座的位置。

16.3.2　电源线配线时，所用导线截面积应满足用电设备的最大输出功率。

16.3.3　暗线敷设必须配管。当管线长度超过 15m 或有两个直角弯时，应增设拉线盒。

16.3.4　同一回路电线应穿入同一根管内，但管内总根数不应超过 8 根，电线总截面积（包括绝缘外皮）不应超过管内截面积的 40%。

16.3.5 电源线与通讯线不得穿入同一根管内。

16.3.6 电源线及插座与电视线及插座的水平间距不应小于 500mm。

16.3.7 电线与暖气、热水、煤气管之间的平行距离不应小于 300mm，交叉距离不应小于 100mm。

16.3.8 穿入配管导线的接头应设在接线盒内，接头搭接应牢固，绝缘带包缠应均匀紧密。

16.3.9 安装电源插座时，面向插座的左侧应接零线（N），右侧应接相线（L），中间上方应接保护地线（PE）。

16.3.10 当吊灯自重在 3kg 及以上时，应先在顶板上安装后置埋件，然后将灯具固定在后置埋件上。严禁安装在木楔、木砖上。

16.3.11 连接开关、螺口灯具导线时，相线应先接开关，开关引出的相线应接在灯中心的端子上，零线应接在螺纹的端子上。

16.3.12 导线间和导线对地间电阻必须大于 0.5MΩ。

16.3.13 同一室内的电源、电话、电视等插座面板应在同一水平标高上，高差应小于 5mm。

16.3.14 厨房、卫生间应安装防溅插座，开关宜安装在门外开启侧的墙体上。

16.3.15 电源插座底边距地宜为 300mm，平开关板底边距地宜为 1400mm。

16.《综合布线系统工程验收规范》GB 50312-2016

1 总则（略）
2 缩略语（略）
3 环境检查

3.0.1 工作区、电信间、设备间等建筑环境检查应符合下列规定：

1 工作区、电信间、设备间及用户单元区域的土建工程应已全部竣工。房屋地面应平整、光洁，门的高度和宽度应符合设计文件要求。

2 房屋预埋槽盒、暗管、孔洞和竖井的位置、数量、尺寸均应符合设计文件要求。

3 铺设活动地板的场所，活动地板防静电措施及接地应符合设计文件要求。

4 暗装或明装在墙体或柱子上的信息插座盒底距地高度宜为 300mm。

5 安装在工作台侧隔板面及临近墙面上的信息插座盒底距地宜为 1000mm。

6 CP 集合点箱体、多用户信息插座箱体宜安装在导管的引入侧及便于维护的柱子及承重墙上等处，箱体底边距地高度宜为 500mm；当在墙体、柱子上部或吊顶内安装时，距地高度不宜小于 1800mm。

7 每个工作区宜配置不少于 2 个带保护接地的单相交流 220V/10A 电源插座盒。电源插座宜嵌墙暗装，高度应与信息插座一致。

8 每个用户单元信息配线箱附近水平 70mm ～ 150mm 处，宜预留设置 2 个单相交流 220V/10A 电源插座，每个电源插座的配电线路均装设保护电器，配线箱内应引入单相交流 220V 电源。电源插座宜嵌墙暗装，底部距地高度宜与信息配线箱一致。

9 电信间、设备间、进线间应设置不小于 2 个单相交流 220V/10A 电源插座盒，每个电源插座的配电线路均装设保护器。设备供电电源应另行配置。电源插座宜嵌墙暗装，底部距地高度宜为 300mm。

10 电信间、设备间、进线间、弱电竖井应提供可靠的接地等电位联结端子板，接地电阻值及接地导线规格符合设计要求。

11 电信间、设备间、进线间的位置、面积、高度、通风、防火及环境温、湿度等因素应符合设计要求。

3.0.2 建筑物进线间及入口设施的检查应符合下列规定：

1 引入管道的数量、组合排列以及与其他设施，如电气、水、燃气、下水道等的位置及间距应符合设计文件要求；

2 引入缆线采用的敷设方法应符合设计文件要求；

3 管线入口部位的处理应符合设计要求，并应采取排水及防止有害气体、水、虫等进入的措施。

3.0.3 机柜、配线箱、管槽等设施的安装方式应符合抗震设计要求。

4 器材及测试仪表工具检查

4.0.1 器材检验应符合下列规定：

1 工程所用缆线和器材的品牌、型号、规格、数量、质量应在施工前进行检查，应符合设计文件要求，并应具备相应的质量文件或证书，无出厂检验证明材料、质量文件或与设计不符者不得在工程中使用；

2 进口设备和材料应具有产地证明和商检证明；

3 经检验的器材应做好记录，对不合格的器件应单独存放，以备核查与处理；

4 工程中使用的缆线、器材应与订货合同或封存的产品样品在规格、型号、等级上相符。

5 备品、备件及各类文件资料应齐全。

4.0.2 型材、管材与铁件的检查应符合下列规定：

1 地下通信管道和人（手）孔所使用器材的检查及室外管道的检验，应符合现行国家标准《通信管理工程施工及验收规范》GB 50374 的有关规定；

2 各种型材的材质、规格、型号应符合设计文件的要求，表面应光滑、平整，不得变形、断裂；

3 金属导管、桥架及过线合盒、接线盒等表面涂覆或镀层应均匀、完整，不得变形、损坏；

4 室内管材采用金属导管或塑料导管时，其管身应光滑、无伤痕，管孔无变形，孔径、壁厚应符合设计文件要求；

5 金属管槽应根据工程环境要求作镀锌或其他防腐处理。塑料管槽应采用阻燃型管槽，外壁应具有阻燃标记；

6 各种金属件的材质、规格均应符合质量要求，不得有歪斜、扭曲、飞刺、断裂或破损；

7 金属件的表面处理和镀层应均匀、完整，表面光洁，无脱落、气泡等缺陷。

4.0.3 缆线的检验应符合下列规定：

1 工程使用的电缆和光缆的型式、规格及缆线的阻燃等级应符合设计文件要求。

2 缆线的出厂质量检验报告、合格证、出厂测试记录等各种随盘资料应齐全，所附标志、标签内容应齐全、清晰，外包装应注明型号和规格。

3 电缆外包装和外护套需完整无损，当该盘、箱外包装损坏严重时，应按电缆产品要求进行检验，测试合格后再在工程中使用。

4　电缆应附有本批量的电气性能检验报告，施工前对盘、箱的电缆长度、指标参数应按电缆产品标准进行抽验，提供的设备电缆及跳线也应抽验，并做测试记录。

5　光缆开盘后应先检查光缆端头封装是否良好。光缆外包装或光缆护套当有损伤时，应对该盘光缆进行光纤性能指标测试，并应符合下列规定：

1）当有断纤时，应时行处理，并应检查合格后使用；

2）光缆 A、B 端标识应正确、明显；

3）光纤检测完毕后，端头应密封固定，并应恢复外包装。

6　单盘光缆应对每根光纤进行长度测试。

7　光纤接插软线或光跳线检验应符合下列规定：

1）两端的光纤连接器件端面应装配合适的保护盖帽；

2）光纤应有明显的类型标记，并应符合设计文件要求；

3）使用光纤端面测试仪应对该批量光连接器件端面进行抽验，比例不宜大于 5% ~ 10%。

4.0.4　连接器件的检验应符合下列规定：

1　配线模块、信息插座模块及其他连接器件的部件应完整，电气和机械性能等指标应符合相应产品的质量标准。塑料材质应具有阻燃性能，并应满足设计要求。

2　光纤连接器件及适配器使用型式、数量、端口位置应与设计相符。光纤连接器件应外观平滑、洁净，并不应有油污、毛刺、伤痕及裂纹等缺陷，各零部件组合应严密、平整。

4.0.5　配线设备的使用应符合下列规定：

1　光、电缆配线设备的型式、规格应符合设计文件要求；

2　光、电缆配线设备的编排及标志名称应与设计相符。各类标志名称应统一，标志位置正确、清晰。

4.0.6　测试仪表和工具的检验应符合下列规定：

1　应事先对工程中需要使用的仪表和工具进行测试或检查，缆线测试仪表应附有检测机构的证明文件。

2　测试仪表应能测试相应布线等级的各种电气性能及传输特性，其精度应符合相应要求。测试仪表的精度应按相应的鉴定规程和校准方法进行定期检查和校准，经过计量部门校验取得合格证后，方可在有效期内使用，并应符合下列规定：

1）测试仪表应具有测试结果的保存功能并提供输出端口；

2）可将所有存贮的测试数据输出至计算机和打印机，测试数据不应该被修改；

3）测试仪表应能提供所有测试项目的概要和详细的报告；

4）测试仪表宜提供汉化的通用人机界面。

3　施工前剥线器、光缆切断器、光纤熔接机、光纤磨光机、光纤显微镜、卡接工具等电缆或光缆的施工工具应进行检查，合格后方可在工程中使用。

4.0.7　现场尚无检测手段取得屏蔽布线系统所需的相关技术参数时，可将认证检测机构或生产厂家附有的技术报告作为检查依据。

4.0.8　对绞电缆电气性能与机械特性、光缆传输性能以及连接器件的具体技术指标应符合设计文件要求。性能指标不符合设计文件要求的设备和材料不得在工程中使用。

5　设备安装检验

5.0.1　机柜、配线箱等设备的规格、容量、位置应符合设计文件要求，安装应符合下列规定：

1　垂直偏差度不应大于 3mm；

2　机柜上的各种零件不得脱落或碰坏，漆面不应有脱落及划痕，各种标志应完整、清晰；

3　在公共场所安装配线箱时，壁嵌式箱体底边距地不宜小于 1.5m，墙挂式箱体底面距地不宜小于 1.8m；

4　门锁的启闭应灵活、可靠；

5　机柜、配线箱及桥架等设备的安装应牢固，当有抗震要求时，应按抗震设计进行加固。

5.0.2　各类配线部件的安装应符合下列规定：

1　各部件应完整，安装就位，标志齐全、清晰；

2　安装螺丝应拧紧，面板应保持在一个平面上。

5.0.3　信息插座模块安装应符合下列规定：

1　信息插座底盒、多用户信息插座及集合点配线箱、用户单元信息配线箱安装位置和高度应符合设计文件要求；

2　安装在活动地板内或地面上时，应固定在接线盒内，插座面板采用直立和水平等形式；接线盒盖可开启，并应具有防水、防尘、抗压功能。接线盒盖面应与地面齐平；

3　信息插座底盒同时安装信息插座模块和电源插座时，间距及采取的防护措施应符合设计文件要求；

4　信息插座底盒明装的固定方法应根据施工现场条件而定；

5　固定螺丝应拧紧，不应产生松动现象；

6　各种插座面板应有标识，以颜色、图形、文字表示所接终端设备业务类型；

7　工作区内终接光缆的光纤连接器件及适配器安装底盒应具有空间，并应符合设计文件要求。

5.0.4　缆线桥架的安装应符合下列规定：

1　安装位置应符合施工图要求，左右偏差不应超过 50mm；

2　安装水平度每米偏差不应超过 2mm；

3　垂直安装应与地面保持垂直，垂直度偏差不应超过 3mm；

4　桥架截断处及拼接处应平滑、无毛刺；

5　吊架和支架安装应保持垂直，整齐牢固，无歪斜现象；

6　金属桥架及金属导管各段之间应保持连接良好，安装牢固；

7　采用垂直槽盒布放缆线时，支撑点宜避开地面沟槽和槽盒位置，支撑应牢固。

5.0.5　安装机柜、配线箱、配线设备屏蔽层及金属导管、桥架使用的接地体应符合设计文件要求，就近接地，并应保持良好的电气连接。

6　缆线的敷设和保护方式检验

6.1　缆线的敷设

6.1.1　缆线的敷设应符合下列规定：

1　缆线的型式、规格应与设计规定相符。

2　缆线在各种环境中的敷设方式、布放间距均应符合设计要求。

3 缆线的布放应自然平直，不得产生扭绞、打圈等现象，不应受外力的挤压和损伤。

4 缆线的布放路由中不得出现缆线接头。

5 缆线两端应贴有标签，应标明编号，标签书写应清晰、端正和正确。标签应选用不易损坏的材料。

6 缆线应有余量以适应成端、终接、检测和变更，有特殊要求的应按设计要求预留长度，并应符合下列规定：

1）对绞电缆在终接处，预留长度在工作区信息插座底盒内宜为 30mm ~ 60mm，电信间宜为 0.5m ~ 2.0m，设备间宜为 3m ~ 5m；

2）光缆布放路由宜盘留，预留长度宜为 3m ~ 5m。光缆在配线柜处预留长度应 3m ~ 5m，楼层配线箱处光纤预留长度应为 1.0m ~ 1.5m，配线箱终接时预留长度不应小于 0.5m，光缆纤芯在配线模块处不做终接时，应保留光缆施工预留长度。

7 缆线的弯曲半径应符合下列规定：

1）非屏蔽和屏蔽 4 对对绞电缆的弯曲半径不应小于电缆外径的 4 倍；

2）主干对绞电缆的弯曲半径不应小于电缆外径的 10 倍；

3）2 芯或 4 芯水平光缆的弯曲半径应大于 25mm；其他芯数的水平光缆、主干光缆和室外光缆的弯曲半径不应小于光缆外径的 10 倍；

4）G. 657、G. 652 用户光缆弯曲半径符合表 6.1.1-1 的规定。

光缆敷设安装的最小曲率半径　　　　　　　　表 6.1.1-1

光缆类型		静态弯曲
室内外光缆		15D/15H
微型自承式通信用室外光缆		10D/10H 且不小于 30mm
管道入户光缆 蝶形引入光缆 室内布线光缆	G. 652D 光纤	10D/10H 且不小于 30mm
	G. 657A 光纤	5D/5H 且不小于 15mm
	G. 657B 光纤	5D/5H 且不小于 10mm

注：D 为缆芯处圆形护套外径，H 为缆芯处扁形护套短袖的高度。

8 综合布线系统缆线与其他管线的间距应符合设计文件要求，并应符合下列规定：

1）电力电缆与综合布线系统缆线应分隔布放，并应符合表 6.1.1-2 的规定。

对绞电缆与电力电缆最小净距　　　　　　　　表 6.1.1-2

条件	最小净距（mm）		
	380V ＜2kV·A	380V 2kV·A ~ 5kV·A	380V ＞5kV·A
对绞电缆与电力电缆平行敷设	130	300	600
有一方在接地的金属槽盒或金属导管中	70	150	300
双方均在接地的金属槽盒或金属导管中	10	80	150

注：双方都在接地的槽盒中，系指两个不同的槽盒，也可在同一槽盒中用金属板隔开，且平行长度 ≤10m。

2）室外墙上敷设的综合布线管线与其他管线的间距应符合表 6.1.1-3 的规定。

综合布线管线及其他管线的间距   表 6.1.1-3

管线种类	平行净距（mm）	垂直交叉净距（mm）
避雷专设引下线	1000	300
保护地线	50	20
热力管（不包封）	500	500
热力管（包封）	300	300
给水管	150	20
燃气管	300	20
压缩空气管	150	20

3）综合布线缆线宜单独敷设，与其他弱电系统各子系统缆线间距应符合设计文件要求。

4）对于有安全保密要求的工程，综合布线缆线与信号线、电力线、接地线的间距应符合相应的保密规定和设计要求。综合布线缆线应采用独立的金属导管或金属槽盒敷设。

9 屏蔽电缆的屏蔽层端到端应保持完好的导通性，屏蔽层不应承载拉力。

6.1.2 采用预埋槽盒和暗管敷设缆线应符合下列规定：

1 槽盒和暗管的两端宜用标志表示出编号等内容。

2 预埋槽盒宜采用金属槽盒，截面利用率应为 30% ~ 50%。

3 暗管宜采用钢管或阻燃聚氯乙烯导管。布放大对数主干电缆及 4 芯以上光缆时，直线管道的管径利用率应为 50% ~ 60%，弯管道应为 40% ~ 50%。布放 4 对对绞电缆或 4 芯及以下光缆时，管道的截面利用率应为 25% ~ 30%。

4 对金属材质有严重腐蚀的场所，不宜采用金属的导管、桥架布线。

5 在建筑物吊顶内应采用金属导管、槽盒布线。

6 导管、桥架跨越建筑物变形缝处，应设补偿装置。

6.1.3 设置缆线桥架敷设缆线应符合下列规定：

1 密封槽盒内缆线布放应顺直，不宜交叉，在缆线进出槽盒部位、转弯处应绑扎固定。

2 梯架或托盘内垂直敷设缆线时，在缆线的上端和每间隔 1.5m 处应固定在梯架或托盘的支架上；水平敷设时，在缆线的首、尾、转弯及每间隔 5 ~ 10m 处应进行固定。

3 在水平、垂直梯架或托盘中敷设缆线时，应对缆线进行绑扎。对绞电缆、光缆及其他信号电缆应根据缆线的类别、数量、缆径、缆线芯数分束绑扎。绑扎间距不宜大于 1.5m，间距应均匀，不宜绑扎过紧或使缆线受到挤压。

4 楼内光缆在梯架或托盘中敞开敷设时应在绑扎固定段加装垫套。

6.1.4 采用吊顶支撑柱（垂直槽盒）在顶棚内敷设缆线时，每根支撑柱所辖范围内的缆线可不设置密封槽盒进行布放，但应分束绑扎，缆线应阻燃，缆线选用应符合设计文件要求。

6.1.5 建筑群子系统采用架空、管道、电缆沟、电缆隧道、直埋、墙壁及暗管等方式敷设线缆的施工质量检查和验收应符合现行行业标准《通信线路工程验收规范》YD 5121 的有关规定。

6.2 保护措施

6.2.1 配线子系统缆线敷设保护应符合下列规定：

1 金属导管、槽盒明敷设时，应符合下列规定：

1）槽盒明敷设时，与横梁或侧墙或其他障碍物的间距不宜小于 100mm；

2）槽盒的连接部位不应设置在穿越楼板处和实体墙的孔洞处；

3）竖向导管、电缆槽盒的墙面固定间距不宜大于 1500mm；

4）在距接线盒 300mm 处、弯头处两边、每隔 3m 处均应采用管卡固定。

2 预埋金属槽盒保护应符合下列规定：

1）在建筑物中的预埋槽盒，宜按单层设置，每一路由进出同一过线盒的预埋槽盒均不应超过 3 根，槽盒截面高度不宜超过 25mm，总宽度不宜超过 300mm。槽盒路由中当包括过线盒和出线盒时，截面高度宜在 70mm ～ 100mm 范围内；

2）槽盒直埋长度超过 30m 或在槽盒路由交叉、转变时，宜设置过线盒；

3）过线盒盖应能开启，并应与地面齐平，盒盖处应具有防灰与防水功能；

4）过线盒和接线盒盒盖应能抗压；

5）从金属槽盒至信息插座模块接线盒、86 底盒间或金属槽盒与金属钢管之间相连接时的缆线宜采用金属软管敷设。

3 预埋暗管保护应符合下列规定：

1）金属管敷设在钢筋混凝土现浇楼板内时，导管的最大外径不宜大于楼板厚度的 1/3；导管在墙体、楼板内敷设时，其保护层厚度不应小于 30mm；

2）导管不应穿越机电设备基础；

3）预埋在墙体中间暗管的最大管外径不宜超过 50mm，楼板中暗管的最大管外径不宜超过 25mm，室外管道进入建筑物的最大管外径不宜超过 100mm；

4）直线布管每 30m 处、有 1 个转变的管段长度超过 20m 时、有 2 个转弯长度不超过 15m 时、路由中反向（U 型）弯曲的位置应设置过线盒；

5）暗管的转弯角度应大于 90°。在布线路由上每根暗管的转弯角不得多于 2 个，并不应有 S 弯出现；

6）暗管管口应光滑，并应加有护口保护，管口伸出部位宜为 25mm ～ 50mm；

7）至楼层电信间暗管的管口应排列有序，应便于识别与布放缆线；

8）暗管内应安置牵引线或拉线；

9）管路转弯的曲率半径不应小于所穿入缆线的最小允许弯曲半径，并且不应小于该管外径的 6 倍，当暗管外径大于 50mm 时，不应小于 10 倍。

4 设置桥架保护应符合下列规定：

1）桥架底部应高于地面并不应小于 2.2m，顶部距建筑物楼板不宜小于 300mm，与梁及其他障碍物交叉处间的距离不宜小于 50mm；

2）梯架、托盘水平敷设时，支撑间距宜为 1.5m ～ 3.0m。垂直敷设时固定在建筑物构体上的间距宜小于 2m，距地 1.8m 以下部分应加金属盖板保护，或采用金属走线柜包封，但门应可开启；

3）直线段梯架、托盘每超过 15m ～ 30m 或跨越建筑物变形缝时，应设置伸缩补偿装置；

4）金属槽盒明装敷设时，在槽盒接头处、每间距 3m 处、离开槽盒两端出口 0.5m 处和转弯处均应设置支架或吊架；

5）塑料槽盒槽底固定点间距宜为 1m；

6）缆线桥架转弯半径不应小于槽内缆线的最小允许弯曲半径，直角弯处最小弯曲半径不应小于槽内最粗缆线外径的 10 倍；

7）桥架穿过防火墙体或楼板时，缆线布放完成后应采取防火封堵措施。

5　网络地板缆线敷设保护应符合下列规定：

1）槽盒之间应沟通；

2）槽盒盖板应可以开启；

3）主槽盒的宽度宜为 200mm ～ 400mm，支槽盒宽度不宜小于 70mm；

4）可开启的槽盒盖板与明装插座底盒间应采用金属软管连接；

5）地板块与槽盒盖板应抗压、抗冲击和阻燃；

6）具有防静电功能的网络地板应整体接地；

7）网络地板板块间的金属槽盒段与段之间应保持良好导通并接地。

6　在架空活动地板下敷设缆线时，地板内净空应为 150mm ～ 300mm。当空调采用下送风方式时，地板内净高应为 300mm ～ 500mm。

6.2.2　当综合布线缆线与大楼弱电系统缆线采用同一槽盒或托盘敷设时，各子系统之间应采用金属板隔开，间距应符合设计文件要求。

6.2.3　干线子系统缆线敷设保护方式应符合下列规定：

1　缆线不得布放在电梯或供水、供气、供暖管道竖井中，亦不宜布放在强电竖井中。当与强电共用竖井布放时，缆线的布放应符合本规范第 6.1.1 条第 8 款的规定。

2　电信间、设备间、进线间之间干线通道应沟通。

6.2.4　建筑群子系统缆线敷设保护方式应符合设计文件要求。

6.2.5　当电缆从建筑物外面进入建筑物时，应选用适配的信号线路浪涌保护器，并应符合现行国家标准《综合布线系统工程设计规范》GB 50311 的有关规定。

7　缆线终接

7.0.1　缆线终接应符合下列规定：

1　缆线在终接前，应核对缆线标识内容是否正确；

2　缆线终接处应牢固、接触良好；

3　对绞电缆与连接器件连接应认准线号、线位色标，不得颠倒和错接。

7.0.2　对绞电缆终接应符合下列规定：

1　终接时，每对对绞线应保持扭绞状态，扭绞松开长度对于 3 类电缆不应大于 75mm；对于 5 类电缆不应大于 13mm；对于 6 类及以上类别的电缆不应大于 6.4mm。

2　对绞线与 8 位模块式通用插座相连时，应按色标和线对顺序进行卡接（图 7.0.2-1）。两种连接方式均可采用，但在同一布线工程中两种连接方式不应混合使用。

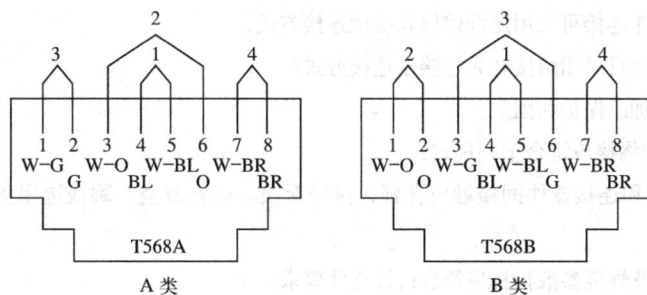

图 7.0.2-1 T568A 与 T568B 连接图

注：G（Green）—绿；BL（Blue）—蓝；BR（Brown）—棕；W（White）—白；O（Orange）—橙。

3 4 对对绞电缆与非 RJ45 模块终接时，应按线序号和组成的线对进行卡接（图 7.0.2-2、图 7.0.2-3）。

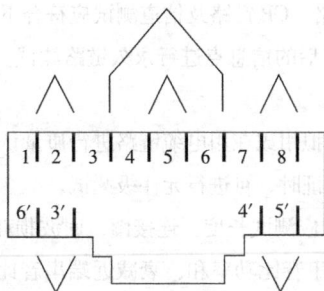

图 7.0.2-2 7 类和 7$_A$ 类模块插座连接（正视）方式 1

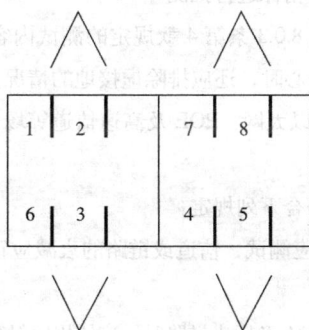

图 7.0.2-3 7 类和 7$_A$ 类插座连接（正视）方式 2

4 屏蔽对绞电缆的屏蔽层与连接器件终接处屏蔽罩应通过紧固器件可靠接触，缆线屏蔽层应与连接器件屏蔽罩 360° 圆周接触，接触长度不宜小于 10mm。

5 对不同的屏蔽对绞线或屏蔽电缆，屏蔽层应采用不同的端接方法。应对编织层或金属箔与汇流导线进行有效的端接。

6 信息插座底盒不宜兼做过线盒使用。

7.0.3 光纤终接与接续应符合下列规定：

1　光纤与连接器件连接可采用尾纤熔接和机械连接方式；

2　光纤与光纤接续可采用熔接和光连接子连接方式；

3　光纤熔接处应加以保护和固定。

7.0.4　各类跳线的终接应符合下列规定：

1　各类跳线缆线和连接器件间接触应良好，接线无误，标志齐全。跳线选用类型应符合系统设计要求。

2　各类跳线长度及性能参数指标应符合设计文件要求。

8　工程电气测试

8.0.1　综合布线工程电气测试应包括电缆布线系统电气性能测试及光纤布线系统性能测试。

8.0.2　综合布线系统工程测试应随工进行。

8.0.3　对绞电缆布线系统永久链路、CP 链路及信道测试应符合下列规定：

1　综合布线工程应对每一个完工后的信息点进行永久链路测试。主干缆线采用电缆时也可按照永久链路的连接模型进行测试。

2　对包含设备缆线和跳线在内的拟用或在用电缆链路进行质量认证时可按信道方式测试。

3　对跳线和设备缆线进行质量认证时，可进行元件级测试。

4　对绞电缆布线系统链路或信息应测试长度、连接图、回波损耗、插入损耗、近端串音、近端串音功率和、衰减远端串音比、衰减远端串音比功率和、衰减近端串音比、衰减近端串音比功率和、环路电阻、时延、时延偏差等，指标参数应符合本规范附录 B 规定。

5　现场条件允许时，宜对 E_A 级、F_A 级对绞电缆布线系统的外部近端串音功率和（PS ANEXT）及外部远端串音比功率和（PS AACR-F）指标进行抽测。

6　屏蔽布线系统应符合本规范第 8.0.3 条第 4 款规定的测试内容，还应检测屏蔽层的导通性能。屏蔽布线系统用于工业级以太网和数据中心时，还应排除虚接地的情况。

7　对绞电缆布线系统应用于工业以太网、POE 及高速信道等场景时，可检测 TCL、ELTCTL、不平衡电阻、耦合衰减等屏蔽特性指标。

8.0.4　光纤布线系统性能测试应符合下列规定：

1　光纤布线系统每条光纤链路均应测试，信道或链路的衰减应符合本规范附录 C 的规定，并应记录测试所得的光纤长度；

2　当 OM3、OM4 光纤应用于 10Gbit/s 及以上链路时，应使用发射和接收补偿光纤进行双向 OTDR 测试；

3　当光纤布线系统性能指标的检测结果不能满足设计要求时，宜通过 OTDR 测试曲线进行故障定位测试。

8.0.5　光纤到用户单元系统工程中，应检测用户接入点至用户单元信息配线箱之间的每一条光纤链路，衰减指标宜采用插入损耗法进行测试。

8.0.6　布线系统现场测试仪功能应符合下列规定：

1　测试仪精度应定期检测，每次现场测试前仪表厂家应出示测试仪的精度有效期限证明。

2　电缆及光纤布线系统的现场测试仪表应符合本规范第 4.0.6 条规定，仪表的精度应符合表 8.0.6 的规定并能向下兼容。

测试仪表精度　　　　　　　　　　　　表 8.0.6

布线等级	D 级	E 级	E_A 级	F 级	F_A 级
仪表精度	II_e	III	III_e	IV	V

8.0.7　布线系统各项测试结果应有详细记录，并应作为竣工资料的一部分。测试内容应按本规范附录 A、附录 B、附录 C 的规定，测试记录可采用自制表格、电子表格或仪表自动生成的报告文件等记录方式，表格形式与内容宜符合表 8.0.7-1 和表 8.0.7-2 的规定。

综合布线系统工程电缆性能指标测试记录　　　　　表 8.0.7-1

工程项目名称			备注
工程编号			
测试模型	链路（布线系统级别）		
	信道（布线系统级别）		
信息点位置	地址码		
	缆线标识编号		
	配线端口标识码		
测试指标项目	是否通过测试		处理情况
测试记录	测试日期、测试环境及工程实施阶段：		
	测试单位及人员：		
	测试仪表型号、编号、精度校准情况和制造商；测试连接图、采用软件版本、测试对绞电缆及配线模块的详细信息（类型和制造商，相关性能指标）：		

综合布线系统工程光纤性能指标测试记录　　　　　表 8.0.7-2

工程项目名称			备注
工程编号			
测试模型	链路（布线系统级别）		
	信道（布线系统级别）		
信息点位置	地址码		
	缆线标识编号		
	配线端口标识码		
测试指标项目	光纤类型	测试方法	是否通过测试　　　处理情况
测试记录	测试日期及工程实施阶段：		
	测试单位及人员：		
	测试仪表型号、编号、精度校准情况和制造商；测试连接图、采用软件版本、测试光缆及适配器的详细信息（类型和制造商，相关性能指标）：		

9 管理系统验收

9.0.1 布线管理系统宜按下列规定进行分级：

1 一级管理应针对单一电信间或设备间的系统；

2 二级管理应针对同一建筑物内多个电信间或设备间的系统；

3 三级管理应针对同一建筑群内多栋建筑物的系统，并应包括建筑物内部及外部系统；

4 四级管理应针对多个建筑群的系统。

9.0.2 综合布线管理系统宜符合下列规定：

1 管理系统级别的选择应符合设计要求；

2 需要管理的每个组成部分均应设置标签，并由唯一的标识符进行表示，标识符与标签的设置应符合设计要求；

3 管理系统的记录文档详细完整并汉化，并应包括每个标识符相关信息、记录、报告、图纸等内容；

4 不同级别的管理系统可采用通用电子表格、专用管理软件或智能配线系统等进行维护管理。

9.0.3 综合布线管理系统的标识符与标签的设置应符合下列规定：

1 标识符应包括安装场地、缆线终端位置、缆线管道、水平缆线、主干缆线、连接器件、接地等类型的专用标识，系统中每一组件应指定一个唯一标识符；

2 电信间、设备间、进线间所设置配线设备及信息点处均应设置标签；

3 每根缆线应指定专用标识符，标在缆线的护套上或在距每一端护套 300mm 内应设置标签，缆线的成端点应设置标签标记指定的专用标识符；

4 接地体和接地导线应指定专用标识符，标签应设置在靠近导线和接地体的连接处的明显部位；

5 根据设置的部位不同，可使用粘贴型、插入型或其他类型标签。标签表示内容应清晰，材质应符合工程应用环境要求，具有耐磨、抗恶劣环境、附着力强等性能；

6 成端色标应符合缆线的布放要求，缆线两端成端点的色标颜色应一致。

9.0.4 综合布线系统各个组成部分的管理信息记录和报告应符合下列规定：

1 记录应包括管道、缆线、连接器件及连接位置、接地等内容，各部分记录中应包括相应的标识符、类型、状态、位置等信息；

2 报告应包括管道、安装场地、缆线、接地系统等内容，各部分报告中应包括相应的记录。

9.0.5 综合布线系统工程当采用布线工程管理软件和电子配线设备组成的智能配线系统进行管理和维护工作时，应按专项系统工程进行验收。

10 工程验收

10.0.1 竣工技术文件应按下列规定进行编制：

1 工程竣工后，施工单位应在工程验收以前，将工程竣工技术资料交给建设单位。

2 综合布线系统工程的竣工技术资料应包括下列内容：

1）竣工图纸；

2）设备材料进场检验记录及开箱检验记录；

3）系统中文检测报告及中文测试记录；

4）工程变更记录及工程洽商记录；

5）随工验收记录，分项工程质量验收记录；

6）隐蔽工程验收记录及签证；

7）培训记录及培训资料。

3 竣工技术文件应保证质量，做到外观整洁，内容齐全，数据准确。

10.0.2 综合布线系统工程，应按本规范附录 A 所列项目、内容进行检验。检测应作为工程竣工资料的组成部分及工程验收的依据之一，并应符合下列规定：

1 系统工程安装质量检查，各项指标符合设计要求，被检项检查结果应为合格；被检项目的合格率为100%，工程安装质量应为合格。

2 竣工验收需要抽验系统性能时，抽样比例不应低于10%，抽样点应包括最远布线点。

3 系统性能检测单项合格判定应符合下列规定：

1）一个被测项目的技术参数测试结果不合格，则该项目应为不合格。当某一被测项目的检测结果与相应规定的差值在仪表准确度范围内，则该被测项目应为合格；

2）按本规范附录B的指标要求，采用4对对绞电缆作为水平电缆或主干电缆，所组成的链路或信道有一项指标测试结果不合格，则该水平链路、信道或主干链路、信道应为不合格；

3）主干布线大对数电缆中按4对对绞线对测试，有一项指标不合格，则该线对应为不合格；

4）当光纤链路、信道测试结果不满足本规范附录C的指标要求时，则该光纤链路、信道应为不合格；

5）未通过检测的链路、信道的电缆线对或光纤可在修复后复检。

4 竣工检测综合合格判定应符合下列规定：

1）对绞电缆布线全部检测时，无法修复的链路、信道或不合格线对数量有一项超过被测总数的1%，应为为不合格。光缆布线系统检测时，当系统中有一条光纤链路、信道无法修复，则为不合格。

2）对绞电缆布线抽样检测时，被抽样检测点（线对）不合格比例不大于被测总数的1%，应为抽样检测通过，不合格点（线对）应予以修复并复检。被抽样检测点（线对）不合格比例如果大于1%，应为一次抽样检测未通过，应进行加倍抽样，加倍抽样不合格比例不大于1%，应为抽样检测通过。当不合格比例仍大于1%，应为抽样检测不通过，应进行全部检测，并按全部检测要求进行判定。

3）当全部检测或抽样检测的结论为合格，则竣工检测的最后结论应为合格；当全部检测的结论为不合格时，则竣工检测的最后结论应为不合格。

5 综合布线管理系统的验收合格判定应符合下列规定：

1）标签和标识应按10%抽检，系统软件功能应全部检测。检测结果符合设计要求应为合格。

2）智能配线系统应检测电子配线架链路、信道的物理连接，以及与管理软件中显示的链路、信道连接关系的一致性，按10%抽检；连接关系全部一致应为合格，有一条及以上链路、信道不一致时，应整改后重新抽测。

10.0.3 光纤到用户单元系统工程中用户光缆的光纤链路应100%测试并合格，工程质量判定应合格。

17.《建筑内部装修防火施工及验收规范》GB 50354-2005

1 总则（略）
2 基本规定

2.0.1 建筑内部装修工程防火施工（简称装修施工）应按照批准的施工图设计文件和本规范的有关规定进行。

2.0.2 装修施工应按设计要求编写施工方案。施工现场管理应具备相应的施工技术标准、健全的施工质量管理体系和工程质量检验制度，并应按本规范附录A的要求填写有关记录。

2.0.3 装修施工前,应对各部位装修材料的燃烧性能进行技术交底。

2.0.4 进入施工现场的装修材料应完好,并应核查其燃烧性能或耐火极限、防火性能型式检验报告、合格证书等技术文件是否符合防火设计要求。核查、检验时,应按本规范附录 B 的要求填写进场验收记录。

2.0.5 装修材料进入施工现场后,应按本规范的有关规定,在监理单位或建设单位监督下,由施工单位有关人员现场取样,并应由具备相应资质的检验单位进行见证取样检验。

2.0.6 装修施工过程中,装修材料应远离火源,并应指派专人负责施工现场的防火安全。

2.0.7 装修施工过程中,应对各装修部位的施工过程作详细记录。记录表的格式应符合本规范附录 C 的要求。

2.0.8 建筑工程内部装修不得影响消防设施的使用功能。装修施工过程中,当确需变更防火设计时,应经原设计单位或具有相应资质的设计单位按有关规定进行。

2.0.9 装修施工过程中,应分阶段对所选用的防火装修材料按本规范的规定进行抽样检验。对隐蔽工程的施工,应在施工过程中及完工后进行抽样检验。现场进行阻燃处理、喷涂、安装作业的施工,应在相应的施工作业完成后进行抽样检验。

3 纺织织物子分部装修工程

3.0.1 用于建筑内部装修的纺织织物可分为天然纤维织物和合成纤维织物。

3.0.2 纺织织物施工应检查下列文件和记录:

1 纺织织物燃烧性能等级的设计要求;

2 纺织织物燃烧性能型式检验报告,进场验收记录和抽样检验报告;

3 现场对纺织织物进行阻燃处理的施工记录及隐蔽工程验收记录。

3.0.3 下列材料进场应进行见证取样检验:

1 B_1、B_2 级纺织织物;

2 现场对纺织织物进行阻燃处理所使用的阻燃剂。

3.0.4 下列材料应进行抽样检验:

1 现场阻燃处理后的纺织织物,每种取 $2m^2$ 检验燃烧性能;

2 施工过程中受湿浸、燃烧性能可能受影响的纺织织物,每种取 $2m^2$ 检验燃烧性能。

Ⅰ 主控项目

3.0.5 纺织织物燃烧性能等级应符合设计要求。

检验方法:检查进场验收记录或阻燃处理记录。

3.0.6 现场进行阻燃施工时,应检查阻燃剂的用量、适用范围、操作方法。阻燃施工过程中,应使用计量合格的称量器具,并严格按使用说明书的要求进行施工。阻燃剂必须完全浸透织物纤维,阻燃剂干含量应符合检验报告或说明书的要求。

检验方法:检查施工记录。

3.0.7 现场进行阻燃处理的多层纺织织物,应逐层进行阻燃处理。

检验方法:检查施工记录。隐蔽层检查隐蔽工程验收记录。

Ⅱ 一般项目

3.0.8 纺织织物进行阻燃处理过程中,应保持施工区段的洁净;现场处理的纺织织物不应受污染。

检验方法：检查施工记录。

3.0.9　阻燃处理后的纺织织物外观、颜色、手感等应无明显异常。

检验方法：观察。

4　木质材料子分部装修工程

4.0.1　用于建筑内部装修的木质材料可分为天然木材和人造板材。

4.0.2　木质材料施工应检查下列文件和记录：

1　木质材料燃烧性能等级的设计要求；

2　木质材料燃烧性能型式检验报告、进场验收记录和抽样检验报告；

3　现场对木质材料进行阻燃处理的施工记录及隐蔽工程验收记录。

4.0.3　下列材料进场应进行见证取样检验：

1　B_1 级木质材料；

2　现场进行阻燃处理所使用的阻燃剂及防火涂料。

4.0.4　下列材料应进行抽样检验：

1　现场阻燃处理后的木质材料，每种取 $4m^2$ 检验燃烧性能；

2　表面进行加工后的 B_1 级木质材料，每种取 $4m^2$ 检验燃烧性能。

I 主控项目

4.0.5　木质材料燃烧性能等级应符合设计要求。

检验方法：检查进场验收记录或阻燃处理施工记录。

4.0.6　木质材料进行阻燃处理前，表面不得涂刷油漆。

检验方法：检查施工记录。

4.0.7　木质材料在进行阻燃处理时，木质材料含水率不应大于12%。

检验方法：检查施工记录。

4.0.8　现场进行阻燃施工时，应检查阻燃剂的用量、适用范围、操作方法。阻燃施工过程中，应使用计量合格的称量器具，并严格按使用说明书的要求进行施工。

检验方法：检查施工记录。

4.0.9　木质材料涂刷或浸渍阻燃剂时，应对木质材料所有表面都进行涂刷或浸渍，涂刷或浸渍后的木材阻燃剂的干含量应符合检验报告或说明书的要求。

检验方法：检查施工记录及隐蔽工程验收记录。

4.0.10　木质材料表面粘贴装饰表面或阻燃饰面时，应先对木质材料进行阻燃处理。

检验方法：检查隐蔽工程验收记录。

4.0.11　木质材料表面进行防火涂料处理时，应对木质材料的所有表面进行均匀涂刷，且不应少于2次，第二次涂刷应在第一次涂层表面干后进行；涂刷防火涂料用量不应少于 $500g/m^2$。

检验方法：观察，检查施工记录。

II 一般项目

4.0.12　现场进行阻燃处理时，应保持施工区段的洁净，现场处理的木质材料不应受污染。

检验方法：检查施工记录。

4.0.13　木质材料在涂刷防火涂料前应清理表面，且表面不应有水、灰尘或油污。

检验方法：检查施工记录。

4.0.14　阻燃处理后的木质材料表面应无明显返潮及颜色异常变化。

检验方法：观察。

5　高分子合成材料子分部装修工程

5.0.1　用于建筑内部装修的高分子合成材料可分为塑料、橡胶及橡塑材料。

5.0.2　高分子合成材料施工应检查下列文件和记录：

1　高分子合成材料燃烧性能等级的设计要求；

2　高分子合成材料燃烧性能型式检验报告、进场验收记录和抽样检验报告；

3　现场对泡沫塑料进行阻燃处理的施工记录及隐蔽工程验收记录。

5.0.3　下列材料进场应进行见证取样检验：

1　B_1、B_2 级高分子合成材料；

2　现场进行阻燃处理所使用的阻燃剂及防火涂料。

5.0.4　现场阻燃处理后的泡沫塑料应进行抽样检验，每种取 $0.1m^3$ 检验燃烧性能。

I 主控项目

5.0.5　高分子合成材料燃烧性能等级应符合设计要求。

检验方法：检查进场验收记录。

5.0.6　B_1、B_2 级高分子合成材料，应按设计要求进行施工。

检验方法：观察。

5.0.7　对具有贯穿孔的泡沫塑料进行阻燃处理时，应检查阻燃剂的用量、适用范围、操作方法。阻燃施工过程中，应使用计量合格的称量器具，并按使用说明书的要求进行施工。必须使泡沫塑料被阻燃剂浸透，阻燃剂干含量应符合检验报告或说明书的要求。

检验方法：检查施工记录及抽样检验报告。

5.0.8　顶棚内采用泡沫塑料时，应涂刷防火涂料。防火涂料宜选用耐火极限大于 30min 的超薄型钢结构防火涂料或一级饰面型防火涂料，湿涂覆比值应大于 $500g/m^2$。涂刷应均匀，且涂刷不应少于 2 次。

检验方法：观察并检查施工记录。

5.0.9　塑料电工套管的施工应满足以下要求：

1　B_2 级塑料电工套管不得明敷；

2　B_1 级塑料电工套管明敷时，应明敷在 A 级材料表面；

3　塑料电工套管穿过 B_1 级以下（含 B_1 级）的装修材料时，应采用 A 级材料或防火封堵密封件严密封堵。

检验方法：观察并检查施工记录。

II 一般项目

5.0.10　对具有贯穿孔的泡沫塑料进行阻燃处理时，应保持施工区段的洁净，避免其他工种施工。

检验方法：观察并检查施工记录。

5.0.11　泡沫塑料经阻燃处理后，不应降低其使用功能，表面不应出现明显的盐析、返潮和变硬等现象。

检验方法：观察。

5.0.12 泡沫塑料进行阻燃处理过程中，应保持施工区段的洁净；现场处理的泡沫塑料不应受污染。

检验方法：观察并检查施工记录。

6 复合材料子分部装修工程

6.0.1 用于建筑内部装修的复合材料，可包括不同种类材料按不同方式组合而成的材料组合体。

6.0.2 复合材料施工应检查下列文件和记录：

1 复合材料燃烧性能等级的设计要求；

2 复合材料燃烧性能型式检验报告、进场验收记录和抽样检验报告；

3 现场对复合材料进行阻燃处理的施工记录及隐蔽工程验收记录。

6.0.3 下列材料进场应进行见证取样检验：

1 B_1、B_2 级复合材料；

2 现场进行阻燃处理所使用的阻燃剂及防火涂料。

6.0.4 现场阻燃处理后的复合材料应进行抽样检验，每种取 $4m^2$ 检验燃烧性能。

主控项目

6.0.5 复合材料燃烧性能等级应符合设计要求。

检验方法：检查进场验收记录。

6.0.6 复合材料应按设计要求进行施工，饰面层内的芯材不得暴露。

检验方法：观察。

6.0.7 采用复合保温材料制作的通风管道，复合保温材料的芯材不得暴露。当复合保温材料芯材的燃烧性能不能达到 B_1 级时，应在复合材料表面包覆玻璃纤维布等不燃性材料，并应在其表面涂刷饰面型防火涂料。防火涂料湿涂覆比值应大于 $500g/m^2$，且至少涂刷 2 次。

检验方法：检查施工记录。

7 其他材料子分部装修工程

7.0.1 其他材料可包括防火封堵材料和涉及电气设备、灯具、防火门窗、钢结构装修的材料。

7.0.2 其他材料施工应检查下列文件和记录：

1 材料燃烧性能等级的设计要求；

2 材料燃烧性能型式检验报告、进场验收记录和抽样检验报告；

3 现场对材料进行阻燃处理的施工记录及隐蔽工程验收记录。

7.0.3 下列材料进场应进行见证取样检验：

1 B_1、B_2 级材料；

2 现场进行阻燃处理所使用的阻燃剂及防火涂料。

7.0.4 现场阻燃处理后的复合材料应进行抽样检验。

主控项目

7.0.5 材料燃烧性能等级应符合设计要求。

检验方法：检查进场验收记录。

7.0.6　防火门的表面加装贴面材料或其他装修时，不得减小门框和门的规格尺寸，不得降低防火门的耐火性能，所用贴面材料的燃烧性能等级不应低于 B₁ 级。

检验方法：检查施工记录。

7.0.7　建筑隔墙或隔板、楼板的孔洞需要封堵时，应采用防火堵料严密封堵。采用防火堵料封堵孔洞、缝隙及管道井和电缆竖井时，应根据孔洞、缝隙及管道井和电缆竖井所在位置的墙板或楼板的耐火极限要求选用防火堵料。

检验方法：观察并检查施工记录。

7.0.8　用于其他部位的防火堵料应根据施工现场情况选用，其施工方式应与检验时的方式一致。防火堵料施工后必须严密填实孔洞、缝隙。

检验方法：观察并检查施工记录。

7.0.9　采用阻火圈的部位，不得对阻火圈进行包裹，阻火圈应安装牢固。

检验方法：观察并检查施工记录。

7.0.10　电气设备及灯具的施工应满足以下要求：

1　当有配电箱及电控设备的房间内使用了低于 B₁ 级的材料进行装修时，配电箱必须采用不燃材料制作；

2　配电箱的壳体和底板应采用 A 级材料制作。配电箱不应直接安装在低于 B₁ 级的装修材料上；

3　动力、照明、电热器等电气设备的高温部位靠近 B₁ 级以下（含 B₁ 级）材料或导线穿越 B₁ 级以下（含 B₁ 级）装修材料时，应采用瓷管或防火封堵密封件分隔，并用岩棉、玻璃棉等 A 级材料隔热；

4　安装在 B₁ 级以下（含 B₁ 级）装修材料内的配件，如插座、开关等，必须采用防火封堵密封件或具有良好隔热性能的 A 级材料隔绝；

5　灯具直接安装在 B₁ 级以下（含 B₁ 级）的材料上时，应采取隔热、散热等措施；

6　灯具的发热表面不得靠近 B₁ 级以下（含 B₁ 级）的材料。

检验方法：观察并检查施工记录。

8　工程质量验收

8.0.1　建筑内部装修工程防火验收（简称工程验收）应检查下列文件和记录：

1　建筑内部装修防火设计审核文件、申请报告、设计图纸、装修材料的燃烧性能设计要求、设计变更通知单、施工单位的资质证明等；

2　进场验收记录，包括所用装修材料的清单、数量、合格证及防火性能型式检验报告；

3　装修施工过程的施工记录；

4　隐蔽工程施工防火验收记录和工程质量事故处理报告等；

5　装修施工过程中所用防火装修材料的见证取样检验报告；

6　装修施工过程中的抽样检验报告，包括隐蔽工程的施工过程中及完工后的抽样检验报告；

7　装修施工过程中现场进行涂刷、喷涂等阻燃处理的抽样检验报告。

8.0.2　工程质量验收应符合下列要求：

1　技术资料应完整；

2　所用装修材料或产品的见证取样检验结果应满足设计要求；

　　3　装修施工过程中的抽样检验结果，包括隐蔽工程的施工过程中及完工后的抽样检验结果应符合设计要求；

　　4　现场进行阻燃处理、喷涂，安装作业的抽样检验结果应符合设计要求；

　　5　施工过程中的主控项目检验结果应全部合格；

　　6　施工过程中的一般项目检验结果合格率应达到80%。

　　8.0.3　工程质量验收应由建设单位项目负责人组织施工单位项目负责人、监理工程师和设计单位项目负责人等进行。

　　8.0.4　工程质量验收时可对主控项目进行抽查。当有不合格项时，应对不合格项进行整改。

　　8.0.5　工程质量验收时，应按本规范附录D的要求填写有关记录。

　　8.0.6　当装修施工的有关资料经审查全部合格、施工过程全部符合要求、现场检查或抽样检测结果全部合格时，工程验收应为合格。

　　8.0.7　建设单位应建立建筑内部装修工程防火施工及验收档案。档案应包括防火施工及验收全过程的有关文件和记录。

18.《建筑节能工程施工质量验收规范》GB 50411-2007

1　总则（略）
2　术语（略）
3　基本规定

3.1　技术与管理

　　3.1.1　承担建筑节能工程的施工企业应具备相应的资质；施工现场应建立相应的质量管理体系、施工质量控制和检验制度，具有相应的施工技术标准。

　　3.1.2　设计变更不得降低建筑节能效果。当设计变更涉及建筑节能效果时，应经原施工图设计审查机构审查，在实施前应办理设计变更手续，并获得监理或建设单位的确认。

　　3.1.3　建筑节能工程采用的新技术、新设备、新材料、新工艺，应按照有关规定进行评审、鉴定及备案。施工前应对新的或首次采用的施工工艺进行评价，并制定专门的施工技术方案。

　　3.1.4　单位工程的施工组织设计应包括建筑节能工程施工内容。建筑节能工程施工前，施工单位应编制建筑节能工程施工方案并经监理（建设）单位审查批准。施工单位应对从事建筑节能工程施工作业的人员进行技术交底和必要的实际操作培训。

　　3.1.5　建筑节能工程的质量检测，除本规范14.1.5条规定的以外，应由具备资质的检测机构承担。

3.2　材料与设备

　　3.2.1　建筑节能工程使用的材料、设备等，必须符合设计要求及国家有关标准的规定。严禁使用国家明令禁止使用与淘汰的材料和设备。

3.2.2　材料和设备进场验收应遵守下列规定：

1　对材料和设备的品种、规格、包装、外观和尺寸等进行检查验收，并应经监理工程师（建设单位代表）确认，形成相应的验收记录。

2　对材料和设备的质量证明文件进行核查，并应经监理工程师（建设单位代表）确认，纳入工程技术档案。进入施工现场用于节能工程的材料和设备均应具有出厂合格证、中文说明书及相关性能检测报告；定型产品和成套技术应有型式检验报告，进口材料和设备应按规定进行出入境商品检验。

3　对材料和设备应按照本规范附录A及各章的规定在施工现场抽样复验。复验应为见证取样送检。

3.2.3　建筑节能工程使用材料的燃烧性能等级和阻燃处理，应符合设计要求和现行国家标准《高层民用建筑设计防火规范》GB 50045、《建筑内部装修设计防火规范》GB 50222和《建筑设计防火规范》GB 50016等的规定。

3.2.4　建筑节能工程使用的材料应符合国家现行有关标准对材料有害物质限量的规定，不得对室内外环境造成污染。

3.2.5　现场配制的材料如保温浆料、聚合物砂浆等，应按设计要求或试验室给出的配合比配制。当未给出要求时，应按照施工方案和产品说明书配制。

3.2.6　节能保温材料在施工使用时的含水率应符合设计要求、工艺要求及施工技术方案要求。当无上述要求时，节能保温材料在施工使用时的含水率不应大于正常施工环境湿度下的自然含水率，否则应采取降低含水率的措施。

3.3　施工与控制

3.3.1　建筑节能工程应按照经审查合格的设计文件和经审查批准的施工方案施工。

3.3.2　建筑节能工程施工前，对于采用相同建筑节能设计的房间和构造做法，应在现场采用相同材料和工艺制作样板间或样板件，经有关各方确认后方可进行施工。

3.3.3　建筑节能工程的施工作业环境和条件，应满足相关标准和施工工艺的要求。节能保温材料不宜在雨雪天气中露天施工。

3.4　验收的划分

3.4.1　建筑节能工程为单位建筑工程的一个分部工程。其分项工程和检验批的划分，应符合下列规定：

1　建筑节能分项工程应按照表3.4.1划分。

2　建筑节能工程应按照分项工程进行验收。当建筑节能分项工程的工程量较大时，可以将分项工程划分为若干个检验批进行验收。

3　当建筑节能工程验收无法按照上述要求划分分项工程或检验批时，可由建设、监理、施工等各方协商进行划分。但验收项目、验收内容、验收标准和验收记录均应遵守本规范的规定。

4　建筑节能分项工程和检验批的验收应单独填写验收记录，节能验收资料应单独组卷。

建筑节能分项工程划分　　　　　　　　　　　　　　　　表 3.4.1

序号	分项工程	主要验收内容
1	墙体节能工程	主体结构基层；保温材料；饰面层等

序号	分项工程	主要验收内容
2	幕墙节能工程	主体结构基层;隔热材料;保温材料;隔汽层;幕墙玻璃;单元式幕墙板块;通风换气系统;遮阳设施;冷凝水收集排放系统等
3	门窗节能工程	门;窗;玻璃;遮阳设施等
4	屋面节能工程	基层;保温隔热层;保护层;防水层;面层等
5	地面节能工程	基层;保温层;保护层;面层等
6	采暖节能工程	系统制式;散热器;阀门与仪表;热力入口装置;保温材料;调试等
7	通风与空气调节节能工程	系统制式;通风与空调设备;阀门与仪表;绝热材料;调试等
8	空调与采暖系统的冷热源及管网节能工程	系统制式;冷热源设备;辅助设备;管网;阀门与仪表;绝热、保温材料;调试等
9	配电与照明节能工程	低压配电电源;照明光源、灯具;附属装置;控制功能;调试等
10	监测与控制节能工程	冷、热源系统的监测控制系统;空调水系统的监测控制系统;通风与空调系统的监测控制系统;监测与计量装置;供配电的监测控制系统;照明自动控制系统;综合控制系统等

4 墙体节能工程

4.1 一般规定

4.1.1 本章适用于采用板材、浆料、块材及预制复合墙板等墙体保温材料或构件的建筑墙体节能工程质量验收。

4.1.2 主体结构完成后进行施工的墙体节能工程,应在基层质量验收合格后施工,施工过程中应及时进行质量检查、隐蔽工程验收和检验批验收,施工完成后应进行墙体节能分项工程验收。与主体结构同时施工的墙体节能工程,应与主体结构一同验收。

4.1.3 墙体节能工程当采用外保温定型产品或成套技术时,其型式检验报告中应包括安全性和耐候性检验。

4.1.4 墙体节能工程应对下列部位或内容进行隐蔽工程验收,并应有详细的文字记录和必要的图像资料:

1 保温层附着的基层及其表面处理;

2 保温板粘结或固定;

3 锚固件;

4 增强网铺设;

5 墙体热桥部位处理;

6 预置保温板或预制保温墙板的板缝及构造节点;

7 现场喷涂或浇注有机类保温材料的界面;

8 被封闭的保温材料厚度;

9 保温隔热砌块填充墙体。

4.1.5 墙体节能工程的保温材料在施工过程中应采取防潮、防水等保护措施。

4.1.6 墙体节能工程验收的检验批划分应符合下列规定：

1 采用相同材料、工艺和施工做法的墙面，每 500 ~ 1000m² 面积划分为一个检验批，不足 500m² 也为一个检验批。

2 检验批的划分也可根据与施工流程相一致且方便施工与验收的原则，由施工单位与监理（建设）单位共同商定。

4.2 主控项目

4.2.1 用于墙体节能工程的材料、构件等，其品种、规格应符合设计要求和相关标准的规定。

检验方法：观察、尺量检查；核查质量证明文件。

检查数量：按进场批次，每批随机抽取 3 个试样进行检查；质量证明文件应按照其出厂检验批进行核查。

4.2.2 墙体节能工程使用的保温隔热材料，其导热系数、密度、抗压强度或压缩强度、燃烧性能应符合设计要求。

检验方法：核查质量证明文件及进场复验报告。

检查数量：全数检查。

4.2.3 墙体节能工程采用的保温材料和粘结材料等，进场时应对其下列性能进行复验，复验应为见证取样送检：

1 保温材料的导热系数、密度、抗压强度或压缩强度；

2 粘结材料的粘结强度；

3 增强网的力学性能、抗腐蚀性能。

检验方法：随机抽样送检，核查复验报告。

检查数量：同一厂家同一品种的产品，当单位工程建筑面积在 20000m² 以下时各抽查不少于 3 次；当单位工程建筑面积在 20000m² 以上时各抽查不少于 6 次。

4.2.4 严寒和寒冷地区外保温使用的粘结材料，其冻融试验结果应符合该地区最低气温环境的使用要求。

检验方法：核查质量证明文件。

检查数量：全数检查。

4.2.5 墙体节能工程施工前应按照设计和施工方案的要求对基层进行处理，处理后的基层应符合保温层施工方案的要求。

检验方法：对照设计和施工方案观察检查；核查隐蔽工程验收记录。

检查数量：全数检查。

4.2.6 墙体节能工程各层构造做法应符合设计要求，并应按照经过审批的施工方案施工。

检验方法：对照设计和施工方案观察检查；核查隐蔽工程验收记录。

检查数量：全数检查。

4.2.7 墙体节能工程的施工，应符合下列规定：

1 保温隔热材料的厚度必须符合设计要求。

2 保温板材与基层及各构造层之间的粘结或连接必须牢固。粘结强度和连接方式应符合设计要求。保温板材与基层的粘结强度应做现场拉拔试验。

3 保温浆料应分层施工。当采用保温浆料做外保温时，保温层与基层之间及各层之间的粘结必须牢固，不应脱层、空鼓和开裂。

4 当墙体节能工程的保温层采用预埋或后置锚固件固定时，锚固件数量、位置、锚固深度和拉拔力应符合设计要求。后置锚固件应进行锚固力现场拉拔试验。

检验方法：观察；手扳检查；保温材料厚度采用钢针插入或剖开尺量检查；粘结强度和锚固力核查试验报告；核查隐蔽工程验收记录。

检查数量：每个检验批抽查不少于 3 处。

4.2.8 外墙采用预置保温板现场浇筑混凝土墙体时，保温板的验收应符合本规范第 4.2.2 条的规定；保温板的安装位置应正确、接缝严密，保温板在浇筑混凝土过程中不得移位、变形，保温板表面应采取界面处理措施，与混凝土粘结应牢固。

混凝土和模板的验收，应按《混凝土结构工程施工质量验收规范》GB 50204 的相关规定执行。

检验方法：观察检查；核查隐蔽工程验收记录。

检查数量：全数检查。

4.2.9 当外墙采用保温浆料做保温层时，应在施工中制作同条件养护试件，检测其导热系数、干密度和压缩强度。保温浆料的同条件养护试件应见证取样送检。

检验方法：核查试验报告。

检查数量：每个检验批应抽样制作同条件养护试块不少于 3 组。

4.2.10 墙体节能工程各类饰面层的基层及面层施工，应符合设计和《建筑装饰装修工程质量验收规范》GB 50210 的要求，并应符合下列规定：

1 饰面层施工的基层应无脱层、空鼓和裂缝，基层应平整、洁净，含水率应符合饰面层施工的要求。

2 外墙外保温工程不宜采用粘贴饰面砖做饰面层；当采用时，其安全性与耐久性必须符合设计要求。饰面砖应做粘结强度拉拔试验，试验结果应符合设计和有关标准的规定。

3 外墙外保温工程的饰面层不得渗漏。当外墙外保温工程的饰面层采用饰面板开缝安装时，保温层表面应具有防水功能或采取其他防水措施。

4 外墙外保温层及饰面层与其他部位交接的收口处，应采取密封措施。

检验方法：观察检查；核查试验报告和隐蔽工程验收记录。

检查数量：全数检查。

4.2.11 保温砌块砌筑的墙体，应采用具有保温功能的砂浆砌筑。砌筑砂浆的强度等级应符合设计要求。砌体的水平灰缝饱满度不应低于 90%，竖直灰缝饱满度不应低于 80%。

检验方法：对照设计核查施工方案和砌筑砂浆强度试验报告。用百格网检查灰缝砂浆饱满度。

检查数量：每楼层的每个施工段至少抽查一次，每次抽查 5 处，每处不少于 3 个砌块。

4.2.12 采用预制保温墙板现场安装的墙体，应符合下列规定：

1 保温墙板应有型式检验报告，型式检验报告中应包含安装性能的检验；

2 保温墙板的结构性能、热工性能及与主体结构的连接方法应符合设计要求，与主体结构连接必须牢固；

3 保温墙板的板缝处理、构造节点及嵌缝做法应符合设计要求；

4 保温墙板板缝不得渗漏。

检验方法：核查型式检验报告、出厂检验报告、对照设计观察和淋水试验检查；核查隐蔽工程验收记录。

检查数量：型式检验报告、出厂检验报告全数核查；其他项目每个检验批抽查 5%，并不少于 3 块（处）。

4.2.13　当设计要求在墙体内设置隔汽层时，隔汽层的位置、使用的材料及构造做法应符合设计要求和相关标准的规定。隔汽层应完整、严密，穿透隔汽层处应采取密封措施。隔汽层冷凝水排水构造应符合设计要求。

　　检验方法：对照设计观察检查；核查质量证明文件和隐蔽工程验收记录。

　　检查数量：每个检验批抽查 5%，并不少于 3 处。

4.2.14　外墙或毗邻不采暖空间墙体上的门窗洞口四周的侧面，墙体上凸窗四周的侧面，应按设计要求采取节能保温措施。

　　检验方法：对照设计观察检查，必要时抽样剖开检查；核查隐蔽工程验收记录。

　　检查数量：每个检验批抽查 5%，并不少于 5 个洞口。

4.2.15　严寒和寒冷地区外墙热桥部位，应按设计要求采取节能保温等隔断热桥措施。

　　检验方法：对照设计和施工方案观察检查；核查隐蔽工程验收记录。

　　检查数量：按不同热桥种类，每种抽查 20%，并不少于 5 处。

4.3　一般项目

4.3.1　进场节能保温材料与构件的外观和包装应完整无破损，符合设计要求和产品标准的规定。

　　检验方法：观察检查。

　　检查数量：全数检查。

4.3.2　当采用加强网作为防止开裂的措施时，加强网的铺贴和搭接应符合设计和施工方案的要求。砂浆抹压应密实，不得空鼓，加强网不得皱褶、外露。

　　检验方法：观察检查；核查隐蔽工程验收记录。

　　检查数量：每个检验批抽查不少于 5 处，每处不少于 $2m^2$。

4.3.3　设置空调的房间，其外墙热桥部位应按设计要求采取隔断热桥措施。

　　检验方法：对照设计和施工方案观察检查；核查隐蔽工程验收记录。

　　检查数量：按不同热桥种类，每种抽查 10%，并不少于 5 处。

4.3.4　施工产生的墙体缺陷，如穿墙套管、脚手眼、孔洞等，应按照施工方案采取隔断热桥措施，不得影响墙体热工性能。

　　检验方法：对照施工方案观察检查。

　　检查数量：全数检查。

4.3.5　墙体保温板材接缝方法应符合施工方案要求。保温板接缝应平整严密。

　　检验方法：观察检查。

　　检查数量：每个检验批抽查 10%，并不少于 5 处。

4.3.6　墙体采用保温浆料时，保温浆料层宜连续施工；保温浆料厚度应均匀、接茬应平顺密实。

　　检验方法：观察、尺量检查。

　　检查数量：每个检验批抽查 10%，并不少于 10 处。

4.3.7　墙体上容易碰撞的阳角、门窗洞口及不同材料基体的交接处等特殊部位，其保温层应采取防止开裂和破损的加强措施。

　　检验方法：观察检查；核查隐蔽工程验收记录。

　　检查数量：按不同部位，每类抽查 10%，并不少于 5 处。

4.3.8 采用现场喷涂或模板浇注的有机类保温材料做外保温时，有机类保温材料应达到陈化时间后方可进行下道工序施工。

检查方法：对照施工方案和产品说明书进行检查。

检查数量：全数检查。

5 幕墙节能工程

5.1 一般规定

5.1.1 本章适用于透明和非透明的各类建筑幕墙的节能工程质量验收。

5.1.2 附着于主体结构上的隔汽层、保温层应在主体结构工程质量验收合格后施工。施工过程中应及时进行质量检查、隐蔽工程验收和检验批验收，施工完成后应进行幕墙节能分项工程验收。

5.1.3 当幕墙节能工程采用隔热型材时，隔热型材生产厂家应提供型材所使用的隔热材料的力学性能和热变形性能试验报告。

5.1.4 幕墙节能工程施工中应对下列部位或项目进行隐蔽工程验收，并应有详细的文字记录和必要的图像资料：

1 被封闭的保温材料厚度和保温材料的固定；

2 幕墙周边与墙体的接缝处保温材料的填充；

3 构造缝、结构缝；

4 隔汽层；

5 热桥部位、断热节点；

6 单元式幕墙板块间的接缝构造；

7 冷凝水收集和排放构造；

8 幕墙的通风换气装置。

5.1.5 幕墙节能工程使用的保温材料在安装过程中应采取防潮、防水等保护措施。

5.1.6 幕墙节能工程检验批划分，可按照《建筑装饰装修工程质量验收规范》GB 50210 的规定执行。

5.2 主控项目

5.2.1 用于幕墙节能工程的材料、构件等，其品种、规格应符合设计要求和相关标准的规定。

检验方法：观察、尺量检查；核查质量证明文件。

检查数量：按进场批次，每批随机抽取 3 个试样进行检查；质量证明文件应按照其出厂检验批进行核查。

5.2.2 幕墙节能工程使用的保温隔热材料，其导热系数、密度、燃烧性能应符合设计要求。幕墙玻璃的传热系数、遮阳系数、可见光透射比、中空玻璃露点应符合设计要求。

检验方法：核查质量证明文件和复验报告。

检查数量：全数核查。

5.2.3 幕墙节能工程使用的材料、构件等进场时，应对其下列性能进行复验，复验应为见证取样送检：

1 保温材料：导热系数、密度；

2 幕墙玻璃：可见光透射比、传热系数、遮阳系数、中空玻璃露点；

3 隔热型材：抗拉强度、抗剪强度。

检验方法：进场时抽样复验，验收时核查复验报告。

检查数量：同一厂家的同一种产品抽查不少于一组。

5.2.4 幕墙的气密性能应符合设计规定的等级要求。当幕墙面积大于 3000m² 或建筑外墙面积 50% 时，应现场抽取材料和配件，在检测试验室安装制作试件进行气密性能检测，检测结果应符合设计规定的等级要求。

密封条应镶嵌牢固、位置正确、对接严密。单元幕墙板块之间的密封应符合设计要求。开启扇应关闭严密。

检验方法：观察及启闭检查；核查隐蔽工程验收记录、幕墙气密性能检测报告、见证记录。

气密性能检测试件应包括幕墙的典型单元、典型拼缝、典型可开启部分。试件应按照幕墙工程施工图进行设计。试件设计应经建筑设计单位项目负责人、监理工程师同意并确认。气密性能的检测应按照国家现行有关标准的规定执行。

检查数量：核查全部质量证明文件和性能检测报告。现场观察及启闭检查按检验批抽查 30%，并不少于 5 件（处）。气密性能检测应对一个单位工程中面积超过 1000m² 的每一种幕墙均抽取一个试件进行检测。

5.2.5 幕墙节能工程使用的保温材料，其厚度应符合设计要求，安装牢固，且不得松脱。

检验方法：对保温板或保温层采取针插法或剖开法，尺量厚度；手扳检查。

检查数量：按检验批抽查 10%，并不少于 5 处。

5.2.6 遮阳设施的安装位置应满足设计要求。遮阳设施的安装应牢固。

检验方法：观察；尺量；手扳检查。

检查数量：检查全数的 10%，并不少于 5 处；牢固程度全数检查。

5.2.7 幕墙工程热桥部位的隔断热桥措施应符合设计要求，断热节点的连接应牢固。

检验方法：对照幕墙节能设计文件，观察检查。

检查数量：按检验批抽查 10%，并不少于 5 处。

5.2.8 幕墙隔汽层应完整、严密、位置正确，穿透隔汽层处的节点构造应采取密封措施。

检验方法：观察检查。

检查数量：按检验批抽查 10%，并不少于 5 处。

5.2.9 冷凝水的收集和排放应通畅，并不得渗漏。

检验方法：通水试验、观察检查。

检查数量：按检验批抽查 10%，并不少于 5 处。

5.3 一般项目

5.3.1 镀（贴）膜玻璃的安装方向、位置应正确。中空玻璃应采用双道密封。中空玻璃的均压管应密封处理。

检验方法：观察；检查施工记录。

检查数量：每个检验批抽查 10%，并不少于 5 件（处）。

5.3.2 单元式幕墙板块组装应符合下列要求：

1 密封条：规格正确，长度无负偏差，接缝的搭接符合设计要求；

2 保温材料：固定牢固，厚度符合设计要求；

3 隔汽层：密封完整、严密；

4 冷凝水排水系统通畅，无渗漏。

检验方法：观察检查；手扳检查；尺量；通水试验。

检查数量：每个检验批抽查 10%，并不少于 5 件（处）。

5.3.3 幕墙与周边墙体间的接缝处应采用弹性闭孔材料填充饱满，并应采用耐候密封胶密封。

检验方法：观察检查。

检查数量：每个检验批抽查 10%，并不少于 5 件（处）。

5.3.4 伸缩缝、沉降缝、抗震缝的保温或密封做法应符合设计要求。

检验方法：对照设计文件观察检查。

检查数量：每个检验批抽查 10%，并不少于 10 件（处）。

5.3.5 活动遮阳设施的调节机构应灵活，并应能调节到位。

检验方法：现场调节试验，观察检查。

检查数量：每个检验批抽查 10%，并不少于 10 件（处）。

6 门窗节能工程

6.1 一般规定

6.1.1 本章适用于建筑外门窗节能工程的质量验收，包括金属门窗、塑料门窗、木质门窗、各种复合门窗、特种门窗、天窗以及门窗玻璃安装等节能工程。

6.1.2 建筑门窗进场后，应对其外观、品种、规格及附件等进行检查验收，对质量证明文件进行核查。

6.1.3 建筑外门窗工程施工中，应对门窗框与墙体接缝处的保温填充做法进行隐蔽工程验收，并应有隐蔽工程验收记录和必要的图像资料。

6.1.4 建筑外门窗工程的检验批应按下列规定划分：

1 同一厂家的同一品种、类型、规格的门窗及门窗玻璃每 100 樘划分为一个检验批，不足 100 樘也为一个检验批。

2 同一厂家的同一品种、类型和规格的特种门每 50 樘划分为一个检验批，不足 50 樘也为一个检验批。

3 对于异形或有特殊要求的门窗，检验批的划分应根据其特点和数量，由监理（建设）单位和施工单位协商确定。

6.1.5 建筑外门窗工程的检查数量应符合下列规定：

1 建筑门窗每个检验批应抽查 5%，并不少于 3 樘，不足 3 樘时应全数检查；高层建筑的外窗，每个检验批应抽查 10%，并不少于 6 樘，不足 6 樘时应全数检查。

2 特种门每个检验批应抽查 50%，并不少于 10 樘，不足 10 樘时应全数检查。

6.2 主控项目

6.2.1 建筑外门窗的品种、规格应符合设计要求和相关标准的规定。

检验方法：观察、尺量检查；核查质量证明文件。

检查数量：按本规范第 6.1.5 条执行；质量证明文件应按照其出厂检验批进行核查。

6.2.2 建筑外窗的气密性、保温性能、中空玻璃露点、玻璃遮阳系数和可见光透射比应符合设计要求。

检验方法：核查质量证明文件和复验报告。

检查数量：全数核查。

6.2.3 建筑外窗进入施工现场时，应按地区类别对其下列性能进行复验，复验应为见证取样送检：

1 严寒、寒冷地区：气密性、传热系数和中空玻璃露点；

2 夏热冬冷地区：气密性、传热系数、玻璃遮阳系数、可见光透射比、中空玻璃露点；

3 夏热冬暖地区：气密性、玻璃遮阳系数、可见光透射比、中空玻璃露点。

检验方法：随机抽样送检；核查复验报告。

检查数量：同一厂家同一品种同一类型的产品各抽查不少于3樘（件）。

6.2.4 建筑门窗采用的玻璃品种应符合设计要求。中空玻璃应采用双道密封。

检验方法：观察检查；核查质量证明文件。

检查数量：按本规范第6.1.5条执行。

6.2.5 金属外门窗隔断热桥措施应符合设计要求和产品标准的规定，金属副框的隔断热桥措施应与门窗框的隔断热桥措施相当。

检验方法：随机抽样，对照产品设计图纸，剖开或拆开检查。

检查数量：同一厂家同一品种、类型的产品各抽查不少于1樘。金属副框的隔断热桥措施按检验批抽查30%。

6.2.6 严寒、寒冷、夏热冬冷地区的建筑外窗，应对其气密性做现场实体检验，检测结果应满足设计要求。

检验方法：随机抽样现场检验。

检查数量：同一厂家同一品种、类型的产品各抽查不少于3樘。

6.2.7 外门窗框或副框与洞口之间的间隙应采用弹性闭孔材料填充饱满，并使用密封胶密封；外门窗框与副框之间的缝隙应使用密封胶密封。

检验方法：观察检查；核查隐蔽工程验收记录。

检查数量：全数检查。

6.2.8 严寒、寒冷地区的外门安装，应按照设计要求采取保温、密封等节能措施。

检验方法：观察检查。

检查数量：全数检查。

6.2.9 外窗遮阳设施的性能、尺寸应符合设计和产品标准要求；遮阳设施的安装应位置正确、牢固，满足安全和使用功能的要求。

检验方法：核查质量证明文件；观察、尺量、手扳检查。

检查数量：按本规范第6.1.5条执行；安装牢固程度全数检查。

6.2.10 特种门的性能应符合设计和产品标准要求；特种门安装中的节能措施，应符合设计要求。

检验方法：核查质量证明文件；观察、尺量检查。

检查数量：全数检查。

6.2.11 天窗安装的位置、坡度应正确，封闭严密，嵌缝处不得渗漏。

检验方法：观察、尺量检查；淋水检查。

检查数量：按本规范第6.1.5条执行。

6.3 一般项目

6.3.1 门窗扇密封条和玻璃镶嵌的密封条，其物理性能应符合相关标准的规定。密封条安装位置应正确，镶嵌牢固，不得脱槽，接头处不得开裂。关闭门窗时密封条应接触严密。

检验方法：观察检查。

检查数量：全数检查。

6.3.2　门窗镀（贴）膜玻璃的安装方向应正确，中空玻璃的均压管应密封处理。

检验方法：观察检查。

检查数量：全数检查。

6.3.3　外门窗遮阳设施调节应灵活，能调节到位。

检验方法：现场调试试验检查。

检查数量：全数检查。

7　屋面节能工程

7.1　一般规定

7.1.1　本章适用于建筑屋面节能工程，包括采用松散保温材料、现浇保温材料、喷涂保温材料、板材、块材等保温隔热材料的屋面节能工程的质量验收。

7.1.2　屋面保温隔热工程的施工，应在基层质量验收合格后进行。施工过程中应及时进行质量检查、隐蔽工程验收和检验批验收，施工完成后应进行屋面节能分项工程验收。

7.1.3　屋面保温隔热工程应对下列部位进行隐蔽工程验收，并应有详细的文字记录和必要的图像资料：

1　基层；

2　保温层的敷设方式、厚度；板材缝隙填充质量；

3　屋面热桥部位；

4　隔汽层。

7.1.4　屋面保温隔热层施工完成后，应及时进行找平层和防水层的施工，避免保温隔热层受潮、浸泡或受损。

7.2　主控项目

7.2.1　用于屋面节能工程的保温隔热材料，其品种、规格应符合设计要求和相关标准的规定。

检验方法：观察、尺量检查；核查质量证明文件。

检查数量：按进场批次，每批随机抽取 3 个试样进行检查；质量证明文件应按照其出厂检验批进行核查。

7.2.2　屋面节能工程使用的保温隔热材料，其导热系数、密度、抗压强度或压缩强度、燃烧性能应符合设计要求。

检验方法：核查质量证明文件及进场复验报告。

检查数量：全数检查。

7.2.3　屋面节能工程使用的保温隔热材料，进场时应对其导热系数、密度、抗压强度或压缩强度、燃烧性能进行复验，复验应为见证取样送检。

检验方法：随机抽样送检，核查复验报告。

检查数量：同一厂家同一品种的产品各抽查不少于 3 组。

7.2.4　屋面保温隔热层的敷设方式、厚度、缝隙填充质量及屋面热桥部位的保温隔热做法，必须符合设计要求和有关标准的规定。

检验方法：观察、尺量检查。

检查数量：每 100m² 抽查一处，每处 10m²，整个屋面抽查不得少于 3 处。

7.2.5 屋面的通风隔热架空层，其架空高度、安装方式、通风口位置及尺寸应符合设计及有关标准要求。架空层内不得有杂物。架空面层应完整，不得有断裂和露筋等缺陷。

检验方法：观察、尺量检查。

检查数量：每 100m² 抽查一处，每处 10m²，整个屋面抽查不得少于 3 处。

7.2.6 采光屋面的传热系数、遮阳系数、可见光透射比、气密性应符合设计要求。节点的构造做法应符合设计和相关标准的要求。采光屋面的可开启部分应按本规范第 6 章的要求验收。

检验方法：核查质量证明文件；观察检查。

检查数量：全数检查。

7.2.7 采光屋面的安装应牢固，坡度正确，封闭严密，嵌缝处不得渗漏。

检验方法：观察、尺量检查；淋水检查；核查隐蔽工程验收记录。

检查数量：全数检查。

7.2.8 屋面的隔汽层位置应符合设计要求，隔汽层应完整、严密。

检验方法：对照设计观察检查；核查隐蔽工程验收记录。

检查数量：每 100m² 抽查一处，每处 10m²，整个屋面抽查不得少于 3 处。

7.3 一般项目

7.3.1 屋面保温隔热层应按施工方案施工，并应符合下列规定：

1 松散材料应分层敷设、按要求压实、表面平整、坡向正确；

2 现场采用喷、浇、抹等工艺施工的保温层，其配合比应计量准确，搅拌均匀、分层连续施工，表面平整，坡向正确。

3 板材应粘贴牢固、缝隙严密、平整。

检验方法：观察、尺量、称重检查。

检查数量：每 100m² 抽查一处，每处 10m²，整个屋面抽查不得少于 3 处。

7.3.2 金属板保温夹芯屋面应铺装牢固、接口严密、表面洁净、坡向正确。

检验方法：观察、尺量检查；核查隐蔽工程验收记录。

检查数量：全数检查。

7.3.3 坡屋面、内架空屋面当采用敷设于屋面内侧的保温材料做保温隔热层时，保温隔热层应有防潮措施，其表面应有保护层，保护层的做法应符合设计要求。

检验方法：观察检查；核查隐蔽工程验收记录。

检查数量：每 100m² 抽查一处，每处 10m²，整个屋面抽查不得少于 3 处。

8 地面节能工程

8.1 一般规定

8.1.1 本章适用于建筑地面节能工程的质量验收。包括底面接触室外空气、土壤或毗邻不采暖空间的地面节能工程。

8.1.2 地面节能工程的施工，应在主体或基层质量验收合格后进行。施工过程中应及时进行质量检查、隐蔽工程验收和检验批验收，施工完成后应进行地面节能分项工程验收。

8.1.3 地面节能工程应对下列部位进行隐蔽工程验收，并应有详细的文字记录和必要的图像资料：

1 基层；

2 被封闭的保温材料厚度；

3 保温材料粘结；

4 隔断热桥部位。

8.1.4 地面节能分项工程检验批划分应符合下列规定：

1 检验批可按施工段或变形缝划分；

2 当面积超过 200m^2 时，每 200m^2 可划分为一个检验批，不足 200m^2 也为一个检验批；

3 不同构造做法的地面节能工程应单独划分检验批。

8.2 主控项目

8.2.1 用于地面节能工程的保温材料，其品种、规格应符合设计要求和相关标准的规定。

检验方法：观察、尺量或称重检查；核查质量证明文件。

检查数量：按进场批次，每批随机抽取 3 个试样进行检查；质量证明文件应按照其出厂检验批进行核查。

8.2.2 地面节能工程使用的保温材料，其导热系数、密度、抗压强度或压缩强度、燃烧性能应符合设计要求。

检验方法：核查质量证明文件和复验报告。

检查数量：全数核查。

8.2.3 地面节能工程采用的保温材料，进场时应对其导热系数、密度、抗压强度或压缩强度、燃烧性能进行复验，复验应为见证取样送检。

检验方法：随机抽样送检，核查复验报告。

检查数量：同一厂家同一品种的产品各抽查不少于 3 组。

8.2.4 地面节能工程施工前，应对基层进行处理，使其达到设计和施工方案的要求。

检验方法：对照设计和施工方案观察检查。

检查数量：全数检查。

8.2.5 地面保温层、隔离层、保护层等各层的设置和构造做法以及保温层的厚度应符合设计要求，并应按施工方案施工。

检验方法：对照设计和施工方案观察检查；尺量检查。

检查数量：全数检查。

8.2.6 地面节能工程的施工质量应符合下列规定：

1 保温板与基层之间、各构造层之间的粘结应牢固，缝隙应严密；

2 保温浆料应分层施工；

3 穿越地面直接接触室外空气的各种金属管道应按设计要求，采取隔断热桥的保温措施。

检验方法：观察检查；核查隐蔽工程验收记录。

检查数量：每个检验批抽查 2 处，每处 10m^2；穿越地面的金属管道处全数检查。

8.2.7 有防水要求的地面，其节能保温做法不得影响地面排水坡度，保温层面层不得渗漏。

检验方法：用长度 500mm 水平尺检查；观察检查。

检查数量：全数检查。

8.2.8 严寒、寒冷地区的建筑首层直接与土壤接触的地面、采暖地下室与土壤接触的外墙、毗邻不采暖空间的地面以及底面直接接触室外空气的地面应按设计要求采取保温措施。

检验方法：对照设计观察检查。

检查数量：全数检查。

8.2.9 保温层的表面防潮层、保护层应符合设计要求。

检验方法：观察检查。

检查数量：全数检查。

8.3 一般项目

8.3.1 采用地面辐射采暖的工程，其地面节能做法应符合设计要求，并应符合《地面辐射供暖技术规程》JGJ 142 的规定。

检验方法：观察检查。

检查数量：全数检查。

9 采暖节能工程

9.1 一般规定

9.1.1 本章适用于温度不超过 95℃室内集中热水采暖系统节能工程施工质量的验收。

9.1.2 采暖系统节能工程的验收，可按系统、楼层等进行，并应符合本规范第 3.4.1 条的规定。

9.2 主控项目

9.2.1 采暖系统节能工程采用的散热设备、阀门、仪表、管材、保温材料等产品进场时，应按设计要求对其类型、材质、规格及外观等进行验收，并应经监理工程师（建设单位代表）检查认可，且应形成相应的验收记录。各种产品和设备的质量证明文件和相关技术资料应齐全，并应符合国家现行有关标准和规定。

检验方法：观察检查；核查质量证明文件和相关技术资料。

检查数量：全数检查。

9.2.2 采暖系统节能工程采用的散热器和保温材料等进场时，应对其下列技术性能参数进行复验，复验应为见证取样送检：

1 散热器的单位散热量、金属热强度；

2 保温材料的导热系数、密度、吸水率。

检验方法：现场随机抽样送检；核查复验报告。

检查数量：同一厂家同一规格的散热器按其数量的 1% 进行见证取样送检，但不得少于 2 组；同一厂家同材质的保温材料见证取样送检的次数不得少于 2 次。

9.2.3 采暖系统的安装应符合下列规定：

1 采暖系统的制式，应符合设计要求；

2 散热设备、阀门、过滤器、温度计及仪表应按设计要求安装齐全，不得随意增减和更换；

3 室内温度调控装置、热计量装置、水力平衡装置以及热力入口装置的安装位置和方向应符合设计要求，并便于观察、操作和调试；

4 温度调控装置和热计量装置安装后，采暖系统应能实现设计要求的分室（区）温度调控、分栋热计量和分户或分室（区）热量分摊的功能。

检验方法：观察检查。

检查数量：全数检查。

9.2.4 散热器及其安装应符合下列规定：

1 每组散热器的规格、数量及安装方式应符合设计要求；

2 散热器外表面应刷非金属性涂料。

检验方法：观察检查。

检查数量：按散热器组数抽查5%，不得少于5组。

9.2.5 散热器恒温阀及其安装应符合下列规定：

1 恒温阀的规格、数量应符合设计要求；

2 明装散热器恒温阀不应安装在狭小和封闭空间，其恒温阀阀头应水平安装，且不应被散热器、窗帘或其他障碍物遮挡；

3 暗装散热器的恒温阀应采用外置式温度传感器，并应安装在空气流通且能正确反映房间温度的位置上。

检验方法：观察检查。

检查数量：按总数抽查5%，不得少于5个。

9.2.6 低温热水地面辐射供暖系统的安装除了应符合本规范第9.2.3条的规定外，尚应符合下列规定：

1 防潮层和绝热层的做法及绝热层的厚度应符合设计要求；

2 室内温控装置的传感器应安装在避开阳光直射和有发热设备且距地1.4m处的内墙面上。

检验方法：防潮层和绝热层隐蔽前观察检查；用钢针刺入绝热层、尺量；观察检查、尺量室内温控装置传感器的安装高度。

检查数量：防潮层和绝热层按检验批抽查5处，每处检查不少于5点；温控装置按每个检验批抽查10个。

9.2.7 采暖系统热力入口装置的安装应符合下列规定：

1 热力入口装置中各种部件的规格、数量，应符合设计要求；

2 热计量装置、过滤器、压力表、温度计的安装位置、方向应正确，并便于观察、维护；

3 水力平衡装置及各类阀门的安装位置、方向应正确，并便于操作和调试。安装完毕后，应根据系统水力平衡要求进行调试并做出标志。

检验方法：观察检查；核查进场验收记录和调试报告。

检查数量：全数检查。

9.2.8 采暖管道保温层和防潮层的施工应符合下列规定：

1 保温层应采用不燃或难燃材料，其材质、规格及厚度等应符合设计要求；

2 保温管壳的粘贴应牢固、铺设应平整；硬质或半硬质的保温管壳每节至少应用防腐金属丝或难腐织带或专用胶带进行捆扎或粘贴2道，其间距为300～350mm，且捆扎、粘贴应紧密，无滑动、松弛及断裂现象；

3 硬质或半硬质保温管壳的拼接缝隙不应大于5mm，并用粘结材料勾缝填满；纵缝应错开，外层的水平接缝应设在侧下方；

4 松散或软质保温材料应按规定的密度压缩其体积，疏密应均匀；毡类材料在管道上包扎时，搭接处不应有空隙；

5 防潮层应紧密粘贴在保温层上，封闭良好，不得有虚粘、气泡、褶皱、裂缝等缺陷；

6 防潮层的立管应由管道的低端向高端敷设，环向搭接缝应朝向低端；纵向搭接缝应位于管道的侧面，并顺水；

7 卷材防潮层采用螺旋形缠绕的方式施工时，卷材的搭接宽度宜为30～50mm；

8 阀门及法兰部位的保温层结构应严密，且能单独拆卸并不得影响其操作功能。

检验方法：观察检查；用钢针刺入保温层、尺量。

检查数量：按数量抽查10%，且保温层不得少于10段、防潮层不得少于10m，阀门等配件不得少于5个。

9.2.9 采暖系统应随施工进度对与节能有关的隐蔽部位或内容进行验收，并应有详细的文字记录和必要的图像资料。

检验方法：观察检查；核查隐蔽工程验收记录。

检查数量：全数检查。

9.2.10 采暖系统安装完毕后，应在采暖期内与热源进行联合试运转和调试。联合试运转和调试结果应符合设计要求，采暖房间温度相对于设计计算温度不得低于2℃，且不高于1℃。

检验方法：检查室内采暖系统试运转和调试记录。

检查数量：全数检查。

9.3 一般项目

9.3.1 采暖系统过滤器等配件的保温层应密实、无空隙，且不得影响其操作功能。

检验方法：观察检查。

检查数量：按类别数量抽查10%，且均不得少于2件。

10 通风与空调节能工程

10.1 一般规定

10.1.1 本章适用于通风与空调系统节能工程施工质量的验收。

10.1.2 通风与空调系统节能工程的验收，可按系统、楼层等进行，并应符合本规范第3.4.1条的规定。

10.2 主控项目

10.2.1 通风与空调系统节能工程所使用的设备、管道、阀门、仪表、绝热材料等产品进场时，应按设计要求对其类型、材质、规格及外观等进行验收，并应对下列产品的技术性能参数进行核查。验收与核查的结果应经监理工程师（建设单位代表）检查认可，并应形成相应的验收、核查记录。各种产品和设备的质量证明文件和相关技术资料应齐全，并应符合有关国家现行标准和规定。

1　组合式空调机组、柜式空调机组、新风机组、单元式空调机组、热回收装置等设备的冷量、热量、风量、风压、功率及额定热回收效率；

2　风机的风量、风压、功率及其单位风量耗功率；

3　成品风管的技术性能参数；

4　自控阀门与仪表的技术性能参数。

检验方法：观察检查；技术资料和性能检测报告等质量证明文件与实物核对。

检查数量：全数检查。

10.2.2　风机盘管机组和绝热材料进场时，应对其下列技术性能参数进行复验，复验应为见证取样送检。

1　风机盘管机组的供冷量、供热量、风量、出口静压、噪声及功率；

2　绝热材料的导热系数、密度、吸水率。

检验方法：现场随机抽样送检；核查复验报告。

检查数量：同一厂家的风机盘管机组按数量复验2%，但不得少于2台；同一厂家同材质的绝热材料复验次数不得少于2次。

10.2.3　通风与空调节能工程中的送、排风系统及空调风系统、空调水系统的安装，应符合下列规定：

1　各系统的制式，应符合设计要求；

2　各种设备、自控阀门与仪表应按设计要求安装齐全，不得随意增减和更换；

3　水系统各分支管路水力平衡装置、温控装置与仪表的安装位置、方向应符合设计要求，并便于观察、操作和调试；

4　空调系统应能实现设计要求的分室（区）温度调控功能。对设计要求分栋、分区或分户（室）冷、热计量的建筑物，空调系统应能实现相应的计量功能。

检验方法：观察检查。

检查数量：全数检查。

10.2.4　风管的制作与安装应符合下列规定：

1　风管的材质、断面尺寸及厚度应符合设计要求；

2　风管与部件、风管与土建风道及风管间的连接应严密、牢固；

3　风管的严密性及风管系统的严密性检验和漏风量，应符合设计要求或现行国家标准《通风与空调工程施工质量验收规范》GB 50243的有关规定；

4　需要绝热的风管与金属支架的接触处、复合风管及需要绝热的非金属风管的连接和内部支撑加固等处，应有防热桥的措施，并应符合设计要求。

检验方法：观察、尺量检查；核查风管及风管系统严密性检验记录。

检查数量：按数量抽查10%，且不得少于1个系统。

10.2.5　组合式空调机组、柜式空调机组、新风机组、单元式空调机组的安装应符合下列规定：

1　各种空调机组的规格、数量应符合设计要求；

2　安装位置和方向应正确，且与风管、送风静压箱、回风箱的连接应严密可靠；

3　现场组装的组合式空调机组各功能段之间连接应严密，并应做漏风量的检测，其漏风量应符合现行国家标准《组合式空调机组》GB/T 14294的规定；

4 机组内的空气热交换器翅片和空气过滤器应清洁、完好，且安装位置和方向必须正确，并便于维护和清理。当设计未注明过滤器的阻力时，应满足粗效过滤器的初阻力 ≤ 50Pa（粒径 ≥ 5.0μm，效率：80% > E ≥ 20%）；中效过滤器的初阻力 ≤ 80Pa（粒径 ≥ 1.0μm，效率：70% > E ≥ 20%）的要求。

检验方法：观察检查；核查漏风量测试记录。

检查数量：按同类产品的数量抽查 20%，且不得少于 1 台。

10.2.6 风机盘管机组的安装应符合下列规定：

1 规格、数量应符合设计要求；

2 位置、高度、方向应正确，并便于维护、保养；

3 机组与风管、回风箱及风口的连接应严密、可靠；

4 空气过滤器的安装应便于拆卸和清理。

检验方法：观察检查。

检查数量：按总数抽查 10%，且不得少于 5 台。

10.2.7 通风与空调系统中风机的安装应符合下列规定：

1 规格、数量应符合设计要求；

2 安装位置及进、出口方向应正确，与风管的连接应严密、可靠。

检验方法：观察检查。

检查数量：全数检查。

10.2.8 带热回收功能的双向换气装置和集中排风系统中的排风热回收装置的安装应符合下列规定：

1 规格、数量及安装位置应符合设计要求；

2 进、排风管的连接应正确、严密、可靠；

3 室外进、排风口的安装位置、高度及水平距离应符合设计要求。

检验方法：观察检查。

检查数量：按总数抽检 20%，且不得少于 1 台。

10.2.9 空调机组回水管上的电动两通调节阀、风机盘管机组回水管上的电动两通（调节）阀、空调冷热水系统中的水力平衡阀、冷（热）量计量装置等自控阀门与仪表的安装应符合下列规定：

1 规格、数量应符合设计要求；

2 方向应正确，位置应便于操作和观察。

检验方法：观察检查。

检查数量：按类型数量抽查 10%，且均不得少于 1 个。

10.2.10 空调风管系统及部件的绝热层和防潮层施工应符合下列规定：

1 绝热层应采用不燃或难燃材料，其材质、规格及厚度等应符合设计要求；

2 绝热层与风管、部件及设备应紧密贴合，无裂缝、空隙等缺陷，且纵、横向的接缝应错开；

3 绝热层表面应平整，当采用卷材或板材时，其厚度允许偏差为 5mm；采用涂抹或其他方式时，其厚度允许偏差为 10mm；

4 风管法兰部位绝热层的厚度，不应低于风管绝热层厚度的 80%；

5 风管穿楼板和穿墙处的绝热层应连续不间断；

6 防潮层（包括绝热层的端部）应完整，且封闭良好，其搭接缝应顺水；

7 带有防潮层隔汽层绝热材料的拼缝处，应用胶带封严，粘胶带的宽度不应小于 50mm；

8 风管系统部件的绝热，不得影响其操作功能。

检验方法：观察检查；用钢针刺入绝热层、尺量检查。

检查数量：管道按轴线长度抽查 10%；风管穿楼板和穿墙处及阀门等配件抽查 10%，且不得少于 2 个。

10.2.11 空调水系统管道及配件的绝热层和防潮层施工，应符合下列规定：

1 绝热层应采用不燃或难燃材料，其材质、规格及厚度等应符合设计要求；

2 绝热管壳的粘贴应牢固、铺设应平整；硬质或半硬质的绝热管壳每节至少应用防腐金属丝或难腐织带或专用胶带进行捆扎或粘贴 2 道，其间距为 300 ~ 350mm，且捆扎、粘贴应紧密，无滑动、松弛与断裂现象；

3 硬质或半硬质绝热管壳的拼接缝隙，保温时不应大于 5mm、保冷时不应大于 2mm，并用粘结材料勾缝填满；纵缝应错开，外层的水平接缝应设在侧下方；

4 松散或软质保温材料应按规定的密度压缩其体积，疏密应均匀；毡类材料在管道上包扎时，搭接处不应有空隙；

5 防潮层与绝热层应结合紧密，封闭良好，不得有虚粘、气泡、褶皱、裂缝等缺陷；

6 防潮层的立管应由管道的低端向高端敷设，环向搭接缝应朝向低端；纵向搭接缝应位于管道的侧面，并顺水；

7 卷材防潮层采用螺旋形缠绕的方式施工时，卷材的搭接宽度宜为 30 ~ 50mm；

8 空调冷热水管穿楼板和穿墙处的绝热层应连续不间断，且绝热层与穿楼板和穿墙处的套管之间应用不燃材料填实不得有空隙，套管两端应进行密封封堵；

9 管道阀门、过滤器及法兰部位的绝热结构应能单独拆卸，且不得影响其操作功能。

检验方法：观察检查；用钢针刺入绝热层、尺量检查。

检查数量：按数量抽查 10%，且绝热层不得少于 10 段、防潮层不得少于 10m、阀门等配件不得少于 5 个。

10.2.12 空调水系统的冷热水管道与支、吊架之间应设置绝热衬垫，其厚度不应小于绝热层厚度，宽度应大于支、吊架支承面的宽度。衬垫的表面应平整，衬垫与绝热材料之间应填实无空隙。

检验方法：观察、尺量检查。

检查数量：按数量抽检 5%，且不得少于 5 处。

10.2.13 通风与空调系统应随施工进度对与节能有关的隐蔽部位或内容进行验收，并应有详细的文字记录和必要的图像资料。

检验方法：观察检查；核查隐蔽工程验收记录。

检查数量：全数检查。

10.2.14 通风与空调系统安装完毕，应进行通风机和空调机组等设备的单机试运转和调试，并应进行系统的风量平衡调试。单机试运转和调试结果应符合设计要求；系统的总风量与设计风量的允许偏差不应大于 10%，风口的风量与设计风量的允许偏差不应大于 15%。

检验方法：观察检查；核查试运转和调试记录。

检验数量：全数检查。

10.3 一般项目

10.3.1 空气风幕机的规格、数量、安装位置和方向应正确，纵向垂直度和横向水平度的偏差均不应大于 2/1000。

检验方法：观察检查。

检查数量：按总数量抽查 10%，且不得少于 1 台。

10.3.2 变风量末端装置与风管连接前宜做动作试验，确认运行正常后再封口。

检验方法：观察检查。

检查数量：按总数量抽查 10%，且不得少于 2 台。

11 空调与采暖系统冷热源及管网节能工程

11.1 一般规定

11.1.1 本章适用于空调与采暖系统中冷热源设备、辅助设备及其管道和室外管网系统节能工程施工质量的验收。

11.1.2 空调与采暖系统冷热源设备、辅助设备及其管道和管网系统节能工程的验收，可分别按冷源和热源系统及室外管网进行，并应符合本规范第 3.4.1 条的规定。

11.2 主控项目

11.2.1 空调与采暖系统冷热源设备及其辅助设备、阀门、仪表、绝热材料等产品进场时，应按照设计要求对其类型、规格和外观等进行检查验收，并应对下列产品的技术性能参数进行核查。验收与核查的结果应经监理工程师（建设单位代表）检查认可，并应形成相应的验收、核查记录。各种产品和设备的质量证明文件和相关技术资料应齐全，并应符合国家现行有关标准和规定。

1 锅炉的单台容量及其额定热效率；

2 热交换器的单台换热量；

3 电机驱动压缩机的蒸气压缩循环冷水（热泵）机组的额定制冷量（制热量）、输入功率、性能系数（COP）及综合部分负荷性能系数（IPLV）；

4 电机驱动压缩机的单元式空气调节机、风管送风式和屋顶式空气调节机组的名义制冷量、输入功率及能效比（EER）；

5 蒸汽和热水型溴化锂吸收式机组及直燃型溴化锂吸收式冷（温）水机组的名义制冷量、供热量、输入功率及性能系数；

6 集中采暖系统热水循环水泵的流量、扬程、电机功率及耗电输热比（EHR）；

7 空调冷热水系统循环水泵的流量、扬程、电机功率及输送能效比（ER）；

8 冷却塔的流量及电机功率；

9 自控阀门与仪表的技术性能参数。

检验方法：观察检查；技术资料和性能检测报告等质量证明文件与实物核对。

检查数量：全数核查。

11.2.2 空调与采暖系统冷热源及管网节能工程的绝热管道、绝热材料进场时，应对绝热材料的导热系数、密度、吸水率等技术性能参数进行复验，复验应为见证取样送检。

检验方法：现场随机抽样送检；核查复验报告。

检查数量：同一厂家同材质的绝热材料复验次数不得少于2次。

11.2.3 空调与采暖系统冷热源设备和辅助设备及其管网系统的安装，应符合下列规定：

1 管道系统的制式，应符合设计要求；

2 各种设备、自控阀门与仪表应按设计要求安装齐全，不得随意增减和更换；

3 空调冷（热）水系统，应能实现设计要求的变流量或定流量运行；

4 供热系统应能根据热负荷及室外温度变化实现设计要求的集中质调节、量调节或质量调节相结合的运行。

检验方法：观察检查。

检查数量：全数检查。

11.2.4 空调与采暖系统冷热源和辅助设备及其管道和室外管网系统，应随施工进度对与节能有关的隐蔽部位或内容进行验收，并应有详细的文字记录和必要的图像资料。

检验方法：观察检查；核查隐蔽工程验收记录。

检查数量：全数检查。

11.2.5 冷热源侧的电动两通调节阀、水力平衡阀及冷（热）量计量装置等自控阀门与仪表的安装，应符合下列规定：

1 规格、数量应符合设计要求；

2 方向应正确，位置应便于操作和观察。

检验方法：观察检查。

检查数量：全数检查。

11.2.6 锅炉、热交换器、电机驱动压缩机的蒸气压缩循环冷水（热泵）机组、蒸汽或热水型溴化锂吸收式冷水机组及直燃型溴化锂吸收式冷（温）水机组等设备的安装，应符合下列要求：

1 规格、数量应符合设计要求；

2 安装位置及管道连接应正确。

检验方法：观察检查。

检查数量：全数检查。

11.2.7 冷却塔、水泵等辅助设备的安装应符合下列要求：

1 规格、数量应符合设计要求；

2 冷却塔设置位置应通风良好，并应远离厨房排风等高温气体；

3 管道连接应正确。

检验方法：观察检查。

检查数量：全数检查。

11.2.8 空调冷热源水系统管道及配件绝热层和防潮层的施工要求，可按照本规范第10.2.11条的规定执行。

11.2.9 当输送介质温度低于周围空气露点温度的管道，采用非闭孔绝热材料作绝热层时，其防潮层和保护层应完整，且封闭良好。

检验方法：观察检查。

检查数量：全数检查。

11.2.10 冷热源机房、换热站内部空调冷热水管道与支、吊架之间绝热衬垫的施工可按照本规范第

10.2.12 条执行。

11.2.11 空调与采暖系统冷热源和辅助设备及其管道和管网系统安装完毕后，系统试运转及调试必须符合下列规定：

1 冷热源和辅助设备必须进行单机试运转及调试；

2 冷热源和辅助设备必须同建筑物室内空调或采暖系统进行联合试运转及调试。

3 联合试运转及调试结果应符合设计要求，且允许偏差或规定值应符合表 11.2.11 的有关规定。当联合试运转及调试不在制冷期或采暖期时，应先对表 11.2.11 中序号 2、3、5、6 四个项目进行检测，并在第一个制冷或采暖期内，带冷（热）源补做序号 1、4 两个项目的检测。

联合试运转及调试检测项目与允许偏差或规定值　　　　　　表 11.2.11

序号	检测项目	允许偏差或规定值
1	室内温度	冬季不得低于设计计算温度 2℃，且不应高于 1℃；夏季不得高于设计计算温度 2℃，且不应低于 1℃
2	供热系统室外管网的水力平衡度	0.9 ~ 1.2
3	供热系统的补水率	≤ 0.5%
4	室外管网的热输送效率	≥ 0.92
5	空调机组的水流量	≤ 20%
6	空调系统冷热水、冷却水总流量	≤ 10%

检验方法：观察检查；核查试运转和调试记录。

检验数量：全数检查。

11.3 一般项目

11.3.1 空调与采暖系统的冷热源设备及其辅助设备、配件的绝热，不得影响其操作功能。

检验方法：观察检查。

检查数量：全数检查。

12 配电与照明节能工程

12.1 一般规定

12.1.1 本章适用于建筑节能工程配电与照明的施工质量验收。

12.1.2 建筑配电与照明节能工程验收的检验批划分应按本规范第 3.4.1 条的规定执行。当需要重新划分检验批时，可按照系统、楼层、建筑分区划分为若干个检验批。

12.1.3 建筑配电与照明节能工程的施工质量验收，应符合本规范和《建筑电气工程施工质量验收规范》GB 50303 的有关规定、已批准的设计图纸、相关技术规定和合同约定内容的要求。

12.2 主控项目

12.2.1 照明光源、灯具及其附属装置的选择必须符合设计要求，进场验收时应对下列技术性能进行核查，并经监理工程师（建设单位代表）检查认可，形成相应的验收、核查记录。质量证明文件和相关技术资料应齐全，并应符合国家现行有关标准和规定。

1 荧光灯灯具和高强度气体放电灯灯具的效率不应低于表 12.2.1-1 的规定。

荧光灯灯具和高强度气体放电灯灯具的效率允许值　　表 12.2.1-1

灯具出光口形式	开敞式	保护罩（玻璃或塑料）		格栅	格栅或透光罩
		透明	磨砂、棱镜		
荧光灯灯具	75%	65%	55%	60%	—
高强度气体放电灯灯具	75%	—	—	60%	60%

2 管型荧光灯镇流器能效限定值应不小于表 12.2.1-2 的规定。

镇流器能效限定值　　表 12.2.1-2

标称功率（W）		18	20	22	30	32	36	40
镇流器能效因数（BEF）	电感型	3.154	2.952	2.770	2.232	2.146	2.030	1.992
	电子型	4.778	4.370	3.998	2.870	2.678	2.402	2.270

3 照明设备谐波含量限值应符合表 12.2.1-3 的规定。

照明设备谐波含量的限值　　表 12.2.1-3

谐波次数 n	基波频率下输入电流百分比数表示的最大允许谐波电流（%）
2	2
3	$30×λ$注
5	10
7	7
9	5
$11 ≤ n ≤ 39$（仅有奇次谐波）	3

注：λ是电路功率因数。

检验方法：观察检查；技术资料和性能检测报告等质量证明文件与实物核对。

检查数量：全数核查。

12.2.2 低压配电系统选择的电缆、电线截面不得低于设计值，进场时应对其截面和每芯导体电阻值进行见证取样送检。每芯导体电阻值应符合表12.2.2的规定。

不同标称截面的电缆、电线每芯导体最大电阻值　　　　　　表 12.2.2

标称截面（mm²）	20℃时导体最大电阻（Ω/km）圆铜导体（不镀金属）
0.5	36.0
0.75	24.5
1.0	18.1
1.5	12.1
2.5	7.41
4	4.61
6	3.08
10	1.83
16	1.15
25	0.727
35	0.524
50	0.387
70	0.268
95	0.193
120	0.153
150	0.124
185	0.0991
240	0.0754
300	0.0601

检验方法：进场时抽样送检，验收时核查检验报告。

检查数量：同厂家各种规格总数的10%，且不少于2个规格。

12.2.3 工程安装完成后应对低压配电系统进行调试，调试合格后应对低压配电电源质量进行检测。其中：

1 供电电压允许偏差：三相供电电压允许偏差为标称系统电压的±7%；单相220V为+7%、−10%。

2 公共电网谐波电压限值为：380V的电网标称电压，电压总谐波畸变率（$THDu$）为5%，奇次（1~25次）谐波含有率为4%，偶次（2~24次）谐波含有率为2%。

3 谐波电流不应超过表12.2.3中规定的允许值。

谐波电流允许值　　　　　　　表 12.2.3

标准电压 (kV)	基准短路容量 (MVA)	谐波次数及谐波电流允许值 (A)											
		2	3	4	5	6	7	8	9	10	11	12	13
		78	62	39	62	26	44	19	21	16	28	13	24
0.38	10	谐波次数及谐波电流允许值 (A)											
		14	15	16	17	18	19	20	21	22	23	24	25
		11	12	9.7	18	8.6	16	7.8	8.9	7.1	14	6.5	12

4　三相电压不平衡度允许值为 2%，短时不得超过 4%。

检验方法：在已安装的变频和照明等可产生谐波的用电设备均可投入的情况下，使用三相电能质量分析仪在变压器的低压侧测量。

检查数量：全部检测。

12.2.4　在通电试运行中，应测试并记录照明系统的照度和功率密度值。

1　照度值不得小于设计值的 90%；

2　功率密度值应符合《建筑照明设计标准》GB50034 中的规定。

检验方法：在无外界光源的情况下，检测被检区域内平均照度和功率密度。

检查数量：每种功能区检查不少于 2 处。

12.3　一般项目

12.3.1　母线与母线或母线与电器接线端子，当采用螺栓搭接连接时，应采用力矩扳手拧紧，制作应符合《建筑电气工程施工质量验收规范》GB 50303 标准中有关规定。

检验方法：使用力矩扳手对压接螺栓进行力矩检测。

检查数量：母线按检验批抽查 10%。

12.3.2　交流单芯电缆或分相后的每相电缆宜品字型（三叶型）敷设，且不得形成闭合铁磁回路。

检验方法：观察检查。

检查数量：全数检查。

12.3.3　三相照明配电干线的各相负荷宜分配平衡，其最大相负荷不宜超过三相负荷平均值的 115%，最小相负荷不宜小于三相负荷平均值的 85%。

检验方法：在建筑物照明通电试运行时开启全部照明负荷，使用三相功率计检测各相负载电流、电压和功率。

检查数量：全部检查。

13　监测与控制节能工程

13.1　一般规定

13.1.1　本章适用于建筑节能工程监测与控制系统的施工质量验收。

13.1.2 监测与控制系统施工质量的验收应执行《智能建筑工程质量验收规范》GB50339 相关章节的规定和本规范的规定。

13.1.3 监测与控制系统验收的主要对象应为采暖、通风与空气调节和配电与照明所采用的监测与控制系统，能耗计量系统以及建筑能源管理系统。

建筑节能工程所涉及的可再生能源利用、建筑冷热电联供系统、能源回收利用以及其他与节能有关的建筑设备监控部分的验收，应参照本章的相关规定执行。

13.1.4 监测与控制系统的施工单位应依据国家相关标准的规定，对施工图设计进行复核。当复核结果不能满足节能要求时，应向设计单位提出修改建议，由设计单位进行设计变更，并经原节能设计审查机构批准。

13.1.5 施工单位应依据设计文件制定系统控制流程图和节能工程施工验收大纲。

13.1.6 监测与控制系统的验收分为工程实施和系统检测两个阶段。

13.1.7 工程实施由施工单位和监理单位随工程实施过程进行，分别对施工质量管理文件、设计符合性、产品质量、安装质量进行检查，及时对隐蔽工程和相关接口进行检查，同时，应有详细的文字和图像资料，并对监测与控制系统进行不少于 168h 的不间断试运行。

13.1.8 系统检测内容应包括对工程实施文件和系统自检文件的复核，对监测与控制系统的安装质量、系统节能监控功能、能源计量及建筑能源管理等进行检查和检测。

系统检测内容分为主控项目和一般项目，系统检测结果是监测与控制系统的验收依据。

13.1.9 对不具备试运行条件的项目，应在审核调试记录的基础上进行模拟检测，以检测监测与控制系统的节能监控功能。

13.2 主控项目

13.2.1 监测与控制系统采用的设备、材料及附属产品进场时，应按照设计要求对其品种、规格、型号、外观和性能等进行检查验收，并应经监理工程师（建设单位代表）检查认可，且应形成相应的质量记录。各种设备、材料和产品附带的质量证明文件和相关技术资料应齐全，并应符合国家现行有关标准和规定。

检验方法：进行外观检查；对照设计要求核查质量证明文件和相关技术资料。

检查数量：全数检查。

13.2.2 监测与控制系统安装质量应符合以下规定：

1 传感器的安装质量应符合《自动化仪表工程施工及验收规范》GB 50093 的有关规定；

2 阀门型号和参数应符合设计要求，其安装位置、阀前后直管段长度、流体方向等应符合产品安装要求；

3 压力和差压仪表的取压点、仪表配套的阀门安装应符合产品要求；

4 流量仪表的型号和参数、仪表前后的直管段长度等应符合产品要求；

5 温度传感器的安装位置、插入深度应符合产品要求；

6 变频器安装位置、电源回路敷设、控制回路敷设应符合设计要求；

7 智能化变风量末端装置的温度设定器安装位置应符合产品要求；

8 涉及节能控制的关键传感器应预留检测孔或检测位置，管道保温时应做明显标注。

检验方法：对照图纸或产品说明书目测和尺量检查。

检查数量：每种仪表按 20% 抽检，不足 10 台全部检查。

13.2.3　对经过试运行的项目，其系统的投入情况、监控功能、故障报警连锁控制及数据采集等功能，应符合设计要求。

检验方法：调用节能监控系统的历史数据、控制流程图和试运行记录，对数据进行分析。

检查数量：检查全部进行过试运行的系统。

13.2.4　空调与采暖的冷热源、空调水系统的监测控制系统应成功运行，控制及故障报警功能应符合设计要求。

检验方法：在中央工作站使用检测系统软件，或采用在直接数字控制器或冷热源系统自带控制器上改变参数设定值和输入参数值，检测控制系统的投入情况及控制功能；在工作站或现场模拟故障，检测故障监视、记录和报警功能。

检查数量：全部检测。

13.2.5　通风与空调监测控制系统的控制功能及故障报警功能应符合设计要求。

检验方法：在中央工作站使用检测系统软件，或采用在直接数字控制器或通风与空调系统自带控制器上改变参数设定值和输入参数值，检测控制系统的投入情况及控制功能；在工作站或现场模拟故障，检测故障监视、记录和报警功能。

检查数量：按总数的20%抽样检测，不足5台全部检测。

13.2.6　监测与计量装置的检测计量数据应准确，并符合系统对测量准确度的要求。

检验方法：用标准仪器仪表在现场实测数据，将此数据分别与直接数字控制器和中央工作站显示数据进行比对。

检查数量：按20%抽样检测，不足10台全部检测。

13.2.7　供配电的监测与数据采集系统应符合设计要求。

检验方法：试运行时，监测供配电系统的运行工况，在中央工作站检查运行数据和报警功能。

检查数量：全部检测。

13.2.8　照明自动控制系统的功能应符合设计要求，当设计无要求时应实现下列控制功能：

1　大型公共建筑的公用照明区应采用集中控制并应按照建筑使用条件和天然采光状况采取分区、分组控制措施，并按需要采取调光或降低照度的控制措施；

2　旅馆的每间（套）客房应设置节能控制型开关；

3　居住建筑有天然采光的楼梯间、走道的一般照明，应采用节能自熄开关；

4　房间或场所设有两列或多列灯具时，应按下列方式控制：

1）所控灯列与侧窗平行；

2）电教室、会议室、多功能厅、报告厅等场所，按靠近或远离讲台分组。

检验方法：

1　现场操作检查控制方式；

2　依据施工图，按回路分组，在中央工作站上进行被检回路的开关控制，观察相应回路的动作情况；

3　在中央工作站改变时间表控制程序的设定，观察相应回路的动作情况；

4　在中央工作站采用改变光照度设定值、室内人员分布等方式，观察相应回路的控制情况。

5　在中央工作站改变场景控制方式，观察相应的控制情况。

检查数量：现场操作检查为全数检查，在中央工作站上检查按照明控制箱总数的5%检测，不足5台全部检测。

13.2.9 综合控制系统应对以下项目进行功能检测，检测结果应满足设计要求：

1 建筑能源系统的协调控制；

2 采暖、通风与空调系统的优化监控。

检验方法：采用人为输入数据的方法进行模拟测试，按不同的运行工况检测协调控制和优化监控功能。

检查数量：全部检测。

13.2.10 建筑能源管理系统的能耗数据采集与分析功能，设备管理和运行管理功能，优化能源调度功能，数据集成功能应符合设计要求。

检验方法：对管理软件进行功能检测。

检查数量：全部检查。

13.3 一般项目

13.3.1 检测监测与控制系统的可靠性、实时性、可维护性等系统性能，主要包括下列内容：

1 控制设备的有效性，执行器动作应与控制系统的指令一致，控制系统性能稳定符合设计要求；

2 控制系统的采样速度、操作响应时间、报警反应速度应符合设计要求；

3 冗余设备的故障检测正确性及其切换时间和切换功能应符合设计要求；

4 应用软件的在线编程（组态）、参数修改、下载功能、设备及网络故障自检测功能应符合设计要求；

5 控制器的数据存储能力和所占存储容量应符合设计要求；

6 故障检测与诊断系统的报警和显示功能应符合设计要求；

7 设备启动和停止功能及状态显示应正确；

8 被控设备的顺序控制和连锁功能应可靠；

9 应具备自动控制 / 远程控制 / 现场控制模式下的命令冲突检测功能；

10 人机界面及可视化检查。

检验方法：分别在中央工作站、现场控制器和现场利用参数设定、程序下载、故障设定、数据修改和事件设定等方法，通过与设定的显示要求对照，进行上述系统的性能检测。

检查数量：全部检测。

14 建筑节能工程现场检验

14.1 围护结构现场实体检验

14.1.1 建筑围护结构施工完成后，应对围护结构的外墙节能构造和严寒、寒冷、夏热冬冷地区的外窗气密性进行现场实体检测。当条件具备时，也可直接对围护结构的传热系数进行检测。

14.1.2 外墙节能构造的现场实体检验方法见本规范附录C。

其检验目的是：

1 验证墙体保温材料的种类是否符合设计要求；

2 验证保温层厚度是否符合设计要求；

3 检查保温层构造做法是否符合设计和施工方案要求。

14.1.3 严寒、寒冷、夏热冬冷地区的外窗现场实体检测应按照国家现行有关标准的规定执行。其检验目的是验证建筑外窗气密性是否符合节能设计要求和国家有关标准的规定。

14.1.4 外墙节能构造和外窗气密性的现场实体检验，其抽样数量可以在合同中约定，但合同中约定的抽样数量不应低于本规范的要求。当无合同约定时应按照下列规定抽样：

1 每个单位工程的外墙至少抽查 3 处，每处一个检查点；当一个单位工程外墙有 2 种以上节能保温做法时，每种节能做法的外墙应抽查不少于 3 处；

2 每个单位工程的外窗至少抽查 3 樘。当一个单位工程外窗有 2 种以上品种、类型和开启方式时，每种品种、类型和开启方式的外窗应抽查不少于 3 樘。

14.1.5 外墙节能构造的现场实体检验应在监理（建设）人员见证下实施，可委托有资质的检测机构实施，也可由施工单位实施。

14.1.6 外窗气密性的现场实体检测应在监理（建设）人员见证下抽样，委托有资质的检测机构实施。

14.1.7 当对围护结构的传热系数进行检测时，应由建设单位委托具备检测资质的检测机构承担；其检测方法、抽样数量、检测部位和合格判定标准等可在合同中约定。

14.1.8 当外墙节能构造或外窗气密性现场实体检验出现不符合设计要求和标准规定的情况时，应委托有资质的检测机构扩大一倍数量抽样，对不符合要求的项目或参数再次检验。仍然不符合要求时应给出"不符合设计要求"的结论。

对于不符合设计要求的围护结构节能构造应查找原因，对因此造成的对建筑节能的影响程度进行计算或评估，采取技术措施予以弥补或消除后重新进行检测，合格后方可通过验收。

对于建筑外窗气密性不符合设计要求和国家现行标准规定的，应查找原因进行修理，使其达到要求后重新进行检测，合格后方可通过验收。

14.2 系统节能性能检测

14.2.1 采暖、通风与空调、配电与照明工程安装完成后，应进行系统节能性能的检测，且应由建设单位委托具有相应检测资质的检测机构检测并出具报告。受季节影响未进行的节能性能检测项目，应在保修期内补做。

14.2.2 采暖、通风与空调、配电与照明系统节能性能检测的主要项目及要求见表 14.2.2，其检测方法应按国家现行有关标准规定执行。

系统节能性能检测主要项目及要求 表 14.2.2

序号	检测项目	抽样数量	允许偏差或规定值
1	室内温度	居住建筑每户抽测卧室或起居室 1 间，其他建筑按房间总数抽测10%	冬季不得低于设计计算温度 2℃，且不应高于 1℃；夏季不得高于设计计算温度 2℃，且不应低于1℃
2	供热系统室外管网的水力平衡度	每个热源与换热站均不少于 1 个独立的供热系统	0.9 ~ 1.2
3	供热系统的补水率	每个热源与换热站均不少于 1 个独立的供热系统	0.5% ~ 1%
4	室外管网的热输送效率	每个热源与换热站均不少于 1 个独立的供热系统	≥ 0.92

序号	检测项目	抽样数量	允许偏差或规定值
5	各风口的风量	按风管系统数量抽查10%，且不得少于1个系统	≤ 15%
6	通风与空调系统的总风量	按风管系统数量抽查10%，且不得少于1个系统	≤ 10%
7	空调机组的水流量	按系统数量抽查10%，且不得少于1个系统	≤ 20%
8	空调系统冷热水、冷却水总流量	全数	≤ 10%
9	平均照度与照明功率密度	按同一功能区不少于2处	≤ 10%

14.2.3 系统节能性能检测的项目和抽样数量也可以在工程合同中约定，必要时可增加其他检测项目，但合同中约定的检测项目和抽样数量不应低于本规范的规定。

15 建筑节能分部工程质量验收

15.0.1 建筑节能分部工程的质量验收，应在检验批、分项工程全部验收合格的基础上，进行外墙节能构造实体检验，严寒、寒冷和夏热冬冷地区的外窗气密性现场检测，以及系统节能性能检测和系统联合试运转与调试，确认建筑节能工程质量达到验收条件后方可进行。

15.0.2 建筑节能工程验收的程序和组织应遵守《建筑工程施工质量验收统一标准》GB 50300 的要求，并应符合下列规定：

1 节能工程的检验批验收和隐蔽工程验收应由监理工程师主持，施工单位相关专业的质量检查员与施工员参加；

2 节能分项工程验收应由监理工程师主持，施工单位项目技术负责人和相关专业的质量检查员、施工员参加；必要时可邀请设计单位相关专业的人员参加；

3 节能分部工程验收应由总监理工程师（建设单位项目负责人）主持，施工单位项目经理、项目技术负责人和相关专业的质量检查员、施工员参加；施工单位的质量或技术负责人应参加；设计单位节能设计人员应参加。

15.0.3 建筑节能工程的检验批质量验收合格，应符合下列规定：

1 检验批应按主控项目和一般项目验收；

2 主控项目应全部合格；

3 一般项目应合格；当采用计数检验时，至少应有90%以上的检查点合格，且其余检查点不得有严重缺陷；

4 应具有完整的施工操作依据和质量验收记录。

15.0.4 建筑节能分项工程质量验收合格，应符合下列规定：

1 分项工程所含的检验批均应合格；

2 分项工程所含检验批的质量验收记录应完整。

15.0.5 建筑节能分部工程质量验收合格，应符合下列规定：

1 分项工程应全部合格；

2 质量控制资料应完整；

3 外墙节能构造现场实体检验结果应符合设计要求；

4 严寒、寒冷和夏热冬冷地区的外窗气密性现场实体检测结果应合格；

5 建筑设备工程系统节能性能检测结果应合格。

15.0.6 建筑节能工程验收时应对下列资料核查，并纳入竣工技术档案：

1 设计文件、图纸会审记录、设计变更和洽商；

2 主要材料、设备和构件的质量证明文件、进场检验记录、进场核查记录、进场复验报告、见证试验报告；

3 隐蔽工程验收记录和相关图像资料；

4 分项工程质量验收记录；必要时应核查检验批验收记录；

5 建筑围护结构节能构造现场实体检验记录；

6 严寒、寒冷和夏热冬冷地区外窗气密性现场检测报告；

7 风管及系统严密性检验记录；

8 现场组装的组合式空调机组的漏风量测试记录；

9 设备单机试运转及调试记录；

10 系统联合试运转及调试记录；

11 系统节能性能检验报告；

12 其他对工程质量有影响的重要技术资料。

15.0.7 建筑节能工程分部、分项工程和检验批的质量验收表见本规范附录 B。

1 分部工程质量验收表见本规范附录 B 中表 B.0.1；

2 分项工程质量验收表见本规范附录 B 中表 B.0.2；

3 检验批质量验收表见本规范附录 B 中表 B.0.3。

19.《智能建筑设计标准》GB 50314-2015

1 总则（略）

2 术语（略）

3 工程架构（略）

4 设计要素

4.1 一般规定

4.1.1 智能化系统工程的设计要素应按智能化系统工程的设计等级、架构规划及系统配置等工程架构确定。

4.1.2 智能化系统工程的设计要素宜包括信息化应用系统、智能化集成系统、信息设施系统、建筑设备管理系统、公共安全系统、机房工程等。

4.1.3 智能化系统工程的设计要素应符合国家现行标准《火灾自动报警系统设计规范》GB 50116、《安全防范工程技术规范》GB 50348 和《民用建筑电气设计规范》JGJ 16 等的有关规定。

4.2 信息化应用系统

4.2.1 信息化应用系统功能应符合下列规定：

1 应满足建筑物运行和管理的信息化需要；

2 应提供建筑业务运营的支撑和保障。

4.2.2 信息化应用系统宜包括公共服务、智能卡应用、物业管理、信息设施运行管理、信息安全管理、通用业务和专业业务等信息化应用系统。

4.2.3 公共服务系统应具有访客接待管理和公共服务信息发布等功能，并宜具有将各类公共服务事务纳入规范运行程序的管理功能。

4.2.4 智能卡应用系统应具有身份识别等功能，并宜具有消费、计费、票务管理、资料借阅、物品寄存、会议签到等管理功能，且应具有适应不同安全等级的应用模式。

4.2.5 物业管理系统应具有对建筑的物业经营、运行维护进行管理的功能。

4.2.6 信息设施运行管理系统应具有对建筑物信息设施的运行状态、资源配置、技术性能等进行监测、分析、处理和维护的功能。

4.2.7 信息安全管理系统应符合国家现行有关信息安全等级保护标准的规定。

4.2.8 通用业务系统应满足建筑基本业务运行的需求。

4.2.9 专业业务系统应以建筑通用业务系统为基础，满足专业业务运行的需求。

4.3 智能化集成系统

4.3.1 智能化集成系统的功能应符合下列规定：

1 应以实现绿色建筑为目标，应满足建筑的业务功能、物业运营及管理模式的应用需求；

2 应采用智能化信息资源共享和协同运行的架构形式；

3 应具有实用、规范和高效的监管功能；

4 宜适应信息化综合应用功能的延伸及增强。

4.3.2 智能化集成系统构建应符合下列规定：

1 系统应包括智能化信息集成（平台）系统与集成信息应用系统；

2 智能化信息集成（平台）系统宜包括操作系统、数据库、集成系统平台应用程序、各纳入集成管理的智能化设施系统与集成互为关联的各类信息通信接口等；

3 集成信息应用系统宜由通用业务基础功能模块和专业业务运营功能模块等组成；

4 宜具有虚拟化、分布式应用、统一安全管理等整体平台的支撑能力；

5 宜顺应物联网、云计算、大数据、智慧城市等信息交互多元化和新应用的发展。

4.3.3 智能化集成系统通信互联应符合下列规定：

1 应具有标准化通信方式和信息交互的支持能力；

2 应符合国际通用的接口、协议及国家现行有关标准的规定。

4.3.4 智能化集成系统配置应符合下列规定：

1 应适应标准化信息集成平台的技术发展方向；

2 应形成对智能化相关信息采集、数据通信、分析处理等支持能力；

3 宜满足对智能化实时信息及历史数据分析、可视化展现的要求；

4 宜满足远程及移动应用的扩展需要；

5 应符合实施规范化的管理方式和专业化的业务运行程序；

6 应具有安全性、可用性、可维护性和可扩展性。

4.4 信息设施系统

4.4.1 信息设施系统功能应符合下列规定：

1 应具有对建筑内外相关的语音、数据、图像和多媒体等形式的信息予以接受、交换、传输、处理、存储、检索和显示等功能；

2 宜融合信息化所需的各类信息设施，并为建筑的使用者及管理者提供信息化应用的基础条件。

4.4.2 信息设施系统宜包括信息接入系统、布线系统、移动通信室内信号覆盖系统、卫星通信系统、用户电话交换系统、无线对讲系统、信息网络系统、有线电视及卫星电视接收系统、公共广播系统、会议系统、信息导引及发布系统、时钟系统等信息设施系统。

4.4.3 信息接入系统应符合下列规定：

1 应满足建筑物内各类用户对信息通信的需求，并应将各类公共信息网和专用信息网引入建筑物内；

2 应支持建筑物内各类用户所需的信息通信业务；

3 宜建立以该建筑为基础的物理单元载体，并应具有对接智慧城市的技术条件；

4 信息接入机房应统筹规划配置，并应具有多种类信息业务经营者平等接入的条件；

5 系统设计应符合现行行业标准《有线接入网设备安装工程设计规范》YD/T 5139 等的有关规定。

4.4.4 布线系统应符合下列规定：

1 应满足建筑物内语音、数据、图像和多媒体等信息传输的需求；

2 应根据建筑物的业务性质、使用功能、管理维护、环境安全条件和使用需求等，进行系统布局、设备配置和缆线设计；

3 应遵循集约化建设的原则，并应统一规划、兼顾差异、路由便捷、维护方便；

4 应适应智能化系统的数字化技术发展和网络化融合趋向，并应成为建筑内整合各智能化系统信息传递的通道；

5 应根据缆线敷设方式和安全保密的要求，选择满足相应安全等级的信息缆线；

6 应根据缆线敷设方式和防火的要求，选择相应阻燃及耐火等级的缆线；

7 应配置相应的信息安全管理保障技术措施；

8 应具有灵活性、适应性、可扩展性和可管理性；

9 系统设计应符合现行国家标准《综合布线系统工程设计规范》GB 50311 的有关规定。

4.4.5 移动通信室内信号覆盖系统应符合下列规定：

1 应确保建筑物内部与外界的通信接续；

2 应适应移动通信业务的综合性发展；

3 对于室内需屏蔽移动通信信号的局部区域，应配置室内区域屏蔽系统；

4 系统设计应符合现行国家标准《电磁环境控制限值》GB 8702 的有关规定。

4.4.6 卫星通信系统应符合下列规定：

1 应按建筑的业务需求进行配置；

2 应满足语音、数据、图像及多媒体等信息的传输要求；

3 卫星通信系统天线、室外单元设备安装空间和天线基座基础、室外馈线引入的管线及卫星通信机房等应设置在满足卫星通信要求的位置。

4.4.7 用户电话交换系统应符合下列规定：

1 应适应建筑物的业务性质、使用功能、安全条件，并应满足建筑内语音、传真、数据等通信需求；

2 系统的容量、出入中继线数量及中继方式等应按使用需求和话务量确定，并应留有富裕量；

3 应具有拓展电话交换系统与建筑内业务相关的其他增值应用的功能；

4 系统设计应符合现行国家标准《用户电话交换系统工程设计规范》GB/T 50622 的有关规定。

4.4.8 无线对讲系统应符合下列规定：

1 应满足建筑内管理人员互相通信联络的需求；

2 应根据建筑的环境状况，设置天线位置、选择天线形式、确定天线输出功率；

3 应利用基站信号，配置室内天馈线和系统无源器件；

4 信号覆盖应均匀分布；

5 应具有远程控制和集中管理功能，并应具有对系统语音和数据的管理能力；

6 语音呼叫应支持个呼、组呼、全呼和紧急呼叫等功能；

7 宜具有支持文本信息收发、GPS 定位、遥测、对讲机检查、远程监听、呼叫提示、激活等功能；

8 应具有先进性、开放性、可扩展性和可管理性。

4.4.9 信息网络系统应符合下列规定：

1 应根据建筑的运营模式、业务性质、应用功能、环境安全条件及使用需求，进行系统组网的架构规划；

2 应建立各类用户完整的公用和专用的信息通信链路，支撑建筑内多种类智能化信息的端到端传输，并应成为建筑内各类信息通信完全传递的通道；

3 应保证建筑内信息传输与交换的高速、稳定和安全；

4 应适应数字化技术发展和网络化传输趋向；对智能化系统的信息传输，应按信息类别的功能性区分、信息承载的负载量分析、应用架构形式优化等要求进行处理，并应满足建筑智能化信息网络实现的统一性要求；

5 网络拓扑架构应满足建筑使用功能的构成状况、业务需求及信息传输的要求；

6 应根据信息接入方式和网络子网划分等配置路由设备，并应根据用户工作业务特性、运行信息流量、服务质量要求和网络拓扑架构形式等，配置服务器、网络交换设备、信息通信链路、信息端口及信息网络系统等；

7 应配置相应的信息安全保障设备和网络管理系统，建筑物内信息网络系统与建筑物外部的相关信息网互联时，应设置有效抵御干扰和入侵的防火墙等安全措施；

8 宜采用专业化、模块化、结构化的系统架构形式；

9 应具有灵活性、可扩展性和可管理性。

4.4.10 有线电视及卫星电视接收系统应符合下列规定：

1 应向收视用户提供多种类电视节目源；

2 应根据建筑使用功能的需要，配置卫星广播电视接收及传输系统；

3 卫星广播电视系统接收天线、室外单元设备安装空间和天线基座基础、室外馈线引入的管线等应设置在满足接收要求的部位；

4 宜拓展其他相应增值应用功能；

5 系统设计应符合现行国家标准《有线电视系统工程技术规范》GB 50200 的有关规定。

4.4.11 公共广播系统应符合下列规定：

1 应包括业务广播、背景广播和紧急广播；

2 业务广播应根据工作业务及建筑物业管理的需要，按业务区域设置音源信号，分区控制呼叫及设定播放程序。业务广播宜播发的信息包括通知、新闻、信息、语音文件、寻呼、报时等；

3 背景广播应向建筑内各功能区播送渲染环境气氛的音源信号。背景广播宜播发的信息包括背景音乐和背景音响等；

4 紧急广播应满足应急管理的要求，紧急广播应播发的信息为依据相应安全区域划分规定的专用应急广播信令。紧急广播应优先于业务广播、背景广播；

5 应适应数字化处理技术、网络化播控方式的应用发展；

6 宜配置标准时间校正功能；

7 声场效果应满足使用要求及声学指标的要求；

8 宜拓展公共广播系统相应智能化应用功能；

9 系统设计应符合现行国家标准《公共广播系统工程技术规范》GB 50526 的有关规定。

4.4.12 会议系统应符合下列规定：

1 应按使用和管理等需求对会议场所进行分类，并分别按会议（报告）厅、多功能会议室和普通会议室等类别组合配置相应的功能。会议系统的功能宜包括音频扩声、图像信息显示、多媒体信号处理、会议讨论、会议信息录播、会议设施集中控制、会议信息发布等；

2 会议（报告）厅宜根据使用功能，配置舞台机械及场景控制及其他相关配套功能等；

3 具有远程视频信息交互功能需求的会议场所，应配置视频会议系统终端（含内置多点控制单元）；

4 当系统具有集中控制播放信息和集成运行交互功能要求时，宜采取会议设备集约化控制方式，对设备运行状况进行信息化交互式管理；

5 应适应多媒体技术的发展，并应采用能满足视频图像清晰度要求的投射及显示技术和满足音频声场效果要求的传声及播放技术；

6 宜采用网络化互联、多媒体场效互动及设备综合控制等信息集成化管理工作模式，并宜采用数字化系统技术和设备；

7 宜拓展会议系统相应智能化应用功能；

8 系统设计应符合现行国家标准《电子会议系统工程设计规范》GB 50799、《厅堂扩声系统设计规范》GB 50371、《视频显示系统工程技术规范》GB 50464 和《会议电视会场系统工程设计规范》GB 50635 的有关规定。

4.4.13 信息导引及发布系统应符合下列规定：

1 应具有公共业务信息的接入、采集、分类和汇总的数据资源库，并在建筑公共区域向公众提供信息告示、标识导引及信息查询等多媒体信息发布功能；

2 宜由信息播控中心、传输网络、信息发布显示屏或信息标识牌、信息导引设施或查询终端等组成，并应根据应用需要进行设备的配置及组合；

3 应根据建筑物的管理需要，布置信息发布显示屏或信息导引标识屏、信息查询终端等，并应根据公共区域空间环境条件，选择信息显示屏和信息查询终端的技术规格、几何形态及安装方式等；

4 播控中心宜设置专用的服务器和控制器，并宜配置信号采集和制作设备及相配套的应用软件：应支持多通道显示、多画面显示、多列表播放和支持多种格式的图像、视频、文件显示，并应支持同时控制多台显示端设备。

4.4.14 时钟系统应符合下列功能：

1 应按建筑使用功能需求配置时钟系统；

2 应具有高精度标准校时功能，并应具备与当地标准时钟同步校准的功能；

3 用于统一建筑公共环境时间的时钟系统，宜采用母钟、子钟的组网方式，且系统母钟应具有多形式系统对时的接口选择；

4 应具有故障告警等管理功能。

4.5 建筑设备管理系统

4.5.1 建筑设备管理系统功能应符合下列规定：

1 应具有建筑设备运行监控信息互为关联和共享的功能；

2 宜具有建筑设备能耗监测的功能；

3 应实现对节约资源、优化环境质量管理的功能；

4 宜与公共安全系统等其他关联构建建筑设备综合管理模式。

4.5.2 建筑设备管理系统宜包括建筑设备监控系统、建筑能效监管系统，以及需纳入管理的其他业务设施系统等。

4.5.3 建筑设备监控系统应符合下列规定：

1 监控的设备范围宜包括冷热源、供暖通风和空气调节、给水排水、供配电、照明、电梯等，并宜包括以自成控制体系方式纳入管理的专项设备监控系统等；

2 采集的信息宜包括温度、湿度、流量、压力、压差、液位、照度、气体浓度、电量、冷热量等建筑设备运行基础状态信息；

3 监控模式应与建筑设备的运行工艺相适应，并应满足对实时状况监控、管理方式及管理策略等进行优化的要求；

4 应适应相关的管理需求与公共安全系统信息关联；

5 宜具有向建筑内相关集成系统提供建筑设备运行、维护管理状态等信息的条件。

4.5.4 建筑能效监管系统应符合下列规定：

1 能耗监测的范围宜包括冷热源、供暖通风和空气调节、给水排水、供配电、照明、电梯等建筑设备，且计量数据应准确，并应符合国家现行有关标准的规定；

2 能耗计量的分项及类别宜包括电量、水量、燃气量、集中供热耗热量、集中供冷耗冷量等使用状态信息；

3 根据建筑物业管理的要求及基于对建筑设备运行能耗信息化监管的需求，应能对建筑的用能环节进行相应适度调控及供能配置适时调整；

4 应通过对纳入能效监管系统的分项计量及监测数据统计分析和处理，提升建筑设备协调运行和优化建筑综合性能。

4.5.5 建筑设备管理系统对支撑绿色建筑功效应符合下列规定：

1 基于建筑设备监控系统，对可再生能源实施有效利用和管理；

2 以建筑能效监管系统为基础，确保在建筑全生命期内对建筑设备运行具有辅助支撑的功能。

4.5.6 建筑设备管理系统应满足建筑物整体管理需求，系统宜纳入智能化集成系统。

4.5.7 系统设计应符合国家现行标准《建筑设备监控系统工程技术规范》JGJ/T 334 和《绿色建筑评价标准》GB/T 50378 的有关规定。

4.6 公共安全系统

4.6.1 公共安全系统应符合下列规定：

1 应有效地应对建筑内火灾、非法侵入、自然灾害、重大安全事故等危害人们生命和财产安全的各种突发事件，并应建立应急及长效的技术防范保障体系；

2 应以人为本、主动防范、应急响应、严实可靠。

4.6.2 公共安全系统宜包括火灾自动报警系统、安全技术防范系统和应急响应系统等。

4.6.3 火灾自动报警系统应符合下列规定：

1 应安全适用、运行可靠、维护便利；

2 应具有与建筑设备管理系统互联的信息通信接口；

3 宜与安全技术防范系统实现互联；

4 应作为应急响应系统的基础系统之一；

5 宜纳入智能化集成系统；

6 系统设计应符合现行国家标准《火灾自动报警系统设计规范》GB 50116 和《建筑设计防火规范》GB 50016 的有关规定。

4.6.4 安全技术防范系统应符合下列规定：

1 应根据防护对象的防护等级、安全防范管理等要求，以建筑物自身物理防护为基础，运用电子信息技术、信息网络技术和安全防范技术等进行构建；

2 宜包括安全防范综合管理（平台）和入侵报警、视频安防监控、出入口控制、电子巡查、访客对讲、停车库（场）管理系统等；

3 应适应数字化、网络化、平台化的发展，建立结构化架构及网络化体系；

4 应拓展和优化公共安全管理的应用功能；

5 应作为应急响应系统的基础系统之一；

6 宜纳入智能化集成系统；

7 系统设计应符合现行国家标准《安全防范工程技术规范》GB 50348、《入侵报警系统工程设计规范》GB 50394、《视频安防监控系统工程设计规范》GB 50395 和《出入口控制系统工程设计规范》GB 50396 的有关规定。

4.6.5 应急响应系统应符合下列规定：

1 应以火灾自动报警系统、安全技术防范系统为基础。

2 应具有下列功能：

1）对各类危及公共安全的事件进行就地实时报警；

2）采取多种通信方式对自然灾害、重大安全事故、公共卫生事件和社会安全事件实现就地报警和异地报警；

3）管辖范围内的应急指挥调度；

4）紧急疏散与逃生紧急呼叫和导引；

5）事故现场应急处置等。

3　宜具有下列功能：

1）接收上级应急指挥系统各类指令信息；

2）采集事故现场信息；

3）多媒体信息显示；

4）建立各类安全事件应急处理预案。

4　应配置下列设施：

1）有线/无线通信、指挥和调度系统；

2）紧急报警系统；

3）火灾自动报警系统与安全技术防范系统的联动设施；

4）火灾自动报警系统与建筑设备管理系统的联动设施；

5）紧急广播系统与信息发布与疏散导引系统的联动设施。

5　宜配置下列设施：

1）基于建筑信息模型（BIM）的分析决策支持系统；

2）视频会议系统；

3）信息发布系统等。

6　应急响应中心宜配置总控室、决策会议室、操作室、维护室和设备间等工作用房。

7　应纳入建筑物所在区域的应急管理体系。

4.6.6　总建筑面积大于 20000m² 的公共建筑或建筑高度超过 100m 的建筑所设置的应急响应系统，必须配置与上一级应急响应系统信息互联的通信接口。

4.7　机房工程

4.7.1　智能化系统机房宜包括信息接入机房、有线电视前端机房、信息设施系统总配线机房、智能化总控室、信息网络机房、用户电话交换机房、消防控制室、安防监控中心、应急响应中心和智能化设备间（弱电间、电信间）等，并可根据工程具体情况独立配置或组合配置。

4.7.2　机房工程的建筑设计应符合下列规定：

1　信息接入机房宜设置在便于外部信息管线引入建筑物内的位置；

2　信息设施系统总配线机房宜设于建筑的中心区域位置，并应与信息接入机房、智能化总控室、信息网络机房及用户电话交换机房等同步设计和建设；

3　智能化总控室、信息网络机房、用户电话交换机房等应按智能化设施的机房设计等级及设备的工艺要求进行设计；

4　当火灾自动报警系统、安全技术防范系统、建筑设备管理系统、公共广播系统等的中央控制设备集中设在智能化总控室内时，各系统应有独立工作区；

5　智能化设备间（弱电间、电信间）宜独立设置，且在满足信息传输要求情况下，设备间（弱电间、电信间）宜设置于工作区域相对中部的位置；对于以建筑物楼层为区域划分的智能化设备间（弱电间、电信间），上下位置宜垂直对齐；

6 机房面积应满足设备机柜（架）的布局要求，并应预留发展空间；

7 信息设施系统总配线机房、智能化总控室、信息网络机房、用户电话交换系统机房等不应与变配电室及电梯机房贴邻布置；

8 机房不应设在水泵房、厕所和浴室等潮湿场所的贴邻位置；

9 设备机房不宜贴邻建筑物的外墙；

10 与机房无关的管线不应从机房内穿越；

11 机房各功能区的净空高度及地面承重力应满足设备的安装要求和国家现行有关标准的规定；

12 机房应采取防水、降噪、隔音、抗震等措施。

4.7.3 机房工程的结构设计应符合下列规定：

1 机房主体结构宜采用大空间及大跨度柱网结构体系；

2 机房主体结构应具有防火、避免温度变形和抗不均匀沉降的性能，机房不应穿过变形缝和伸缩缝；

3 对于安置主机和存放数据存储设备的机房，主体结构抗震等级宜比该建筑物整体抗震等级提高一级；

4 对于改建或扩建的机房，应在对原建筑物进行结构检测和抗震鉴定后进行抗震设计。

4.7.4 机房工程的通风和空气调节系统设计应符合下列规定：

1 机房内的温度、湿度等应满足设备的使用要求；

2 应符合国家现行有关机房设计的等级标准；

3 当机房设置专用空气调节系统时，应设置具有可自动调节方式的控制装置，并应预留室外机组的安装位置；

4 宜为纳入机房综合管理系统预留条件。

4.7.5 机房工程的供配电系统设计应符合下列规定：

1 应满足机房设计等级及设备用电负荷等级的要求；

2 电源质量应符合国家现行有关标准的规定和所配置设备的要求；

3 设备的电源输入端应设防雷击电磁脉冲 CLEMP)的保护装置；

4 宜为纳入机房综合管理系统预留条件。

4.7.6 机房工程紧急广播系统备用电源的连续供电时间，必须与消防疏散指示标志照明备用电源的连续供电时间一致。

4.7.7 机房工程的照明系统设计应符合下列规定：

1 应满足各工作区照度标准值的要求；

2 照明灯具应采用无眩光荧光灯具及节能灯具；

3 宜具有自动调节方式的控制装置；

4 宜为纳入机房综合管理系统预留条件。

4.7.8 机房工程接地设计应符合下列规定：

1 当机房采用建筑物共用接地装置时，接地电阻值应按接入设备中要求的最小值确定；

2 当机房采用独立接地时，接地电阻值应符合国家现行有关标准的规定和所配置设备的要求；

3 机房内应设专用局部等电位联结装置。

4.7.9 机房工程的防静电设计应符合下列规定：

1 机房的主机房和辅助工作区的地板或地面应设置具有静电泄放的接地装置；

2 电子信息系统机房内所有设备的金属外壳、各类金属管（槽）和构件等应进行等电位联结并接地。

4.7.10 机房工程的安全系统设计应符合下列规定：

1 应设置与机房安全管理相配套的火灾自动报警和安全技术防范设施；

2 应满足机房设计等级要求，并应符合国家现行有关标准的规定；

3 宜为纳入机房综合管理系统预留条件。

4.7.11 信息网络机房、应急响应中心等机房宜根据建筑功能、机房规模、设备状况及机房的建设要求等，配置机房综合管理系统，并宜具备机房基础设施运行监控、环境设施综合管理、信息设施服务管理等功能。机房综合管理系统应符合下列规定：

1 应满足机房设计等级的要求，对机房内能源、安全、环境等基础设施进行监控；

2 应满足机房运营及管理的要求，对机房内各类设施的能耗及环境状态信息予以采集、分析等监管；

3 应满足建筑业务专业功能的需求，并应对机房信息设施系统的运行进行监管等。

4.7.12 机房工程设计应符合现行国家标准《电子信息系统机房设计规范》GB 50174，《建筑电子信息系统防雷术规范》GB 50343、《电磁环境控制限值》GB 8702 的有关规定。

5 住宅建筑

5.0.1 住宅建筑智能化系统工程应符合下列规定：

1 应适应生态、环保、健康的绿色居住需求；

2 应营造以人为本，安全、便利的家居环境；

3 应满足住宅建筑物业的规范化运营管理要求。

5.0.2 住宅建筑智能化系统应按表 5.0.2 的规定配置，并应符合现行行业标准《住宅建筑电气设计规范》JGJ 242 的有关规定。

住宅建筑智能化系统配置表　　　　　　表 5.0.2

智能化系统		非超高层住宅建筑	超高层住宅建筑
信息化应用系统	公共服务系统	◉	◉
	智能卡应用系统	◉	◉
	物业管理系统	◉	●
智能化集成系统	智能化信息集成（平台）系统	◉	◉
	集成信息应用系统	◉	◉
信息设施系统	信息接入系统	●	●
	布线系统	●	●
	移动通信室内信号覆盖系统	●	●

智能化系统			非超高层住宅建筑	超高层住宅建筑
信息设施系统	无线对讲系统		◉	◉
	信息网络系统		●	●
	有线电视系统		●	●
	公共广播系统		◉	◉
	信息导引及发布系统		◉	◉
建筑设备管理系统	建筑设备监控系统		◉	◉
	建筑能效监管系统		○	○
公共安全系统	火灾自动报警系统		按国家现行有关标准进行配置	
	安全技术防范系统	入侵报警系统		
		视频安防监控系统		
		出入口控制系统		
		电子巡查系统		
		访客对讲系统		
	停车库（场）管理系统		◉	◉
机房工程	信息接入机房		●	●
	有线电视前端机房		●	●
	信息设施系统总配线机房		●	●
	智能化总控室		●	●
	消防控制室		◉	●
	安防监控中心		●	●
	智能化设备间（弱电间）		●	●

注：1 超高层住宅建筑：建筑高度为100m或35层及以上的住宅建筑。

2 ●—应配置；◉—宜配置；○—可配置。

5.0.3 住宅建筑信息化应用系统的配置应满足住宅建筑物业管理的信息化应用需求。

5.0.4 住宅建筑智能化集成系统宜为住宅物业提供完善的服务功能。

5.0.5 住宅建筑信息接入系统应采用光纤到户的方式，每套住户应配置家居配线箱。

5.0.6 当住宅小区或超高层住宅建筑设有物业管理系统时，宜配置无线对讲系统。

5.0.7 超高层住宅建筑应设置消防应急广播，消防应急广播可与公共广播系统合用，但应满足消防应急广播的要求。

5.0.8 当住宅建筑设有物业管理系统时，宜配置建筑设备管理系统。

5.0.9 超高层住宅建筑的消防控制室可与物业管理室合用，但应有独立的火灾自动报警系统工作区域。

5.0.10 当住宅建筑设有停车库（场）时，宜设置停车库（场）管理系统。

6 办公建筑

6.1 一般规定

6.1.1 办公建筑智能化系统工程应符合下列规定：

1 应满足办公业务信息化的应用需求；

2 应具有高效办公环境的基础保障；

3 应满足办公建筑物业规范化运营管理的需要。

6.2 通用办公建筑

6.2.1 通用办公建筑智能化系统应按表 6.2.1 的规定配置。

通用办公建筑智能化系统配置表　　　　　　表 6.2.1

智能化系统			普通办公建筑	商务办公建筑
信息化应用系统	公共服务系统		●	●
	智能卡应用系统		●	●
	物业管理系统		●	●
	信息设施运行管理系统		◉	●
	信息安全管理系统		◉	●
	通用业务系统	基本业务办公系统	按国家现行有关标准进行配置	
	专业业务系统	专用办公系统行		
智能化集成系统	智能化信息集成（平台）系统		◉	●
	集成信息应用系统		◉	●
信息设施系统	信息接入系统		●	●
	布线系统		●	●
	移动通信室内信号覆盖系统		●	●
	用户电话交换系统		◉	◉
	无线对讲系统		◉	◉
	信息网络系统		●	●
	有线电视系统		●	●
	卫星电视接收系统		○	◉
	公共广播系统		●	●
	会议系统		●	●
	信息导引及发布系统		●	●
	时钟系统		○	◉

智能化系统			普通办公建筑	商务办公建筑
建筑设备管理系统	建筑设备监控系统		●	●
	建筑能效监管系统		◉	◉
公共安全系统	火灾自动报警系统		按国家现行有关标准进行配置	
	安全技术防范系统	入侵报警系统		
		视频安防监控系统		
		出入口控制系统		
		电子巡查系统		
		访客对讲系统		
	停车库（场）管理系统		◉	●
	安全防范综合管理（平台）系统		◉	●
	应急响应系统		○	◉
机房工程	信息接入机房		●	●
	有线电视前端机房		●	●
	信息设施系统总配线机房		●	●
	智能化总控室		●	●
	信息网络机房		◉	●
	用房电话交换机房		◉	◉
	消防控制室		●	●
	安防监管中心		●	●
	应急响应中心		○	◉
	智能化设备间（弱电间）		●	●
	机房安全系统		按国家现行有关标准进行配置	
	机房综合管理系统		○	◉

注：●—应配置；◉—宜配置；○—可配置。

6.2.2 信息化应用系统的配置应满足通用办公建筑办公业务运行和物业管理的信息化应用需求。

6.2.3 信息接入系统宜将各类公共信息网引入至建筑物办公区域或办公单元内，并应适应多家运营商接入的需求。

6.2.4 移动通信室内信号覆盖系统应做到公共区域无盲区。

6.2.5 用户电话交换系统应满足通用办公建筑内部语音通信的需求。

6.2.6 信息网络系统，当用于建筑物业管理系统时，宜独立配置；当用于出租或出售办公单元时，宜满足承租者或入驻用户的使用需求。

6.2.7 有线电视系统应向建筑内用户提供本地区有线电视节目源，可根据需要配置卫星电视接收系统。

6.2.8　会议系统应适应通用办公建筑的需要，宜适应会议室或会议设备的租赁使用及管理，并宜按会议场所的功能需求组合配置相关设备。

6.2.9　信息导引及发布系统应根据建筑物业管理的需要，在公共区域提供信息告示、标识导引及信息查询等服务。

6.2.10　建筑设备管理系统应满足通用办公建筑使用及管理的需求。

6.3　行政办公建筑

6.3.1　行政办公建筑智能化系统应按表 6.3.1 的规定配置。

行政办公建筑智能化系统配置表　　　　　　　　　　　　表 6.3.1

智能化系统		其他职级职能办公建筑	地市级职能办公建筑	省部级及以上职能办公建筑
信息化应用系统	公共服务系统	◉	●	●
	智能卡应用系统	●	●	●
	物业管理系统	◉	●	●
	信息设施运行管理系统	◉	●	●
	信息安全管理系统	●	●	●
	通用业务系统　基本业务办公系统	按国家现行有关标准进行配置		
	专业业务系统　行政工作业务系统			
智能化集成系统	智能化信息集成（平台）系统	○	◉	●
	集成信息应用系统	○	◉	●
信息设施系统	信息接入系统	●	●	●
	布线系统	●	●	●
	移动通信室内信号覆盖系统	●	●	●
	用户电话交换系统	◉	●	●
	无线对讲系统	◉	●	●
	信息网络系统	●	●	●
	有线电视系统	●	●	●
	公共广播系统	●	●	●
	会议系统	●	●	●
	信息导引及发布系统	◉	●	●
建筑设备管理系统	建筑设备监控系统	◉	●	●
	建筑能效监管系统	◉	●	●

续表

智能化系统			其他职级职能办公建筑	地市级职能办公建筑	省部级及以上职能办公建筑
公共安全系统		火灾自动报警系统	按国家现行有关标准进行配置		
	安全技术防范系统	入侵报警系统			
		视频安防监控系统			
		出入口控制系统			
		电子巡查系统			
		访客对讲系统			
		停车库（场）管理系统	◉	●	●
	安全防范综合管理（平台）系统		◉	●	●
	应急响应系统		◉	●	●
机房工程	信息接入机房		●	●	●
	有线电视前端机房		●	●	●
	信息设施系统总配线机房		●	●	●
	智能化总控室		●	●	●
	信息网络机房		◉	●	●
	用户电话交换机房		◉	●	●
	消防控制室		●	●	●
	安防监控中心		●	●	●
	应急响应中心		◉	●	●
	智能化设备间（弱电间）		●	●	●
	机房安全系统		按国家现行有关标准进行配置		
	机房综合管理系统		◉	●	●

注：●—应配置；◉—宜配置；○—可配置。

6.3.2　信息化应用系统的配置应满足行政办公建筑办公业务运行和物业管理的信息化应用需求。

6.3.3　信息接入系统应根据办公业务的需要，将公共信息网及行政办公专用信息网引入行政办公建筑内。

6.3.4　行政办公建筑内应根据信息安全要求或其业务要求，建立区域移动通信信号覆盖或移动通信信号屏蔽系统。

6.3.5　用户电话交换系统应满足行政办公建筑内部的电话通信需求。

6.3.6　信息网络系统应满足行政办公业务信息传输安全、可靠、保密的要求，并应根据办公业务和办公人员的岗位职能需要，配置相应的信息端口。

6.3.7　有线电视系统应向会议、接待等功能区域提供本地区电视节目源。

6.3.8 会议系统应根据所确定的功能配置相关设备，并应满足安全保密要求。

6.3.9 建筑设备管理系统应满足行政办公建筑使用及管理的需求。

7 旅馆建筑

7.0.1 旅馆建筑智能化系统工程应符合下列规定：

1 应满足旅馆业务经营的需求；

2 应提升旅馆经营及服务的质量；

3 应满足旅馆建筑物业规范化运营管理的需要。

7.0.2 旅馆建筑智能化系统应按表7.0.2的规定配置。

旅馆建筑智能化系统配置表　　　　　　　　　　　表 7.0.2

智能化系统		其他服务等级旅馆	三星及四星级服务等级旅馆	五星级及以上服务等级旅馆
信息化应用系统	公共服务系统	◉	●	●
	智能卡应用系统	●	●	●
	物业管理系统	◉	●	●
	信息设施运行管理系统	○	◉	●
	信息安全管理系统	◉	●	●
	通用业务系统　基本旅馆经营管理系统	按国家现行有关标准进行配置		
	专业业务系统　星级酒店经营管理系统			
智能化集成系统	智能化信息集成（平台）系统	◉	●	●
	集成信息应用系统	◉	●	●
信息设施系统	信息接入系统	●	●	●
	布线系统	●	●	●
	移动通信室内信号覆盖系统	●	●	●
	用户电话交换系统	●	●	●
	无线对讲系统	◉	●	●
	信息网络系统	●	●	●
	有线电视系统	●	●	●
	卫星电视接收系统	○	◉	●
	公共广播系统	●	●	●
	会议系统	○	◉	●
	信息导引及发布系统	◉	●	●
	时钟系统	○	◉	●

续表

智能化系统			其他服务等级旅馆	三星及四星级服务等级旅馆	五星级及以上服务等级旅馆
建筑设备管理系统		建筑设备监控系统	◉	●	●
		建筑能效监管系统	◉	●	●
		客房集控系统	◉	●	●
公共安全系统	安全技术防范系统	火灾自动报警系统	按国家现行有关标准进行配置		
		入侵报警系统			
		视频安防监控系统			
		出入口控制系统			
		电子巡查系统			
		停车库（场）管理系统	◉	●	●
	安全防范综合管理（平台）系统		○	◉	●
	应急响应系统		○	◉	●
机房工程		信息接入机房	●	●	●
		有线电视前端机房	●	●	●
		信息设施系统总配线机房	●	●	●
		智能化总控室	●	●	●
		信息网络机房	◉	●	●
		用户电话交换机房	●	●	●
		消防控制室	●	●	●
		安防监控中心	●	●	●
		应急响应中心	○	◉	●
		智能化设备间（弱电间）	●	●	●
		机房安全系统	按国家现行有关标准进行配置		
		机房综合管理系统	○	◉	●

注：●—应配置；◉—宜配置；○—可配置。

7.0.3 信息化应用系统的配置应满足旅馆建筑业务运行和物业管理的信息化应用需求。

7.0.4 客房内应配置互联网的信息端口，并宜提供无线接入。公共区域、会议室、餐饮和供宾客休闲的场所等应提供无线接入。

7.0.5 用户电话交换系统应具有旅馆管理的功能。

7.0.6 旅馆经营业务信息网络系统宜独立设置。

7.0.7 餐厅、咖啡茶座等公共区域宜配置具有独立音源和控制装置的背景音响。

7.0.8 旅馆的会议中心、中小型会议室等场所宜根据不同使用需要配置相应的会议系统。

7.0.9 旅馆的公共区域、各楼层电梯厅等场所宜配置信息发布显示终端。旅馆的大厅、公共场所宜配置信息查询导引显示终端，并应满足无障碍的要求。

7.0.10 客房集控系统应根据经营服务的等级进行配置。

7.0.11 客房内宜配置视频点播装置。

7.0.12 智能卡应用系统应与旅馆信息管理系统联网。旅馆建筑内进入客房区的电梯宜配置电梯控制系统。

8 文化建筑

8.1 一般规定

8.1.1 文化建筑智能化系统工程应符合下列规定：

1 应满足文献资料信息的采集、加工、利用和安全防护等要求；

2 应具有为读者、公众提供文化学习和文化服务的能力；

3 应满足文化建筑物业规范化运营管理的需要。

8.2 图书馆

8.2.1 图书馆智能化系统应按表 8.2.1 的规定配置。

图书馆智能化系统配置表　　　　　表 8.2.1

智能化系统		专门图书馆	科研图书馆	高等学校图书馆	公共图书馆
信息化应用系统	公共服务系统	◉	●	●	●
	智能卡应用系统	●	●	●	●
	物业管理系统	◉	◉	●	●
	信息设施运行管理系统	◉	●	●	●
	信息安全管理系统	●	●	●	●
	通用业务系统　基本业务办公系统	按相关管理等级要求配置			
	专业业务系统　图书馆数字化管理系统				
智能化集成系统	智能化信息集成（平台）系统	○	◉	●	●
	集成信息应用系统	○	◉	●	●
信息设施系统	信息接入系统	●	●	●	●
	布线系统	●	●	●	●
	移动通信室内信号覆盖系统	●	●	●	●
	用户电话交换系统	◉	●	●	●
	无线对讲系统	◉	◉	●	●

续表

智能化系统			专门图书馆	科研图书馆	高等学校图书馆	公共图书馆
信息设施系统		信息网络系统	●	●	●	●
		有线电视系统	●	●	●	●
		公共广播系统	●	●	●	●
		会议系统	◉	◉	●	●
		信息导引及发布系统	●	●	●	●
建筑设备管理系统		建筑设备监控系统	◉	◉	●	●
		建筑能效监管系统	◉	◉	●	●
公共安全系统		火灾自动报警系统	按国家现行有关标准进行配置			
	安全技术防范系统	入侵报警系统				
		视频安防监控系统				
		出入口控制系统				
		电子巡查系统				
		安全检查系统				
		停车库（场）管理系统	◉	◉	●	●
		安全防范综合管理（平台）系统	○	◉	●	●
机房工程		信息接入机房	●	●	●	●
		有线电视前端机房	●	●	●	●
		信息设施系统总配线机房	●	●	●	●
		智能化总控室	●	●	●	●
		信息网络机房	◉	●	●	●
		用户电话交换机房	◉	●	●	●
		消防控制室	●	●	●	●
		安防监控中心	●	●	●	●
		智能化设备间（弱电间）	●	●	●	●
		机房安全系统	按国家现行有关标准进行配置			
		机房综合管理系统	○	◉	●	●

注：●—应配置；◉—宜配置；○—可配置。

8.2.2 图书馆信息化应用系统的配置应满足图书馆业务运行和物业管理的信息化应用需求。

8.2.3 信息网络系统应满足图书阅览和借阅的需求，业务工作区、阅览室、公众服务区应设置信息端口，公共区域应配置公用电话和无障碍专用的公用电话。图书馆应设置借阅信息查询终端和无障碍信息查询终端。

8.2.4 会议系统应满足文化交流的需求，且具有国际交流活动需求的会议室或报告厅宜配置同声传译系统。

8.2.5 建筑设备管理系统应满足图书储藏库的通风、除尘过滤、温湿度等环境参数的监控要求。

8.2.6 安全技术防范系统应按图书馆的阅览、藏书、管理办公等划分不同防护区域，并应确定不同技术防范等级。

8.3 档案馆

8.3.1 档案馆智能化系统应按表 8.3.1 的规定配置。

档案馆智能化系统配置表　　　　　　　　　　　表 8.3.1

表 D.0.2　档案馆建筑智能化系统配置表智能化系统			乙级档案馆	甲级档案馆	特级档案馆
信息化应用系统	公共服务系统		◉	●	●
	智能卡应用系统		◉	●	●
	物业管理系统		○	◉	●
	信息设施运行管理系统		○	◉	●
	信息安全管理系统		◉	◉	●
	通用业务系统	基本业务办公系统	按相关管理等级要求配置		
	专业业务系统	档案工作业务系统			
智能化集成系统	智能化信息集成（平台）系统				
	集成信息应用系统		○	◉	●
信息设施系统	信息接入系统		●	●	●
	布线系统		●	●	●
	移动通信室内信号覆盖系统		●	●	●
	用户电话交换系统		◉	●	●
	无线对讲系统		◉	●	●
	信息网络系统		●	●	●
	有线电视系统		●	●	●
	公共广播系统		●	●	●
	会议系统		○	◉	●
	信息导引及发布系统		○	◉	●
建筑设备管理系统	建筑设备监控系统		◉	●	●
	建筑能效监管系统		◉	●	●
公共安全系统	火灾自动报警系统		按国家现行有关标准进行配置		
	安全技术防范系统	入侵报警系统			
		视频安防监控系统			

续表

表 D.0.2 档案馆建筑智能化系统配置表智能化系统			乙级档案馆	甲级档案馆	特级档案馆
公共安全系统	安全技术防范系统	出入口控制系统	按国家现行有关标准进行配置		
		电子巡查系统			
		安全检查系统			
		停有库（场）管理系统	◉	●	●
	安全防范综合管理（平台）系统		○	◉	●
机房工程	信息接入机房		●	●	●
	有线电视前端机房		●	●	●
	信息设施系统总配线机房		●	●	●
	智能化总控室		●	●	●
	信息网络机房		◉	●	●
	用户电话交换机房		◉	●	●
	消防控制室		●	●	●
	安防监控中心		●	●	●
	智能化设备间（弱电间）		●	●	●
	机房安全系统		按国家现行有关标准进行配置		
	机房综合管理系统		○	◉	●

注：●—应配置；◉—宜配置；○—可配置。

8.3.2 信息化应用系统的配置应满足档案馆业务运行和物业管理的信息化应用需求。

8.3.3 信息网络系统应满足档案馆管理的需求，并应满足安全、保密等要求。

8.3.4 建筑设备管理系统应满足档案资料防护的要求。

8.3.5 安全技术防范系统应根据档案馆的级别，采取相应的人防、技防配套措施。

8.4 文化馆

8.4.1 文化馆智能化系统应按表 8.4.1 的规定配置。

文化馆智能化系统配置表   表 8.4.1

智能化系统		小型文化馆	中型文化馆	大型文化馆
信息化应用系统	公共服务系统	◉	●	●
	智能卡应用系统	◉	●	●
	物业管理系统	○	◉	●
	信息设施运行管理系统	○	◉	●
	信息安全管理系统	◉	◉	●

智能化系统		小型文化馆	中型文化馆	大型文化馆
信息化应用系统	通用业务系统 / 基本业务办公系统	按相关管理等级要求配置		
	专业业务系统 / 文化馆信息化管理系统			
智能化集成系统	智能化信息集成（平台）系统	○	◉	●
	集成信息应用系统	○	◉	●
信息设施系统	信息接入系统	●	●	●
	布线系统	●	●	●
	移动通信室内信号覆盖系统	●	●	●
	用户电话交换系统	◉	●	●
	无线对讲系统	◉	●	●
	信息网络系统	●	●	●
	有线电视系统	●	●	●
	公共广播系统	●	●	●
	会议系统	◉	●	●
	信息导引及发布系统	◉	●	●
建筑设备管理系统	建筑设备监控系统	◉	◉	●
	建筑能效监管系统	◉	◉	●
公共安全系统	火灾自动报警系统	按国家现行有关标准进行配置		
	安全技术防范系统 - 入侵报警系统			
	视频安防监控系统			
	出入口控制系统			
	电子巡查系统			
	安全检查系统			
	停车库（场）管理系统	○	◉	●
	安全防范综合管理（平台）系统	○	◉	●
机房工程	信息接入机房	●	●	●
	有线电视前端机房	●	●	●
	信息设施系统总配线机房	●	●	●
	智能化总控室	●	●	●
	信息网络机房	◉	●	●
	用户电话交换机房	◉	●	●
	消防控制室	●	●	●
	安防监控中心	●	●	●

续表

智能化系统		小型文化馆	中型文化馆	大型文化馆
机房工程	智能化设备间（弱电间）	●	●	●
	机房安全系统	按国家现行有关标准进行配置		
	机房综合管理系统	○	◉	●

注：●—应配置；◉—宜配置；○—可配置。

8.4.2 信息化应用系统的配置应满足文化馆业务运行和物业管理的信息化应用需求。

8.4.3 信息网络系统应适应文化馆内各活动功能区布局的需求，且公共活动区域宜提供无线接入。

8.4.4 建筑设备管理系统宜适应文化馆功能区局部使用及区域管理的需要，并宜按独立使用、配套管理、整体服务的运营方式配置。

8.4.5 安全技术防范系统应采取合理的人防、技防配套措施，并宜设置防暴安全检查系统。

9 博物馆建筑

9.0.1 博物馆建筑智能化系统工程应符合下列规定：

1 应适应对文献和文物的展示、查阅、陈列、学研等应用需求；

2 应适应博览物品向公众展示信息化的发展；

3 应满足博物馆建筑物业规范化运营管理的需要。

9.0.2 博物馆智能化系统应按表 9.0.2 的规定配置。

博物馆智能化系统配置表 表 9.0.2

智能化系统			小型博物馆	中型博物馆	大型博物馆
信息化应用系统	公共服务系统		◉	●	●
	智能卡应用系统		◉	●	●
	物业管理系统		○	◉	●
	信息设施运行管理系统		○	◉	●
	信息安全管理系统		○	◉	●
	通用业务系统	基本业务办公系统	按相关管理等级要求配置		
	专业业务系统	博物馆业务信息化系统			
智能化集成系统	智能化信息集成（平台）系统		○	◉	●
	集成信息应用系统		○	◉	●
信息设施系统	信息接入系统		●	●	●
	布线系统		●	●	●
	移动通信室内信号覆盖系统		●	●	●

续表

智能化系统			小型博物馆	中型博物馆	大型博物馆
信息设施系统		用户电话交换系统	◉	●	●
		无线对讲系统	◉	●	●
		信息网络系统	●	●	●
		有线电视系统	●	●	●
		公共广播系统	◉	●	●
		会议系统	◉	●	●
		信息导引及发布系统	◉	●	●
建筑设备管理系统		建筑设备监控系统	◉	●	●
		建筑能效监管系统	◉	●	●
公共安全系统	安全技术防范系统	火灾自动报警系统			
		入侵报警系统			
		视频安防监控系统			
		出入口控制系统	按国家现行有关标准进行配置		
		电子巡查系统			
		安全检查系统			
		停车库（场）管理系统	◉	◎	●
	安全防范综合管理（平台）系统		○	◉	●
机房工程		信息接入机房	●	●	●
		有线电视前端机房	●	●	●
		信息设施系统总配线机房	●	●	●
		智能化总控室	●	●	●
		信息网络机房	○	●	●
		用户电话交换机房	◉	●	●
		消防控制室	●	●	●
		安防监控中心	●	●	●
		智能化设备间（弱电间）	●	●	●
		机房安全系统	按国家现行有关标准进行配置		
		机房综合管理系统	○	◉	●

注：●—应配置；◉—宜配置；○—可配置。

9.0.3 信息化应用系统的配置应满足博物馆建筑业务运行和物业管理的信息化应用需求。

9.0.4 博物馆的公共服务系统宜配置触摸屏、多媒体播放屏、语音导览、多媒体导览器等设备，并宜配置手持式多媒体导览器。

9.0.5 博物馆的主要出入口和需控制人流密度的场所宜设置客流分析系统。

9.0.6 信息接入系统应满足博物馆管理人员远程及异地访问授权服务器的需要。

9.0.7 信息网络系统应满足博物馆内布展灵活、可扩展的需求。各业务工作区、陈列展览区、公众服务区应设置信息点，并宜满足远程信息接入与发布的需要。

9.0.8 博物馆宜根据展品成列状况配置视频显示终端。

9.0.9 当博物馆的会议系统具有国际交流功能时，应配置同声传译系统。

9.0.10 陈列展览区、公共服务区等场所宜设置信息查询终端和无障碍信息查询终端。

9.0.11 建筑设备管理系统应满足文物保存区环境的监控要求。

9.0.12 安全技术防范系统应符合国家现行有关标准的规定。

9.0.13 博物馆的观众主入口处宜设置安全检查系统。

10 观演建筑

10.1 一般规定

10.1.1 观演建筑智能化系统工程应符合下列规定：

1 应适应观演业务信息化运行的需求；

2 应具备观演建筑业务设施基础保障的条件；

3 应满足观演建筑物业规范化运营管理的需要。

10.2 剧场

10.2.1 剧场智能化系统应按表 10.2.1 的规定配置。

剧场智能化系统配置表　　　　　　　　　　　　　表 10.2.1

智能化系统			小型剧场	中型剧场	大型剧场	特大型剧场
信息化应用系统		公共服务系统	◉	●	●	●
		智能卡应用系统	●	●	●	●
		物业管理系统	◉	◉	●	●
		信息设施运行管理系统	○	◉	●	●
		信息安全管理系统	○	◉	●	●
	通用业务系统	基本业务办公系统	按国家现行有关标准进行配置			
	专业业务系统	舞台监督通信指挥系统				
		舞台监视系统				
		票务管理系统				
		自助寄存系统				

续表

智能化系统		小型剧场	中型剧场	大型剧场	特大型剧场
智能化集成系统	智能化信息集成（平台）系统	○	◉	●	●
	集成信息应用系统	○	◉	●	●
信息设施系统	信息接入系统	●	●	●	●
	布线系统	●	●	●	●
	移动通信室内信号覆盖系统	●	●	●	●
	用户电话交换系统	○	◉	●	●
	无线对讲系统	○	◉	●	●
	信息网络系统	●	●	●	●
	有线电视系统	◉	◉	●	●
	公共广播系统	●	●	●	●
	会议系统	◉	◉	●	●
	信息导引及发布系统	◉	●	●	●
建筑设备管理系统	建筑设备监控系统	○	◉	●	●
	建筑能效监管系统	○	◉	●	●
公共安全系统	火灾自动报警系统	按国家现行有关标准进行配置			
	安全技术防范系统 — 入侵报警系统				
	视频安防监控系统				
	出入口控制系统				
	电子巡查系统				
	安全检查系统				
	停车库（场）管理系统	○	◉	●	●
	安全防范综合管理（平台）系统	○	◉	●	●
机房工程	信息接入机房	●	●	●	●
	有线电视前端机房	●	●	●	●
	信息设施系统总配线机房	●	●	●	●
	智能化总控室	●	●	●	●
	信息网络机房	◉	●	●	●
	用户电话交换机房	○	◉	●	●
	消防控制室	●	●	●	●
	安防监控中心	●	●	●	●
	智能化设备间（弱电间）	○	●	●	●

363

智能化系统		小型剧场	中型剧场	大型剧场	特大型剧场
机房工程	机房安全系统	按国家现行有关标准进行配置			
	机房综合管理系统	○	◉	●	●

注：●—应配置；◉—宜配置；○—可配置。

10.2.2 信息化应用系统的配置应满足剧场业务运行和物业管理的信息化应用需求。

10.2.3 剧场的出入口、贵宾出入口以及化妆室等宜设置自助寄存系统，且系统应具有友好的操作界面，并宜具有语音提示功能。

10.2.4 剧场的公共区域应设置移动通信室内信号覆盖系统；现演厅宜设置移动通信信号屏蔽系统，并应具有根据实际需要进行控制和管理的功能。

10.2.5 信息网络系统应满足剧场的信息传输要求和大型音视频信号转播的需要，并应预留相应音视频信号与外部互联的接口。

10.2.6 有线电视系统应满足数字电视信号传输发展的需求，并可将剧场的节目以及现场采访的实况信息传输至电视前端室或节目制播机房。

10.2.7 候场室、化妆区等候场区域应设置信息显示系统，并应显示剧场、演播室的演播实况，且应具有演出信息播放、排片、票务、广告信息的发布等功能。

10.2.8 剧场宜预留音视频信号传输接口，并应满足现场音视频传输的需求。

10.2.9 建筑设备管理系统应满足剧（影）院的室内空气质量、温湿度、新风量等环境参数的监控要求，并应满足公共区的照明、室外环境照明、泛光照明、演播室、舞台、观众席、会议室等的管理要求。

10.2.10 视频安防监控系统应在剧场内、放映室、候场区和售票处等场所设置摄像机。

10.3 电影院

10.3.1 电影院智能化系统应按表 10.3.1 的规定配置。

电影院智能化系统配置表　　　　　　　　　　　　表 10.3.1

智能化系统			小型电影院	中型电影院	大型电影院	特大型电影院
信息化应用系统	公共服务系统		◉	●	●	●
	智能卡应用系统		●	●	●	●
	物业管理系统		◉	●	●	●
	信息安全管理系统		○	◉	●	●
	通用业务系统	基本业务办公系统	按国家现行有关标准进行配置			
	专业业务系统	票务管理系统				
		自助寄存系统				
智能化集成系统	智能化信息集成（平台）系统		○	◉	●	●
	集成信息应用系统		○	◉	●	●

续表

	智能化系统		小型电影院	中型电影院	大型电影院	特大型电影院
信息设施系统	信息接入系统		●	●	●	●
	布线系统		●	●	●	●
	移动通信室内信号覆盖系统		●	●	●	●
	用户电话交换系统		○	◉	●	●
	无线对讲系统		○	◉	●	●
	信息网络系统		●	●	●	●
	有线电视系统		●	●	●	●
	公共广播系统		◉	◉	●	●
	信息导引及发布系统		●	●	●	●
建筑设备管理系统	建筑设备监控系统		○	◉	●	●
	建筑能效监管系统		○	◉	●	●
公共安全系统	安全技术防范系统	火灾自动报警系统				
		入侵报警系统				
		视频安防监控系统	按国家现行有关标准进行配置			
		出入口控制系统				
		电子巡查系统				
		安全检查系统				
		停车库(场)管理系统	○	◉	●	●
	安全防范综合管理(平台)系统		○	◉	●	●
机房工程	信息接入机房		●	●	●	●
	有线电视前端机房		●	●	●	●
	信息设施系统总配线机房		●	●	●	●
	智能化总控室		●	●	●	●
	信息网络机房		◉	●	●	●
	用户电话交换机房		○	◉	●	●
	消防控制室		●	●	●	●
	安防监控中心		●	●	●	●
	智能化设备间(弱电间)		●	●	●	●
	机房安全系统		按国家现行有关标准进行配置			
	机房综合管理系统		○	◉	●	●

注：●—应配置；◉—宜配置；○—可配置。

10.3.2 信息化应用系统的配置应满足电影院业务运行和物业管理的信息化应用需求。

10.3.3 电影院的公共区域应设置移动通信室内信号覆盖系统。观演厅宜设置移动通信信号屏蔽系统，并应具有根据实际需要进行控制和管理的功能。

10.3.4 信息网络系统应满足电影院建筑对信息传输的应用要求。

10.3.5 有线电视系统应满足数字电视信号传输发展的需求。

10.3.6 候场区域应设置信息导引及发布系统的显示终端，并应具有电影院信息播放、排片、票务、广告信息等发布等功能。

10.3.7 建筑设备管理系统应满足电影院的室内空气质量、温湿度、新风量等环境参数的监控要求，并应满足公共区的照明、室外环境照明、泛光照明、放映室、观看厅等的管理要求。

10.3.8 视频安防监控系统应在电影院的观看厅和放映室、候场区和售票处等场所设置摄像机。

10.4 广播电视业务建筑

10.4.1 广播电视业务建筑智能化系统应按表10.4.1的规定配置。

广播电视业务建筑智能化系统配置表　　　　表10.4.1

智能化系统			区、县级广电业务建筑	地、市级广电业务建筑	省部级及以上广电业务建筑
信息化应用系统	公共服务系统		◉	●	●
	智能卡应用系统		●	●	●
	物业管理系统		◉	●	●
	信息设施运行管理系统		○	◉	●
	信息安全管理系统		◉	●	●
	通用业务系统	基本业务办公系统			
	专业业务系统	广播、电视业务信息化系统	按国家现行有关标准进行配置		
		演播室内部通话系统			
		演播室内部监视系统			
		演播室内部监听系统			
智能化集成系统	智能化信息集成（平台）系统		◉	●	●
	集成信息应用系统		◉	●	●
信息设施系统	信息接入系统		●	●	●
	布线系统		●	●	●
	移动通信室内信号覆盖系统		●	●	●
	用户电话交换系统		◉	●	●
	无线对讲系统		●	●	●
	信息网络系统		●	●	●

续表

智能化系统			区、县级广电业务建筑	地、市级广电业务建筑	省部级及以上广电业务建筑
信息设施系统	有线电视系统		●	●	●
	卫星电视接收系统		◉	●	●
	公共广播系统		◉	●	●
	会议系统		●	●	●
	信息导引及发布系统		◉	●	●
	时钟系统		◉	●	●
建筑设备管理系统	建筑设备监控系统		◉	●	●
	建筑能效监管系统		◉	●	●
公共安全系统		火灾自动报警系统			
	安全技术防范系统	入侵报警系统			
		视频安防监控系统			
		出入口控制系统	按国家现行有关标准进行配置		
		电子巡查系统			
		访客对讲系统			
		停车库（场）管理系统	○	◉	●
	安全防范综合管理（平台）系统		○	◉	●
机房工程	信息接入机房		●	●	●
	有线电视前端机房		●	●	●
	信息设施系统总配线机房		●	●	●
	智能化总控室		●	●	●
	信息网络机房		●	●	●
	用户电话交换机房		◉	●	●
	消防控制室		●	●	●
	安防监控中心		●	●	●
	应急响应中心		○	◉	●
	智能化设备间（弱电间）		●	●	●
	机房安全系统		按国家现行有关标准进行配置		
	机房综合管理系统		○	◉	●

注：●—应配置；◉—宜配置；○—可配置。

10.4.2 信息化应用系统的配置应满足广播电视业务建筑的业务运行和物业管理的信息化应用需求。

10.4.3 信息接入系统除应提供公用信息网接入的电缆、光缆外，还应预留接至电视发射信号传输的光缆，并宜预留接至国家新闻出版广电总局等的传输光缆接口。

10.4.4 公共区域应设置移动通信室内信号覆盖系统。演播室、直播室、录音室、配音室等业务用房宜设置移动通信信号屏蔽系统，并应具有根据实际需要进行控制和管理的功能。

10.4.5 信息网络系统宜在演播室、演员和导演休息厅、候播区、大开间办公区域、贵宾室、大会议室、阅览室和休息区域等处提供无线接入。

10.4.6 有线电视系统应满足数字电视信号传输发展的需求，系统应能将建筑内演播室的节目以及现场采访情况的实时信息传输至电视前端控制室或节目制播机房。系统应提供多种电视信号节目源。

10.4.7 信息导引及发布系统应具有公共信息发布、提示通知、形象宣传、客流疏导、广告发布等业务信息发布和内部交通导航的功能。

10.4.8 时钟系统宜以母钟为基准信号，在导控室、音控室、灯光控制室、演播区、设备机房等处设置数字显示子钟，系统时钟显示器可显示标准时间、正计时、倒计时，并可由人工设定。

10.4.9 视频安防监控系统应在演播室、开放式演播室、播出中心机房、导控室、主控机房、传输机房、候播区和资料库等处设置摄像机。

10.4.10 首层电梯出入口处宜设置速通门以及临时访客的发卡设备，应与出入口控制系统智能卡兼容。在导控室、演播室、传输机房、制作机房、新闻播出机房、主控机房、分控机房、通信中心机房、数据中心机房和节目库等处，宜设置与智能卡系统兼容的出入口控制系统。

10.4.11 应设置独立的广播电视工艺缆线的竖井，按功能分别预留垂直和水平的工艺线槽，制作和播控等技术用房内缆线宜采用地板下布线方式。

11 会展建筑

11.0.1 会展建筑智能化系统工程应符合下列规定：

1 应适应对展区和展物的布设及展示、会务及交流等的需求；

2 应适应信息化综合服务功能的发展；

3 应满足会展建筑物业规范化运营管理的需要。

11.0.2 会展建筑智能化系统应按表 11.0.2 的规定配置，并应符合现行行业标准《会展建筑电气设计规范》JGJ 333 的有关规定。

会展建筑智能化系统配置表　　　　　　　　　　　　　　　　表 11.0.2

智能化系统			小型会展中心	中型会展中心	大型会展中心	特大型会展中心
信息化应用系统	公共服务系统		◉	●	●	●
	智能卡应用系统		●	●	●	●
	物业管理系统		◉	●	●	●
	信息设施运行管理系统		◉	●	●	●
	信息安全管理系统		◉	●	●	●
	通用业务系统	基本业务办公系统	按国家现行有关标准进行配置			

续表

智能化系统			小型会展中心	中型会展中心	大型会展中心	特大型会展中心
信息化应用系统	专业业务系统	会展建筑业务运营系统	按国家现行有关标准进行配置			
		售检票系统				
		自助寄存系统				
智能化集成系统	智能化信息集成（平台）系统		◉	●	●	●
	集成信息应用系统		◉	●	●	●
信息设施系统	信息接入系统		●	●	●	●
	布线系统		●	●	●	●
	移动通信室内信号覆盖系统		●	●	●	●
	用户电话交换系统		◉	●	●	●
	无线对讲系统		●	●	●	●
	信息网络系统		●	●	●	●
	有线电视系统		●	●	●	●
	公共广播系统		●	●	●	●
	会议系统		◉	●	●	●
	信息导引及发布系统		●	●	●	●
	时钟系统		○	◉	●	●
建筑设备管理系统	建筑设备监控系统		◉	●	●	●
	建筑能效监管系统		◉	●	●	●
公共安全系统	火灾自动报警系统		按国家现行有关标准进行配置			
	安全技术防范系统	入侵报警系统				
		视频安防监控系统				
		出入口控制系统				
		电子巡查系统				
		安全检查系统				
	停车库（场）管理系统		○	◉	●	●
	安全防范综合管理（平台）系统		◉	●	●	●
	应急响应系统		○	◉	●	●
机房工程	信息接入机房		●	●	●	●
	有线电视前端机房		●	●	●	●
	信息设施系统总配线机房		●	●	●	●

369

续表

智能化系统		小型会展中心	中型会展中心	大型会展中心	特大型会展中心
机房工程	智能化总控室	●	●	●	●
	信息网络机房	●	●	●	●
	用户电话交换机房	◉	●	●	●
	消防控制室	●	●	●	●
	安防监控中心	●	●	●	●
	应急响应中心	○	◉	●	●
	智能化设备间（弱电间）	●	●	●	●
	机房安全系统	按国家现行有关标准进行配置			
	机房综合管理系统	○	◉	●	●

注：●—应配置；◉—宜配置；○—可配置。

11.0.3　信息化应用系统的配置应满足会展建筑业务运行和物业管理的信息化应用需求。

11.0.4　公共区域应配置公用电话和无障碍专用的公用电话。

11.0.5　信息网络系统应适应灵活布展的需求，并宜根据展位分布情况配置信息端口。公共区域宜提供无线接入。

11.0.6　宜根据展位分布情况配置有线电视终端。

11.0.7　展厅的公共广播系统应根据面积、空间高度、扬声器的布局等，选择扬声器的类型及功率。

11.0.8　对于有多种语言讲解需求的会展建筑，宜设置电子语音或多媒体信息导览系统。

11.0.9　建筑设备管理系统应具有检测会展建筑的空气质量和调节新风量的功能。展厅宜设置智能照明控制系统，并应具有分区域就地控制、中央集中控制等方式。

11.0.10　安全技术防范系统应根据会展中心建筑客流大、展位多且展品开放式陈列的特点，采取人防与技术防范相配套的措施，并宜设置防暴安检和检票等系统。

11.0.11　火灾自动报警系统应适应展厅建筑面积大、空间高的结构特点，采取合适的火灾探测技术。

12　教育建筑

12.1　一般规定

12.1.1　教育建筑智能化系统工程应符合下列规定：

1　应适应教育建筑教学业务的需求；

2　应适应教学和科研的信息化发展；

3　应满足教育建筑物业规范化运营管理的需求。

12.2　高等学校

12.2.1　高等学校智能化系统应按表 12.2.1 的规定配置，并应符合现行行业标准《教育建筑电气设计规范》JGJ 310 的有关规定。

高等学校智能化系统配置表　　　　　　　表 12.2.1

智能化系统			高等专科学校	综合性大学
信息化应用系统	公共服务系统		◉	●
	校园智能卡应用系统		●	●
	校园物业管理系统		◉	●
	信息设施运行管理系统		◉	●
	信息安全管理系统		●	●
	通用业务系统	基本业务办公系统	按国家现行有关标准进行配置	
	专业业务系统	校务数字化管理系统		
		多媒体教学系统		
		教学评估音视频观察系统		
		多媒体制作与播放系统		
		语音教学系统		
		图书馆管理系统		
智能化集成系统	智能化信息集成（平台）系统		◉	●
	集成信息应用系统		◉	●
信息设施系统	信息接入系统		●	●
	布线系统		●	●
	移动通信室内信号覆盖系统		●	●
	用户电话交换系统		●	●
	无线对讲系统		●	●
	信息网络系统		●	●
	有线电视系统		●	●
	公共广播系统		●	●
	会议系统		●	●
	信息导引及发布系统		●	●
建筑设备管理系统	建筑设备监控系统		◉	●
	建筑能效监管系统		◉	●
公共安全系统	火灾自动报警系统		按国家现行有关标准进行配置	
	安全技术防范系统	入侵报警系统		
		视频安防监控系统		

续表

智能化系统			高等专科学校	综合性大学
公共安全系统	安全技术防范系统	出入口控制系统	按国家现行有关标准进行配置	
		电子巡查系统		
		停车库（场）管理系统	◉	●
	安全防范综合管理（平台）系统		○	●
机房工程	信息接入机房		●	●
	有线电视前端机房		●	●
	信息设施系统总配线机房		●	●
	智能化总控室			●
	信息网络机房		●	●
	用户电话交换机房		●	●
	消防控制室		●	●
	安防监控中心		●	●
	智能化设备间（弱电间）		●	●
	机房安全系统		按国家现行有关标准进行配置	
	机房综合管理系统		○	●

注：●—应配置；◉—宜配置；○—可配置。

12.2.2 信息化应用系统的配置应满足高等学校教学业务运行和物业管理的信息化应用需求。

12.2.3 信息接入系统应将校园外部的公共信息网和教育信息专网引入校园内。

12.2.4 信息网络系统应满足数字化多媒体教学、学校办公和管理的需求。

12.2.5 公共广播系统应满足学校内各单体建筑室内和室外不同播音内容的需要。

12.2.6 会议中心（厅）、大中会议室、重要接待室和报告厅等有关场所应配置会议系统。

12.2.7 多功能教室宜配置多媒体教学系统。

12.2.8 专业演播室或虚拟演播室内应配置电视摄录编辑及多媒体制作与播放系统。

12.2.9 学校的校门口处、教学楼、行政管理楼、图书馆、会议中心（厅）、体育场（馆）、游泳馆、学校宾馆或招待所等应配置信息导引及发布系统。

12.3 高级中学

12.3.1 高级中学智能化系统应按表 12.3.1 的规定配置，并应符合现行行业标准《教育建筑电气设计规范》JGJ 310 的有关规定。

高级中学智能化系统配置表　　　　　　　　表 12.3.1

智能化系统			职业学校	普通高级中学
信息化应用系统	公共服务系统		○	◉
	校园智能卡应用系统		●	●
	校园物业管理系统		◉	●
	信息设施运行管理系统		○	◉
	信息安全管理系统		◉	●
	通用业务系统	基本业务办公系统	按国家现行有关标准进行配置	
	专业业务系统	校务数字化管理系统		
		多媒体教学系统		
		教学评估音视频观察系统		
		多媒体制作与播放系统		
		语音教学系统		
		图书馆管理系统		
智能化集成系统	智能化信息集成（平台）系统		◉	●
	集成信息应用系统		◉	●
信息设施系统	信息接入系统		●	●
	布线系统		●	●
	移动通信室内信号覆盖系统		●	●
	用户电话交换系统		◉	●
	无线对讲系统		◉	◉
	信息网络系统		●	●
	有线电视系统		●	●
	公共广播系统		●	●
	会议系统		●	●
	信息导引及发布系统		●	●
建筑设备管理系统	建筑设备监控系统		◉	●
	建筑能效监管系统		◉	●
公共安全系统	火灾自动报警系统		按国家现行有关标准进行配置	
	安全技术防范系统	入侵报警系统		
		视频安防监控系统		
		出入口控制系统		
		电子巡查系统		

续表

智能化系统		职业学校	普通高级中学
公共安全系统	安全防范综合管理（平台）系统	◉	●
机房工程	有线电视系统	●	●
	公共广播系统	●	●
	信息设施系统总配线机房	●	●
	智能化总控室	●	●
	信息网络机房	●	●
	用户电话交换机房	◉	●
	消防控制室	●	●
	安防监控中心	●	●
	智能化设备间（弱电间）	●	●
	机房安全系统	按国家现行有关标准进行配置	
	机房综合管理系统	○	◉

注：●—应配置；◉—宜配置；○—可配置。

12.3.2 信息化应用系统的配置应满足高级中学教学业务运行和物业管理的信息化应用需求。

12.3.3 信息接入系统应将校园外部的公共信息网和教育信息专网引入校园内。

12.3.4 信息网络系统应满足数字化多媒体教学、学校办公和管理的需求。

12.3.5 公共广播系统应满足学校单体建筑室内和室外不同播音内容的需求，且公共广播系统在室外公用操场播音时，应具有远距离控制播放进程的功能。

12.3.6 餐厅、体育场（馆）等有关场所内宜配置独立的音响扩音系统，并应与楼内的火灾自动报警系统关联。

12.3.7 教室内应配置教室教学扩声系统。

12.3.8 会议室、报告厅等场所应配置会议系统。

12.3.9 教室宜根据需要配置多媒体教学终端系统，并可在学校的专业演播室内配置远程电视教学接入、控制、播放等配套设备。

12.3.10 信息导引及发布系统应与学校信息发布网络管理和学校有线电视系统互联。

12.4 初级中学和小学

12.4.1 初级中学和小学智能化系统应按表12.4.1的规定配置，并应符合现行行业标准《教育建筑电气设计规范》JGJ 310的有关规定。

初级中学和小学智能化系统配置表　　　　　　　表 12.4.1

智能化系统			小学	初级中学
信息化应用系统	公共服务系统		◉	◉
	校园智能卡应用系统		◉	●
	校园物业管理系统		○	◉
	信息安全管理系统		◉	●
	通用业务系统	基本业务办公系统	按国家现行有关标准进行配置	
	专业业务系统	多媒体教学系统	按国家现行有关标准进行配置	
		教学评估音视频观察系统		
		语音教学系统		
智能化集成系统	智能化信息集成（平台）系统		○	◉
	集成信息应用系统		○	◉
信息设施系统	信息接入系统		●	●
	布线系统		●	●
	移动通信室内信号覆盖系统		●	●
	用户电话交换系统		○	◉
	无线对讲系统		○	◉
	信息网络系统		●	●
	有线电视系统		●	●
	公共广播系统		●	●
	会议系统		○	◉
	信息导引及发布系统		◉	●
建筑设备管理系统	建筑设备监控系统		○	◉
	建筑能效监管系统		○	◉
公共安全系统	火灾自动报警系统		按国家现行有关标准进行配置	
	安全技术防范系统	入侵报警系统		
		视频安防监控系统		
		出入口控制系统		
		电子巡查系统		
	安全防范综合管理（平台）系统		○	○
机房工程	信息接入机房		●	●
	有线电视前端机房		●	●

续表

智能化系统		小学	初级中学
机房工程	信息设施系统总配线机房	●	●
	智能化总控室	●	●
	信息网络机房	○	◉
	用户电话交换机房	○	◉
	消防控制室	●	●
	安防监控中心	●	●
	智能化设备间（弱电间）	●	●

注：●—应配置；◉—宜配置；○—可配置。

12.4.2　信息化应用系统的配置应满足初级中学和小学教学业务运行和物业管理的信息化应用需求。

12.4.3　信息接入系统应将校园外部的公共信息网和教育信息专网引入校园内。

12.4.4　信息网络系统应满足学校数字化多媒体教学、办公和管理的需求。

12.4.5　公共广播系统应满足学校单体建筑室内和校园室外不同播音内容的需求，系统在室外公用操场播音时，应具有远距离控制播放进程的管理功能。

12.4.6　教室内宜配置用于教学的无线扩声系统。

12.4.7　会议室等宜配置会议系统。

12.4.8　教室内宜根据需要配置多媒体教学终端系统，并在学校的电视演播室内配置远程电视教学接入、控制、播放等配套设备。

12.4.9　信息导引及发布系统应与学校信息发布网络管理和学校有线电视系统互联。

13　金融建筑

13.0.1　金融建筑智能化系统工程应符合下列规定：

1　应适应金融业务的需求；

2　应为金融业务运行提供基础保障；

3　应满足金融建筑物业规范化运营管理的需求。

13.0.2　金融建筑智能化系统应按表 13.0.2 的规定配置，并应符合现行行业标准《金融建筑电气设计规范》JGJ 284 的有关规定。

金融建筑智能化系统配置表　　表 13.0.2

智能化系统		基本金融业务建筑	综合金融业务建筑
信息化应用系统	公共服务系统	●	●
	智能卡应用系统	●	●
	物业管理系统	◉	●

续表

智能化系统			基本金融业务建筑	综合金融业务建筑
信息化应用系统	信息设施运行管理系统		●	●
	信息安全管理系统		●	●
	通用业务系统	基本业务办公系统	按国家现行有关标准进行配置	
	专业业务系统	金融业务系统		
智能化集成系统	智能化信息集成（平台）系统		◉	●
	集成信息应用系统		◉	●
信息设施系统	信息接入系统		●	●
	布线系统		●	●
	移动通信室内信号覆盖系统		●	●
	卫星通信系统		○	◉
	用户电话交换系统		●	●
	无线对讲系统		●	●
	信息网络系统		●	●
	有线电视系统		●	●
	公共广播系统		●	●
	会议系统		◉	●
	信息导引及发布系统		●	●
建筑设备管理系统	建筑设备监控系统		◉	●
	建筑能效监管系统		◉	●
公共安全系统	火灾自动报警系统		按国家现行有关标准进行配置	
	安全技术防范系统	入侵报警系统		
		视频安防监控系统		
		出入口控制系统		
		电子巡查系统		
		安全检查系统		
		停车库（场）管理系统	◉	●
	安全防范综合管理（平台）系统		◉	●
机房工程	信息接入机房		●	●
	有线电视前端机房		●	●
	信息设施系统总配线机房		●	●
	智能化总控室		●	●

377

续表

智能化系统		基本金融业务建筑	综合金融业务建筑
机房工程	信息网络机房	◉	●
	用户电话交换机房	●	●
	消防控制室	●	●
	安防监控中心	●	●
	智能化设备间（弱电间）	●	●
	机房安全系统	按国家现行有关标准进行配置	
	机房综合管理系统	◉	●

注：●—应配置；◉—宜配置；○—可配置。

13.0.3 信息化应用系统的配置应满足金融建筑业务运行和物业管理的信息化应用需求。

13.0.4 信息接入系统应根据业务的需要，将公共通信或金融业务专用信息网引入金融建筑内。金融业务专用信息网的接入宜采用双路由方式。

13.0.5 卫星通信系统应满足金融业务专用通信的信息实时性的需求。

13.0.6 信息网络系统应符合各类金融网络业务信息安全性和可靠性的要求。

13.0.7 设备管理系统应满足金融建筑的运行与管理需求。

13.0.8 安全技术防范系统应符合现行国家标准《安全防范工程技术规范》GB 50348 的有关规定。

14 交通建筑

14.1 一般规定

14.1.1 交通建筑智能化系统工程应符合下列规定：

1 应适应交通业务的应用需求；

2 应为交通运营业务环境设施提供基础保障；

3 应满足现代交通建筑物业规范化运营管理的需求。

14.2 民用机场航站楼

14.2.1 民用机场航站楼智能化系统应按表 14.2.1 的规定配置，并应符合现行行业标准《交通建筑电气设计规范》JGJ 243 的有关规定。

民用机场航站楼智能化系统配置表　　　　表 14.2.1

智能化系统		支线航站楼	国际航站楼
信息化应用系统	公共服务系统	●	●
	智能卡应用系统	◉	●
	物业管理系统	●	●

智能化系统			支线航站楼	国际航站楼
信息化应用系统	信息设施运行管理系统		●	●
	信息安全管理系统		●	●
	通用业务系统	基本业务办公系统	按国家现行有关标准进行配置	
	专业业务系统	航站业务信息化管理系统		
	专业业务系统	航班信息综合系统		
		离港系统		
		售检票系统		
		泊位引导系统		
智能化集成系统	智能化信息集成（平台）系统		◉	●
	集成信息应用系统		◉	●
信息设施系统	信息接入系统		●	●
	布线系统		●	●
	移动通信室内信号覆盖系统		●	●
	用户电话交换系统		●	●
	无线对讲系统		●	●
	信息网络系统		●	●
	有线电视系统		●	●
	公共广播系统		●	●
	会议系统		◉	●
	信息导引及发布系统		●	●
	时钟系统		●	●
建筑设备管理系统	建筑设备监控系统		●	●
	建筑能效监管系统		●	●
公共安全系统	火灾自动报警系统		按国家现行有关标准进行配置	
	安全技术防范系统	入侵报警系统		
		视频安防监控系统		
		出入口控制系统		
		电子巡查系统		
		安全检查系统		
	停车库（场）管理系统		◉	●
	安全防范综合管理（平台）系统		●	●
	应急响应系统		◉	●

续表

智能化系统			支线航站楼	国际航站楼
机房工程		信息接入机房	●	●
		有线电视前端机房	●	●
		信息设施系统总配线机房	●	●
		智能化总控室	●	●
		信息网络机房	●	●
		用户电话交换机房	●	●
		消防控制室	●	●
		安防监控中心	●	●
		应急响应中心	◉	●
		智能化设备间（弱电间）	●	●
		机房安全系统	按国家现行有关标准进行配置	
		机房综合管理系统	◉	●

注：●—应配置；◉—宜配置；○—可配置。

14.2.2 信息化应用系统的配置应满足各等级民用机场航站楼业务运行和物业管理的信息化应用需求。

14.2.3 信息接入系统应满足机场航站楼业务及海关、边防、检验检疫、公安、安全等进驻单位的信息通信需求。

14.2.4 移动通信室内信号覆盖系统应包含机场内集群通信等应用功能。

14.2.5 布线系统应支持电话、内通、离港、航显、网络、商业、安检信息、数字视频、泊位引导、行李控制等应用系统，并宜支持时钟、门禁、登机桥监测、电梯、自动扶梯及自动步梯监测、建筑设备管理等系统的信息传输。

14.2.6 用户电话交换系统宜采用建筑物归属地虚拟交换网方式或自建用户交换系统的方式，并应符合下列规定：

1 应具备业务调度指挥功能，满足航站楼内各运营岗位、现场值班室和调度岗位等有线调度对讲的需要；

2 应满足机场调度通信和候机楼设备维护管理使用的需求；

3 应满足海关、边防、检验检疫、候机楼管理、物业管理、公安、安全和航空公司等驻场单位的语音、数据通信需求。

14.2.7 用于离港系统、安全检查系统以及公安、海关、边防的信息网络系统，应采用专用网络系统。规模较大的视频安防监控系统宜采用专用网络系统。办票大厅、候机区、登机口、行李分拣厅、近机位、贵宾室、餐饮、商业区等场所宜提供无线接入。

14.2.8 有线电视接收系统节目源应包含航班动态显示信息。

14.2.9 公共广播系统应播放航班动态信息。

14.2.10 时钟系统应采用全球卫星定位系统校时，主机应采用一主一备的热备份方式，并宜采用母钟、二级母钟、子钟三级组网方式。母钟和二级母钟应向其他有时基要求的系统提供同步校时信号。航站楼内值机大厅、候机大厅、到达大厅、到达行李提取大厅应安装同步校时的子钟。航站楼内贵宾休息室、商场、餐厅和娱乐等处宜安装同步校时的子钟。

14.2.11 安检信息系统应对检查交运行李、超规定交运行李、团体交运行李和旅客手提行李所查验的图像提供本地辨识和中心控制机房辨识,且应摄录贮存旅客肖像信息并传送至离港系统。

14.2.12 值机大厅应设置离港终端,满足旅客自助值机和行李交运业务的需要。

14.2.13 建筑设备管理系统应具有对电梯、自动扶梯、自动步道工作状态进行监视,故障报警记录的功能。应对电梯、自动扶梯、自动步道运行参数进行统计报表分析。

14.2.14 安全技术防范系统应符合机场航站楼的运行及管理需求。

14.3 铁路客运站

14.3.1 铁路客运站智能化系统应按表 14.3.1 的规定配置,并应符合现行行业标准《交通建筑电气设计规范》JGJ 243 的有关规定。

铁路客运站智能化系统配置表

表 14.3.1

智能化系统			铁路客运三等站	铁路客运一等站、二等站	铁路客运特等站
信息化应用系统	公共服务系统		●	●	●
	智能卡应用系统		●	●	●
	物业管理系统		◉	●	●
	信息设施运行管理系统		◉	●	●
	信息安全管理系统		●	●	●
	通用业务系统	基本业务办公系统			
	专业业务系统	公共信息查询系统			
		旅客引导显示系统		按国家现行有关标准进行配置	
	专业业务系统	售检票系统			
		旅客行包管理系统			
智能化集成系统	智能化信息集成(平台)系统		◉	●	●
	集成信息应用系统		◉	●	●
信息设施系统	信息接入系统		●	●	●
	用户电话交换机房		●	●	●
	布线系统		●	●	●
	移动通信室内信号覆盖系统		●	●	●
	用户电话交换系统		●	●	●

续表

智能化系统			铁路客运三等站	铁路客运一等站、二等站	铁路客运特等站
信息设施系统		无线对讲系统	●	●	●
		信息网络系统	●	●	●
		有线电视系统	●	●	●
		公共广播系统	●	●	●
		会议系统	◉	◉	●
		信息导引及发布系统	●	●	●
		时钟系统	●	●	●
建筑设备管理系统		建筑设备监控系统	◉	●	●
		建筑能效监管系统	◉	●	●
公共安全系统		火灾自动报警系统			
	安全技术防范系统	入侵报警系统	按国家现行有关标准进行配置		
		视频安防监控系统			
		出入口控制系统			
		电子巡查系统			
		安全检查系统			
		停车库（场）管理系统	◉	●	●
	安全防范综合管理（平台）系统		◉	●	●
	应急响应系统		◉	●	●
机房工程		信息接入机房	●	●	●
		有线电视前端机房	●	●	●
		信息设施系统总配线机房	●	●	●
		智能化总控室	●	●	●
		信息网络机房	●	●	●
		用户电话交换机房	●	●	●
		消防控制室	●	●	●
机房工程		安防监控中心	●	●	●
		应急响应中心	◉	●	●
		智能化设备间（弱电间）	●	●	●
		机房安全系统	按国家现行有关标准进行配置		
		机房综合管理系统	◉	●	●

注：●—应配置；◉—宜配置；○—可配置。

14.3.2 信息化应用系统的配置应满足各等级铁路客运站业务运行和物业管理的信息化应用需求。

14.3.3 信息接入系统应满足公共信息网和铁路专用信息网的接入要求。

14.3.4 信息网络系统应支持列车到发通告系统、售票及检票系统、旅客行包管理系统、旅客引导显示系统、车站应用服务系统等的运行，并应能满足车站各作业点、旅客候车区对信息通信的需求。

14.3.5 有线电视接收系统的节目源应能显示列车发送/到达动态信息。

14.3.6 公共广播系统应满足铁路客运业务的应用需求。

14.3.7 时钟系统应满足车站作业、旅客候车的需要，并应提供与智能化集成系统的接口。

14.3.8 公共查询系统应能查询列车到发信息、旅客行包信息、车站各种服务设施的信息。

14.3.9 电话问询系统应具有互动式语音功能，满足查询、咨询等需求，并应具有自动话务分配的功能，且接入中继线和客服座席数量应满足旅客信息查询服务的要求。

14.3.10 旅客引导显示系统应符合下列规定：

1 应为旅客提供综合信息显示服务；

2 宜作为客运站内客运组织作业的辅助显示设施；

3 应在进站、候车厅、检票口、站台、出站、天桥、廊道等设置显示相关业务信息的显示屏；

4 应在客运站运行过程中需要接收列车到发通告信息的场所配置接收终端；

5 系统主机应预留与上一级行车指挥信息系统联网的接口条件。

14.3.11 建筑设备管理系统应根据车辆运行时段，监控空调、照明、信息显示等设施。

14.3.12 安全技术防范系统应符合现行国家标准《安全防范工程技术规范》GB 50348 的有关规定。

14.4 城市轨道交通站

14.4.1 城市轨道交通站智能化系统应按表 14.4.1 的规定配置，并应符合现行行业标准《交通建筑电气设计规范》JGJ 243 的有关规定。

城市轨道交通站智能化系统配置表　　　　表 14.4.1

智能化系统			一般轨道交通站	枢纽轨道交通站
信息化应用系统	公共服务系统		◉	●
	智能卡应用系统		●	●
	物业管理系统		◉	●
	信息设施运行管理系统		●	●
	通用业务系统	基本业务办公系统	按国家现行有关标准进行配置	
	专业业务系统	公共信息查询系统		
		旅客引导显示系统		
		售检票系统		
智能化集成系统	智能化信息集成（平台）系统		◉	●
	集成信息应用系统		◉	●
信息设施系统	信息接入系统		●	●

续表

智能化系统			一般轨道交通站	枢纽轨道交通站
信息设施系统	布线系统		●	●
	移动通信室内信号覆盖系统		●	●
	用户电话交换系统		◉	●
	无线对讲系统		●	●
	信息网络系统		●	●
	有线电视系统		●	●
	公共广播系统		●	●
	会议系统		◉	●
	信息导引及发布系统		●	●
	时钟系统		◉	●
建筑设备管理系统	建筑设备监控系统		●	●
	建筑能效监管系统		●	●
公共安全系统	火灾自动报警系统		按国家现行有关标准进行配置	
	安全技术防范系统	入侵报警系统		
		视频安防监控系统		
		出入口控制系统		
		电子巡查系统		
		安全检查系统		
	停车库（场）管理系统		◉	●
公共安全系统	安全防范综合管理（平台）系统		●	●
	应急响应系统		◉	●
机房工程	信息接入机房		●	●
	有线电视前端机房		●	●
	信息设施系统总配线机房		●	●
	智能化总控室		●	●
	信息网络机房		◉	●
	用户电话交换机房		◉	●
	消防控制室		●	●
	安防监控中心		●	●
	应急响应中心		◉	●

智能化系统		一般轨道交通站	枢纽轨道交通站
机房工程	智能化设备间（弱电间）	●	●
	机房安全系统	按国家现行有关标准进行配置	
	机房综合管理系统	◉	●

注：●—应配置；◎—宜配置。

14.4.2 信息化应用系统的配置应满足各等级城市轨道交通站业务运行和物业管理的信息化应用需求。

14.4.3 公务与专用电话系统应与分组交换网、无线集群系统、公用市话网互联，应具有移动通信接入功能和无线接口，并应能与无线集群交换机相联。

14.4.4 用户电话交换系统应为独立或与轨道交通专用公务电话系统合设的专用调度电话系统，并应具有单呼、组呼、全呼、紧急呼叫和录音等功能。

14.4.5 信息网络系统应符合下列规定：

1 应满足列车运行、运营管理、时钟同步、无线通信、公务联系和信息交换与传输等业务的需要；

2 应具备中央级控制中心与车站及车辆段之间、车站与车站之间的信息传递和交换的功能；

3 应能迅速可靠地传输语音、数据和图像等信息；

4 应具有网络扩充和管理能力。

14.4.6 公共广播系统应保证控制中心调度员和车站值班员向乘客通告列车运行以及安全向导等服务信息，并应能向工作人员发布作业命令和通知。

14.4.7 时钟系统应为车站提供统一的标准时间信息，应为其他系统提供统一的基准时间，并应提供与智能化集成系统的接口。

14.4.8 信息发布系统应提供列车班次、换乘信息、路面交通、紧急通知、政府公告、紧急灾难等即时信息。

14.4.9 建筑设备监控系统应符合下列规定：

1 应根据站内的空气质量对通风和空调进行控制，且当空气质量持续恶化时，系统应发出报警信号；

2 应根据列车的运行时间、室内照度等进行照明监控，并应监控室内标识、广告照明。

14.4.10 火灾自动报警系统应符合下列规定：

1 应能接收火灾信息，并执行车站防烟和排烟模式控制；

2 应能接收列车区间停车位置信号，并应根据列车火灾部位信息，执行隧道防烟和排烟模式控制；

3 应能接收列车区间阻隔信息，执行阻塞通风模式；

4 应配备车控室紧急控制盘，作为火灾工况自动控制的后备措施。

14.5 汽车客运站

14.5.1 汽车客运站智能化系统应按表 14.5.1 的规定配置，并应符合现行行业标准《交通建筑电气设计规范》JGJ 243 的有关规定。

汽车客运站智能化系统配置表　　　　　表 14.5.1

智能化系统			四级汽车客运站	三级汽车客运站	二级汽车客运站	一级汽车客运站
信息化应用系统	公共服务系统		◉	◉	●	●
	智能卡应用系统		○	◉	●	●
	物业管理系统		○	◉	●	●
	信息设施运行管理系统		○	◉	●	●
	公共信息查询系统		◉	◉	●	●
	通用业务系统	基本业务办公系统	按国家现行有关标准进行配置			
	专业业务系统	旅客引导显示系统				
		售检票系统				
智能化集成系统	智能化信息集成（平台）系统		○	◉	◉	●
	集成信息应用系统		○	◉	◉	●
信息设施系统	信息接入系统		◉	●	●	●
	布线系统		●	●	●	●
	移动通信室内信号覆盖系统		●	●	●	●
	用户电话交换系统		○	◉	●	●
	无线对讲系统		○	◉	●	●
	信息网络系统		●	●	●	●
	有线电视系统		○	◉	●	●
	公共广播系统		◉	●	●	●
	会议系统		○	◉	●	●
	信息导引及发布系统		○	◉	●	●
建筑设备管理系统	建筑设备监控系统		○	◉	●	●
	建筑能效监管系统		○	○	◉	●
公共安全系统	火灾自动报警系统		按国家现行有关标准进行配置			
	安全技术防范系统	入侵报警系统				
		视频安防监控系统				
		出入口控制系统				
		电子巡查系统				
		安全检查系统				
	停车库（场）管理系统		◉	◉	●	●
	安全防范综合管理（平台）系统		○	◉	●	●

智能化系统		四级汽车客运站	三级汽车客运站	二级汽车客运站	一级汽车客运站
公共安全系统	应急响应系统	○	◉	●	●
机房工程	信息接入机房	◉	●	●	●
	有线电视前端机房	○	◉	●	●
	信息设施系统总配线机房	◉	●	●	●
	智能化总控室	○	◉	●	●
	信息网络机房	○	◉	●	●
	用户电话交换机房	○	◉	●	●
	消防控制室	○	◉	●	●
	安防监控中心	○	◉	●	●
	应急响应中心	○	◉	●	●
	智能化设备间（弱电间）	○	◉	●	●
	机房安全系统	按国家现行有关标准进行配置			
	机房综合管理系统		◉	●	●

注：●—应配置；◉—宜配置；○—可配置。

14.5.2 信息化应用系统的配置应满足各等级汽车客运站业务运行和物业管理的信息化应用需求。

14.5.3 旅客引导显示系统应在客运站的进站、候车厅、检票口等设置显示营运业务需要的信息显示屏，并应在客运站的广播室、客运值班室、售票室、客运计划室、检票口等处配置信息显示屏。

14.5.4 公共信息查询系统应具有多处问询亭同时占用时排队等待处理功能，其电话问询值班台应能对现场任一问询亭进行人工或半自动应答作业。

14.5.5 公共广播系统应具有接发车、旅客乘降及候车等全部客运作业广播的语音合成功能，并应按候车厅、站前广场、售票厅以及客运值班室等划分广播区域的语音分区功能。

15 医疗建筑

15.1 一般规定

15.1.1 医疗建筑智能化系统工程应符合下列规定：

1 应适应医疗业务的信息化需求；

2 应向医患者提供就医环境的技术保障；

3 应满足医疗建筑物业规范化运营管理的需求。

15.2 综合医院

15.2.1 综合医院智能化系统应按表 15.2.1 的规定配置，并应符合现行行业标准《医疗建筑电气设计规范》JGJ 312 的有关规定。

综合医院智能化系统配置表 表 15.2.1

智能化系统			一级医院	二级医院	三级医院
信息化应用系统		公共服务系统	◉	●	●
		智能卡应用系统	◉	●	●
		物业管理系统	◉	●	●
		信息设施运行管理系统	○	●	●
		信息安全管理系统	◉	●	●
	通用业务系统	基本业务办公系统	按国家现行有关标准进行配置		
	专业业务系统	医疗业务信息化系统			
		病房探视系统			
		视频示教系统			
		候诊呼叫信号系统			
		护理呼应信号系统			
智能化集成系统		智能化信息集成（平台）系统	○	◉	●
		集成信息应用系统	○	◉	●
信息设施系统		信息接入系统	●	●	●
		布线系统	●	●	●
		移动通信室内信号覆盖系统	●	●	●
		用户电话交换系统	◉	●	●
		无线对讲系统	●	●	●
		信息网络系统	●	●	●
		有线电视系统	●	●	●
		公共广播系统	●	●	●
		会议系统	◉	●	●
		信息导引及发布系统	●	●	●
建筑设备管理系统		建筑设备监控系统	◉	●	●
		建筑能效监管系统	○	◉	●
公共安全系统	安全技术防范系统	火灾自动报警系统	按国家现行有关标准进行配置		
		入侵报警系统			
		视频安防监控系统			
		出入口控制系统			

续表

智能化系统			一级医院	二级医院	三级医院
公共安全系统	安全技术防范系统	电子巡查系统	按国家现行有关标准进行配置		
		停车库（场）管理系统	○	◉	●
	安全防范综合管理（平台）系统		○	◉	●
	应急响应系统		○	◉	●
机房工程	信息接入机房		●	●	●
	有线电视前端机房		●	●	●
	信息设施系统总配线机房		●	●	●
	智能化总控室		●	●	●
	信息网络机房		◉	●	●
	用户电话交换机房		◉	●	●
	消防控制室		●	●	●
	安防监控中心		●	●	●
	智能化设备间（弱电间）		●	●	●
	应急响应中心		○	◉	●
	机房安全系统		按国家现行有关标准进行配置		
	机房综合管理系统		◉	●	●

注：●—应配置；◉—宜配置；○—可配置。

15.2.2 信息化应用系统的配置应满足综合医院业务运行和物业管理的信息化应用需求。

15.2.3 信息接入系统应满足医疗业务信息应用的需求。

15.2.4 移动通信室内信号覆盖系统的覆盖范围和信号功率应保证医疗设备的正常使用和患者的人身安全。

15.2.5 用户电话交换系统宜根据医院的业务需求，配置相应的无线寻呼系统或其他组群式的寻呼系统。

15.2.6 信息网络系统应为医疗业务信息化应用系统提供稳定、实用和安全的支撑条件，并应具备高宽带、大容量和高速率，宜具备系统升级的条件。

15.2.7 有线电视系统应提供本地有线电视节目或卫星电视及自制电视节目。

15.2.8 信息导引及发布系统应在民院大厅、挂号及药物收费处、门急诊候诊厅等公共场所配置发布各类医疗服务信息的显示屏和供患者查询的多媒体信息查询端机，并应与医院信息管理系统互联。

15.2.9 建筑设备管理系统应满足医院建筑的运行管理需求，并应根据医疗工艺要求，提供对医疗业务环境设施的管理功能。

15.2.10 安全技术防范系统应满足医院安全防范管理的要求。

15.3 疗养院

15.3.1 疗养院智能化系统应按表 15.3.1 的规定配置，并应符合现行行业标准《医疗建筑电气设计规

389

范》JGJ 312 的有关规定。

		智能化系统		专科疗养院	综合性疗养院
		公共服务系统		◉	●
		智能卡应用系统		●	●
		物业管理系统		◉	●
		信息设施运行管理系统		◉	◉
		信息安全管理系统		◉	●
信息化应用系统	通用业务系统	基本业务办公系统		按国家现行有关标准进行配置	
	专业业务系统	医疗业务信息化系统			
		医用探视系统			
		视频示教系统			
		候诊排队叫号系统			
		护理呼应信号系统			
智能化集成系统		智能化信息集成（平台）系统		○	◉
		集成信息应用系统		○	◉
信息设施系统		信息接入系统		●	●
		布线系统		●	●
		移动通信室内信号覆盖系统		●	●
		用户电话交换系统		◉	●
		无线对讲系统		◉	●
		信息网络系统		●	●
		有线电视系统		●	●
		公共广播系统		●	●
		会议系统		◉	◉
		信息导引及发布系统		●	●
建筑设备管理系统		建筑设备监控系统		◉	●
		建筑能效监管系统		○	◉
公共安全系统		火灾自动报警系统		按国家现行有关标准进行配置	
	安全技术防范系统	入侵报警系统			
		视频安防监控系统			
		出入口控制系统			

疗养院智能化系统配置表　　　表 15.3.1

续表

智能化系统			专科疗养院	综合性疗养院
公共安全系统	安全技术防范系统	电子巡查系统	按国家现行有关标准进行配置	
		停车库（场）管理系统	○	◉
公共安全系统		安全防范综合管理（平台）系统	○	◉
		应急响应系统	○	○
机房工程		信息接入机房	●	●
		有线电视前端机房	●	●
		信息设施系统总配线机房	●	●
		智能化总控室	●	●
		信息网络机房	◉	●
		用户电话交换机房	◉	●
		消防控制室	●	●
		安防监控中心	●	●
		应急响应中心	○	○
		智能化设备间（弱电间）	●	●
		机房安全系统	按国家现行有关标准进行配置	
		机房综合管理系统	○	◉

注：●—应配置；◉—宜配置；○—可配置。

15.3.2　信息化应用系统的配置应满足疗养院业务运行和物业管理的信息化应用需求。

15.3.3　疗养院建筑智能化系统应满足疗养院智能化应用功能的要求，各单项医疗科别或护理区域等可按本标准第 15.2 节的相关规定执行。

16　体育建筑

16.0.1　体育建筑智能化系统工程应符合下列规定：

1　应适应体育赛事业务信息化的需求；

2　应具备体育赛事和其他多功能使用环境设施的基础保障；

3　应满足体育建筑物业规范化运营管理的需求。

16.0.2　体育建筑智能化系统应按表 16.0.2 的规定配置，并应符合现行行业标准《体育建筑电气设计规范》JGJ 351 的有关规定。

体育建筑智能化系统配置表　　　　　　　　表 16.0.2

智能化系统			丙级体育建筑	乙级体育建筑	甲级体育建筑	特级体育建筑
信息化应用系统	公共服务系统		◉	●	●	●
	智能卡应用系统		●	●	●	●
	物业管理系统		◉	●	●	●
	信息设施运行管理系统		◉	●	●	●
	信息安全管理系统		◉	◉	●	●
	通用业务系统	基本业务办公系统				
	专业业务系统	计时记分系统				
		现场成绩处理系统				
		售验票系统	按国家现行有关标准进行配置			
		电视转播和现场评论系统				
		升旗控制系统				
智能化集成系统	智能化信息集成（平台）系统		○	◉	●	●
	集成信息应用系统		○	◉	●	●
信息设施系统	信息接入系统		●	●	●	●
	布线系统		●	●	●	●
	移动通信室内信号覆盖系统		●	●	●	●
	用户电话交换系统		○	◉	●	●
	无线对讲系统		○	◉	●	●
	信息网络系统		●	●	●	●
	有线电视系统		●	●	●	●
	公共广播系统		●	●	●	●
	会议系统		●	●	●	●
	信息导引及发布系统		●	●	●	●
建筑设备管理系统	建筑设备监控系统		◉	●	●	●
	建筑能效监管系统		◉	●	●	●
公共安全系统	火灾自动报警系统					
	安全技术防范系统	入侵报警系统				
		视频安防监控系统	按国家现行有关标准进行配置			
		出入口控制系统				
		电子巡查系统				

续表

智能化系统			丙级体育建筑	乙级体育建筑	甲级体育建筑	特级体育建筑
公共安全系统	安全技术防范系统	安全检查系统	按国家现行有关标准进行配置			
		停车库（场）管理系统	◉	●	●	●
	安全防范综合管理（平台）系统		○	◉	●	●
	应急响应系统		○	◉	●	●
机房工程	信息接入机房		●	●	●	●
	有线电视前端机房		●	●	●	●
	信息设施系统总配线机房		●	●	●	●
	智能化总控室		●	●	●	●
	信息网络机房		●	●	●	●
	用户电话交换机房		○	◉	●	●
	消防控制室		●	●	●	●
	安防监控中心		●	●	●	●
	应急响应中心		○	◉	●	●
	智能化设备间（弱电间）		●	●	●	●
	机房安全系统		按国家现行有关标准进行配置			
	机房综合管理系统		○	◉	●	●

注：●—应配置；◉—宜配置；○—可配置。

16.0.3 信息化应用系统的配置应满足体育建筑业务运行和物业管理的信息化应用需求。

16.0.4 信息接入系统应满足体育建筑各类信息通信业务的需求。

16.0.5 用户电话交换系统应满足体育赛事和其他应用功能对通信的需求，并应为观众、运动员、体育赛事主办者、新闻媒体等提供便捷、高效、可靠的通信服务。

16.0.6 信息网络系统应符合下列规定：

1 应为体育赛事组委会、新闻媒体和场馆运营管理者等提供安全、有效的信息服务；

2 应满足体育建筑内信息通信的要求；

3 应兼顾场（馆）赛事期间使用和场（馆）赛后多功能应用的需求，并为场（馆）信息系统的发展创造条件。

16.0.7 有线电视系统应为体育赛事功能的电视转播、现场影像采集及回放、赛事统计等应用系统预留互联接口。

16.0.8 公共广播系统应在比赛场地和观众看台区外的公共区域和工作区等区域配置，宜与比赛场地和观众看台区的赛事扩声系统互相独立配置，公共广播系统与赛事扩声系统之间应实现互联，并可在需要时实现同步播音。

16.0.9 火灾自动报警系统对报警区域和探测区域的划分应满足体育赛事和其他活动功能分区的需要。

16.0.10 安全技术防范系统应与体育建筑的等级、规模相适应。

17 商店建筑

17.0.1 商店建筑智能化系统工程应符合下列规定：

1 应适应商店业务经营及服务的需求；

2 应满足商业经营及服务质量的需求；

3 应满足商店建筑物业规范化运营管理的需求。

17.0.2 商店建筑智能化系统应按表 17.0.2 的规定配置。

商店建筑智能化系统配置表　　　　　　　　　表 17.0.2

智能化系统			小型商店	中型商店	大型商店
信息化应用系统	公共服务系统		◉	●	●
	智能卡应用系统		●	●	●
	物业管理系统		◉	●	●
	信息设施运行管理系统		○	◉	●
	信息安全管理系统		◉	●	●
	通用业务系统	基本业务办公系统	按国家现行有关标准进行配置		
	专业业务系统	商店经营业务系统			
智能化集成系统	智能化信息集成（平台）系统		○	◉	●
	集成信息应用系统		○	◉	●
信息设施系统	信息接入系统		●	●	●
	布线系统		●	●	●
	移动通信室内信号覆盖系统		●	●	●
	用户电话交换系统		◉	●	●
	无线对讲系统		◉	●	●
	信息网络系统		●	●	●
	有线电视系统		●	●	●
	公共广播系统		●	●	●
	会议系统		○	◉	●
	信息导引及发布系统		●	●	●
建筑设备管理系统	建筑设备监控系统		◉	●	●
	建筑能效监管系统		○	◉	●
公共安全系统	火灾自动报警系统		按国家现行有关标准进行配置		

续表

智能化系统			小型商店	中型商店	大型商店
公共安全系统	安全技术防范系统	入侵报警系统	按国家现行有关标准进行配置		
		视频安防监控系统			
		出入口控制系统			
		电子巡查系统			
		停车库（场）管理系统	◉	◉	●
	安全防范综合管理（平台）系统		○	◉	●
	应急响应系统		○	◉	●
机房工程	信息接入机房		●	●	●
	有线电视前端机房		●	●	●
	信息设施系统总配线机房		●	●	●
	智能化总控室		●	●	●
	信息网络机房		◉	●	●
	用户电话交换机房		◉	●	●
	消防控制室		●	●	●
	安防监控中心		●	●	●
	应急响应中心		○	◉	●
	智能化设备间（弱电间）		●	●	●
	机房安全系统		按国家现行有关标准进行配置		
	机房综合管理系统		○	◉	●

注：●—应配置；◉—宜配置；○—可配置。

17.0.3 信息化应用系统的配置应满足商店建筑业务运行和物业管理的信息化应用需求。

17.0.4 信息接入系统宜将各类公共通信网引入建筑内。

17.0.5 公共活动区域和供顾客休闲场所等处宜配置宽带无线接入网。

17.0.6 宜按商业经营模式和管理的需求配置用户电话交换系统。

17.0.7 经营业务信息网络系统宜独立设置。

17.0.8 有线电视系统应满足商业经营和顾客的收视需求。

17.0.9 餐厅、咖啡茶座等公共活动区域宜配置具有独立音源和控制装置的背景音乐系统。

17.0.10 公共区域宜配置信息发布显示屏，大厅及公共场所宜配置信息查询导引显示终端。

18 通用工业建筑

18.0.1 通用工业建筑智能化系统工程应符合下列规定：

1 应满足通用工业建筑实现安全、节能、环保和降低生产成本的目标需求；

2 应向生产组织、业务管理等提供保障业务信息化流程所需的基础条件；

3 应实施对通用要求能源供给、作业环境支撑设施的智能化监控及建筑物业的规范化运营管理。

18.0.2 通用工业建筑智能化系统应按表 18.0.2 的规定配置。

通用工业建筑智能化系统配置表 表 18.0.2

智能化系统			辅助型作业环境	加工生产型作业环境
信息化应用系统	公共服务系统		◉	●
	智能卡应用系统		◉	●
	物业管理系统		◉	●
	信息安全管理系统		◉	●
	通用业务系统	基本业务办公系统	●	●
	专业业务系统	企业信息化管理系统	◉	●
智能化集成系统	智能化信息集成（平台）系统		○	◉
	集成信息应用系统		○	◉
信息设施系统	信息接入系统		●	●
	布线系统		●	●
	移动通信室内信号覆盖系统		●	●
	用户电话交换系统		◉	◉
	无线对讲系统		●	●
	信息网络系统		●	●
	有线电视系统		●	●
	公共广播系统		●	●
	信息导引及发布系统		○	◉
建筑设备管理系统	建筑设备监控系统		●	●
	建筑能效监管系统		◉	●
公共安全系统	火灾自动报警系统		按国家现行有关标准进行配置	
	安全技术防范系统	入侵报警系统		
		视频安防监控系统		
		出入口控制系统		
		电子巡查系统		
		停车库（场）管理系统	◉	◉
	安全防范综合管理（平台）系统		○	◉

续表

智能化系统		辅助型作业环境	加工生产型作业环境
机房工程	信息接入机房	●	●
	有线电视前端机房	●	●
	信息设施系统总配线机房	●	●
	智能化总控室	●	●
	信息网络机房	◉	●
	用户电话交换机房	◉	◉
	消防控制室	●	●
	安防监控中心	●	●
	智能化设备间（弱电间）	●	●
	机房安全系统	按国家现行有关标准进行配置	
	机房综合管理系统	○	◉

注：●—应配置；◉—宜配置；○—可配置。

18.0.3 信息化应用系统的配置应满足通用工业建筑生产及管理的信息化应用要求。

18.0.4 智能化集成系统应根据实际生产及管理的需要，实现对各智能化子系统的协同控制和对设施资源的综合管理。

18.0.5 用户电话交换系统宜采用先进的信息通信技术手段，满足生产指挥调度和经营、管理的需要。

18.0.6 信息网络系统应满足通用工业建筑生产管理信息安全、可靠传输的要求，并应根据工位布局、现场环境条件等特点，选择配置网络设备、缆线及机柜等配套设备。

18.0.7 公共广播系统应根据生产车间环境噪声、面积、空间高度等选择扬声器的类型、功率，满足扩声效果。

18.0.8 建筑设备管理系统应符合下列规定：

1 应满足对生产、办公、生活所需的各种电源、热源、水源、气（汽）源等能源供应系统的监控和管理要求；

2 应满足能源供应品质和节能要求；

3 应满足对供暖通风和空气调节、给水排水和照明等建筑基础环境的监控和管理要求；

4 应满足生产环境、职业安全与劳动保护的环境控制与运行可靠性要求；

5 对生产废水、废气、废渣排放处理等环境保护系统的监控和管理应满足三废排放指标控制要求。

18.0.9 安全技术防范系统应满足通用工业生产区域人流和物流的受控范围和防护级别的要求。

18.0.10 火灾自动报警系统应根据生产厂房面积大、空间和结构复杂性等特点，采取合适的火灾探测方式及有效的灭火措施。

18.0.11 机房工程宜包括生产设备控制管理机房和企业网络及综合管理中心机房等。

20.《防火门》GB 12955-2008

1 范围（略）
2 规范性引用文件（略）
3 术语和定义（略）
4 分类、代号与标记（略）
5 要求

5.1 一般要求

防火门应符合本标准要求，并按规定程序批准的图样及技术文件制造。

5.2 材料

5.2.1 填充材料

5.2.1.1 防火门的门扇内若填充材料，则应填充对人体无毒无害的防火隔热材料。

5.2.1.2 防火门门扇填充的对人体无毒无害的防火隔热材料，应经国家认可授权检测机构检验达到GB 8624-2006 规定燃烧性能 A_1 级要求和GB/T 20285-2006 规定产烟毒性危险分级 ZA_2 级要求。

5.2.2 木材

5.2.2.1 防火门所用木材应符合 JG/T 122-2000 第 5.1.1.1 条中对 II（中）级木材的有关材质要求。

5.2.2.2 防火门所用木材应为阻燃木材或采用防火包裹的复合材，并经国家认可授权检测机构按照GB/T 8625-2005 检验达到该标准第 7 章难燃性要求。

5.2.2.3 防火门所用木材进行阻燃处理再进行干燥处理后的含水率不应大于 12%；木材在制成防火门后的含水率不应大于当地的平衡含水率。

5.2.3 人造板

5.2.3.1 防火门所用人造板应符合 JG/T 122-2000 第 5.1.2.2 条中对 II（中）级人造板的有关材质要求。

5.2.3.2 防火门所用人造板应经国家认可授权检测机构按照 GB/T 8625-2005 检验达到该标准第 7 章难燃性要求。

5.2.3.3 防火门所用人造板进行阻燃处理再进行干燥处理后的含水率不应大于 12%；人造板在制成防火门后的含水率不应大于当地的平衡含水率。

5.2.4 钢材

5.2.4.1 材质

a）防火门框、门扇面板应采用性能不低于冷轧薄钢板的钢质材料，冷轧薄钢板应符合 GB/T 708 的规定。

b）防火门所用加固件可采用性能不低于热轧钢材的钢质材料，热轧钢材应符合 GB/T 709 的规定。

5.2.4.2 材料厚度
防火门所用钢质材料厚度应符合表 3 的规定。

钢质材料厚度   表 3

单位为毫米

部件名称	材料厚度
门扇面板	≥ 0.8
门框板	≥ 1.2
铰链板	≥ 3.0
不带螺孔的加固件	≥ 1.2
带螺孔的加固件	≥ 3.0

5.2.5 其他材质材料

5.2.5.1 防火门所用其他材质材料应对人体无毒无害，应经国家认可授权检测机构检验达到 GB/T 20285-2006 规定产烟毒性危险分级 ZA_2 级要求。

5.2.5.2 防火门所用其他材质材料应经国家认可授权检测机构检验达到 GB/T 8625-2005 第 7 章规定难燃性要求或 GB 8624-2006 规定燃烧性能 A_1 级要求，其力学性能应达到有关标准的相关规定并满足制作防火门的有关要求。

5.2.6 粘结剂

5.2.6.1 防火门所用粘结剂应是对人体无毒无害的产品。

5.3.6.2 防火门所用粘结剂应经国家认可授权检测机构检验达到 GB/T 20285-2006 规定产烟毒性危险分级 ZA_2 级要求。

5.3 配件

5.3.1 防火锁

5.3.1.1 防火门安装的门锁应是防火锁。

5.3.1.2 在门扇的有锁芯机构处，防火锁均应有执手或推杠机构，不允许以圆形或球形旋钮代替执手（特殊部位使用除外，如管道井门等）。

5.3.1.3 防火锁应经国家认可授权检测机构检验合格，其耐火性能应符合附录 A 的规定。

5.3.2 防火合页（铰链）

防火门用合页（铰链）板厚应不少于 3 mm，其耐火性能应符合附录 B 的规定。

5.3.3 防火闭门装置

5.3.3.1 防火门应安装防火门闭门器，或设置让常开防火门在火灾发生时能自动关闭门扇的闭门装置（特殊部位使用除外，如管道井门等）。

5.3.3.2 防火门闭门器应经国家认可授权检测机构检验合格，其性能应符合 GA 93 的规定。

5.3.3.3 自动关闭门扇的闭门装置，应经国家认可授权检测机构检验合格。

5.3.4 防火顺序器

双扇、多扇防火门设置盖缝板或止口的应安装顺序器（特殊部位使用除外），其耐火性能应符合附录 C 的规定。

5.3.5 防火插销

采用钢质防火插销，应安装在双扇防火门或多扇防火门的相对固定一侧的门扇上（若有要求时），其耐火性能应符合附录 D 的规定。

5.3.6 盖缝板

5.3.6.1 平口或止口结构的双扇防火门宜设盖缝板。

5.3.6.2 盖缝板与门扇连接应牢固。

5.3.6.3 盖缝板不应妨碍门扇的正常启闭。

5.3.7 防火密封件

5.3.7.1 防火门门框与门扇、门扇与门扇的缝隙处应嵌装防火密封件。

5.3.7.2 防火密封件应经国家认可授权检测机构检验合格，其性能应符合 GB 16807 的规定。

5.3.8 防火玻璃

5.3.8.1 防火门上镶嵌防火玻璃的类型

5.3.8.1.1 A 类防火门若镶嵌防火玻璃，其耐火性能应符合 A 类防火门的条件。

5.3.8.1.2 B 类防火门若镶嵌防火玻璃，其耐火性能应符合 B 类防火门的条件。

5.3.8.1.3 C 类防火门若镶嵌防火玻璃，其耐火性能应符合 C 类防火门的条件。

5.3.8.2 防火玻璃应经国家认可授权检测机构检验合格，其性能应符合 GB 15763.1 的规定。

5.4 加工工艺和外观质量

5.4.1 加工工艺质量

使用钢质材料或难燃木材，或难燃人造板材料，或其他材质材料制作防火门的门框、门扇骨架和门扇面板，门扇内若填充材料，则应填充对人体无毒无害的防火隔热材料，与防火五金配件等共同装配成防火门，其加工工艺质量应符合 5.5 条、5.6 条、5.7 条的要求。

5.4.2 外观质量

采用不同材质材料制造的防火门，其外观质量应分别符合以下相应规定：

a) 木质防火门：割角、拼缝应严实平整；胶合板不允许刨透表层单板和戗槎；表面应净光或砂磨，并不得有刨痕、毛刺和锤印；涂层应均匀、平整、光滑，不应有堆漆、气泡、漏涂以及流淌等现象；

b) 钢质防火门：外观应平整、光洁、无明显凹痕或机械损伤；涂层、镀层应均匀、平整、光滑，不应有堆漆、麻点、气泡、漏涂以及流淌等现象；焊接应牢固、焊点分布均匀，不允许有假焊、烧穿、漏焊、夹渣或疏松等现象，外表面焊接应打磨平整；

c) 钢木质防火门：外观质量应满足 a)、b) 项的相关要求。

d) 其他材质防火门：外观应平整、光洁，无明显凹痕、裂痕等现象，带有木质或钢质部件的部分应分别满足 a)、b) 项的相关要求。

5.5 门扇质量

门扇质量不应小于门扇的设计质量。

注：指门扇的重量。

5.6 尺寸极限偏差

防火门门扇、门框的尺寸极限偏差应符合表 4 的规定。

尺寸极限偏差 表4

单位为毫米

名称	项目	极限偏差
门扇	高度 H	±2
	宽度 W	±2
	厚度 T	+2 −1
门框	内裁口高度 H′	±3
	内裁口宽度 W′	±2
	侧壁宽度 T′	±2

5.7 形位公差

门扇、门框形位公差应符合表5的规定。

形位公差 表5

名称	项目	公差
门扇	两对角线长度差 |L₁–L₂|	≤ 3mm
	扭曲度 D	≤ 5mm
	宽度方向弯曲度 B₁	<2‰
	高度方向弯曲度 B₂	<2‰
门框	内裁口两对角线长度差 |L₁′–L₂′|	≤ 3mm

5.8 配合公差

5.8.1 门扇与门框的搭接尺寸（见图14）
门扇与门框的搭接尺寸不应小于12mm。

5.8.2 门扇与门框的配合活动间隙

5.8.2.1 门扇与门框有合页一侧的配合活动间隙不应大于设计图纸规定的尺寸公差。

5.8.2.2 门扇与门框有锁一侧的配合活动间隙不应大于设计图纸规定的尺寸公差。

5.8.2.3 门扇与上框的配合活动间隙不应大于3mm。

5.8.2.4 双扇、多扇门的门扇之间缝隙不应大于3mm。

5.8.2.5 门扇与下框或地面的活动间隙不应大于9mm。

5.8.2.6 门扇与门框贴合面间隙（见图14），门扇与门框有合页一侧、有锁一侧及上框的贴合面间隙均不应大于3mm。

5.8.3 门扇与门框的平面高低差 R

防火门开面上门框与门扇的平面高低差不应大于 1mm。

5.9 灵活性

5.9.1 启闭灵活性

防火门应启闭灵活、无卡阻现象。

5.9.2 门扇开启力

防火门门扇开启力不应大于 80 N。

注：在特殊场合使用的防火门除外。

5.10 可靠性

在进行 500 次启闭试验后，防火门不应有松动、脱落、严重变形和启闭卡阻现象。

5.11 耐火性能

防火门的耐火性能应符合表 1 的规定。

6 试验方法

6.1 试件要求

防火门试件结构和门扇内若填充材料应填充对人体无毒无害的防火隔热材料以及防火五金配件的安装情况等应与实际使用情况相符。

除非有特殊规定，防火门试件应按本标准第 5 章的要求内容顺序，逐项进行检验。

6.2 仪器设备的准确度

仪器设备名称	准确度
千分尺：	±0.001mm
游标卡尺（带深度尺）：	±0.02mm
钢卷尺：	±1mm
平台：	三级
顶尖：	±1mm
高度尺：	±0.02mm
钢直尺：	±1mm
塞尺：	±0.1mm
磅秤：	±1kg
含水率测定仪：	1%
测力计：	2N
秒表：	1s
计数器：	1次

6.3 材料

6.3.1 填充材料

防火门门扇内填充对人体无毒无害的防火隔热材料、按照 GB 8624-2006 的规定检验其燃烧性能，按照 GB/T 20285-2006 的规定检验其产烟毒性危险分级，结果应符合本标准 5.2.1.2 的要求；或提供国家认可授权检测机构出具有效的相应检验报告。

6.3.2 木材

按照 GB/T 4823-1995 的规定，检验防火门门框、门扇各零部件使用木材的材质，结果应符合本标准 5.2.2.1 的要求。

按照 GB/T 8625-2005 的规定，检验防火门用木材的难燃性，结果应符合本标准 5.2.2.2 的要求；或提供国家认可授权检测机构出具有效的相应检验报告。

难燃木材的含水率，使用含水率测定仪在防火门同一部件上任意测定三点，计算其平均值，结果应符合本标准 5.2.2.3 的要求。

6.3.3 人造板

防火门使用的人造板，按照 GB/T 8625-2005 的规定，检验防火门用人造板的难燃性，结果应符合本标准 5.2.3.2 的要求；或提供国家认可授权检测机构出具有效的相应检验报告。

难燃人造板的含水率，使用含水率测定仪在防火门同一部件上任意测定三点，计算其平均值，结果应符合本标准 5.2.3.3 的要求。

6.3.4 钢材

6.3.4.1 防火门门框、门扇和加固件使用钢质材料的性能应有生产厂商提供的合格材质检验报告。

6.3.4.2 钢质材料的厚度采用千分尺测量，在防火门同一部件上任意测定三点，计算其平均值，结果应符合本标准表 3 的要求。

6.3.5 其他材质材料

防火门使用的其他材质材料，按照 GB/T 20285-2006 的规定检验产烟毒性危险分级和 GB/T 8625-2005 的规定检验难燃性或按照 GB 8624-2006 的规定检验其燃烧性能，结果应符合本标准 5.2.5 的相应要求；或提供国家认可授权检测机构出具有效的相应检验报告。

6.3.6 粘结剂

防火门使用的粘结剂，按照 GB/T 20285-2006 的规定检验产烟毒性危险分级，结果应符合本标准 5.2.6.2 的要求；或提供国家认可授权检测机构出具有效的相应检验报告。

6.4 配件

6.4.1 防火锁

按附录 A 的规定进行检验；提供国家认可授权检测机构出具有效的相应检验报告。

6.4.2 防火合页（铰链）

防火合页（铰链）板厚采用游标卡尺检验，任意测定三点，计算其平均值；

防火合页（铰链）的耐火性能应按附录 B 的规定进行检验；或提供国家认可授权检测机构出具有效的相应检验报告。

6.4.3 防火闭门装置

防火门用闭门器应按 GA 93 的规定进行检验；或提供国家认可授权检测机构出具有效的相应检验报告。

防火门用自动闭门装置在接收到火灾报警信号后应能自动关闭门扇，其他性能应按相应标准检验；或提供国家认可授权检测机构出具有效的相应检验报告。

6.4.4　防火顺序器

按实际使用状态将防火顺序器装配到防火门上，同时推开各个门扇，然后同时释放门扇，目测防火顺序器能否使防火门门扇按顺序要求关闭；防火顺序器的耐火性能应按附录 C 的规定进行检验，或提供国家认可授权检测机构出具有效的相应检验报告。

6.4.5　防火插销

采用目测及手感相结合的方法检查防火门上安装防火插销的情况，防火插销的耐火性能应按附录 D 的规定进行检验，或提供国家认可授权检测机构出具有效的相应检验报告。

6.4.6　盖缝板

防火门盖缝板的安装情况，采用目测和手感相结合的方法进行检验。

6.4.7　防火密封件

目测门框与门扇、门扇与门扇的缝隙处是否设有防火密封件，其性能应按 GB 16807 的规定进行检验，或提供国家认可授权检测机构出具有效的相应检验报告。

6.4.8　防火玻璃

应按 GB 15763.1 规定进行检验，或提供国家认可授权检测机构出具有效的相应检验报告。

6.5　加工工艺和外观质量

由成型门扇或填充对人体无毒无害防火隔热材料的门扇、门框、防火五金配件组成防火门，其外观质量以目测方法检验，其加工工艺质量按 6.7、6.8、6.9 的规定检验。

6.6　门扇质量

采用磅秤对每一门扇进行称重，任一门扇的质量（重量）应符合本标准 5.5 的要求。

6.7　尺寸公差

6.7.1　门扇高度 H

采用钢卷尺测量，测量位置为距门扇两竖边各 50mm 处，见图 1 所示的 A-A 和 A′-A′ 位置。检测值与产品设计图示门扇高度值相减，结果取其极值。

6.7.2　门扇宽度 W

采用钢卷尺测量，测量位置为距门扇上两横边各 50mm 处，见图 2 所示的 B-B 和 B′-B′ 位置。检测值与产品设计图示门扇宽度值相减，结果取其极值。

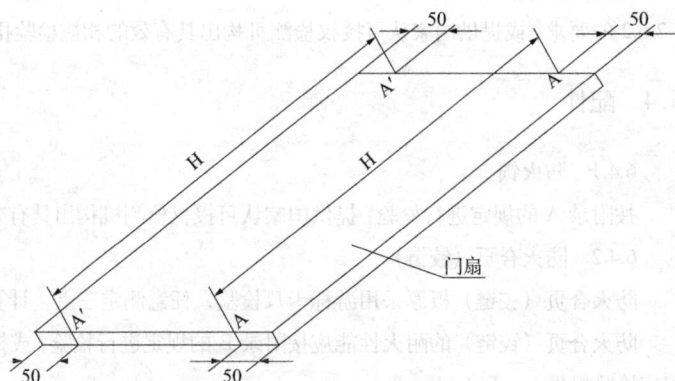

图 1　门扇高度测量位置示意图

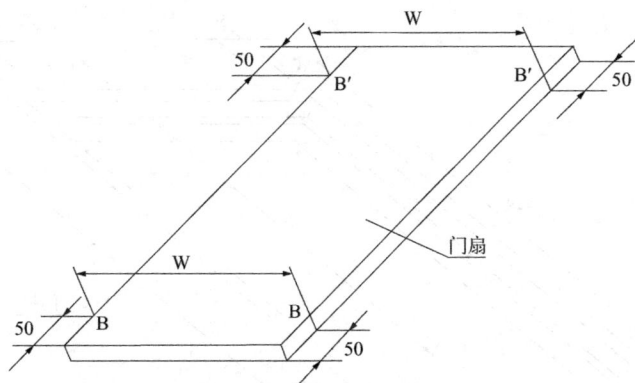

图 2　门扇宽度测量位置示意图

6.7.3　门扇硬度 T

采用游标卡尺测量，测量位置见图 3 中 T_1、T_2、T_3……T_8 所标定的位置 [注：遇锁具、合页（铰链）处相应避开 50mm]，检测值与产品设计图示门扇厚度值相减，结果取其极值。

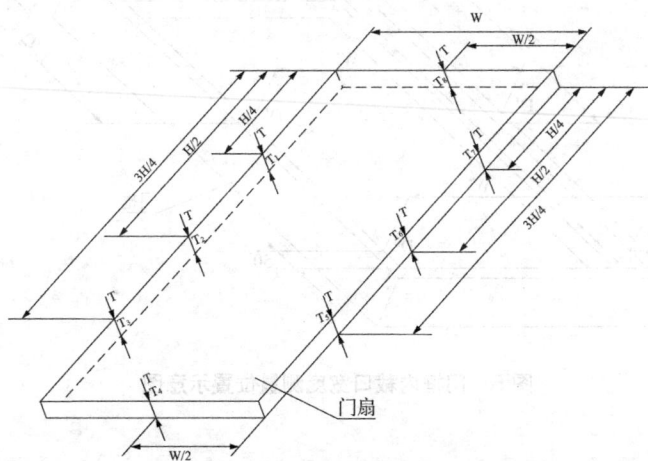

图 3　门扇厚度测量位置示意图

6.7.4　门框内裁口高度 H′

采用钢卷尺测量，分别测量门框内裁口的左竖边和右竖边，见图 4 所示 C-C、C′-C′。检测值与产品设计图示门框内裁口高度值相减，结果取其极值。

6.7.5　门框内裁口宽度 W′

采用钢卷尺测量，测量位置见图 5 所示的 D-D、D′-D′、D″-D″。检测值与产品设计图示门框内裁口宽度值相减，结果取其极值。

6.7.6　门框侧壁宽度 T′

采用游标卡尺测量，测量位置见图 6 所示的 T_1'、T_2'、T_3'……T_6'。检测值与产品设计图示门框侧壁宽度相减，结果取其极值。

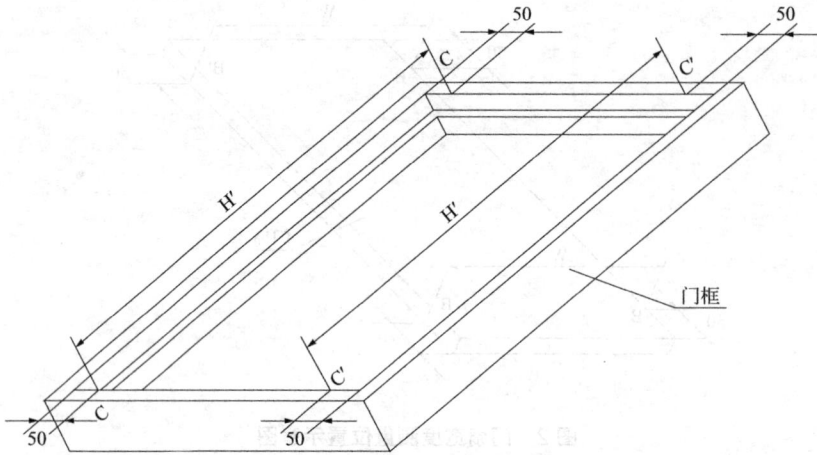

图 4 门框内裁口高度测量位置示意图

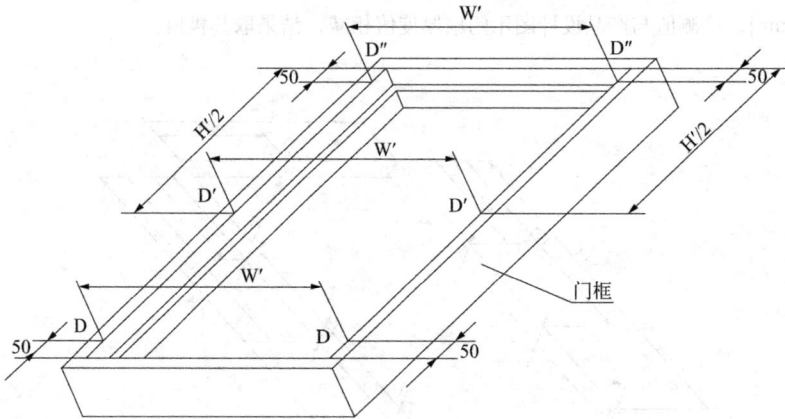

图 5 门框内裁口宽度测量位置示意图

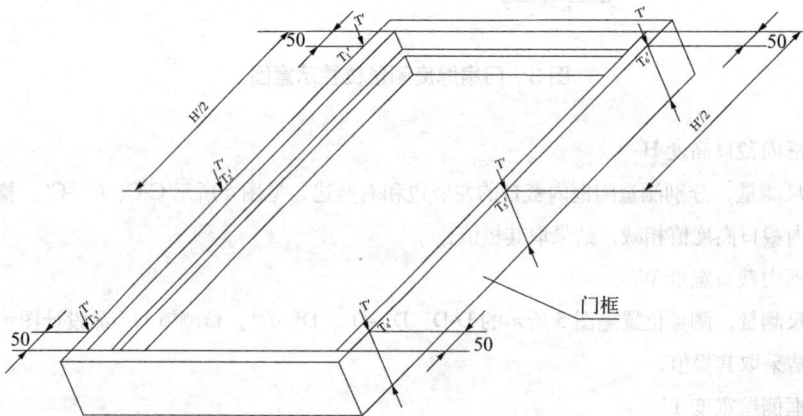

图 6 门框侧壁宽度测量位置示意图

6.8 形位公差

6.8.1 门扇两对角线长度差 $|L_2-L_2|$（见图7）
采用钢卷尺测量。

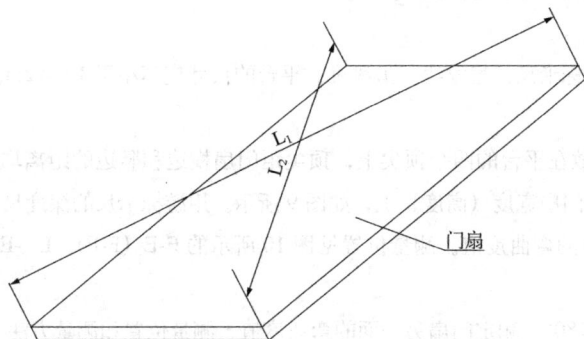

L_1

L_2

门扇

图7 门扇对角线长度测量位置示意图

6.8.2 门扇扭曲度 D

6.8.2.1 试验设备：

平台、三个顶尖、高度尺；平台的尺寸不应小于 1m×2m。

6.8.2.2 试验步骤

6.8.2.2.1 在门扇正反两面的四个角处分别标出四个测点，如一面为 P_1、P_2、P_3 和 P_4 测点，则另一面为对应的 P_1'、P_2'、P_3' 和 P_4' 测点，每个测点距门扇横边和竖边的距离均为 20mm。三个顶尖分别放在门扇的三个任意测点处（P_1、P_2 和 P_3）将门扇顶起，如图8所示。用高度尺测量第四个测点 P_4 与平台的距离 h_1。

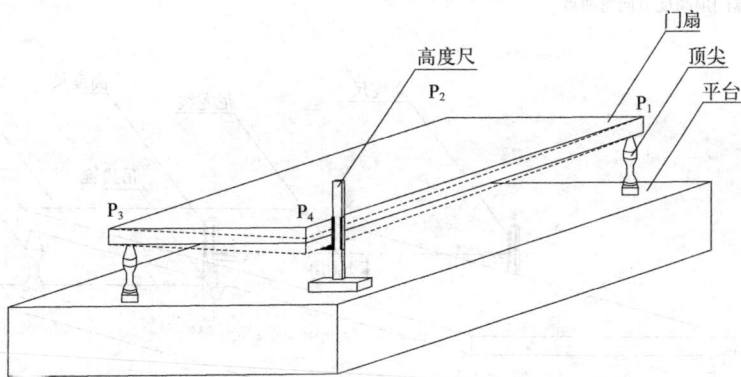

高度尺 门扇 顶尖 平台

P_2 P_1

P_3 P_4

图8 门扇扭曲度测量示意图

6.8.2.2.2 将门扇反转180°，按6.7.2.2.1的位置和方法测定平台至 P_4' 的距离 h_2。

6.8.2.2.3 门扇扭曲度 D 的计算公式

$$D = |h_2-h_1| / 2 \tag{1}$$

式（1）中：

D——门扇扭曲度，单位为毫米（mm）；

h_1——平台至测点 P_4 的距离，单位为毫米（mm）；

h_2——平台至测点 P_4' 的距离，单位为毫米（mm）。

6.8.3 门扇宽度（高度）方向弯曲度 B_1（B_2）

6.8.3.1 试验设备：

平台、四个顶尖、游标卡尺、尼龙线、吊线锥。平台的尺寸应不小于 1m×2m。

6.8.3.2 试验步骤

6.8.3.2.1 将门扇平放在平台的四个顶尖上，顶尖距门扇横边和竖边的距离均为20mm，将两端带有吊线锥的细尼龙线横跨于门扇宽度（高度）上，如图9所示。用游标卡尺的深度尺在规定测量位置量出高度值，即为该规定测量点的弯曲度值。测量位置见图10所示的 E-E（F-F）、E'-E'（F'-F'）和、E"-E"（F"-F"）的中点。

6.8.3.2.2 门扇反转180°，测定门扇另一面的弯曲度值，测量位置和测量方法同 6.7.3.2.1。

6.8.3.2.3 门扇宽度（高度）方向弯曲度值，取测量结果的极值 h_3（h_4）。

6.8.3.2.4 门扇宽度（高度）方向弯曲度的计算公式

$$B_1（B_2）= h_3（h_4）/W（H）×1000 \qquad (2)$$

式（2）中：

B_1——门扇宽度方向弯曲度，单位为千分之一（‰）；

B_2——门扇高度方向弯曲度，单位为千分之一（‰）；

h_3——门扇宽度方向弯曲度值，单位为毫米（mm）；

h_4——门扇高度方向弯曲度值，单位为毫米（mm）；

W——门扇宽度，单位为毫米（mm）；

H——门扇高度，单位为毫米（mm）。

注：括号内计算门扇高度方向弯曲度。

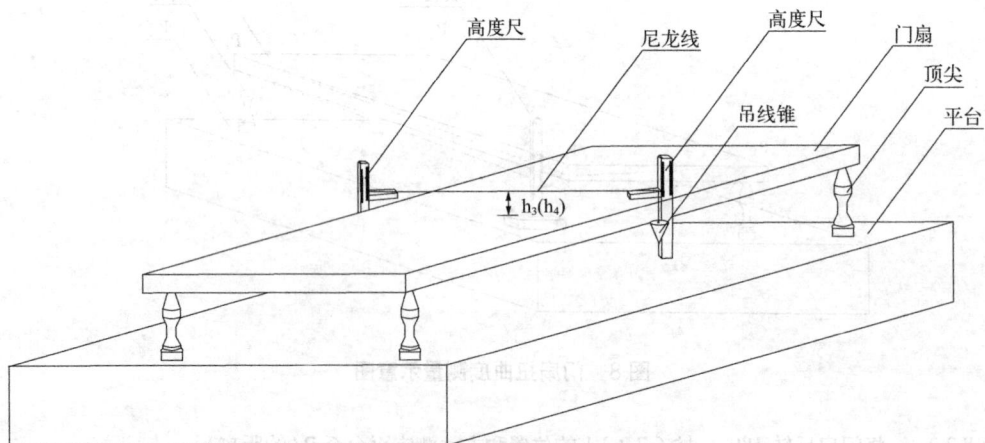

图 9 门扇弯曲度测量示意图

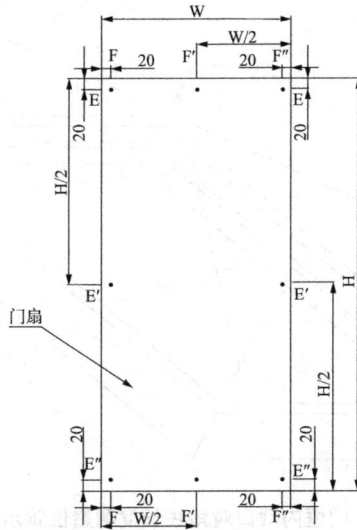

图 10　门扇高度（宽度）方向弯曲度测量位置示意图

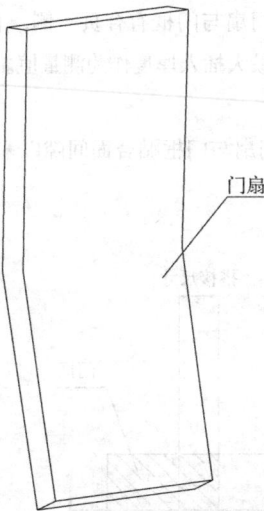

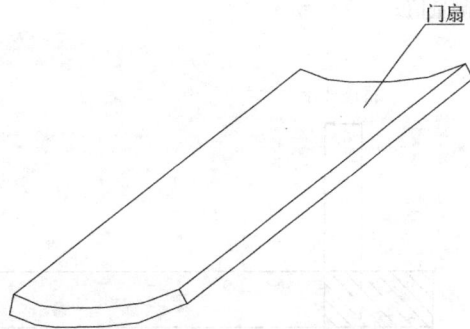

图 11　门扇高度方向弯曲度示意图　　　**图 12　门扇宽度方向弯曲度示意图**

6.8.4　门框内裁口两对角线长度差 |L_1' $-L_2'$|（见图 13）

采用钢卷尺测量。

6.9　配合公差

6.9.1　门扇与门框的搭接尺寸（见图 14）

6.9.1.1　按使用状态，将试件安装在试验框架上，门扇处于关闭状态，用划刀在门扇与门框相交的左边、右边和上边的中部划线作出标记后，用钢板尺测量搭接宽度。

6.9.1.2　门扇与门框的搭接宽度取测量值的最小值。

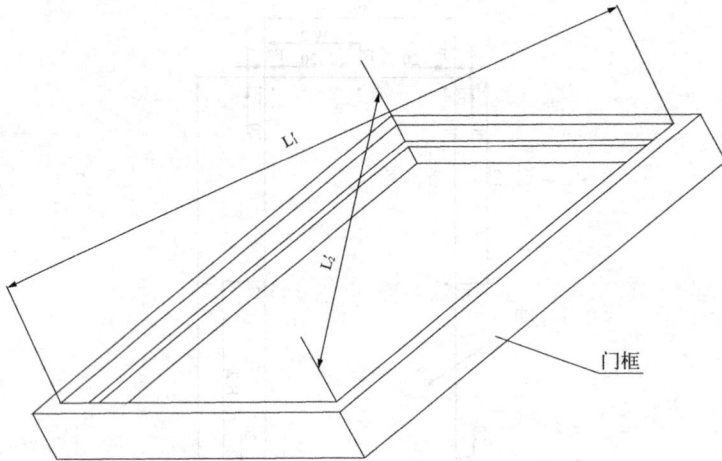

图 13　门框内裁口对角线长度测量位置示意图

6.9.2　门扇与门框的配合活动间隙

按使用状态，将试件安装在试验框架上，门扇处于关闭状态，门扇与门框有合页一侧、有锁一侧，以及门扇与上框、下框，双扇、多扇门的门扇之间的活动间隙以塞尺最大插入厚度作为测量值。

6.9.3　门扇与门框的贴合面间隙（见图 14）

按使用状态，将试件安装在试验框架上，门扇处于关闭状态，门扇与门框贴合面间隙以塞尺最大插入厚度作为测量值。

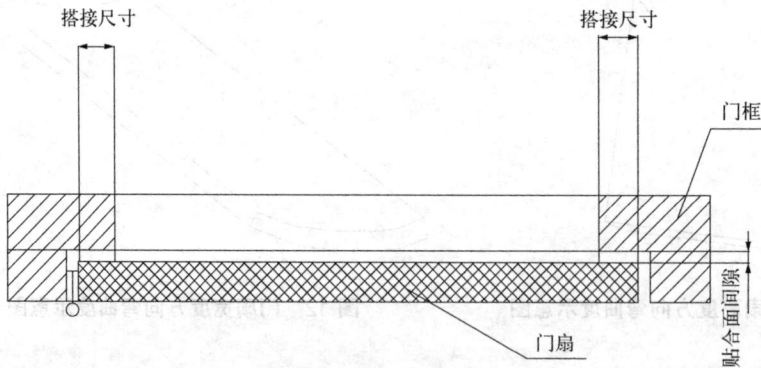

图 14　门扇与门框的搭接尺寸和贴合面间隙示意图

6.9.4　门的开面上门框与门扇的平面高低差 R

6.9.4.1　门扇关闭，用游标卡尺测定门框与门扇的平面高低差。测量位置见图 15 所标定的位置 R_1、R_2、R_3……R_6。

6.9.4.2　门框与门扇的平面高低差 R 取测量值的极值。

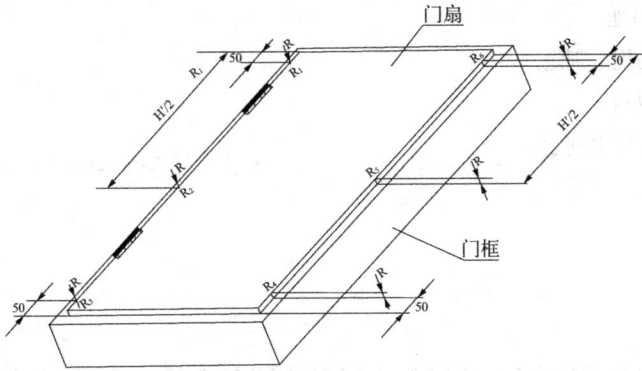

图15 门框与门扇平面高低差测量位置示意图

6.10 灵活性

6.10.1 启闭灵活性

防火门处于使用状态，将试件安装在试验框架上，手感和目测其启闭灵活性。

6.10.2 门扇开启力 F

按使用状态，将试件安装在试验框架上，门扇处于关闭状态，测力计作用于门执手处，并与门扇垂直，将门扇拉开，测量并记录门扇开启力 F。

6.11 可靠性

6.11.1 试验框架

为可调框架，以适合安装不同规格尺寸的防火门，框架应有足够的刚度，以免在试验过程中产生影响试验结果的变形。

6.11.2 试件

包括门框、门扇及实际使用中应配备的防火五金配件如防火锁、闭门器和顺序器等所组成的防火门。

6.11.3 试验步骤

6.11.3.1 将试件固定在试验框架上。

6.11.3.2 门扇开启、关闭为运行一次，运行周期为 8s ~ 14s，门扇开启角度为 70°，记录运行次数。试验过程中应记录；防火门的各个配件是松动、脱落、严重变形、启闭卡阻等现象。

6.12 耐火性能

6.12.1 试验步骤

按使用状态，将试件安装在试验框架上，耐火试验前检查试件，门扇应开启灵活。通过闭门器等闭门装置关闭门扇，使防火锁的斜舌碰上，不应用钥匙锁闭门扇；特殊使用的门（如管道井门），可用钥匙锁闭门扇，钥匙不应留在锁孔内。

按 GB/T 7633 的规定进行耐火试验。

注：试件应在同一框架、同一状态下进行配合公差、灵活性与耐火性能的检验。

6.12.2 耐火性能判定条件

6.12.2.1　耐火完整性

应按 GB/T 7633 的规定判定。

6.12.2.2　耐火隔热性

应按 GB/T 7633 的规定判定。

7　检验规则

7.1　出厂检验

7.1.1　常规出厂检验项目为 5.1、5.2.2.3、5.2.3.3、5.2.4.2、5.4.2、5.5、5.6 和 5.7，应对每一樘防火门的门框、门扇单独进行检验；防火门安装交付使用时的常规检验项目为 5.8、5.9 和 5.3 中的配件安装情况，应对每一樘防火门进行检验；5.10 为抽样检验项目，产品抽样方法由生产厂根据生产批量，按 GB/T 2828.1 的有关要求；制订相应的文件规定。

7.1.2　防火门产品必须由生产厂的质量检验部门按出厂检验项目逐项检验合格，签发合格证后方可出厂，并安装验收合格交付使用。

7.2　型式检验

7.2.1　检验项目见表 6，按标准要求的顺序逐项进行检验。

7.2.2　防火门的最小检验批量为 9 樘，在生产单位成品库中抽取。

7.2.3　有下列情况之一时应进行型式检验。

a）新产品或老产品转厂生产时的试制定型鉴定；

b）结构、材料、生产工艺、关键工序和加工方法等有影响其性能时；

c）正常生产，每三年不少于一次；

d）停产一年以上恢复生产时；

e）出厂检验结果与上次型式检验有较大差异时；

f）发生重大质量事故时；

g）质量监督机构提出要求时。

7.2.4　判定准则

表 6 所列检验项目的检验结果不含 A 类不合格项，B 类与 C 类不合格项之和不大于四项，且 B 类不合格项不大于一项，判该产品为合格。否则判该产品不合格。

检验项目　　　　　　　　　　　　　　　　　　　　　　　　　　表 6

序号	检验项目	要求条款	试验方法条款	不合格分类
1	填充材料	5.2.1	6.3.1	A
2	木材	5.2.2	6.3.2	A
3	人造板	5.2.3	6.3.3	A
4	钢材	5.2.4	6.3.4	A

序号	检验项目	要求条款	试验方法条款	不合格分类
5	其他材质材料	5.2.5	6.3.5	A
6	粘结剂	5.2.6	6.3.6	A
7	防火锁	5.3.1	6.4.1	B
8	防火合页（铰链）	5.3.2	6.4.2	B
9	防火闭门装置	5.3.3	6.4.3	B
10	防火顺序器	5.3.4	6.4.4	A
11	防火插销	5.3.5	6.4.5	C
12	盖缝板	5.3.6	6.4.6	B
13	防火密封件	5.3.7	6.4.7	A
14	防火玻璃	5.3.8	6.4.8	A
15	加工工艺和外观质量	5.4	6.5	C
16	门扇质量	5.5	6.6	A
17	门扇高度偏差	5.6	6.7.1	C
18	门扇宽度偏差	5.6	6.7.2	C
19	门扇厚度偏差	5.6	6.7.3	B
20	门框内裁口高度偏差	5.6	6.7.4	C
21	门框内裁口宽度偏差	5.6	6.7.5	C
22	门框侧壁宽度偏差	5.6	6.7.6	C
23	门扇两对角线长度差	5.7	6.8.1	C
24	门扇扭曲度	5.7	6.8.2	B
25	门扇宽度方向弯曲度	5.7	6.8.3	B
26	门扇高度方向弯曲度	5.7	6.8.3	B
27	门框内裁口两对角线长度差	5.7	6.8.4	C
28	门扇与门框的搭接尺寸	5.8.1	6.9.1	B
29	门扇与门框的有合页一侧的配合活动间隙	5.8.2.1	6.9.2	C
30	门扇与门框的有锁一侧的配合活动间隙	5.8.2.2	6.9.2	C
31	门扇与上框的配合活动间隙	5.8.2.3	6.9.2	C
32	双扇门中间缝隙	5.8.2.4	6.9.2	C
33	门框与下框或地面间隙	5.8.2.5	6.9.2	C
34	门扇与门框贴合面间隙	5.8.2.6	6.9.3	C

序号	检验项目	要求条款	试验方法条款	不合格分类
35	门框与门扇的平面高低差	5.8.3	6.9.4	C
36	启闭灵活性	5.9.1	6.10.1	A
37	开启力	5.9.2	6.10.2	B
38	可靠性	5.10	6.11	A
39	耐火性能	5.11	6.12	A

8 标志、包装、运输和贮存

8.1 标志

8.1.1 每樘防火门都应在明显位置固有永久性标牌，标牌应包括以下内容：

a）产品名称、型号规格及商标（若有）；

b）制造厂名称或制造厂标记和厂址；

c）出厂日期及产品生产批号；

d）执行标准；

8.1.2 产品标牌的制作应符合 GB/T 13306 的规定。

8.2 包装、运输和使用说明书

产品及其五金配件的包装应安全、可靠，并便于装卸、运输和贮存。包装、运输应符合 GB/T 6388 的规定。

随产品应提供如下文字资料

a）产品合格证，其表述应符合 GB/T 14436 的规定；

b）产品说明书，其表述应符合 GB 9968.1 的规定；

c）装箱单；

d）产品安装图；

e）防火五金配件及附件清单。

应把上述资料装入防水袋中。

产品在运输过程中应避免因行车时碰撞损坏包装，装卸时轻抬轻放，严格避免磕、摔、撬等行为，防止机械变形损坏产品，影响安装使用。

8.3 贮存

产品应贮存在通风、干燥处，要避免和有腐蚀的物质及气体接触，并要采取防潮、防雨、防晒、防腐等措施，产品平放时底部须垫平，门框堆码高度不得超过 1.5m，门扇堆放高度不超过 1.2m，产品竖放时，其倾斜角度不得大于 20°。

21.《防盗安全门通用技术条件》GB 17565-2007

1 范围

本标准规定了防盗安全门的通用技术要求、试验方法和检验规则，是设计、制造、检测，验收和认证评价防盗安全门的技术依据。

本标准适用于民用及其他重要场所和部位使用的防盗安全门。

2 规范性引用文件

下列文件中的条款通过本标准的引用而成为本标准的条款。凡是注日期的引用文件，其随后所有的修改单（不包括勘误的内容）或修订版均不适用于本标准。然而，鼓励根据本标准达成协议的各方研究是否可使用这些文件的最新版本。凡是不注日期的引用文件，其最新版本适用于本标准。

CB/T 708　冷轧钢板和钢带的尺寸、外形、重量及允许偏差

GB/T 709　热轧钢板和钢带的尺寸、外形、重量及允许偏差

GA/T 73　机械防盗锁

GA 374　电子防盗锁

3 术语和定义

GA/T 73、GA 374 中确立的以及下列术语和定义适用于本标准。

3.1

防盗安全门 burghary resistant safety door

配有防盗锁，在一定时间内可以抵抗一定条件下非正常开启，具有一定安全防护性能并符合相应防盗安全级别的门。

3.2

防盗安全级别 burglary safety class

按产品的防破坏时间长短、板材厚度及其他指标对防盗安全门划分的防盗安全级别。

3.3

普通机械手工工具 common machine hand tools

普通机械手工工具包括各种式样的凿子、锉子、锼子、钳子、螺丝刀、扳手、钢锯、长度不大于600mm的大铁剪、1.2kg的手锤、便携式手摇钻、长度不大于600mm且直径不大于ϕ50mm的各种撬棍和撬扒工具。

3.4

615cm² 开口   615cm² opening

最小边长尺寸为152mm的矩形开门，或直径为281mm的圆形开口，或斜边长为497mm的等腰直角三角形。

4 分类、代号和标记

4.1 分类

防盗安全级别按表4进行分类，共分为4级，其中中文代号为"甲"、"乙"、"丙"、"丁"，拼音字母代号分别为"J"、"Y"、"B"、"D"。甲为最高级，依此递减。

4.2 代号

防盗安全门的代号为FAM。

4.3 标记

防盗安全门标记由防盗安全门代号、防盗安全级别、企业自定义特征3部分组成。标记符号为拼音字母，从左到右第一部分防盗安全门代号，第二部分为防盗安全级别、企业自定义特征。企业自定义特征由两部分构成，第一部分代表企业特征代号，第二部分代表产品特征代号。如下所示：

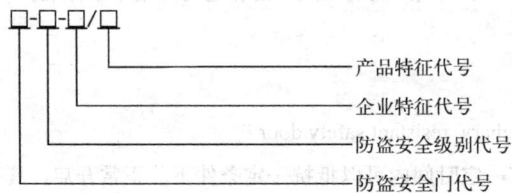

示例1：

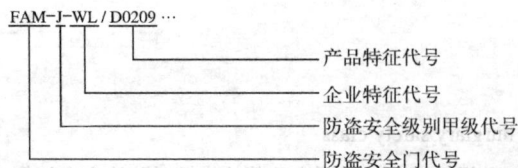

示例2：

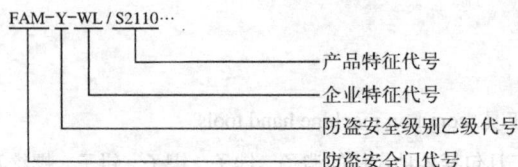

5 技术要求

5.1 一般要求

a）防盗安全门所选用的板材材质应符合相关的国家标准或行业标准规定；

b）主要构件及五金附件应与防盗安全门使用功能协调一致，有效证明符合相关标准的规定。

注：附录 A 为相关国家标准或行业标准的资料列表。

5.2 外观

a）门框、门扇构件表面应平整光洁，无明显凹痕和机械损伤；

b）铭牌标志应端正、牢固、清晰。

5.3 永久性标记

a）防盗安全门应有永久性防盗安全级别标记；

b）防盗安全级别标记由其中文代号和平面圆组成，中文代号应位于直径为 $\phi 25mm$ 的平面圆中；

c）以宋体四印形式永久固定在内侧铰链边上角，距地面高度 $1600mm \pm 100mm$ 的位置上。

5.4 板材及材质

5.4.1 扳材材质

可选用钢、不锈钢、钢／木、铜或其他复合材料，

5.4.2 钢质板材厚度

a）门框按防盗安全的乙、丙、丁级别分别应选用 2.00mm、1.80mm，1.50mm。

b）门扇的外面板、内面板厚度用"外板／内板"形式表示，按防盗安全的乙、丙、丁级别分别应选用 1.00mm/1.00mm、0.80mm/0.80mm、0.80mm/0.6mm。

c）甲级防盗安全门的板材厚度在符合其防破坏性能的条件下，按产品设计选择厚度。若选择钢质板材其厚度应不低于乙级防盗安全级别门框、门扇的厚度及允许偏差要求。

d）钢质板材厚度允许偏差应符合表 1 的规定。

5.4.3 其他材质的板材厚度

当选用其他材质的板材时，其板材厚度及允许偏差应符合相关国家或行业标准规定（参照附录 A）。

钢制板材允许偏差 表 1

单位为毫米

轧制方式允许偏差	公称厚度					
	2.00	1.80	1.50	1.00	0.80	0.60
冷轧薄钢板允许偏差	−0.15	−0.14	−0.12	−0.09	−0.07	0.06
热轧薄钢板允许偏差	−0.17	−0.1/	0.15	−0.12	−0.10	0.09

5.5 尺寸公差与配合间隙

5.5.1 门框、门扇对角线尺寸、门框槽口，门扇外形尺寸公差应符合表 2 的规定。

尺寸公差 表 2

单位为毫米

尺寸	<1 000	1 000 ~ 2 000	2 000 ~ 3 500	>3 500
公差范围	≤ 2.0	≤ 3.0	≤ 4.0	≤ 5.0

5.5.2 门框与门扇配合间隙（含组合门扇）应符合表 3。

间隙 表 3

单位为毫米

锁孔与锁舌间隙	门框与门扇配合活动间隙	门框与铰链边贴合面间隙	开启边与门框贴合面间隙
≤ 3.0	≤ 4.0	≤ 2.0	≤ 3.0

5.5.3 门扇与门框搭接宽度不小于 8mm，

5.5.4 门扇平面度不应大于 $4.0mm/m^2$。

5.6 防盗安全要求

5.6.1 防盗安全级别

应符合表 4 的规定。

防盗安全级别 表 4

项目	级别			
	甲级	乙级	丙级	丁级
门扇钢板厚度 /mm	符合设计要求	外面板 ≥ 1.0-δ 内面板 ≥ 1.0-δ	外面板 ≥ 0.8-δ 内面板 ≥ 0.8-δ	外面板：≥ 0.8-δ 内面板：≥ 0.6-δ
防破坏时间 /min	≥ 30	≥ 15	≥ 10	≥ 6
机械防盗锁防盗级别	B	A		
电子防盗锁防盗级别	B	A		

注 1：级别分类似则应同时符合同一级别的各项指标。
注 2："δ" 扩为 GB/T 708、GB/T 709 中规定的允许偏差。

5.6.2 防破坏性能

5.6.2.1 门扇

选择非钢质板材的门扇，应能阻止在门扇上打开一个不小于 $615cm^2$ 穿透门扇的开口，防破坏时间应符合表4的相应规定。

5.6.2.2 锁具

锁具应在表4防盗安全级别规定的防破坏时间内，承受以下破坏试验，门扇不应被打开：

a）钻掉锁芯、撬断锁体连接件从而拆卸锁具；

b）通过上下间隙伸进撬扒工具，试图松开锁舌；

c）用套筒或类似扳动工具对门把手施动扭矩，试图震开、冲断锁体内的锁定档块或铆钉。

5.6.2.3 铰链

在表4防盗安全级别规定的防破坏时间内，铰链应承受使用普通机械手工工具对其实施冲击、錾切破坏时，传给铰链的冲击力和撬扒力矩，应无断裂现象。铰链表面、转轴被锯掉后不应将门扇打开。铰链与门框、门扇采用焊接时，焊缝不应高于铰链表面。

5.6.3 防闯入性能

门框与门扇之间或其他部位允许安装防闯入装置，装置本身及连接强度应可承受30kg沙袋、3次冲击试验。试验后，不应产生断裂或脱落。

5.6.4 软冲击性能

门扇应能承受30kg沙袋、9次冲击试验。试验后，残余凹变形不应大于：甲级：3.0mm；乙级：5.0m；丙级：8.0mm；丁级：10.0mm。

5.7 悬端吊重性能

门扇开启到90°±5°或45°±5°，在通过门扇把手垂直于地面的作用线上附加（100±0.5）kg重物，保持5min。试验后门框，门扇垂直变形量应不大于2.0mm。

5.8 撞击障碍物性能

通过重物的自由落体进行撞击障碍物试验，反复3次后，门扇不应脱落，其门框与门扇的间隙变化不大于2.0mm，门扇撞击面残余凹变形量不大于5.0mm，铰链不应有明显的变形，并应能正常开启。

5.9 铰链转动性能

应转动灵活，在不大于49N的拉力作用下，门体应灵活转动90°。

5.10 锁具要求

5.10.1 防盗安全门在锁具安装部位以锁孔为中心，在半径不小于100mm的范围内应有加强防护钢板。

5.10.2 防盗安全门上的机械防盗锁应符合GA/T 73规定，并应提供有效合格证明，其防盗级别应符合5.6.1。图纸上应标明选用的机械防盗锁的产品型号和制造厂名称。

5.10.3 防盗安全门上的电子防盗锁其防盗性能应达到GA 374要求，并应提供有效合格证明，其防盗级别应符合5.6.1。图纸上应标明选用的电子防盗锁的产品型号和制造厂名称。

5.10.4 防盗安全门宜采用三方位多锁舌锁具，门框与门扇间的锁闭点数，按防盗安全级别甲、乙、丙、丁应分别不少于12个、10个、8个、6个。

5.10.5 主锁舌伸出有效长度应不小于16mm，并应有锁舌止动装置。

5.11 电气安全要求

a）防盗安全门若使用交直流电源时，与门体的接触电压应低于 36V；

b）电源引入端子与外壳及金属门体之间的绝缘电阻在正常环境条件下不小于 200MΩ。

6 试验方法

6.1 试验条件

a）试验设备

采用可将防盗安全门安装并固定住的一种试验设备，该设备在刚度和强度上应符合防盗安全门破坏性试验和操作功能试验的要求。该设备应可安装多种尺寸规格的防盗安全门，悬摆横梁应可上下、左右移动。

b）试验人员

——试验人员应有开启门锁、门体的专门技能，试验人员应研究安全门的技术图纸所用材料特性，针对其薄弱环节确定试验先后顺序及试验具体部位。

——由两名试验人员组成破坏性试验小组。试验小组根据产品具体情况确定试验条件。进行防盗安全门非正常开启试验时，两名试验人员轮流进行。其间歇时间总和不大于 0.2 倍的净工作时间。

c）试验样品的安装

防盗安全门要按实际安装状态，安装在试验设备上或专用的试验固定支架上，然后进行功能检查和其他试验。

d）试验计时

应采用经计量校准的计时装置，并应由非操作人员的第三人计时。

6.2 一般要求检查

a）根据防盗安全门的材质检查其有效合格证明应符合 5.1 a）的要求；

b）检查主要构件及五金附件应符合 5.1 b）的要求。

6.3 外观检查

目视检查外观应符合 5.2 的要求。

6.4 永久性标记检查

采用卷尺测量永久性标记的位置应符合 5.3 的要求，字形和字样用标准钢印比对检查应完全符合。

6.5 板材及材质检查

6.5.1 板材材质
检查选材材质的有效证明。

6.5.2 钢质板材厚度

用精度 0.001mm 超声波测厚仪在距离边部不小于 40mm 处测量。测量 3 个部位，对 3 次测量结果取平均值应符合 5.4.2 a)、5.4.2 b)、5.4.2 c)、5.4.2 d) 的要求。

6.5.3 其他材质的板材厚度

应用精度 0.02mm 卡尺测量，结果应符合 5.4.3 的要求。

6.6 尺寸公差与间隙

6.6.1 使用适宜量程的钢卷尺测量门框、门扇两对角线尺寸，门框、门扇高度尺寸按图 1 A-A 和 B-B 位置测量，宽度尺寸按图 1 C-C 和 D-D 位置测量，应符合 5.5.1 的要求。

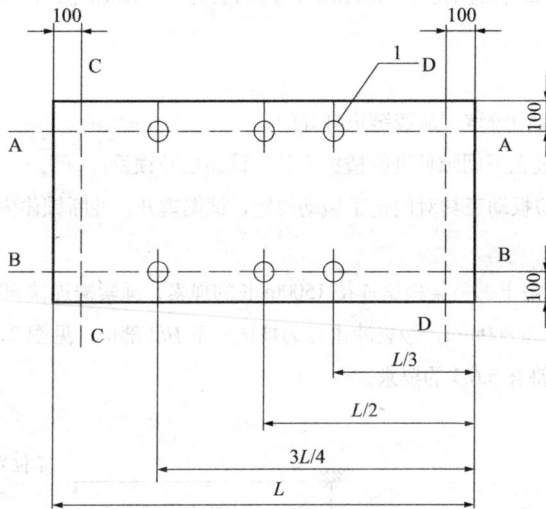

1——门扇厚度测量位置。

图 1 尺寸公差测量

6.6.2 用精度不低于 0.01mm 厚薄规插进门扇与门框之间的间隙、门扇与门框贴合面的间隙，以最大插进厚度作为间隙值，应符合 5.5.2 的要求。

6.6.3 用精度不低于 0.02mm 卡尺测量门框与门扇的四边搭接宽度，测量结果取最小值，应符合 5.5.3 的规定。

6.6.4 门扇平面度测量用精度为 1.0mm、最大量程 1m 的直尺和精度为 0.01mm 的塞尺测量，测量结果应符合 5.5.4 的规定。

6.7 防盗安全要求

6.7.1 防盗安全级别

防盗安全门的各检测项目应同时满足相应防盗安全级别要求，按 5.6.1 规定确定防盗安全级别。

6.7.2 防破坏性能

6.7.2.1　门扇

对非钢材板材的门扇在规定时间内实施钻、切、锯、錾、撬、扒，撕等方法，试图在门扇上打开一个不小于 615cm² 穿透开口，门扇应符合 5.6.2.1 的要求

6.7.2.2　锁具

在表 4 规定的时间内对锁具进行以下破坏试验：

a）在距门锁锁定点 150mm 的半圆内，试图打开一个 38mm² 的开口，通过开口用手工或工具从内部拨开锁具，应符合 5.6.2.2 a）的要求；

b）錾掉门框锁定点处的金属，在锁定点的上、下间隙伸进撬扒工具，试图松开锁舌，应符合 5.6.2.2 b）的要求；

c）用套筒或类似扳动工具对门把手施动扭矩，试图震开、冲断锁体内的锁定档块或铆钉，应符合 5.6.2.2 c）的要求。

6.7.2.3　铰链

a）用扁刃撬扒工具拆卸门铰链，从铰链边打开门；

b）锁闭点应能抵御通过上下间隙伸进的撬扒工具，试图松开锁舌；

c）能抵御用套筒或类似扳动工具对门把手施动扭矩，试图震开、冲断锁体内的锁定档块或铆钉。

6.7.3　防闯入性能试验

将被试件安装在试验设备上，吊架横梁连接 1500m 长的绳索，绳索端连接 30kg 的球形沙袋作为悬摆，悬摆位置与落点的高度差值为 800mm，沙袋冲击点为被试件下 $H/2$ 部位，见图 2，连续冲击 3 次，冲击间隔时间为 30s，试验结果应符合 5.6.3 的要求。

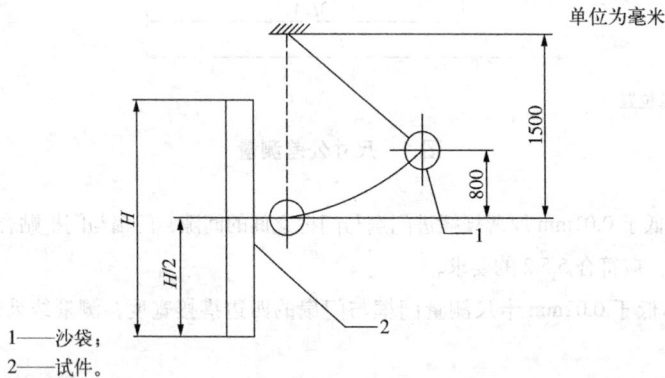

1——沙袋；
2——试件。

图 2　防闯入试验

6.7.4　软冲击性能试验报告

将被试件安装在试验设备上，吊架横梁连接 1500mm 长的绳索，30kg 球形沙袋作为悬摆，悬摆位置与落点的高度差值为 800mm，沙袋冲击方向沿门扇开启方向，冲击点在试件下 $H/3$ 部位，见图 3，连续冲击 9 次，每次冲击间隔时间不超过 1mm。试验后，测量冲击部位的最大残余凹变形，结果应符合 5.6.4 的要求。

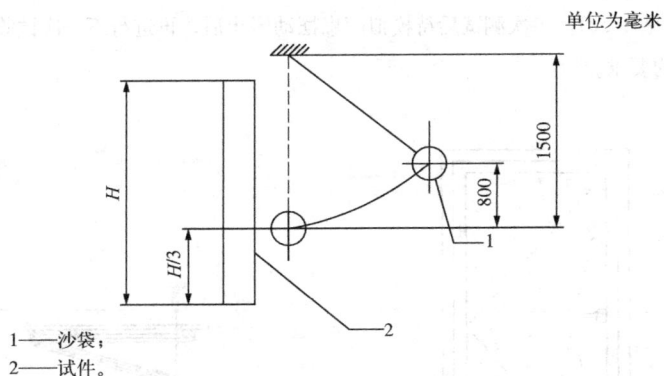

图3 软冲击试验

1——沙袋；
2——试件。

6.8 悬端吊重性能试验

门扇开启到90°±5°或45°±5°状态下，见图4，记下百分表的读数 h_0，在门扇顶端距门扇边距50mm的位置，施加（100±0.5）kg垂直藏荷力保持5min验卸载5min后，记下百分表的读数 h_1，计算门扇相对门框在垂直方向的残余变形量 h_0-h_1，结果应符合5.7的要求。

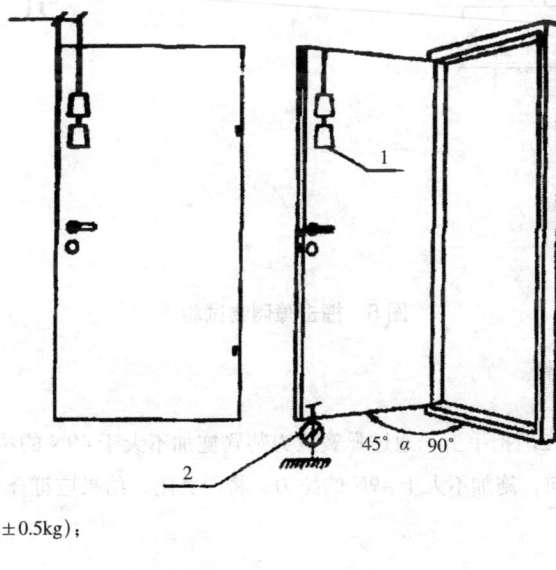

1——试验重物（100kg±0.5kg）；
2——百分表。

图4 悬端吊重试验

6.9 撞击障碍物性能试验

在有平开限位器装置的状态下，障碍物固定安装在距铰链边底框200mm处，见图5a)，将门扇开启到距测试基准面（200±10）mm位置时，见图5c)，使10kg自由落体的重物用非弹性绳子与门把手位置处相连接，使门扇加速关闭，见图5b)。在重物距离测试基准面（20±2）mm时，门扇撞到障碍物，

10kg 重物停止运动，见图 5c）。每次测试后待模拟门扇摆动停止后，再进行下一次试验。反复 3 次，试验后其结果应符合 5.8 的要求。

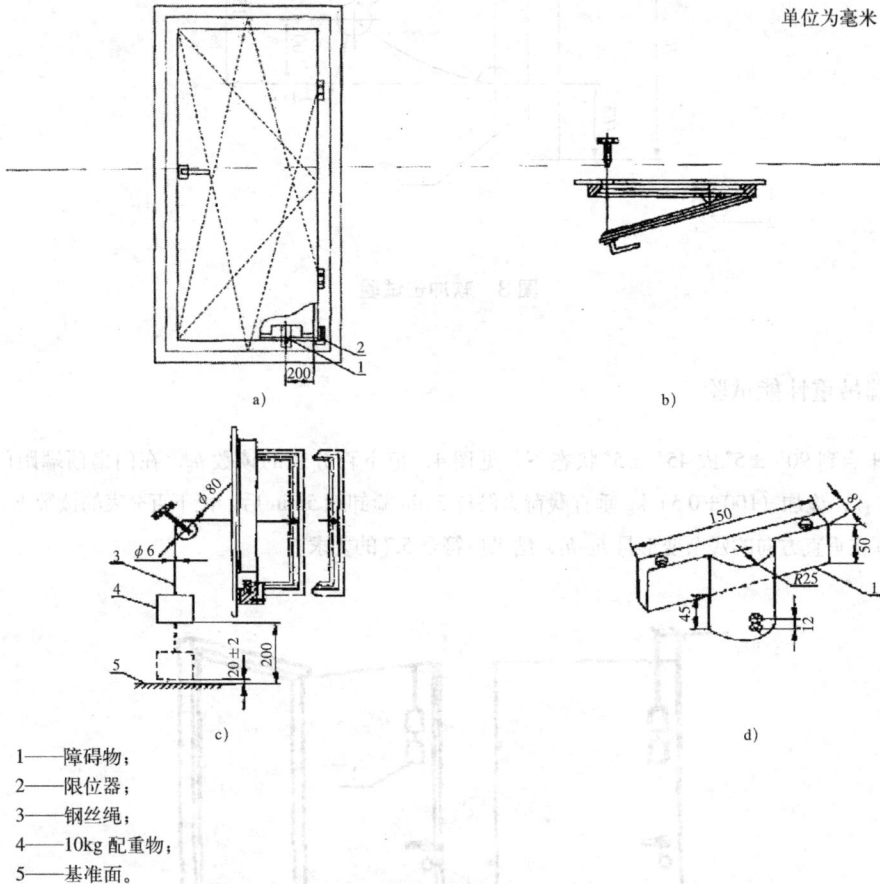

单位为毫米

1——障碍物；
2——限位器；
3——钢丝绳；
4——10kg 配重物；
5——基准面。

图 5　撞击障碍物试验

6.10　铰链转动性能试验

将弹簧拉力装置装卡在门把手上，通过弹簧拉力装置施加不大于 49N 的拉力，将门打开；将弹簧拉力装置装卡在门的反方向，施加不大于 49N 的拉力，将门关闭。结果应符合 5.9 的要求。

6.11　锁具检查

a）用精度不低于 0.001mm 超声波测厚仪测试加强钢板的范围和厚度，结果应符合 5.10.1 的要求。

b）检查机械防盗锁、电子防盗锁的防盗级别的有效合格证明应符合 5.10.2、5.10.3 的要求。

c）在正常关闭状态下，沿门的门框与门扇间隙，用塞尺或板尺滑动，累计出门框与门扇的结合点数、锁具的锁定方位数应符合 5.10.4 的要求。

d）检查锁舌止动装置的有效性，测出锁舌的伸出净长度 L_s 和锁具边门框与门扇的配合间隙 δ，计算锁舌有救伸出长度，应符合 5.10.5 的要求。锁舌有效伸出长度计算公式为：

$$L_x = L_s - \delta_s \quad (mm)$$

式中：

L_s——锁舌伸出净长度；

δ_s——锁具边门框与门扇的间隙；

L_x——锁舌有效伸出长度。

6.12 电气安全性能检查

a) 用精度不低于 0.1V 的数字电压表测量带电装置输出电压，应符合 5.11 a) 的要求；

b) 用精度不低于 0.1MΩ，500V 的绝缘电阻表分别测量电源任意输入端与门体、带电装置外壳之间的绝缘电阻，应符合 5.11 b) 的要求。

7 检验规则

检验分为型式检验和出厂检验。

7.1 型式检验

有下列情况之一时应进行型式检验：

a) 正式生产后当结构、材料、工艺有较大改变可能影响产品性能时；

b) 正常生产时每两年检测一次；

c) 产品停产一年以上再恢复生产时；

d) 发生重大质量事故时；

e) 出厂检验结果与上次型式检验有较大差异；

f) 国家质量监督机构或合同规定要求进行型式检验时。

7.2 出厂检验

产品出厂时，企业规定对产品进行出厂检验。

7.3 检验项目

型式检验、出厂检验项目见表 5。

检验项目   表 5

序号	项目名称	技术要求	试验方法	不合格顶类	塑式检验	出厂检验
1	一般要求	5.1	6.2	c	✓	✓
2	外观	5.2	6.3	c	✓	✓
3	永久性标记	5.3	6.4	A	✓	✓
4	板材材质	5.4.1	6.5.1	c	✓	✓

序号	项目名称	技术要求	试验方法	不合格顶类	塑式检验	出厂检验
5	钢质板树厚度	5.4.2	6.5.2	A	✓	✓
6	其材质的扳材厚度	5.4.3	6.5.3	B	✓	✓
7	尺寸公差与间隙	5.5	6.6	C	✓	✓
8	防盗安全级别	5.6.1	6.7.1	A	✓	
9	防破坏性能	5.6.2	6.7.2	A	✓	
10	防闯入性能	5.6.3	6.7.3	B	✓	
11	软冲击性能	5.6.4	6.7.4	B	✓	
12	悬端吊重性能	5.7	6.8	B	✓	
13	撞击障碍物性能	5.8	6.9	B	✓	
14	铰链转动性能	5.9	6.10	B	✓	✓
15	锁具防盗要求	5.10.1~5.10.3	6.11	A	✓	
16	锁具一般要求	5.10.4、5.10.5	6.11	B	✓	✓
17	电气安全性能	5.11	6.12	A	✓	✓

7.4 检验及判定规则

7.4.1 型式检验应从成品库的相同材质、相同防盗级别的产品中随机抽取 2 樘。

7.4.2 按表 5 规定的检验项目进行合格与否的判定，有下列情况之一时。判定产品不合格：

a) 有一项 A 类不合格；

b) 有两项 B 类不合格；

c) 有三项 C 类不合格；

d) 有一项 B 类和两项 C 类不合格。

7.4.3 出厂检验按企业规定，合格后方能出厂。

8 标志

8.1 标志

在产品明显部位或指定部位应标明下列标志：

a) 制造厂名和商标；

b) 产品名称、型号；

c) 生产日期或编号；

d) 合格证明标志；

e) 防盗级别及标志。

8.2 包装

a) 产品应用无腐蚀作用的材料包装；

b) 包装后的各类部件，避免发生相互碰撞，窜动；

c) 产品包装后，应有装箱单；

d) 包装箱应有足够的强度确保运输中不受损坏或划伤。

8.3 运输

a) 搬运过程中应轻拿轻放；

b) 运输工具应有防雨措施，并保持清洁无污物。

8.4 贮存

a) 产品应放置在通风、干燥的地方。严禁与酸、碱、盐类物质接触并防止雨水侵入；

b) 产品放置应用垫块垫平，立放角度不小于70°。